BATMAN: DIE REISE

BAND 1

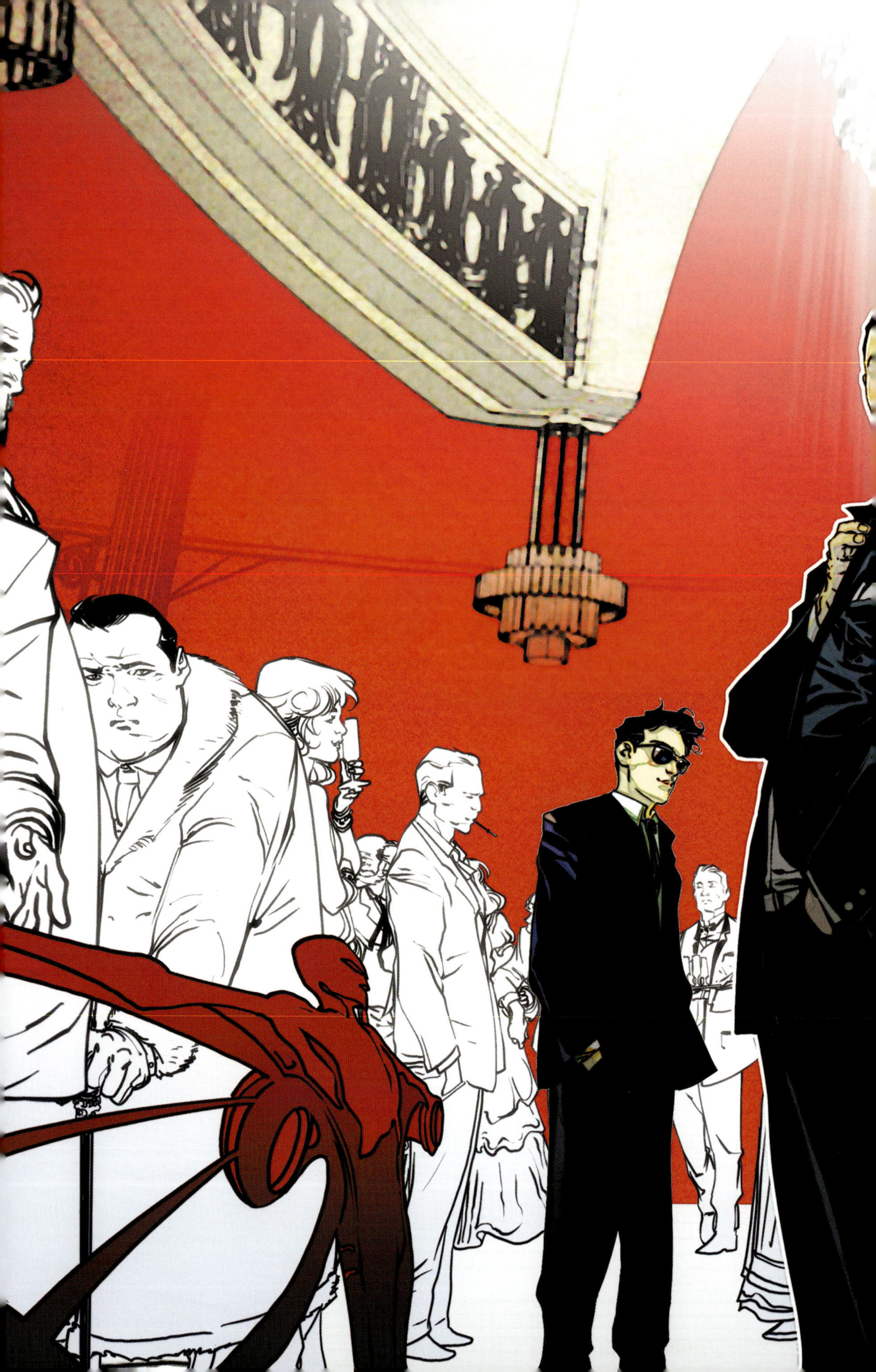

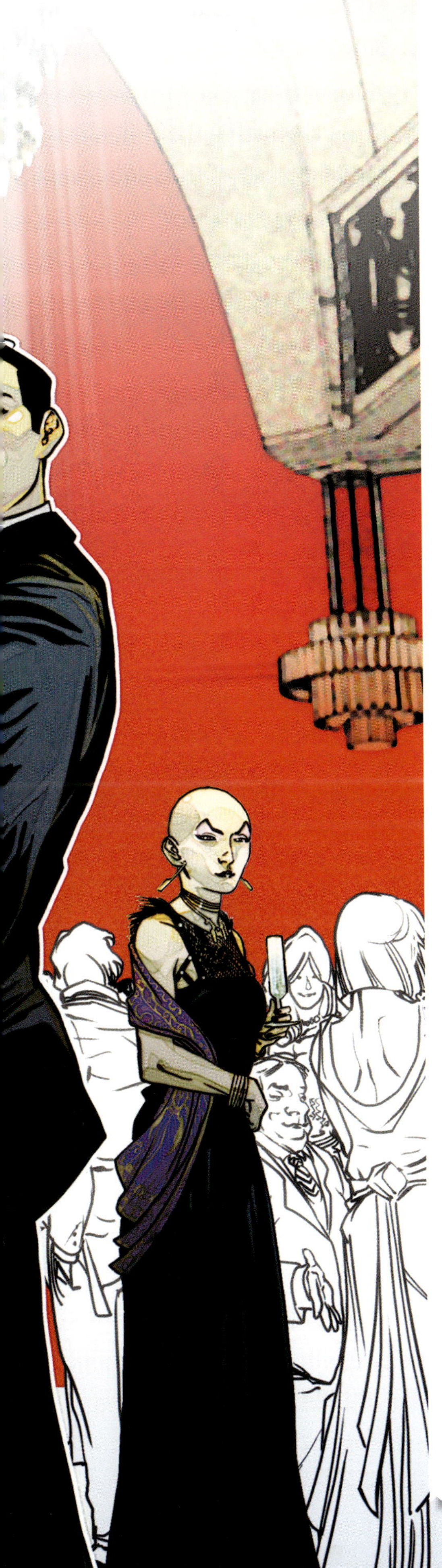

BATMAN BEGINS

Wie **Bruce Wayne** zum maskierten Rächer **Batman** wird, ist eine der bekanntesten Geschichten unserer Popkultur. Als Kind muss er mit ansehen, wie seine Eltern **Thomas** und **Martha** bei einem Raubmord ums Leben kommen. Danach kümmert sich ihr Butler **Alfred Pennyworth** als Ziehvater im herrschaftlichen Anwesen **Wayne Manor** um den verwaisten Wayne-Erben. Doch schließlich zieht der junge Mann aus, um bei Experten und Meistern auf der ganzen Welt zu trainieren und der beste Verbrechensbekämpfer aller Zeiten zu werden – woraufhin er nach **Gotham City** zurückkehrt und seinen Kreuzzug als **Dunkler Ritter** im Zeichen der Fledermaus beginnt. So weit, so bekannt. Allerdings liegt es in der Natur von Superhelden-Comics, dass speziell die Entstehungsgeschichten der Ikonen – die **Origins** – immer wieder neu erzählt, interpretiert und teils erweitert werden. Auch die Entwicklung von Bruce zu Batman, seine Weltreise zu allerhand Mentoren sowie seine Anfänge als **Mitternachtsdetektiv** wurden schon häufig beleuchtet – auch in 30, 40 Jahre nach seinem Debüt erschienenen Storys, da Figuren wie der Menschenjäger **Henri Ducard** plötzlich in Bruces Gegenwart als Batman wieder eine Rolle spielten und so rückwirkend ein Teil seiner Vergangenheit wurden. Nun widmen Autor **Chip Zdarsky** und Zeichner **Carmine Di Giandomenico**, zwei absolute Könner des grafischen Erzählens, Bruces Weltreise erstmals eine eigene, ganze Serie, die wir in zwei Bänden veröffentlichen. Dabei vermischt Zdarsky bekannte Elemente und Charaktere mit neuen Ideen und Figuren, und wir erhalten einen frischen, aufregenden Blick auf die Anfänge von Batmans Legende. Noch interessanter wird das Projekt dadurch, dass Mr. Zdarsky nach der Hälfte von Bruces Reise 2022 als neuer Stammautor die BATMAN-Hauptserie übernommen hat, er sich so gesehen also in Vergangenheit und Gegenwart um die Mythologie und die Abenteuer eines der beliebtesten Helden aller Zeiten kümmert. Aber nun erst mal viel Vergnügen mit diesem Trip in die Ära von Bruce Waynes Ausbildung …

Christian Endres

DIE REISE
Teil 1
The Knight, Part 1
Batman: The Knight 1
März 2022

DIE REISE
Teil 2
The Knight, Part 2
Batman: The Knight 2
April 2022

DIE REISE
Teil 3
The Knight, Part 3
Batman: The Knight 3
Mai 2022

DIE REISE
Teil 4
The Knight, Part 4
Batman: The Knight 4
Juni 2022

DIE REISE
Teil 5
The Knight, Part 5
Batman: The Knight 5
Juli 2022

CHIP ZDARSKY
Story

CARMINE DI GIANDOMENICO
Zeichnungen & Tusche

IVAN PLASCENCIA
Farben

CHRISTIAN HEISS
Übersetzung

SYMMACEO
Lettering

CARMINE DI GIANDOMENICO
Original-Cover

Batman geschaffen von **Bob Kane** mit **Bill Finger**.

BATMAN: DIE REISE erscheint bei **PANINI COMICS**, Schloßstraße 76, D-70176 Stuttgart. Druck: Rotopress International S.r.l. Pressevertrieb: Stella Distribution GmbH, D-22297 Hamburg. Direkt-Abos auf **www.paninicomics.de**. Anzeigenverkauf: BLAUFEUER VERLAGSVERTRETUNGEN GmbH, info@blaufeuer.com. Es gilt die Anzeigenpreisliste Nr. 19 vom 01.10.2021. Geschäftsführer **Hermann Paul**, Publishing Director Europe **Marco M. Lupoi**, Finanzen/Logistik **Felix Bauer**, Marketing Director **Holger Wiest**, Marketing **Thorsten Kleinheinz**, Vertrieb **Alexander Bubenheimer**, PR/Presse **Steffen Volkmer**, Publishing Manager **Lisa Pancaldi**, Redaktion **Tommaso Caretti**, **Christian Endres**, **Christian Grass**, **Ilaria Tavoni**, **Peter Thannisch**, **Monika Trost**, **Daniela Uhlmann**, Übersetzung **Christian Heiß**, Proofreading **Tomislav Subasic**, Lettering **Sarah Ascione (Symmaceo)**, grafische Gestaltung **Marco Paroli**, **Alessio Trippetta**, Art Director **Alessandro Gucciardo**, Redaktion Panini Comics **Annalisa Califano**, **Beatrice Doti**, Prepress **Cristina Bedini**, **Silvia Bernini**, **Andrea Lusoli**, Repro/Packager **Alessandro Nalli** (coordinator), **Anna Boselli**, **Mario Da Rin Zanco**, **Valentina Esposito**, **Luca Ficarelli**, **Linda Leporati**. Cover von **Carmine Di Giandomenico**, *Batman: The Knight* 1. Variant-Cover von **Gerald Parel**, *Batman: The Knight* 1 Variant.

Digitale Ausgaben:
ISBN 978-3-7367-9115-2 (.pdf) / ISBN 978-3-7367-9113-8 (.epub) / ISBN 978-3-7367-9114-5 (.mobi)

Bibliografische Information der Deutschen Nationalbibliothek
Die Deutsche Nationalbibliothek verzeichnet diese Publikation in der Deutschen Nationalbibliografie; detaillierte bibliografische Daten sind im Internet über dnb.d-nb.de abrufbar.

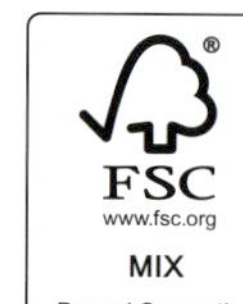

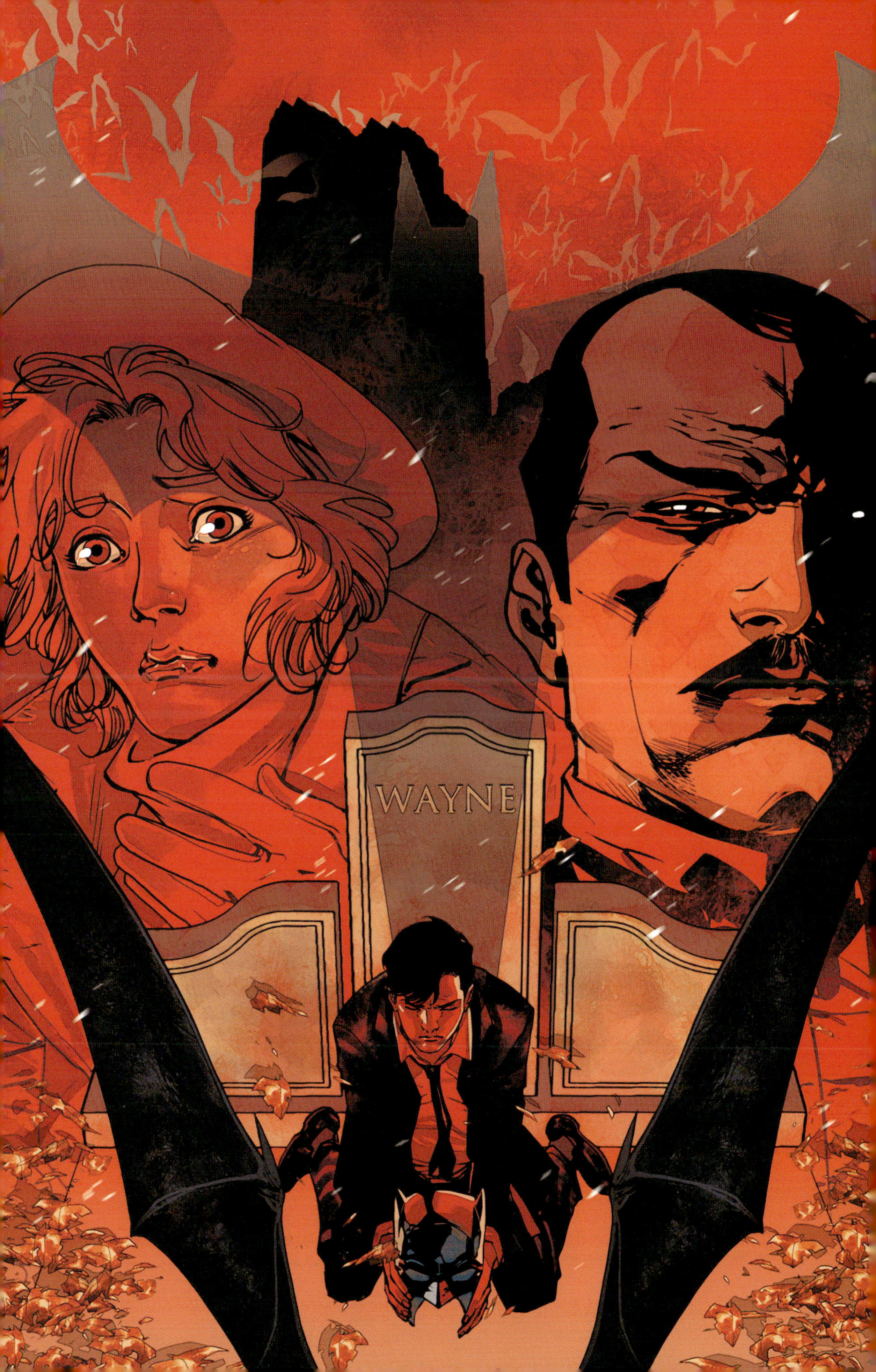
WAYNE

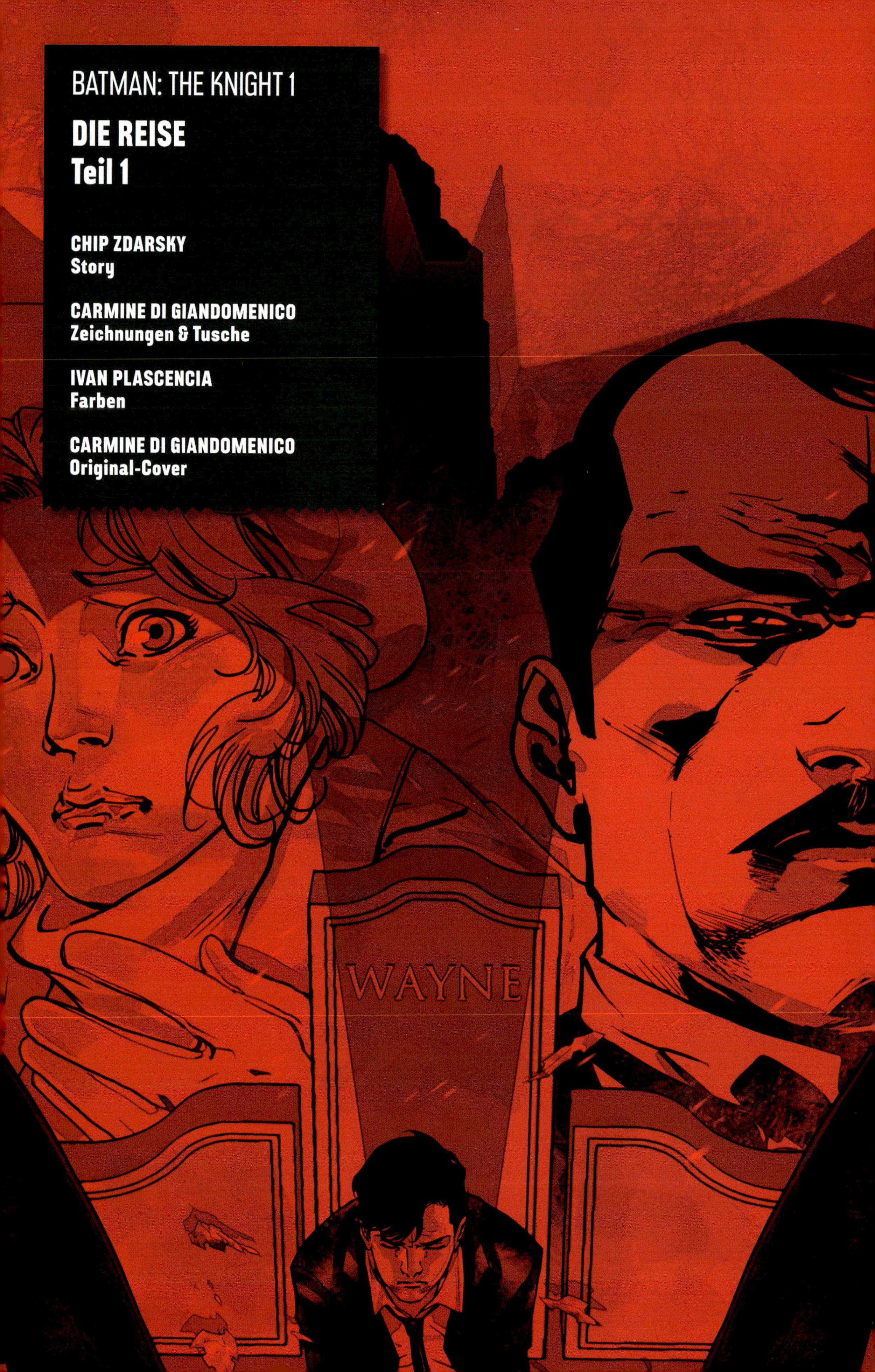

BATMAN: THE KNIGHT 1

DIE REISE
Teil 1

CHIP ZDARSKY
Story

CARMINE DI GIANDOMENICO
Zeichnungen & Tusche

IVAN PLASCENCIA
Farben

CARMINE DI GIANDOMENICO
Original-Cover

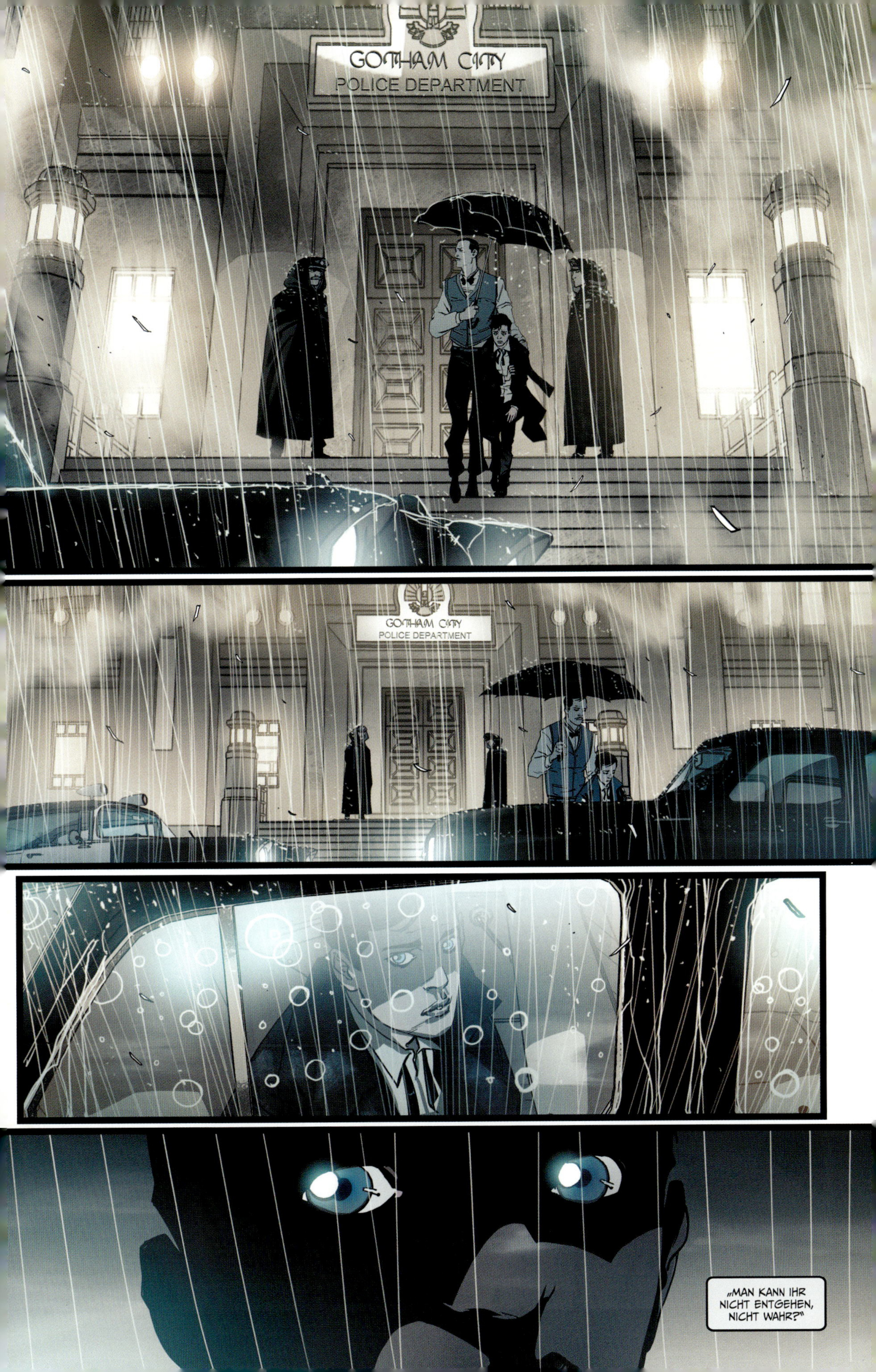

GOTHAM CITY
POLICE DEPARTMENT

GOTHAM CITY
POLICE DEPARTMENT

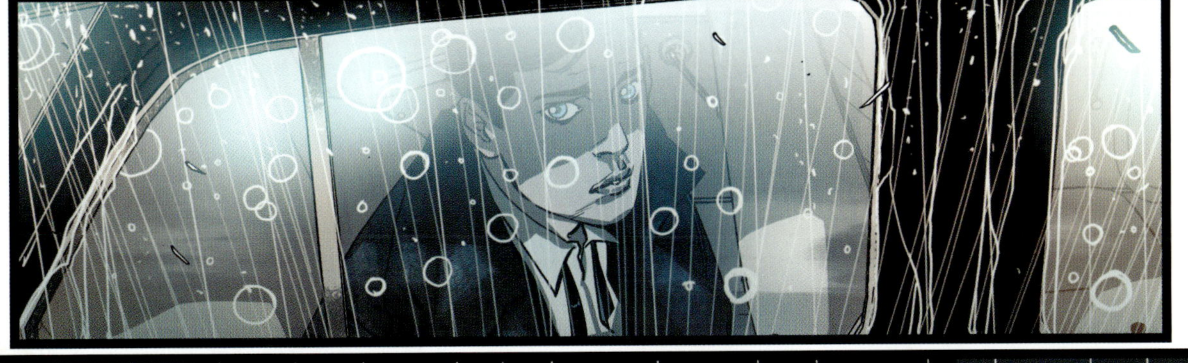

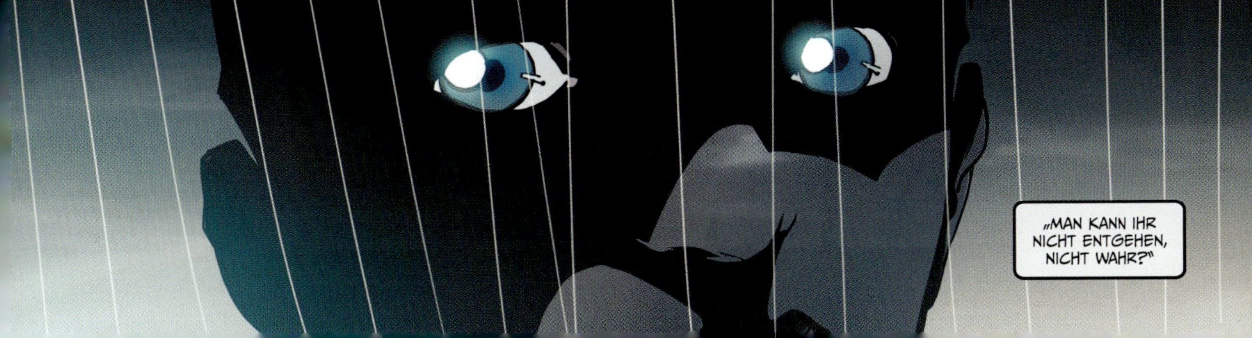
„MAN KANN IHR NICHT ENTGEHEN, NICHT WAHR?"

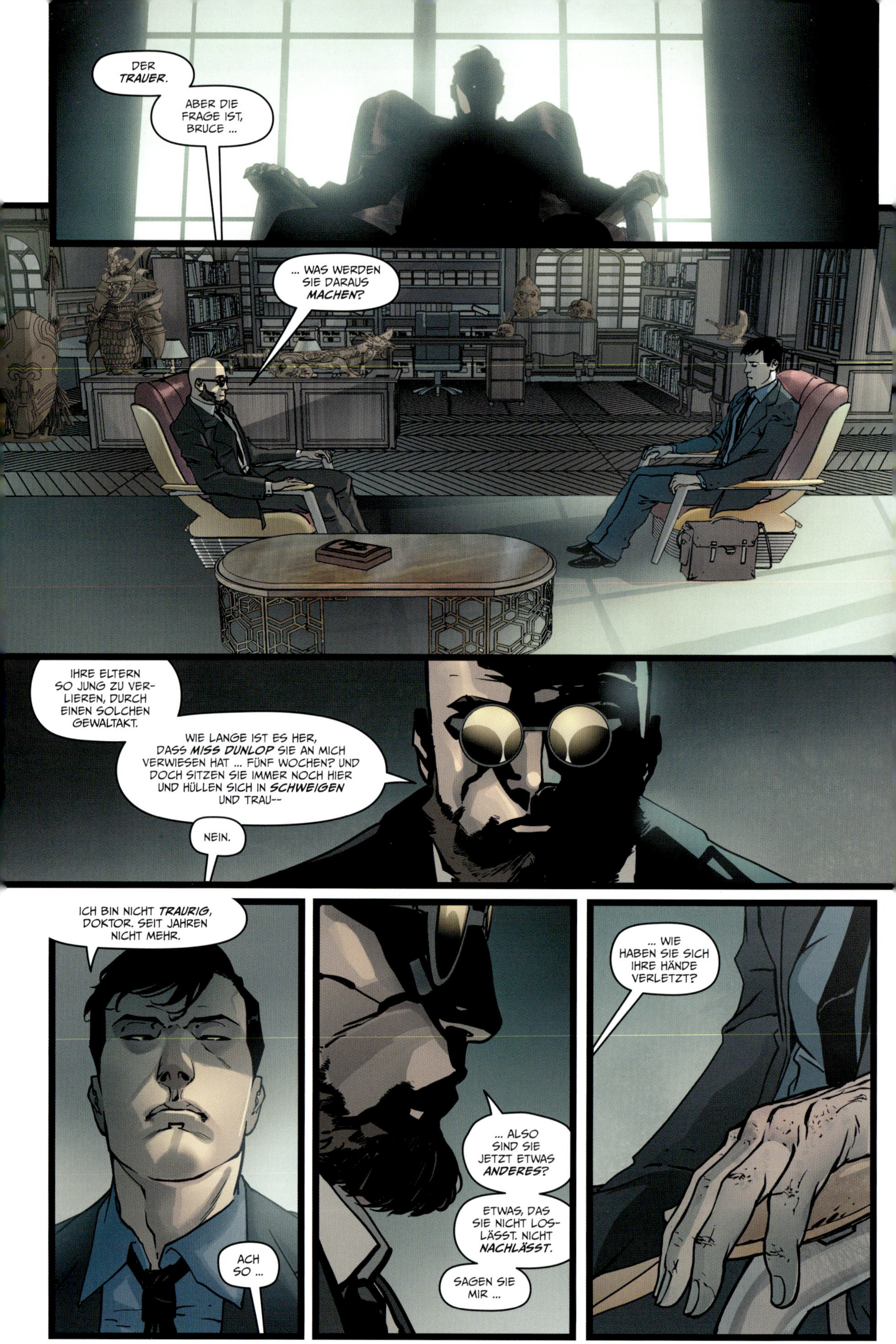

DER *TRAUER*.

ABER DIE FRAGE IST, BRUCE ...

... WAS WERDEN SIE DARAUS *MACHEN?*

IHRE ELTERN SO JUNG ZU VERLIEREN, DURCH EINEN SOLCHEN GEWALTAKT.

WIE LANGE IST ES HER, DASS *MISS DUNLOP* SIE AN MICH VERWIESEN HAT ... FÜNF WOCHEN? UND DOCH SITZEN SIE IMMER NOCH HIER UND HÜLLEN SICH IN *SCHWEIGEN* UND TRAU--

NEIN.

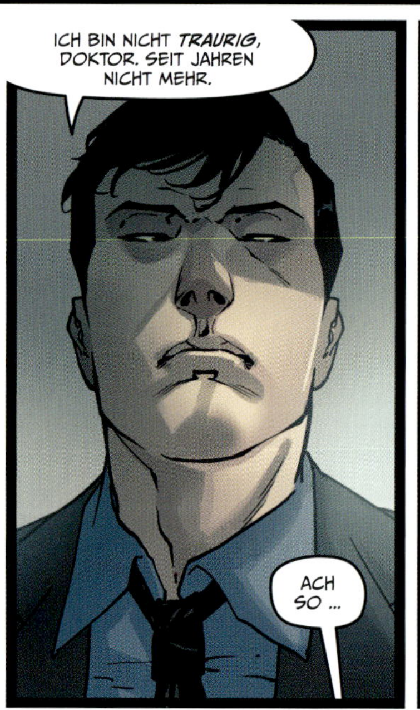

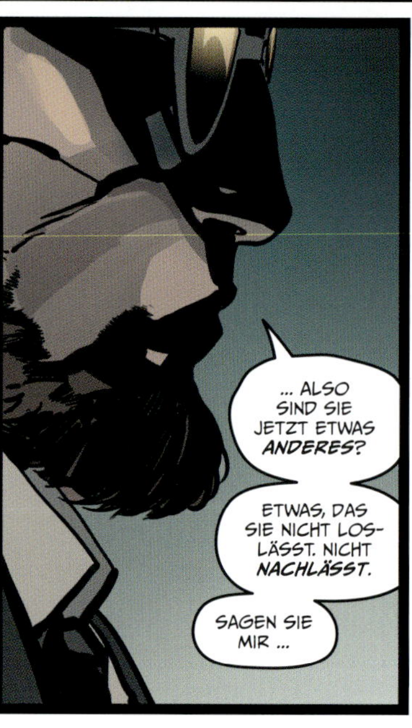

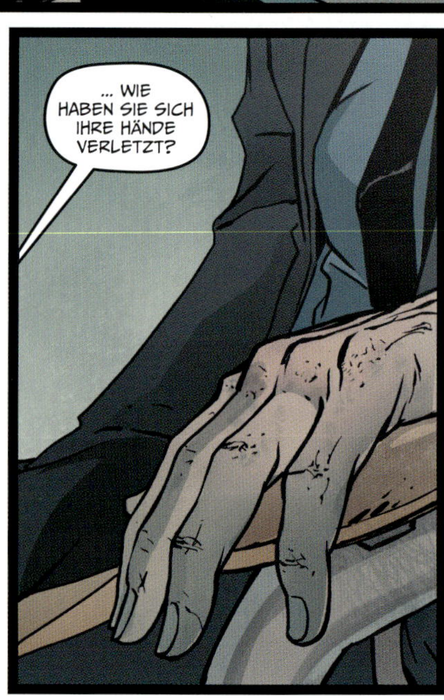

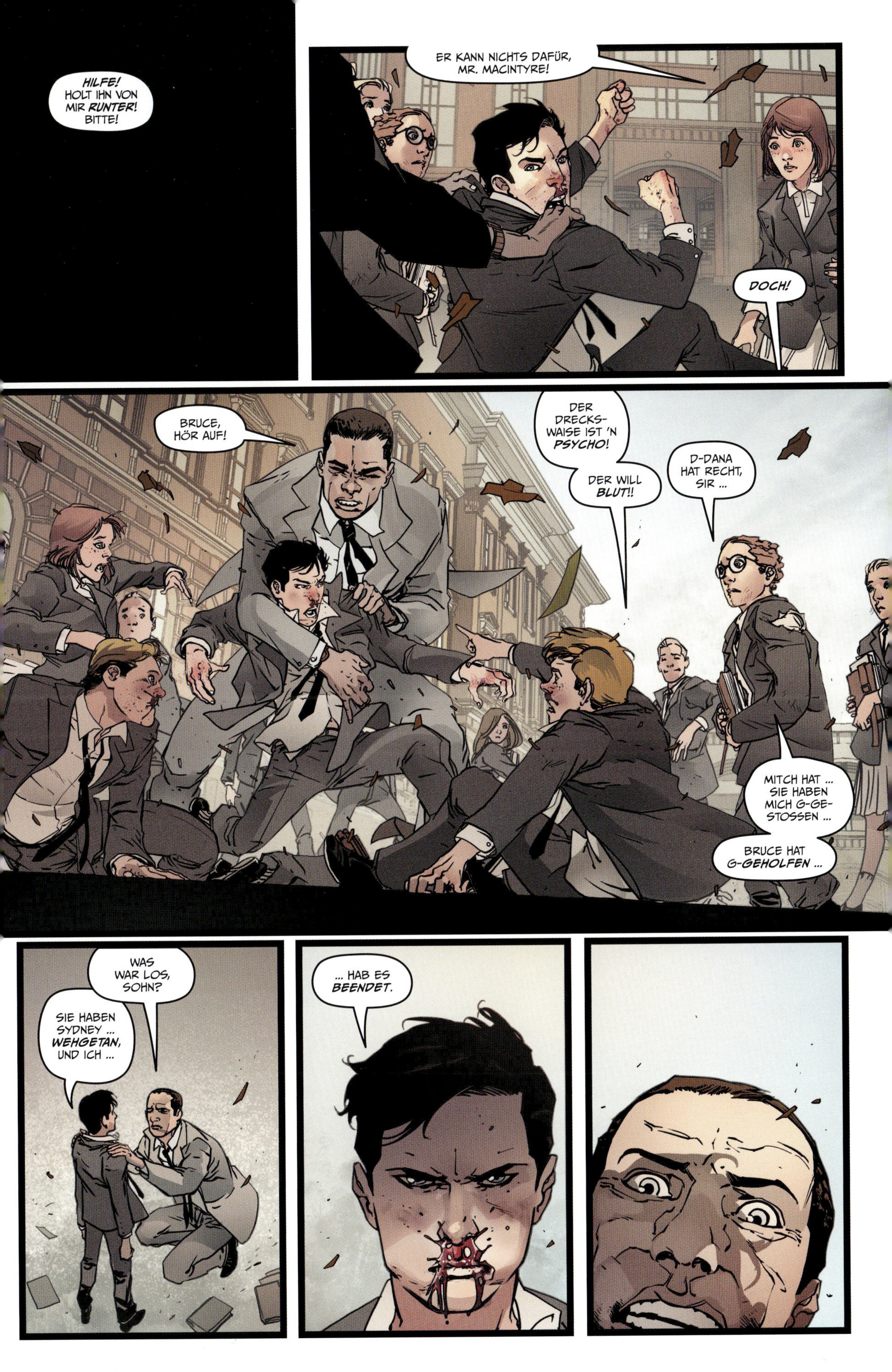

HILFE! HOLT IHN VON MIR **RUNTER!** BITTE!

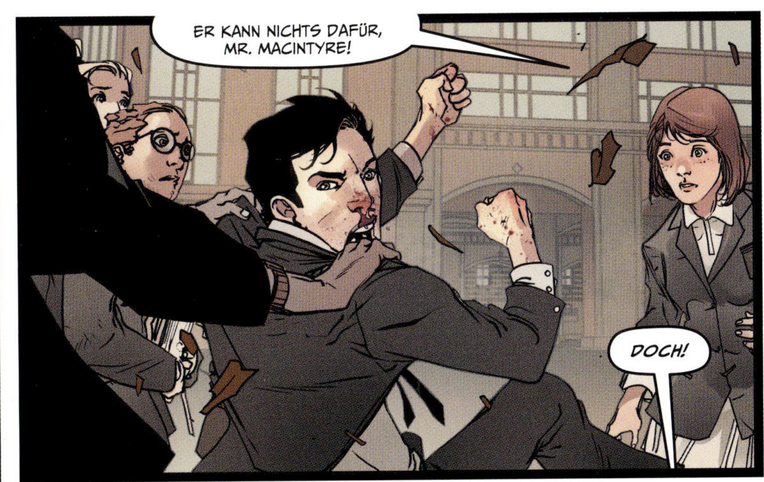

BRUCE, HÖR AUF!

DER DRECKS-WAISE IST 'N **PSYCHO!**

DER WILL **BLUT!!**

D-DANA HAT RECHT, SIR ...

MITCH HAT ... SIE HABEN MICH G-GE-STOSSEN ...

BRUCE HAT G-**GEHOLFEN** ...

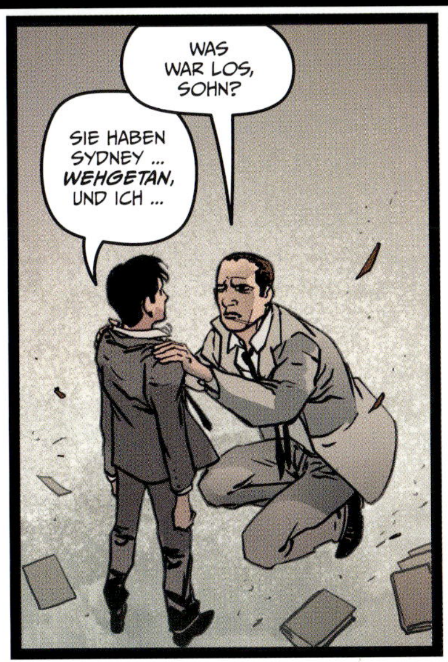

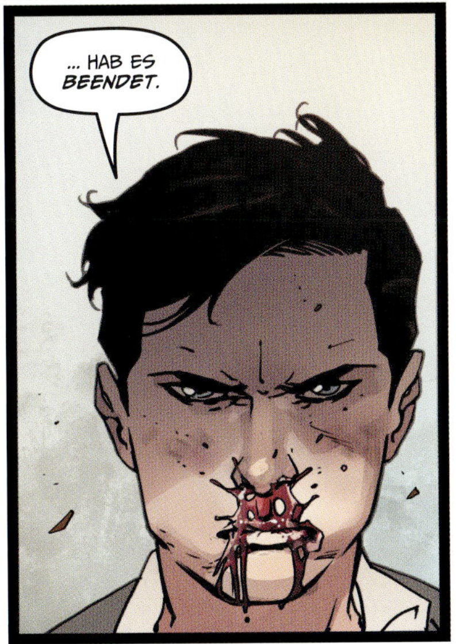

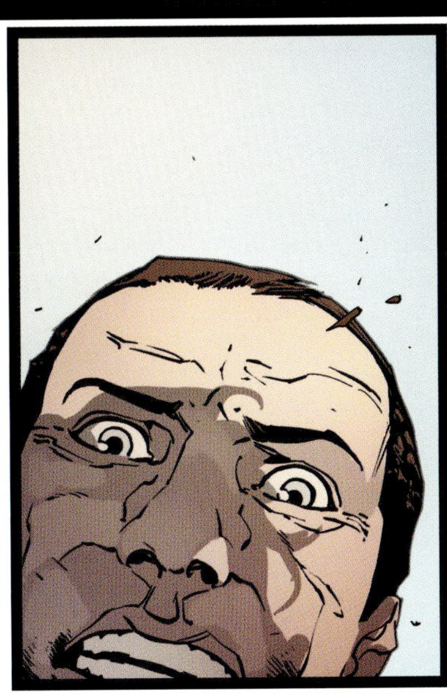

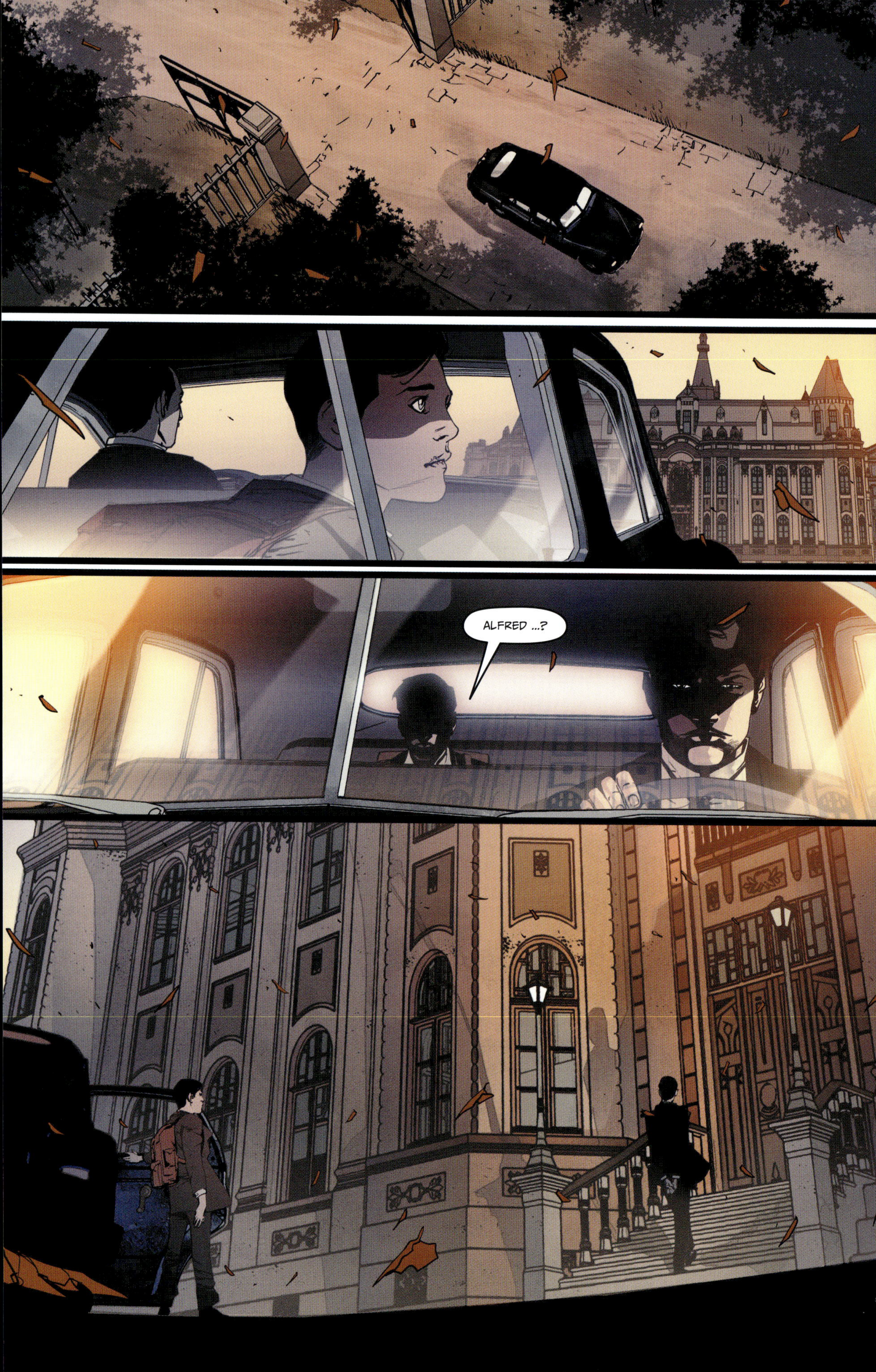
ALFRED ...?

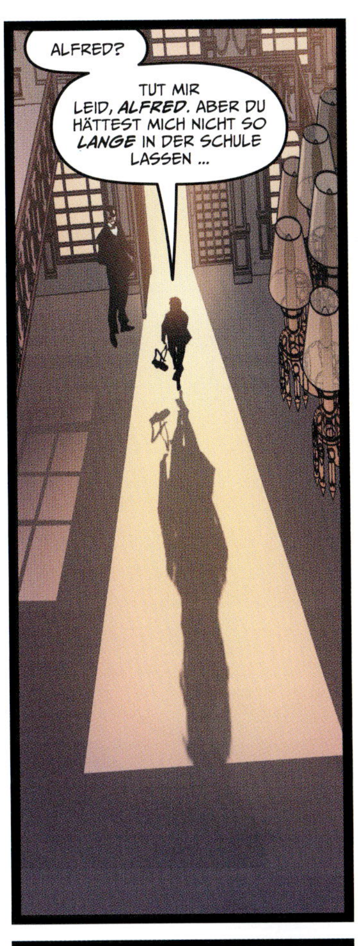
ALFRED?
TUT MIR LEID, ALFRED. ABER DU HÄTTEST MICH NICHT SO LANGE IN DER SCHULE LASSEN ...

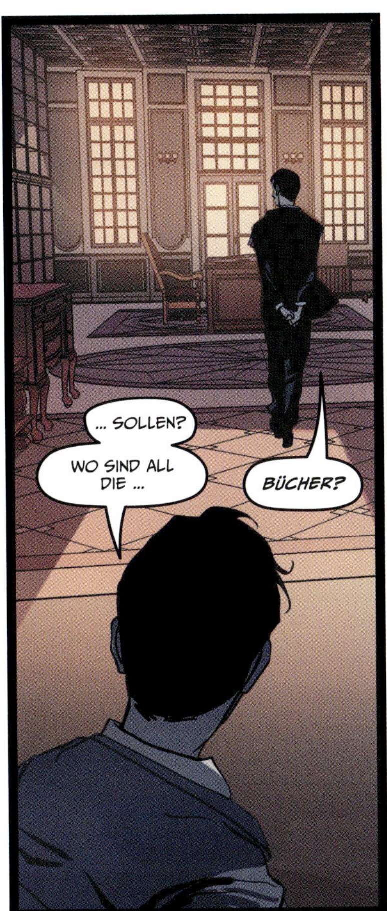
... SOLLEN?
WO SIND ALL DIE ...
BÜCHER?

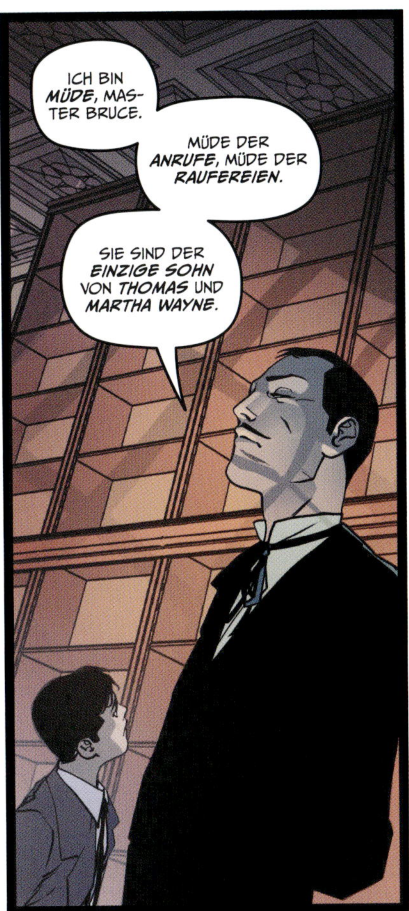
ICH BIN MÜDE, MASTER BRUCE.
MÜDE DER ANRUFE, MÜDE DER RAUFEREIEN.
SIE SIND DER EINZIGE SOHN VON THOMAS UND MARTHA WAYNE.

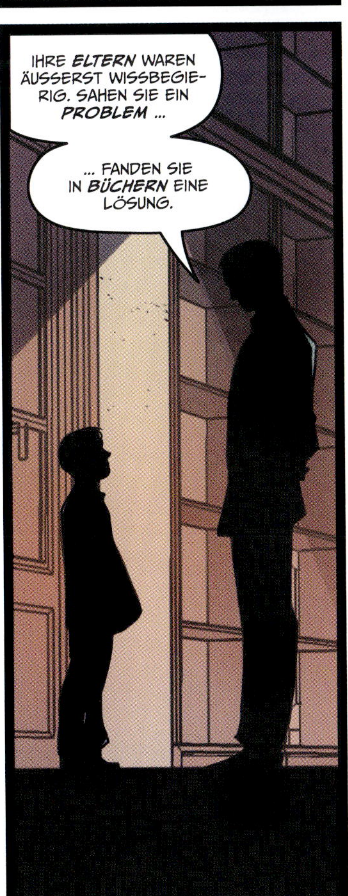
IHRE ELTERN WAREN ÄUSSERST WISSBEGIERIG. SAHEN SIE EIN PROBLEM ...
... FANDEN SIE IN BÜCHERN EINE LÖSUNG.

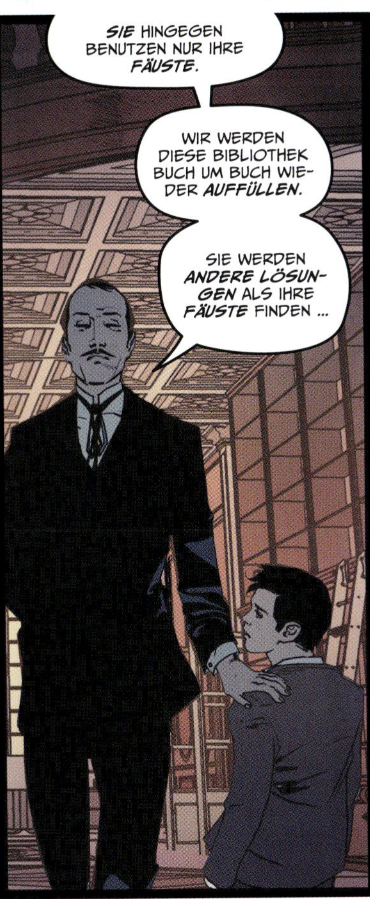
SIE HINGEGEN BENUTZEN NUR IHRE FÄUSTE.
WIR WERDEN DIESE BIBLIOTHEK BUCH UM BUCH WIEDER AUFFÜLLEN.
SIE WERDEN ANDERE LÖSUNGEN ALS IHRE FÄUSTE FINDEN ...

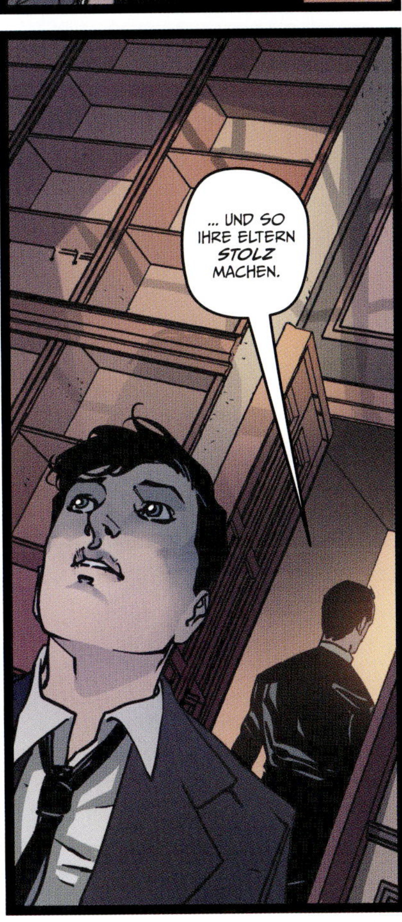
... UND SO IHRE ELTERN STOLZ MACHEN.

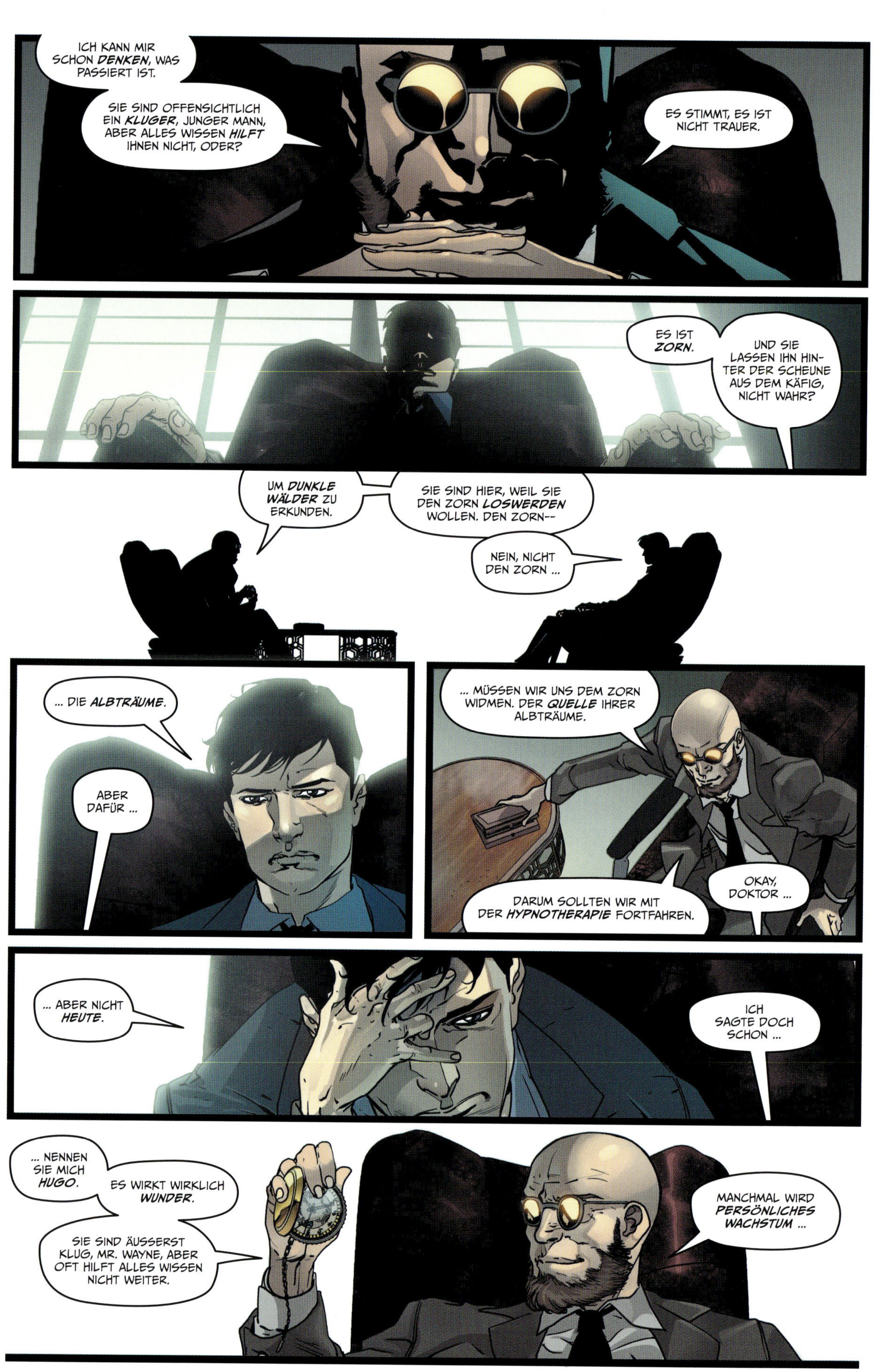
ICH KANN MIR SCHON DENKEN, WAS PASSIERT IST.
SIE SIND OFFENSICHTLICH EIN KLUGER, JUNGER MANN, ABER ALLES WISSEN HILFT IHNEN NICHT, ODER?
ES STIMMT, ES IST NICHT TRAUER.
ES IST ZORN.
UND SIE LASSEN IHN HINTER DER SCHEUNE AUS DEM KÄFIG, NICHT WAHR?
UM DUNKLE WÄLDER ZU ERKUNDEN.
SIE SIND HIER, WEIL SIE DEN ZORN LOSWERDEN WOLLEN. DEN ZORN--
NEIN, NICHT DEN ZORN ...
... DIE ALBTRÄUME.
ABER DAFÜR ...
... MÜSSEN WIR UNS DEM ZORN WIDMEN. DER QUELLE IHRER ALBTRÄUME.
DARUM SOLLTEN WIR MIT DER HYPNOTHERAPIE FORTFAHREN.
OKAY, DOKTOR ...
... ABER NICHT HEUTE.
ICH SAGTE DOCH SCHON ...
... NENNEN SIE MICH HUGO.
SIE SIND ÄUSSERST KLUG, MR. WAYNE, ABER OFT HILFT ALLES WISSEN NICHT WEITER.
MANCHMAL WIRD PERSÖNLICHES WACHSTUM ...
ES WIRKT WIRKLICH WUNDER.

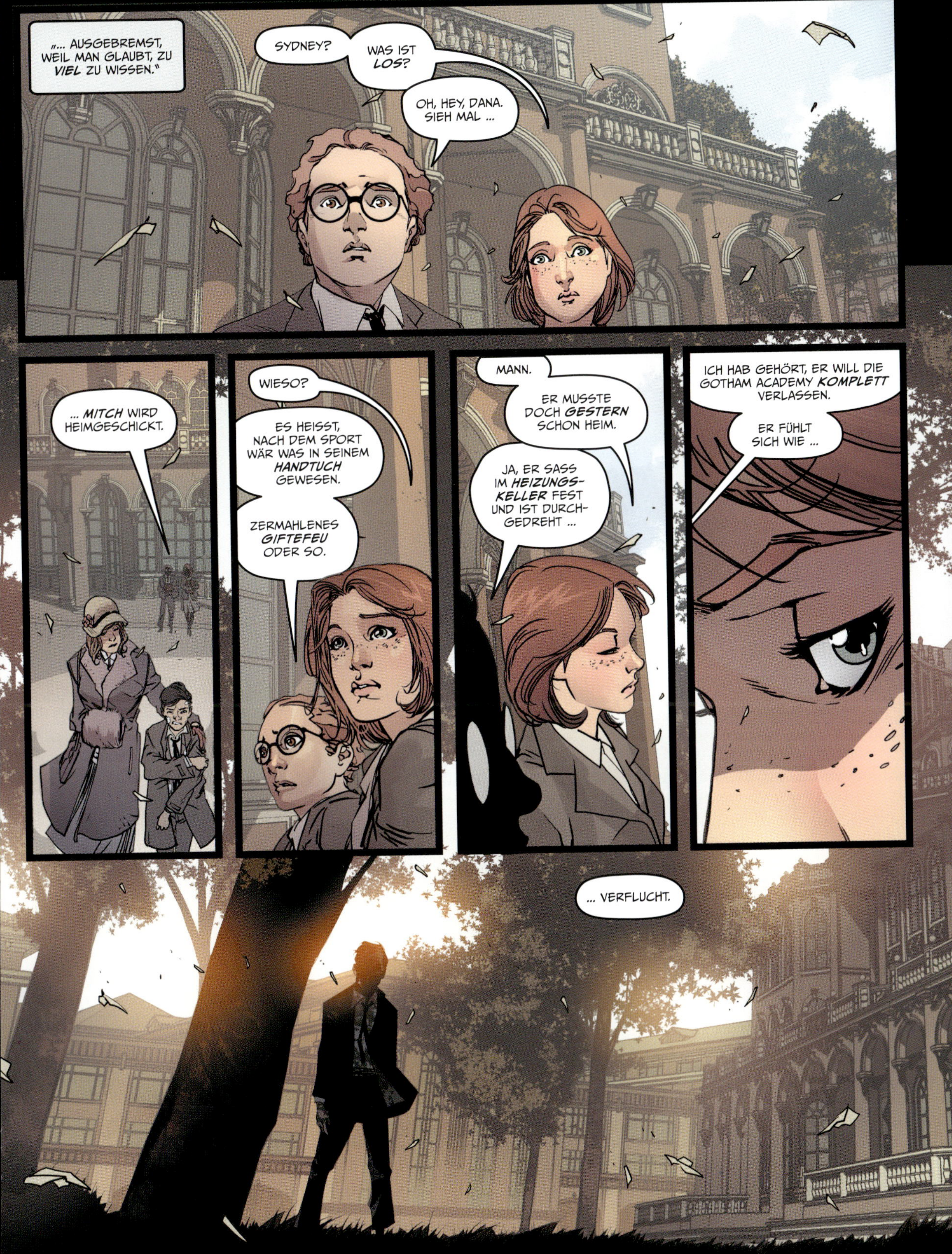
"... AUSGEBREMST, WEIL MAN GLAUBT, ZU VIEL ZU WISSEN."
SYDNEY?
WAS IST LOS?
OH, HEY, DANA. SIEH MAL ...
... MITCH WIRD HEIMGESCHICKT.
WIESO?
ES HEISST, NACH DEM SPORT WÄR WAS IN SEINEM HANDTUCH GEWESEN.
ZERMAHLENES GIFTEFEU ODER SO.
MANN.
ER MUSSTE DOCH GESTERN SCHON HEIM.
JA, ER SASS IM HEIZUNGS-KELLER FEST UND IST DURCH-GEDREHT ...
ICH HAB GEHÖRT, ER WILL DIE GOTHAM ACADEMY KOMPLETT VERLASSEN.
ER FÜHLT SICH WIE ...
... VERFLUCHT.

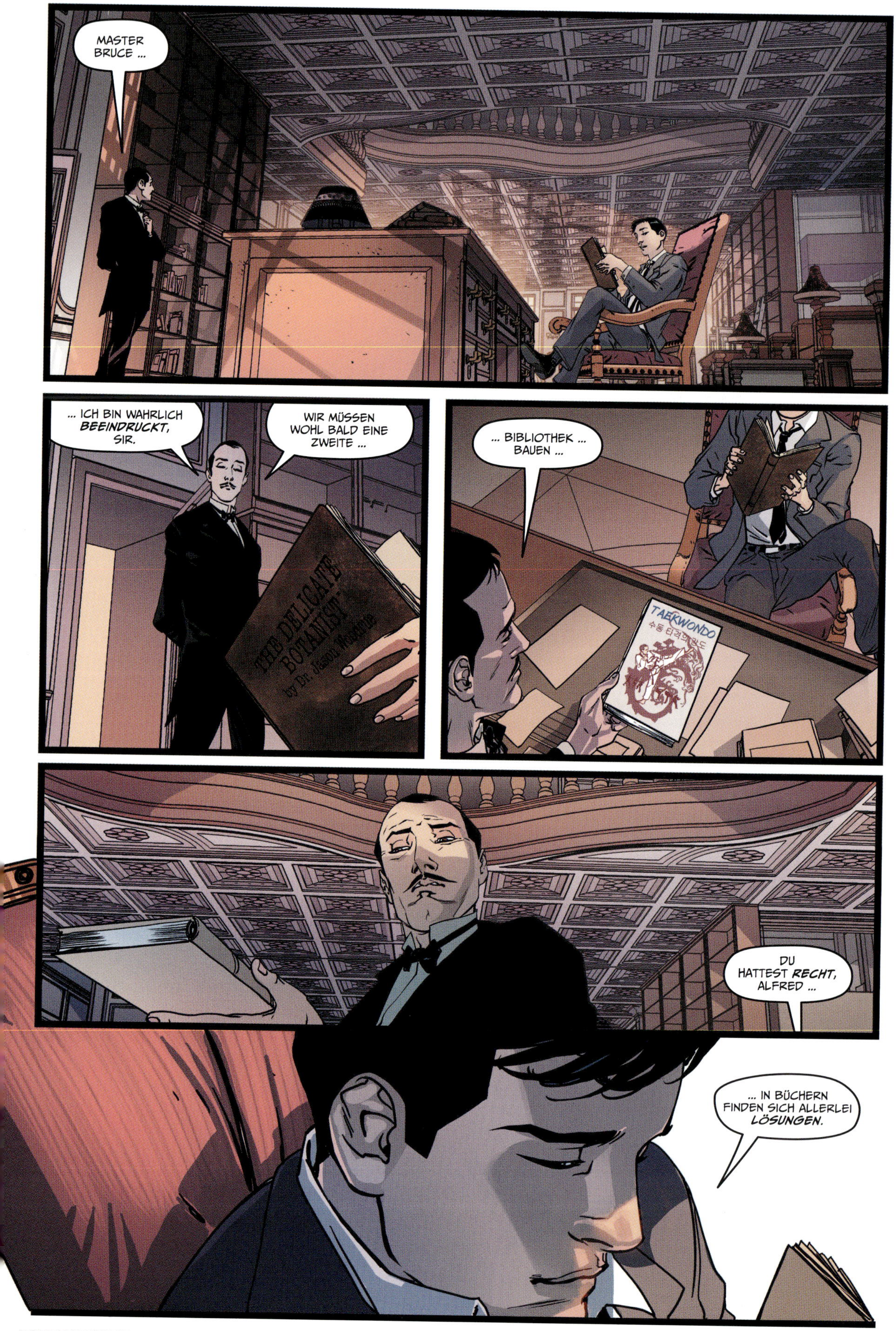

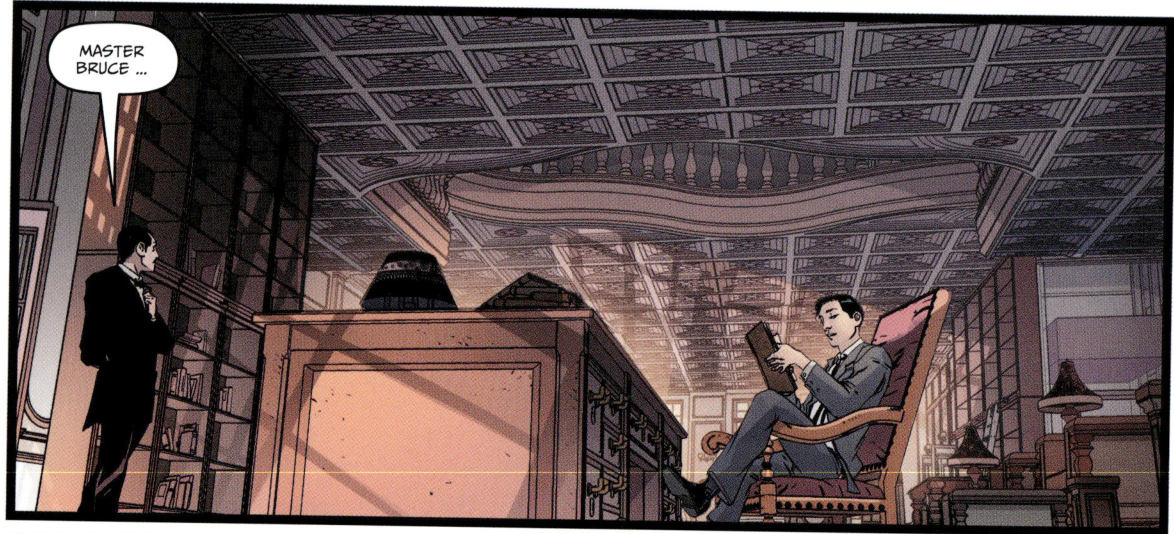

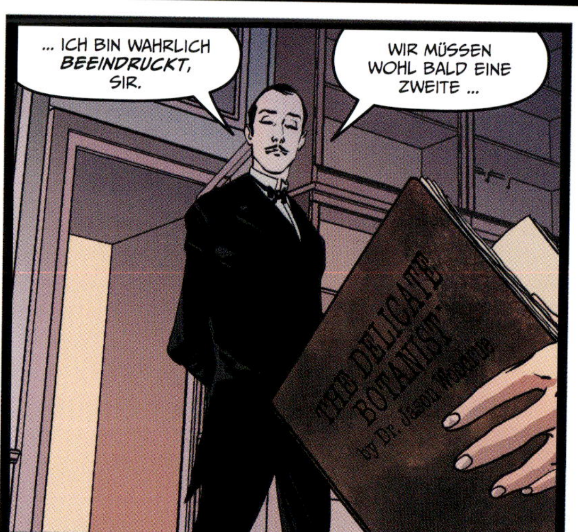

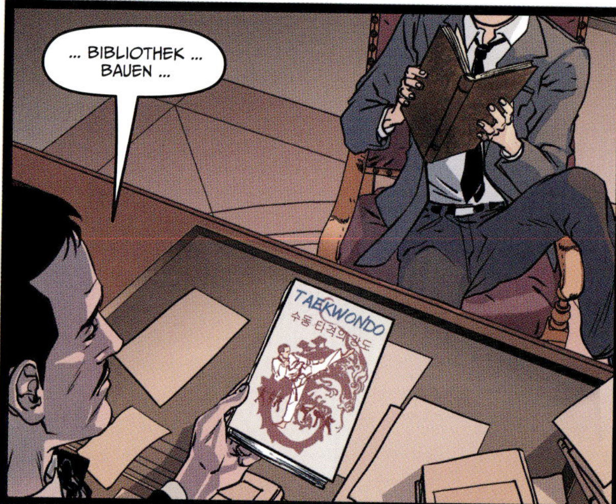

DU HATTEST ***RECHT***, ALFRED ...

... IN BÜCHERN FINDEN SICH ALLERLEI ***LÖSUNGEN***.

* DER FEINFÜHLIGE BOTANIKER

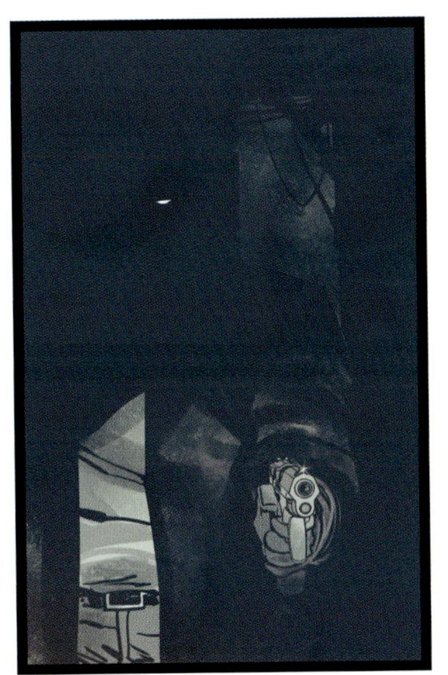
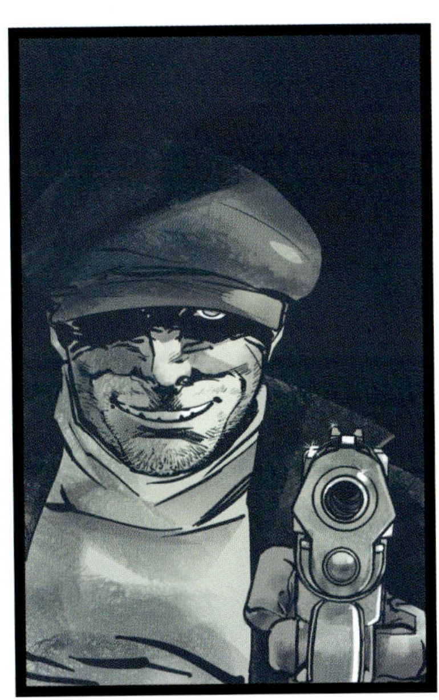
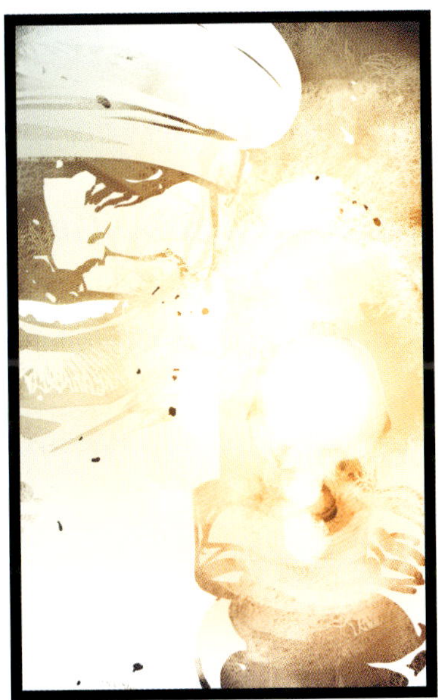

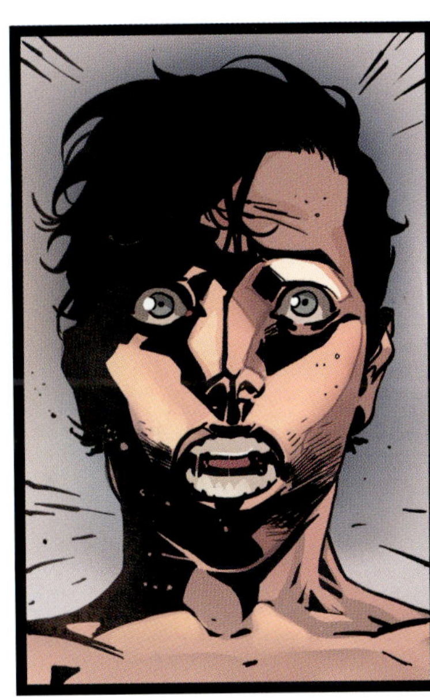
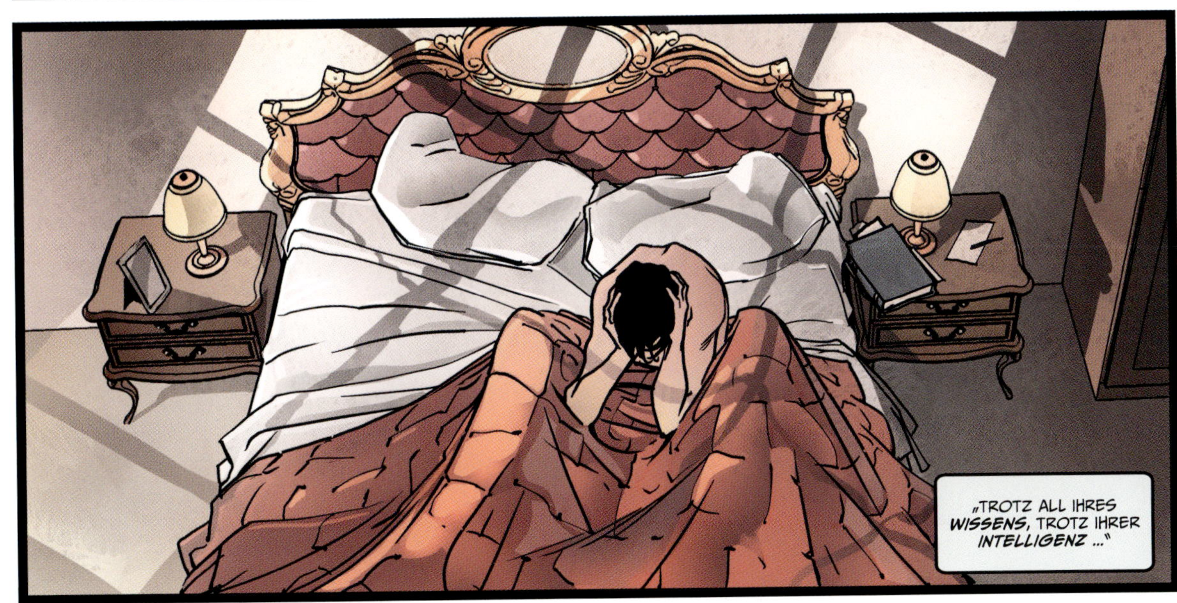
„TROTZ ALL IHRES WISSENS, TROTZ IHRER INTELLIGENZ ...“

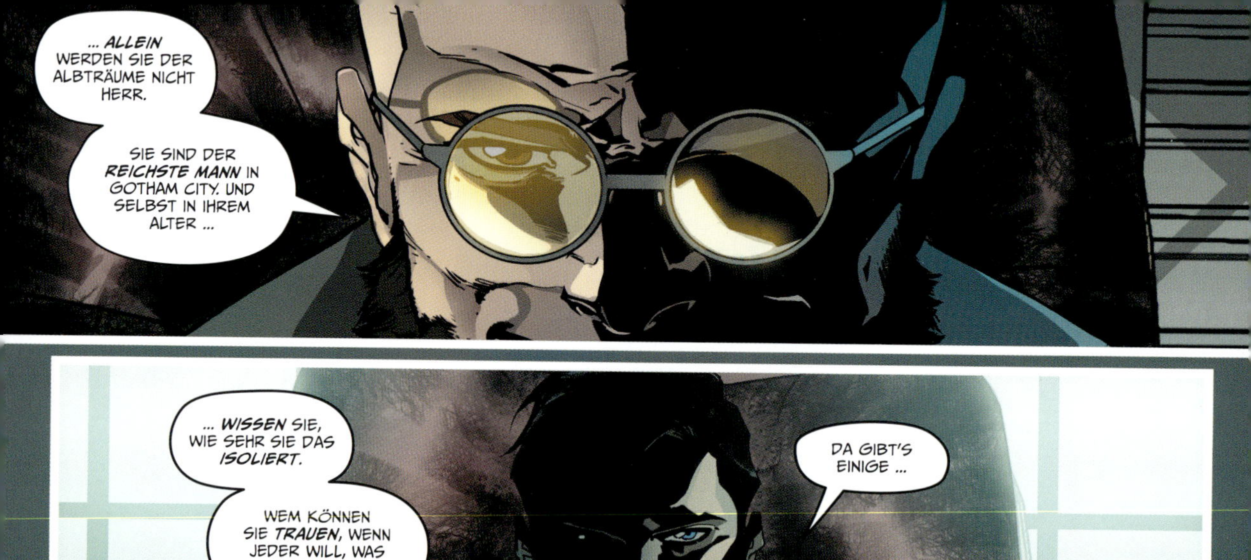
... ALLEIN WERDEN SIE DER ALBTRÄUME NICHT HERR.
SIE SIND DER REICHSTE MANN IN GOTHAM CITY. UND SELBST IN IHREM ALTER ...

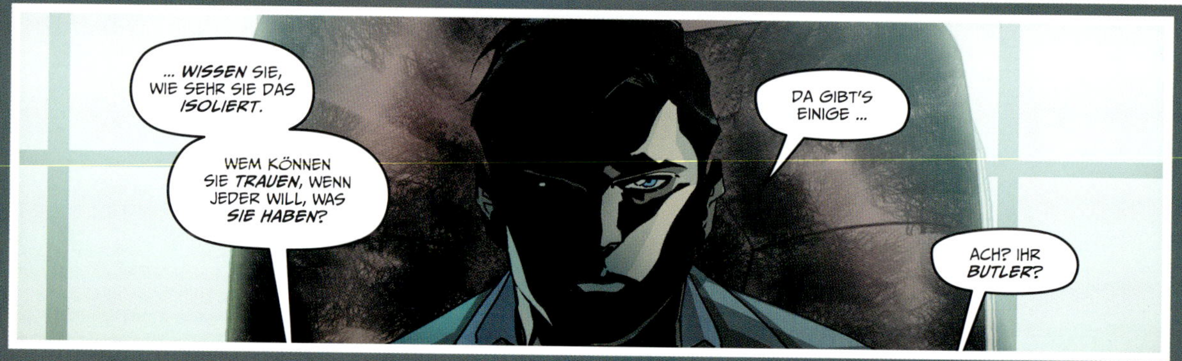
... WISSEN SIE, WIE SEHR SIE DAS ISOLIERT.
WEM KÖNNEN SIE TRAUEN, WENN JEDER WILL, WAS SIE HABEN?
DA GIBT'S EINIGE ...
ACH? IHR BUTLER?

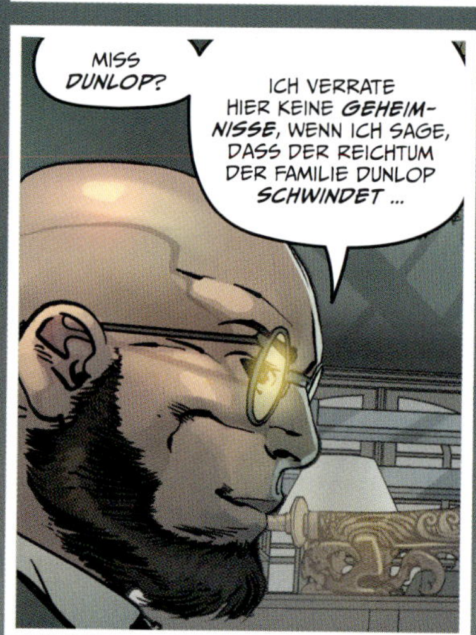
MISS DUNLOP?
ICH VERRATE HIER KEINE GEHEIM-NISSE, WENN ICH SAGE, DASS DER REICHTUM DER FAMILIE DUNLOP SCHWINDET ...

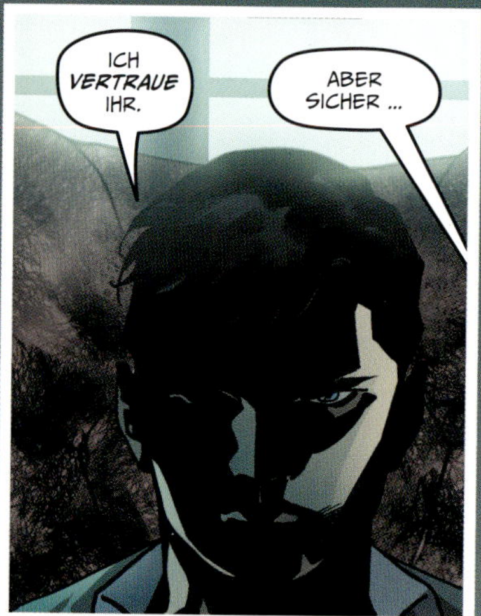
ICH VERTRAUE IHR.
ABER SICHER ...

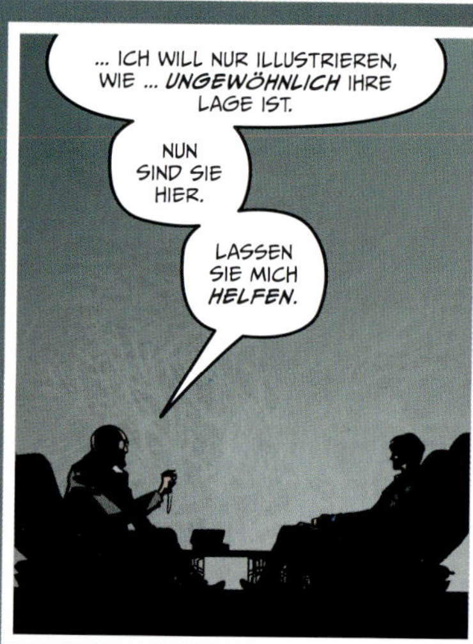
... ICH WILL NUR ILLUSTRIEREN, WIE ... UNGEWÖHNLICH IHRE LAGE IST.
NUN SIND SIE HIER.
LASSEN SIE MICH HELFEN.

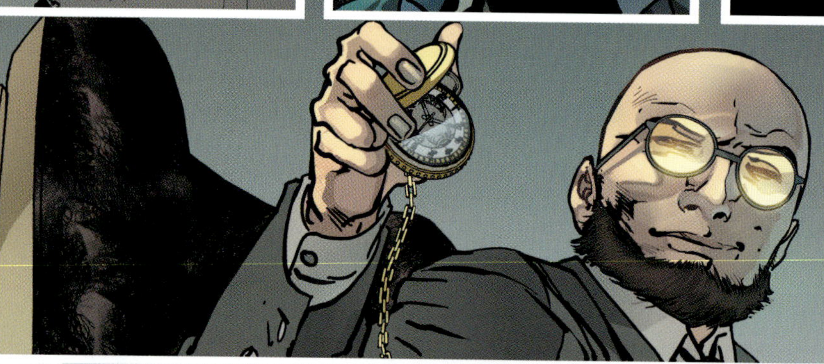
DANA VERTRAUT MIR. UND SIE IHR.

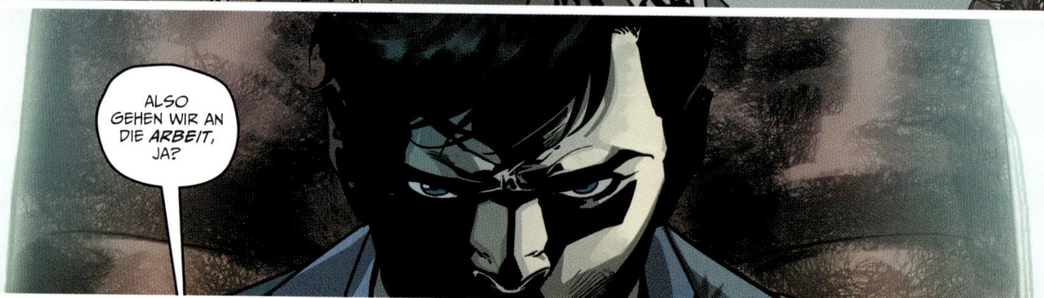
ALSO GEHEN WIR AN DIE ARBEIT, JA?

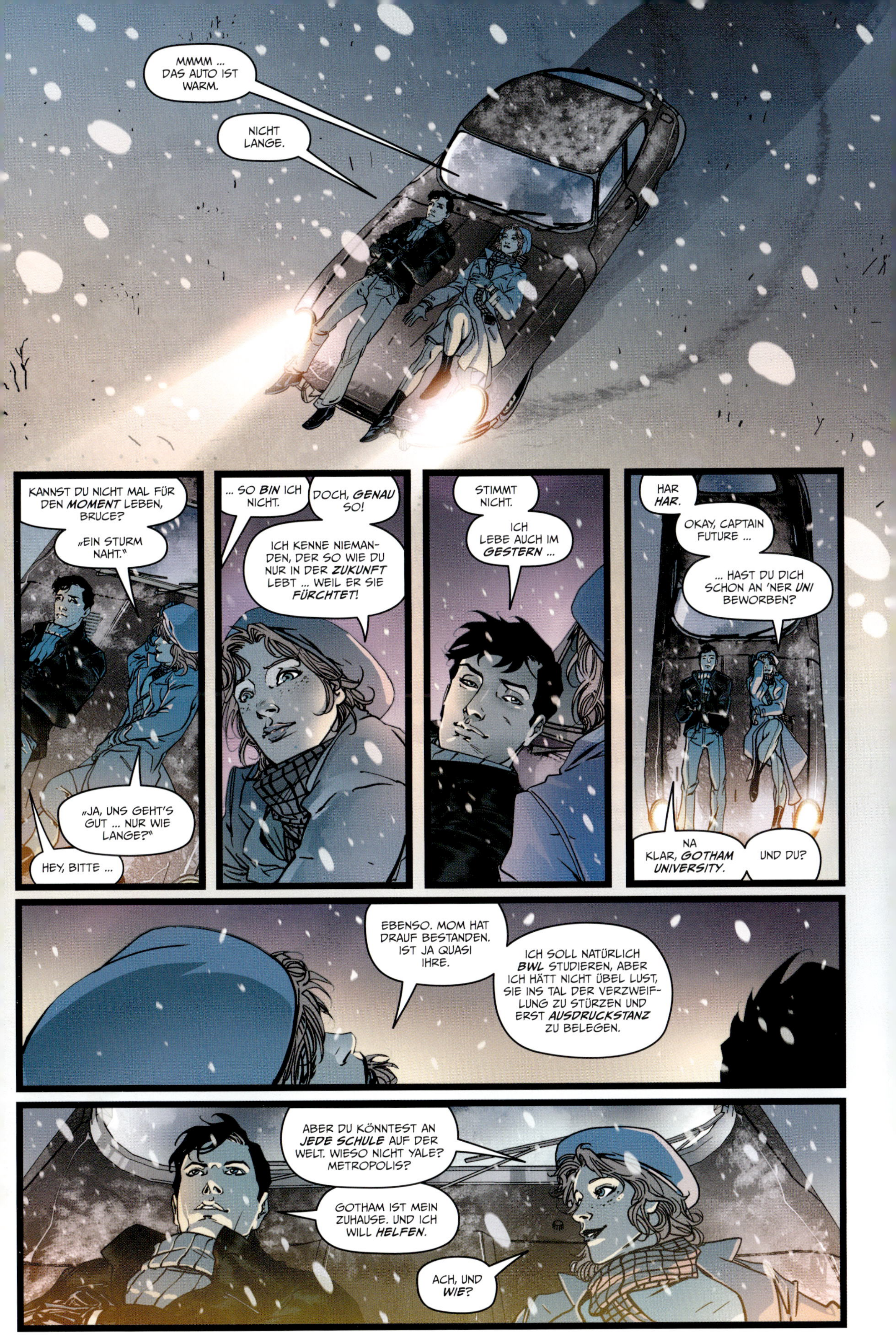

MMMM ... DAS AUTO IST WARM.
NICHT LANGE.

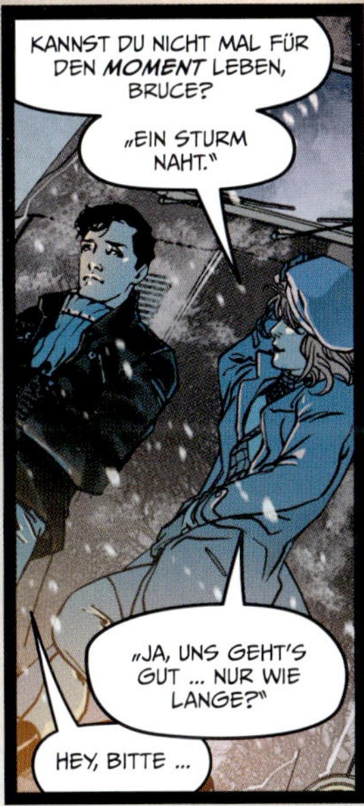

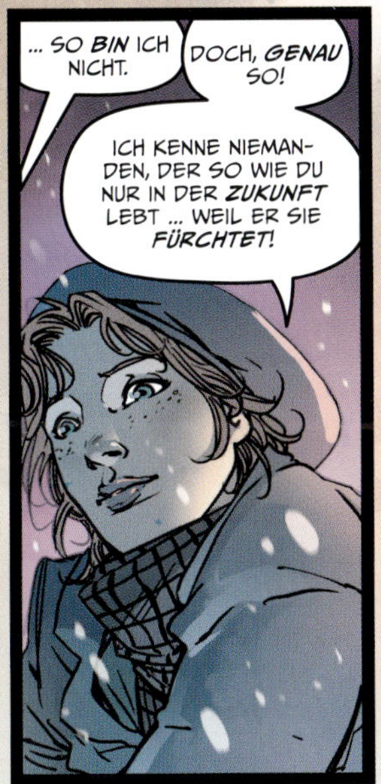

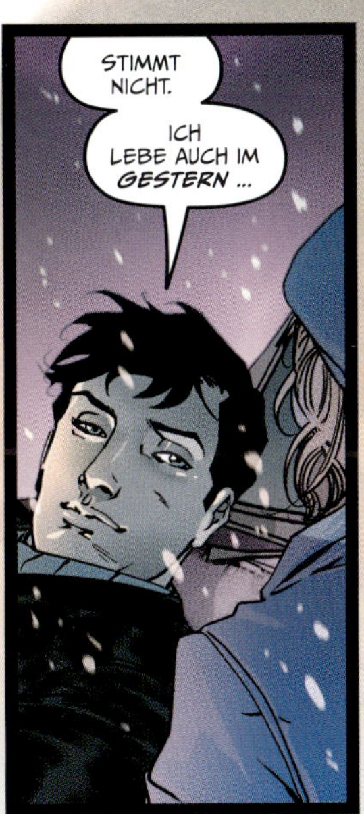

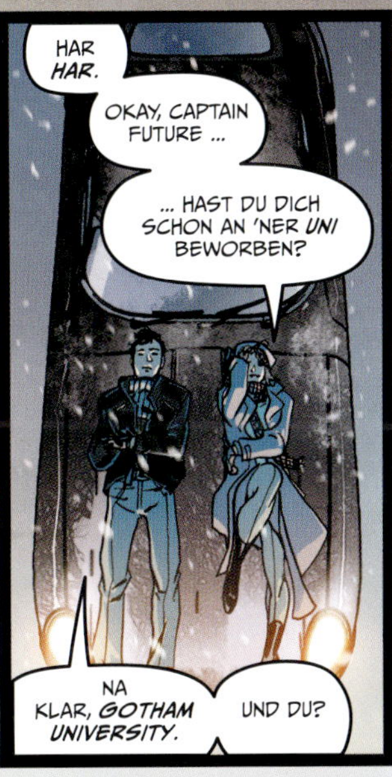

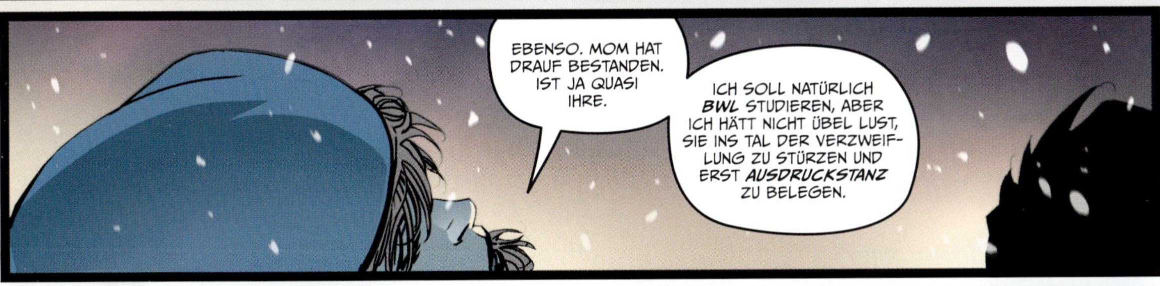

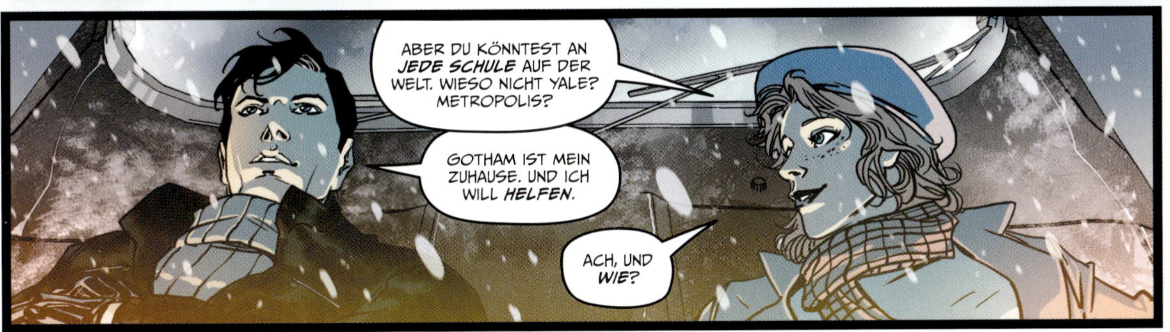

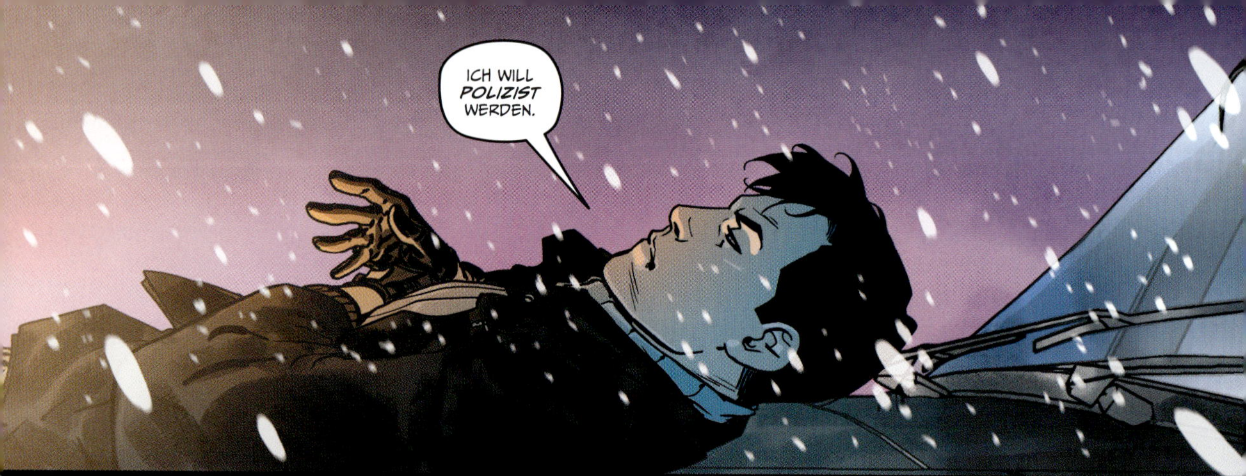
ICH WILL POLIZIST WERDEN.

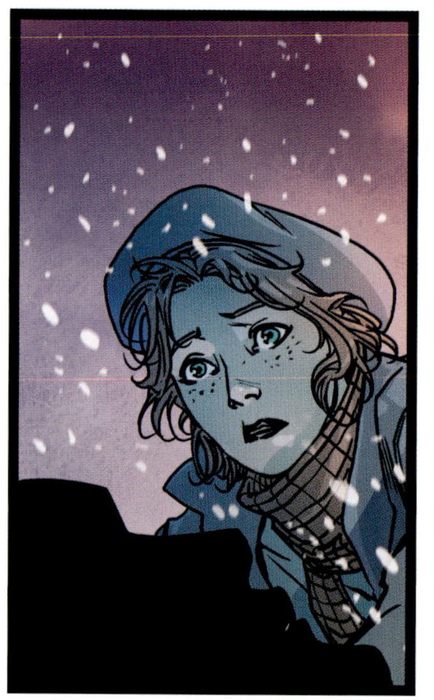

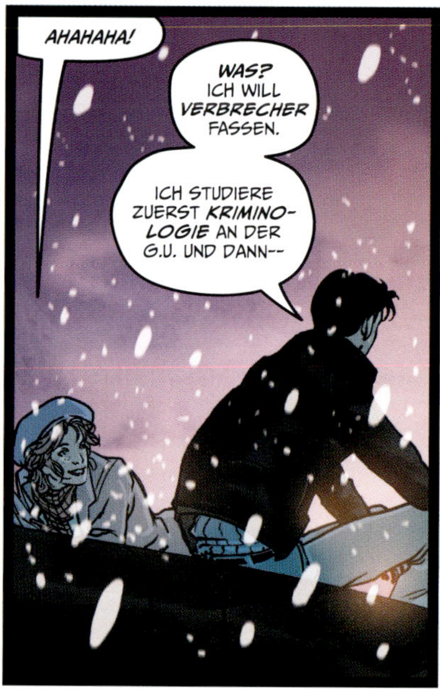
AHAHAHA!
WAS? ICH WILL VERBRECHER FASSEN.
ICH STUDIERE ZUERST KRIMINOLOGIE AN DER G.U. UND DANN--

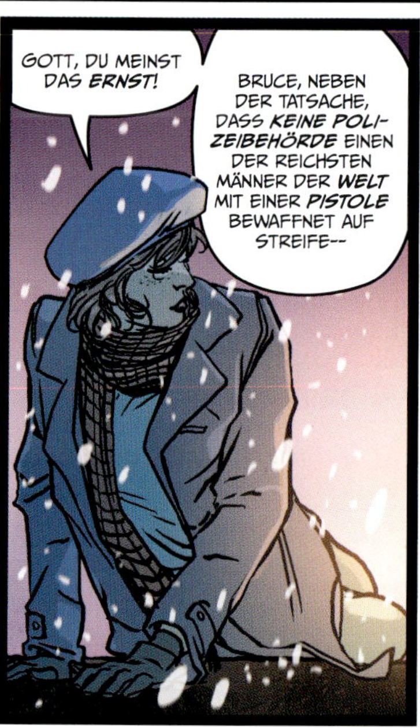
GOTT, DU MEINST DAS ERNST!
BRUCE, NEBEN DER TATSACHE, DASS KEINE POLIZEIBEHÖRDE EINEN DER REICHSTEN MÄNNER DER WELT MIT EINER PISTOLE BEWAFFNET AUF STREIFE--

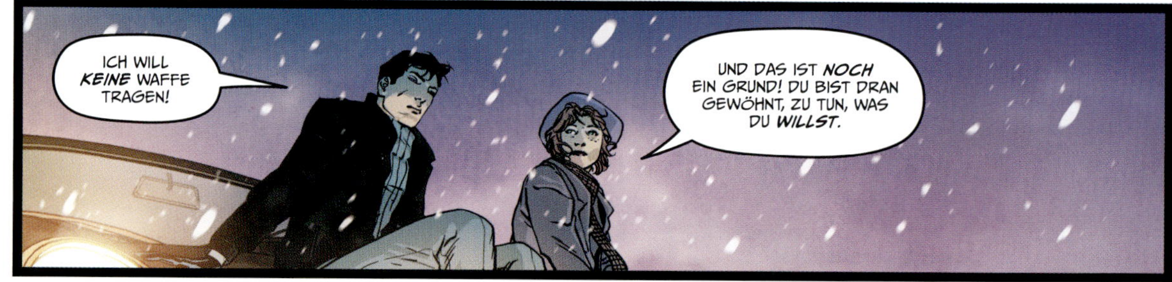
ICH WILL KEINE WAFFE TRAGEN!
UND DAS IST NOCH EIN GRUND! DU BIST DRAN GEWÖHNT, ZU TUN, WAS DU WILLST.

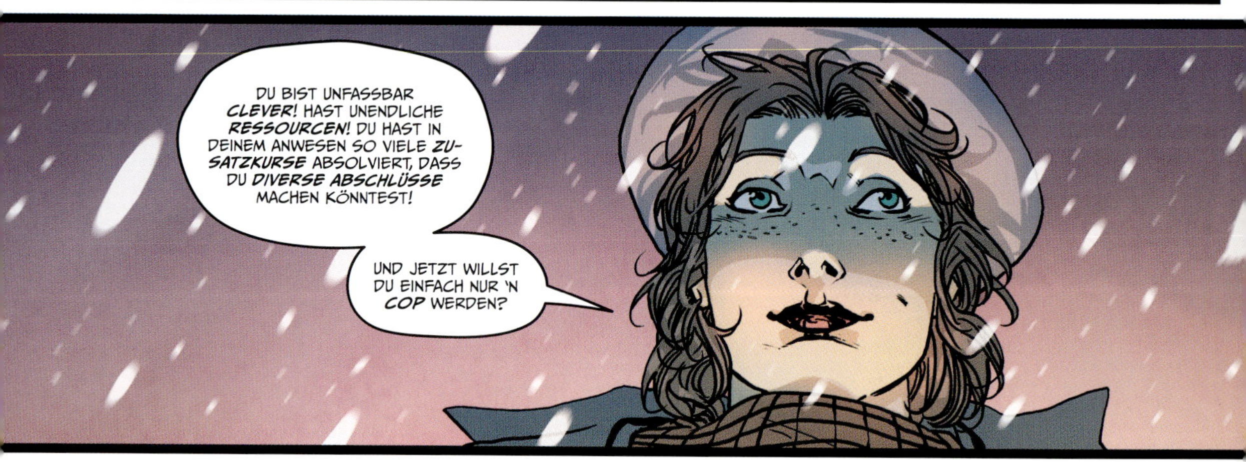
DU BIST UNFASSBAR CLEVER! HAST UNENDLICHE RESSOURCEN! DU HAST IN DEINEM ANWESEN SO VIELE ZUSATZKURSE ABSOLVIERT, DASS DU DIVERSE ABSCHLÜSSE MACHEN KÖNNTEST!
UND JETZT WILLST DU EINFACH NUR 'N COP WERDEN?

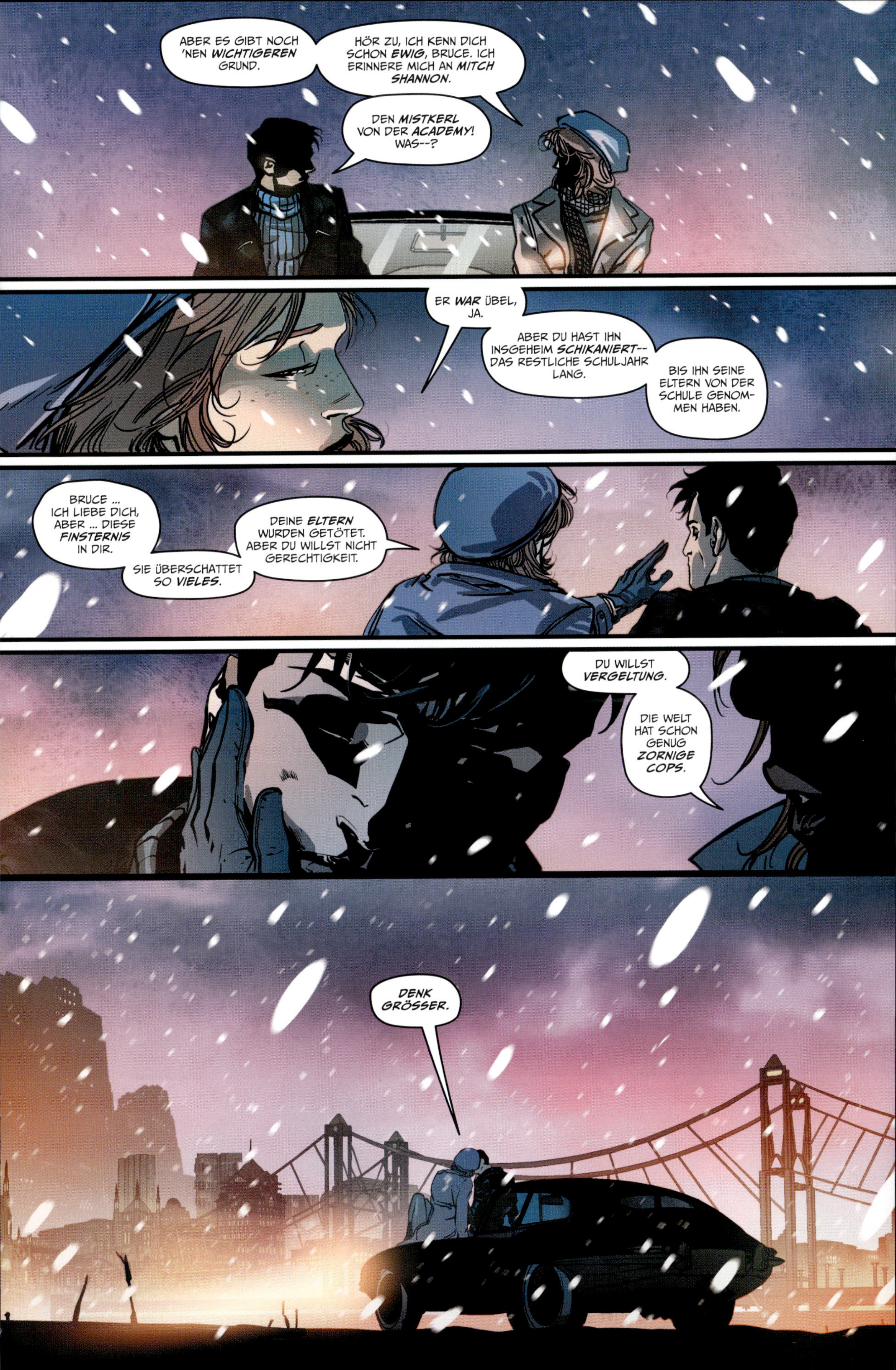

ABER ES GIBT NOCH 'NEN WICHTIGEREN GRUND.
HÖR ZU, ICH KENN DICH SCHON EWIG, BRUCE. ICH ERINNERE MICH AN MITCH SHANNON.
DEN MISTKERL VON DER ACADEMY! WAS--?
ER WAR ÜBEL, JA.
ABER DU HAST IHN INSGEHEIM SCHIKANIERT-- DAS RESTLICHE SCHULJAHR LANG.
BIS IHN SEINE ELTERN VON DER SCHULE GENOM-MEN HABEN.
BRUCE ... ICH LIEBE DICH, ABER ... DIESE FINSTERNIS IN DIR.
SIE ÜBERSCHATTET SO VIELES.
DEINE ELTERN WURDEN GETÖTET. ABER DU WILLST NICHT GERECHTIGKEIT.
DU WILLST VERGELTUNG.
DIE WELT HAT SCHON GENUG ZORNIGE COPS.
DENK GRÖSSER.

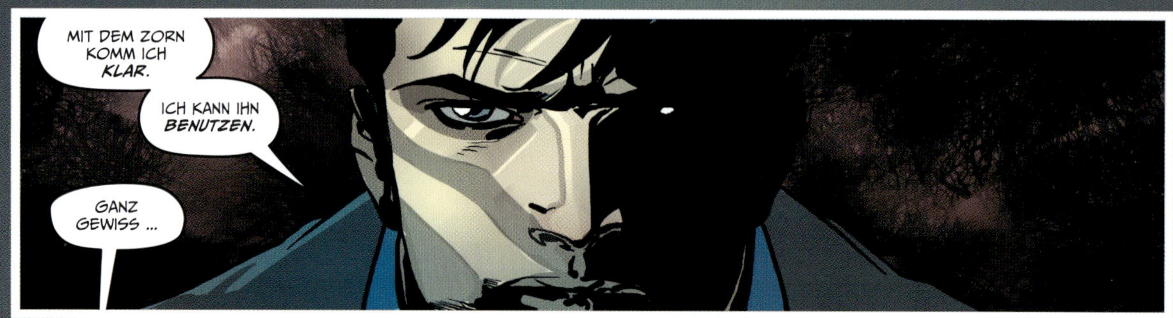
MIT DEM ZORN KOMM ICH KLAR.
ICH KANN IHN BENUTZEN.
GANZ GEWISS ...

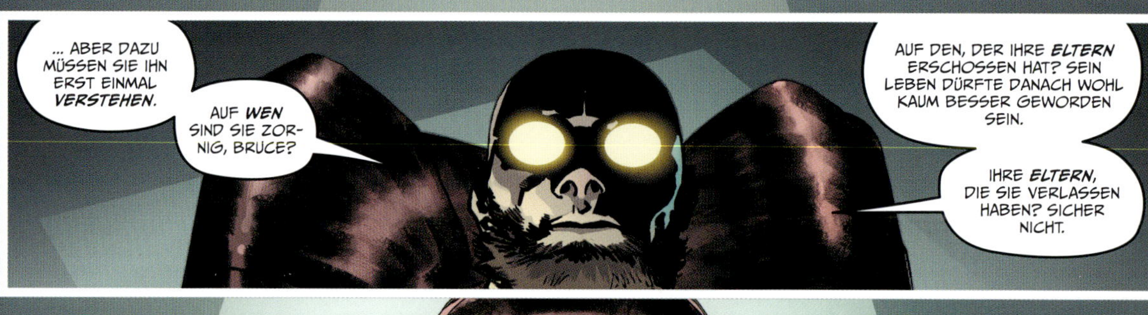
... ABER DAZU MÜSSEN SIE IHN ERST EINMAL VERSTEHEN.
AUF WEN SIND SIE ZORNIG, BRUCE?
AUF DEN, DER IHRE ELTERN ERSCHOSSEN HAT? SEIN LEBEN DÜRFTE DANACH WOHL KAUM BESSER GEWORDEN SEIN.
IHRE ELTERN, DIE SIE VERLASSEN HABEN? SICHER NICHT.

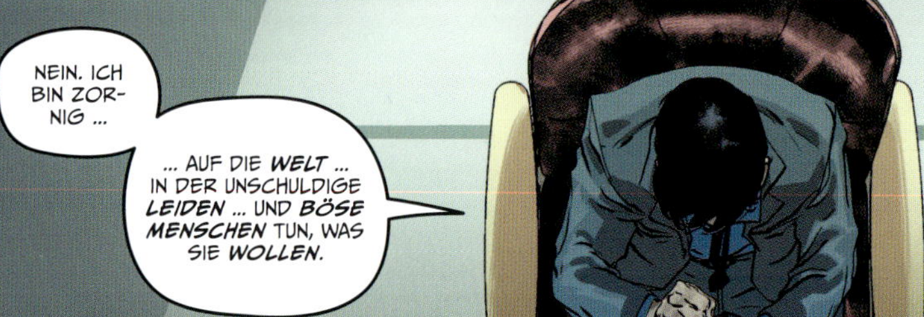
NEIN. ICH BIN ZORNIG ...
... AUF DIE WELT ... IN DER UNSCHULDIGE LEIDEN ... UND BÖSE MENSCHEN TUN, WAS SIE WOLLEN.
DAS GILT FÜR „BÖSE MENSCHEN" ...

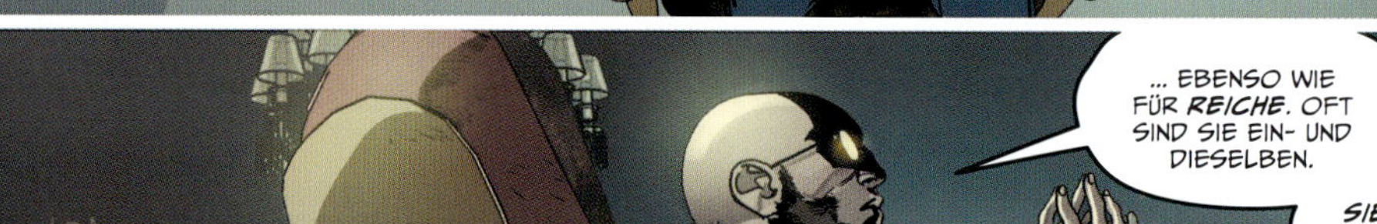
... EBENSO WIE FÜR REICHE. OFT SIND SIE EIN- UND DIESELBEN.
SIE TUN, WAS SIE WOLLEN, BRUCE.

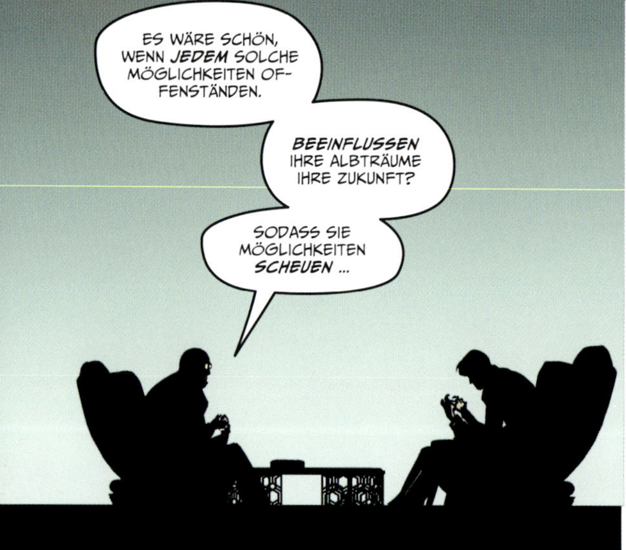
ES WÄRE SCHÖN, WENN JEDEM SOLCHE MÖGLICHKEITEN OFFENSTÄNDEN.
BEEINFLUSSEN IHRE ALBTRÄUME IHRE ZUKUNFT?
SODASS SIE MÖGLICHKEITEN SCHEUEN ...

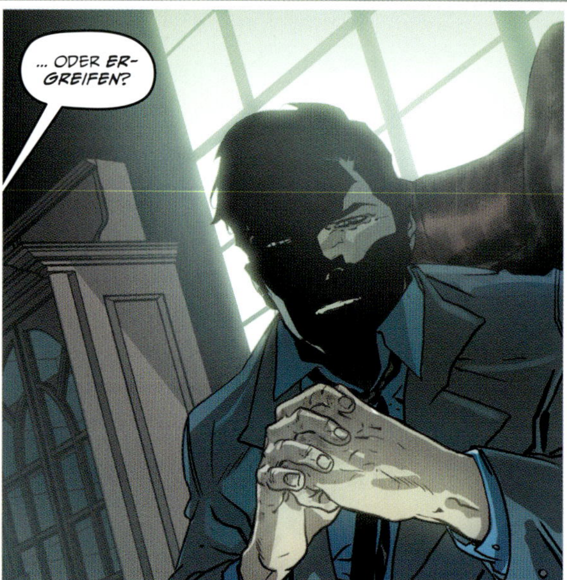
... ODER ERGREIFEN?

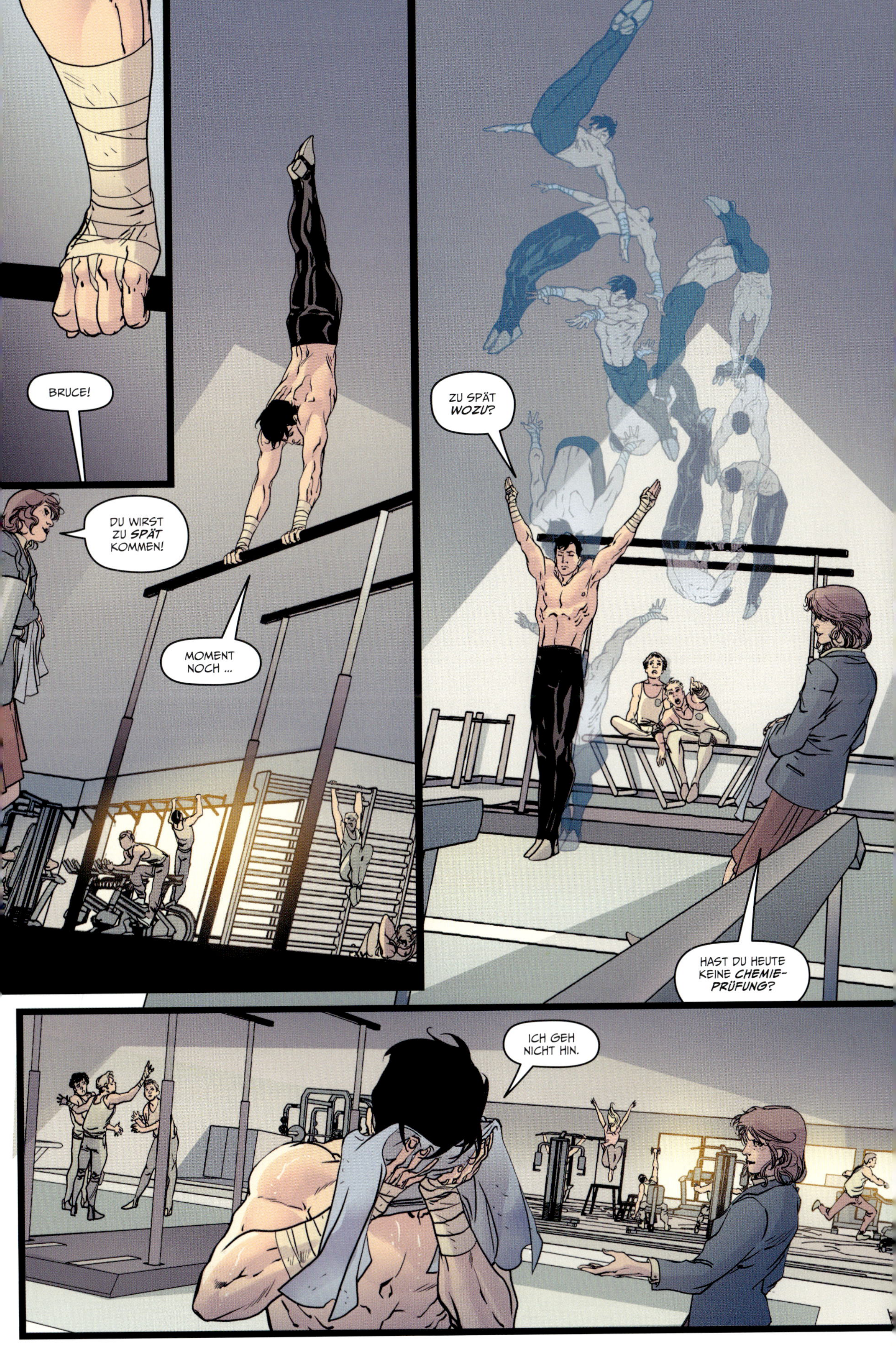
BRUCE!
DU WIRST ZU SPÄT KOMMEN!
MOMENT NOCH ...
ZU SPÄT WOZU?
HAST DU HEUTE KEINE CHEMIE-PRÜFUNG?
ICH GEH NICHT HIN.

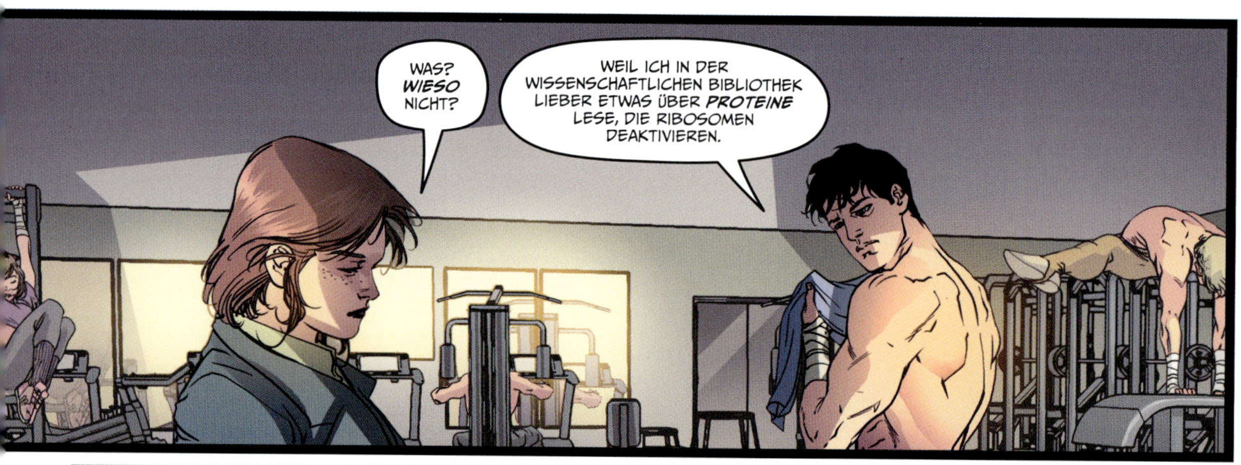
WAS? WIESO NICHT?
WEIL ICH IN DER WISSENSCHAFTLICHEN BIBLIOTHEK LIEBER ETWAS ÜBER PROTEINE LESE, DIE RIBOSOMEN DEAKTIVIEREN.

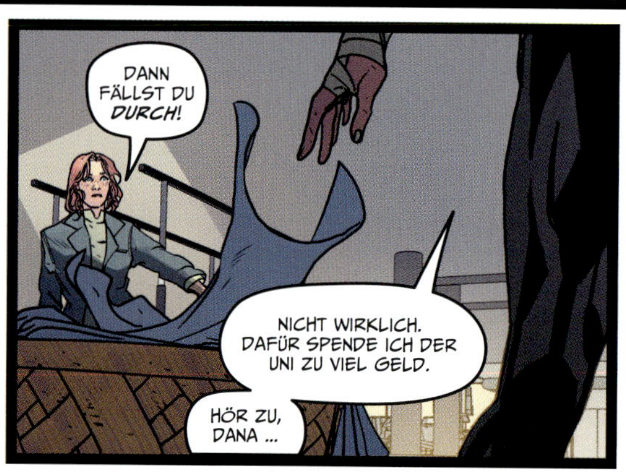
DANN FÄLLST DU DURCH!
NICHT WIRKLICH. DAFÜR SPENDE ICH DER UNI ZU VIEL GELD.
HÖR ZU, DANA ...

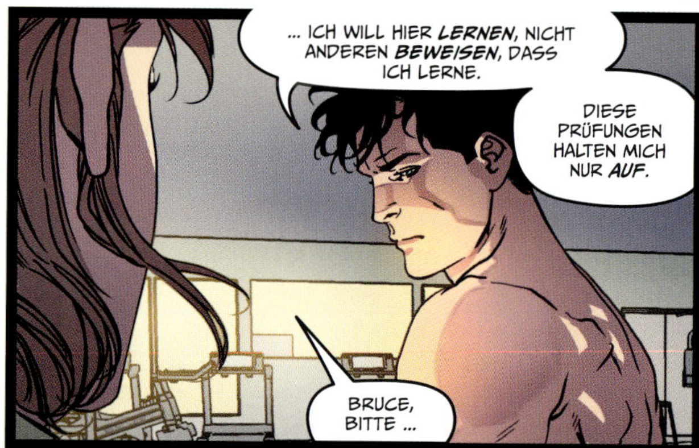
... ICH WILL HIER LERNEN, NICHT ANDEREN BEWEISEN, DASS ICH LERNE.
DIESE PRÜFUNGEN HALTEN MICH NUR AUF.
BRUCE, BITTE ...

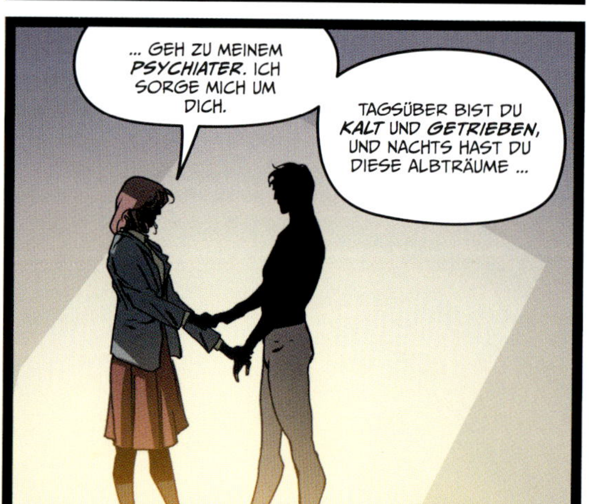
... GEH ZU MEINEM PSYCHIATER. ICH SORGE MICH UM DICH.
TAGSÜBER BIST DU KALT UND GETRIEBEN, UND NACHTS HAST DU DIESE ALBTRÄUME ...

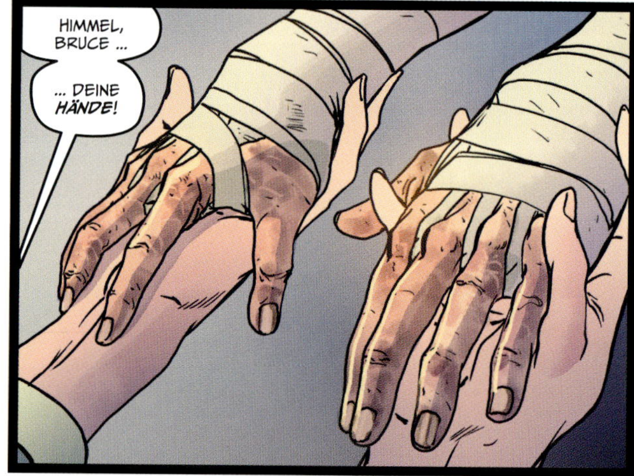
HIMMEL, BRUCE ...
... DEINE HÄNDE!

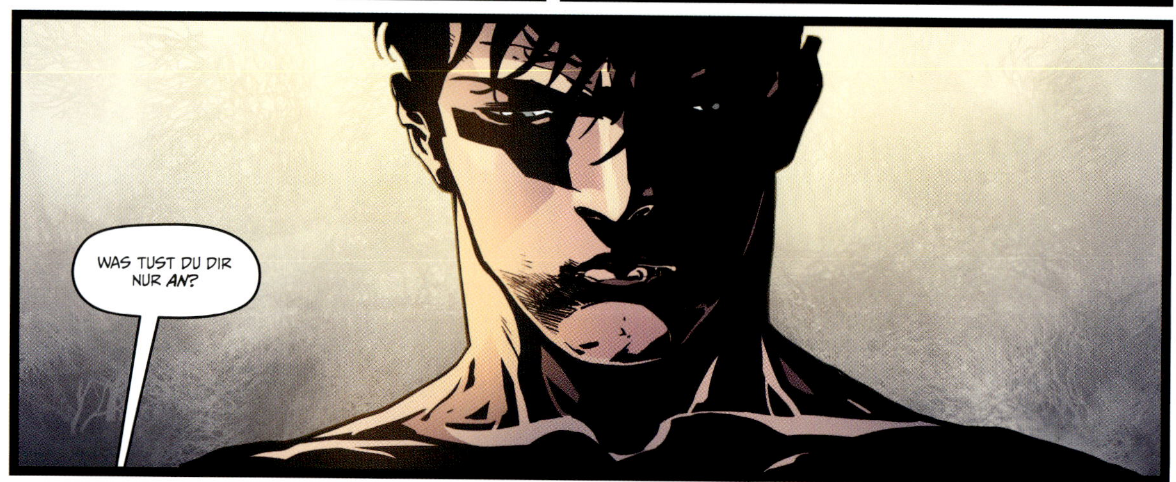
WAS TUST DU DIR NUR AN?

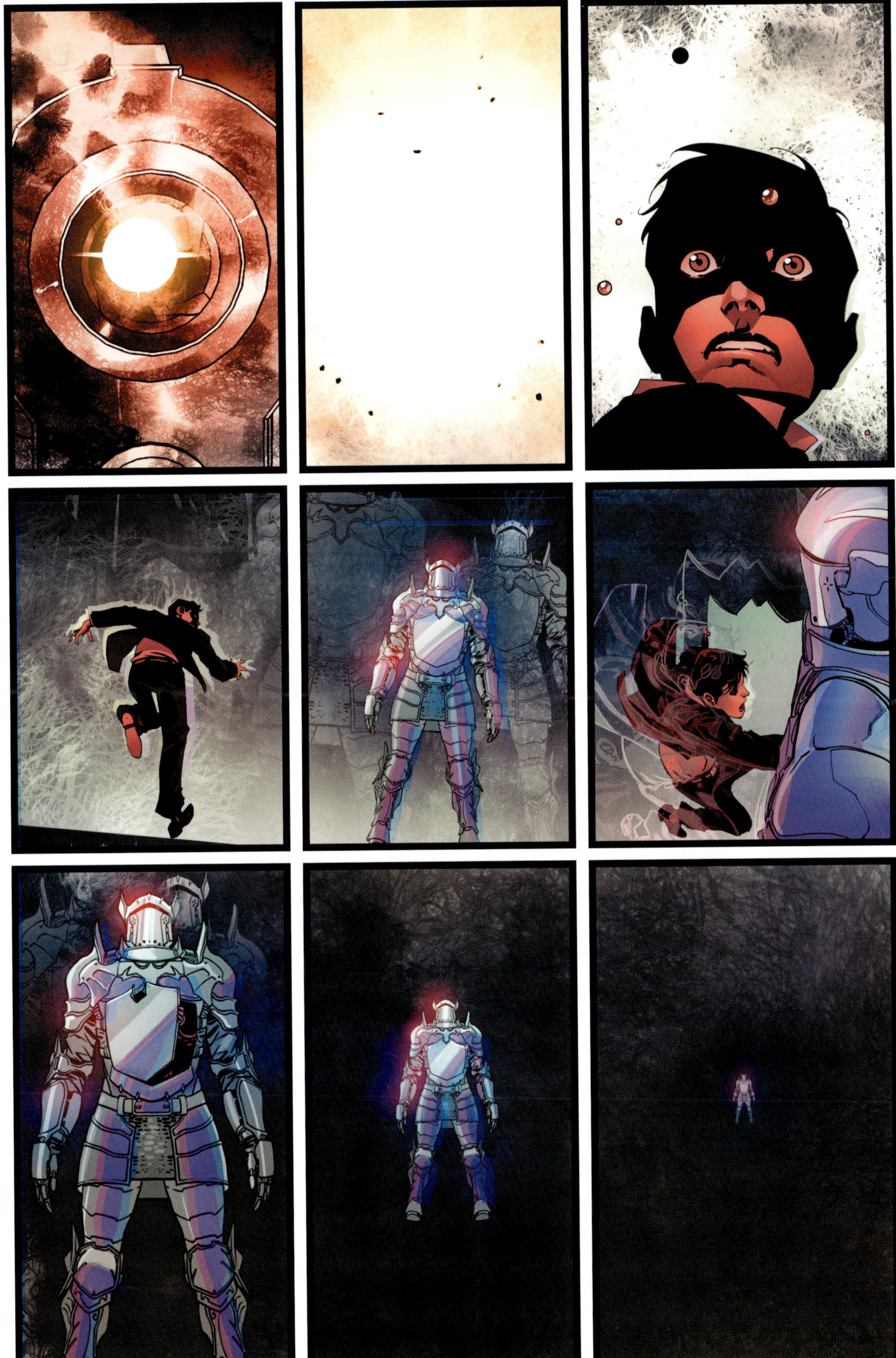

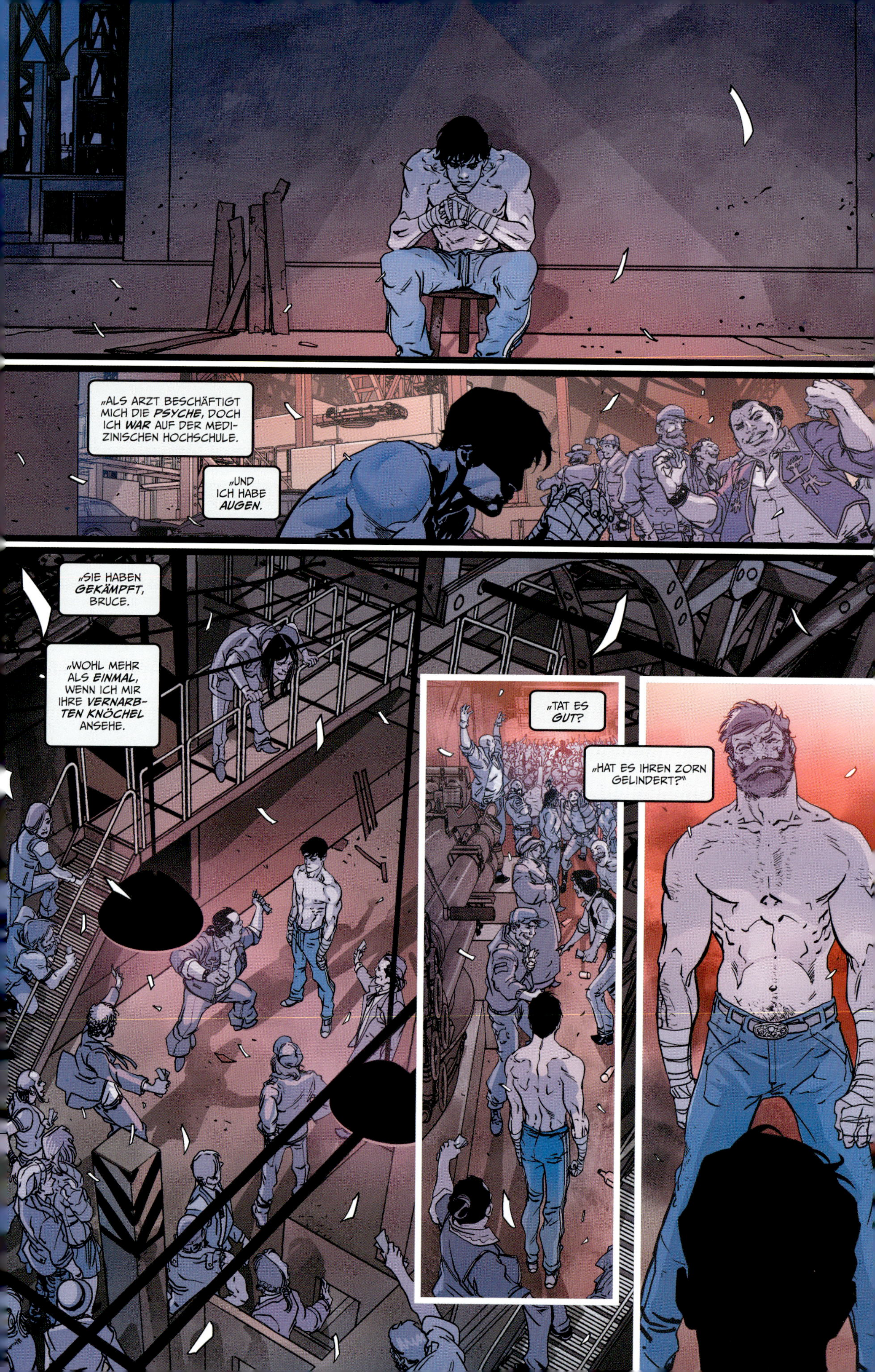
„ALS ARZT BESCHÄFTIGT MICH DIE PSYCHE, DOCH ICH WAR AUF DER MEDIZINISCHEN HOCHSCHULE.
„UND ICH HABE AUGEN.
„SIE HABEN GEKÄMPFT, BRUCE.
„WOHL MEHR ALS EINMAL, WENN ICH MIR IHRE VERNARBTEN KNÖCHEL ANSEHE.
„TAT ES GUT?
„HAT ES IHREN ZORN GELINDERT?"

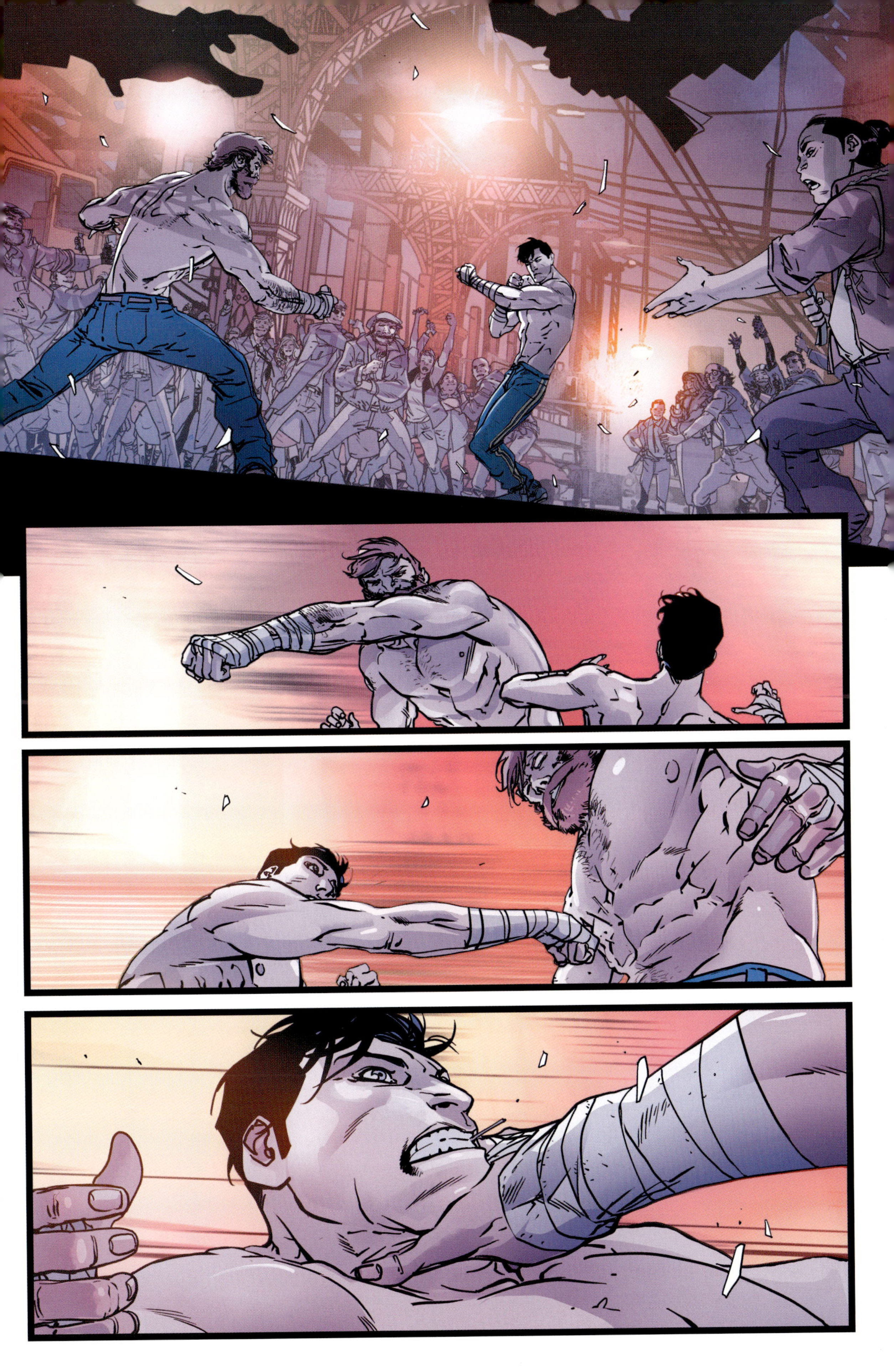

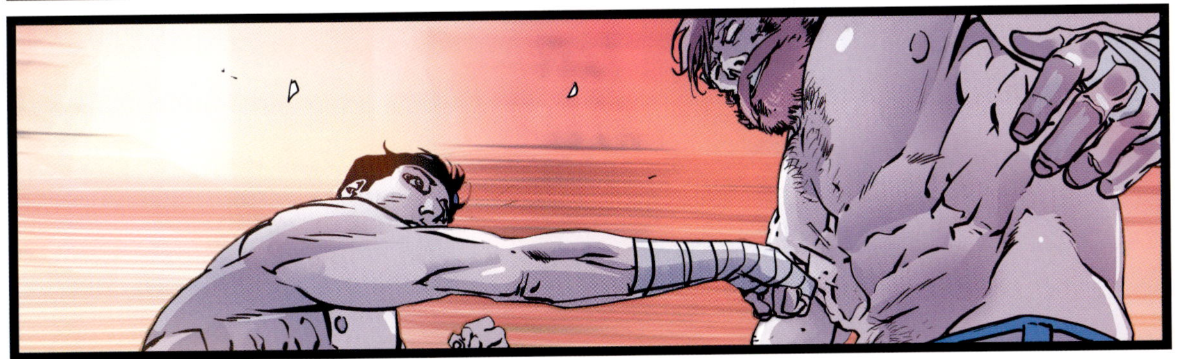

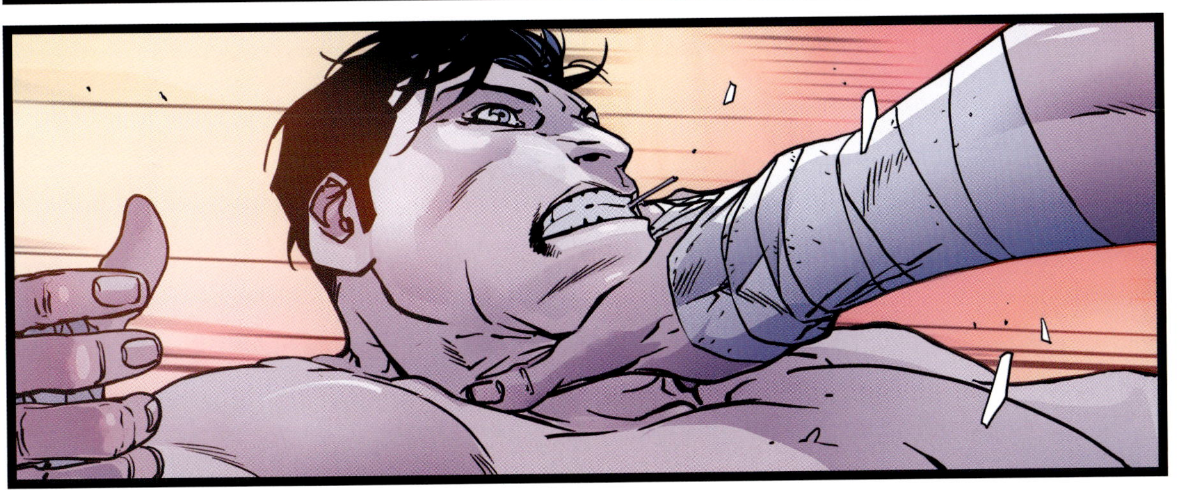

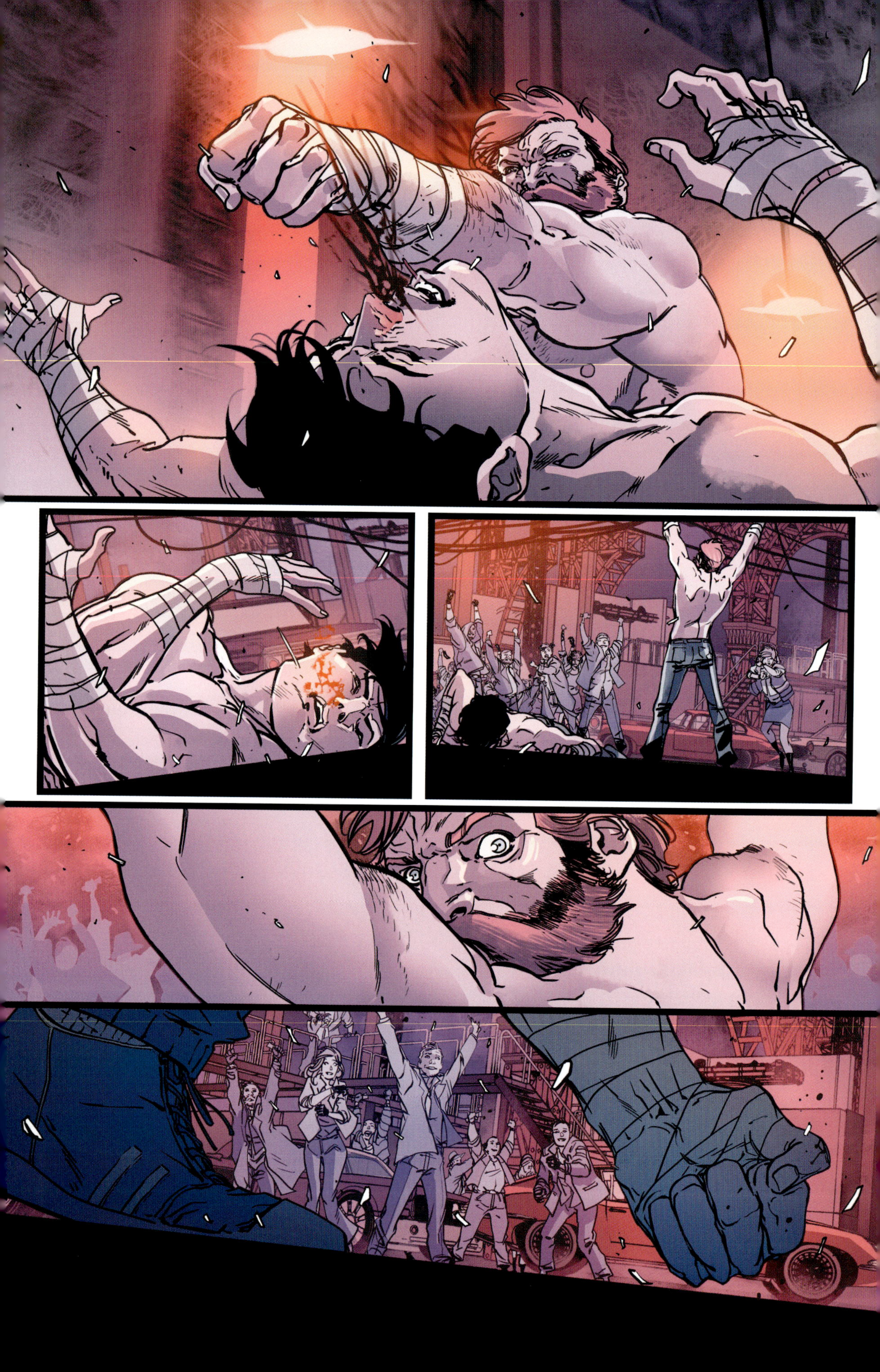

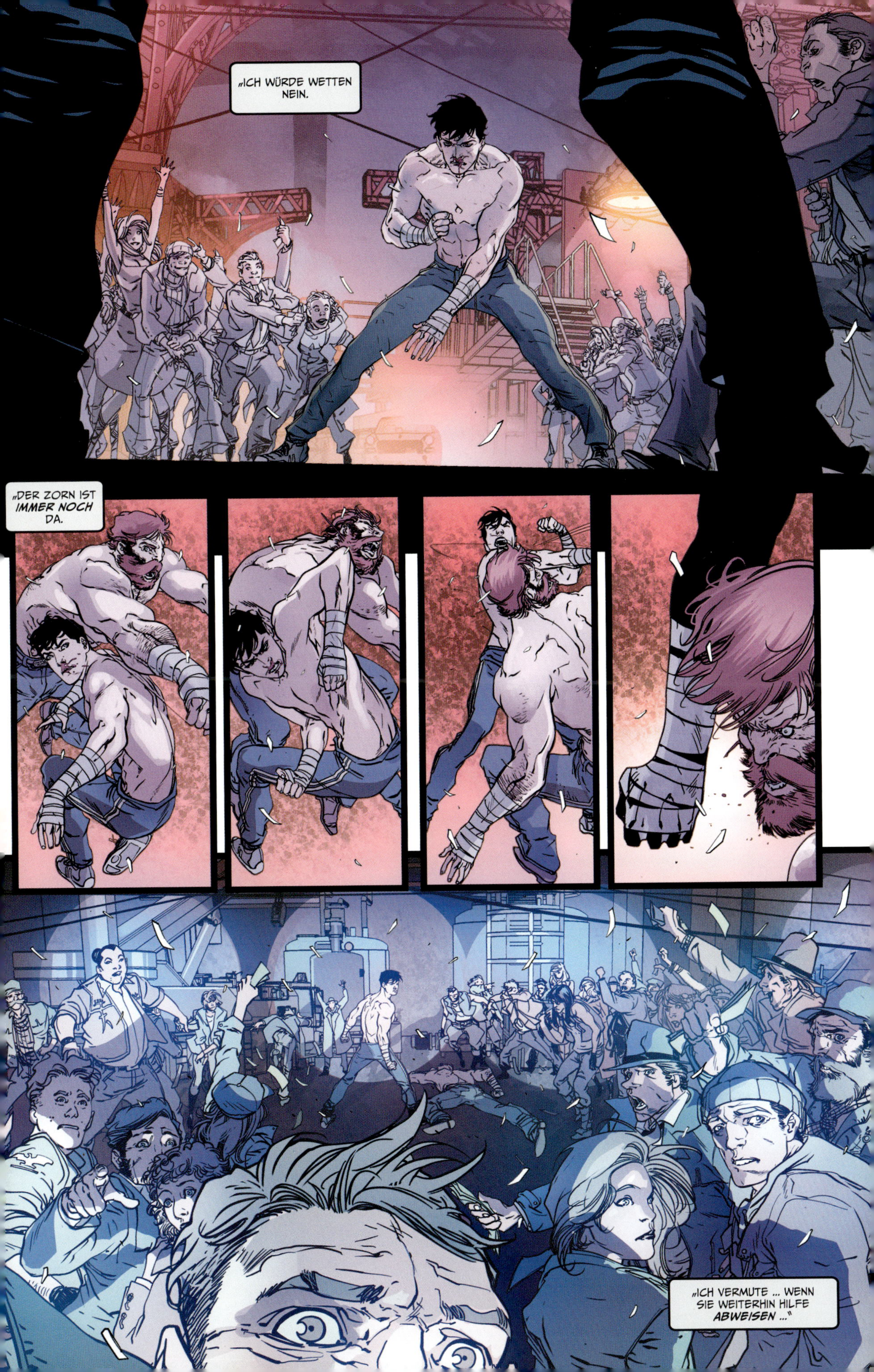
„ICH WÜRDE WETTEN NEIN.
„DER ZORN IST IMMER NOCH DA.
„ICH VERMUTE ... WENN SIE WEITERHIN HILFE ABWEISEN ...“

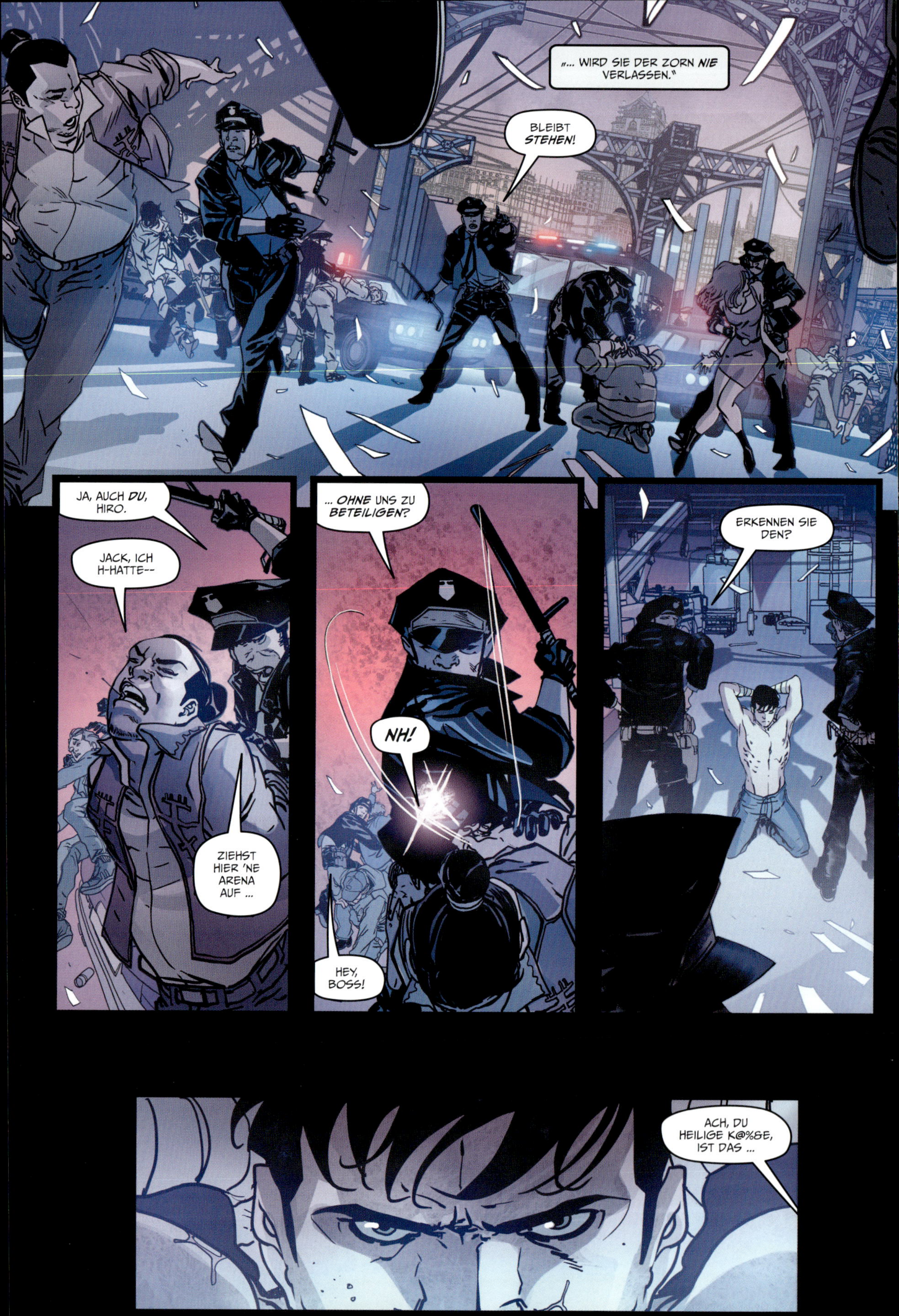

"... WIRD SIE DER ZORN *NIE* VERLASSEN."

BLEIBT *STEHEN!*

JA, AUCH *DU*, HIRO.

JACK, ICH H-HATTE--

ZIEHST HIER 'NE ARENA AUF ...

... *OHNE* UNS ZU *BETEILIGEN?*

NH!

HEY, BOSS!

ERKENNEN SIE DEN?

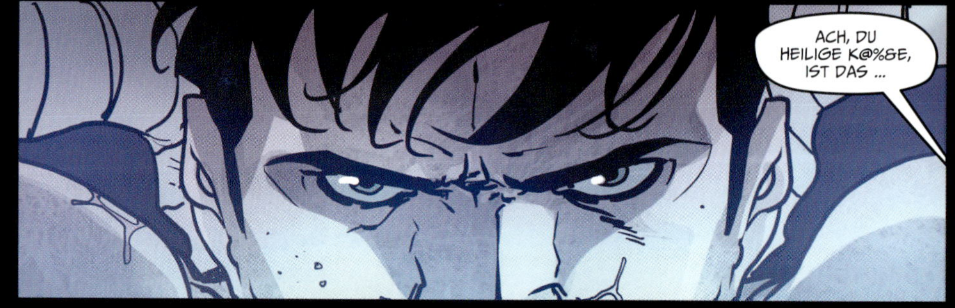

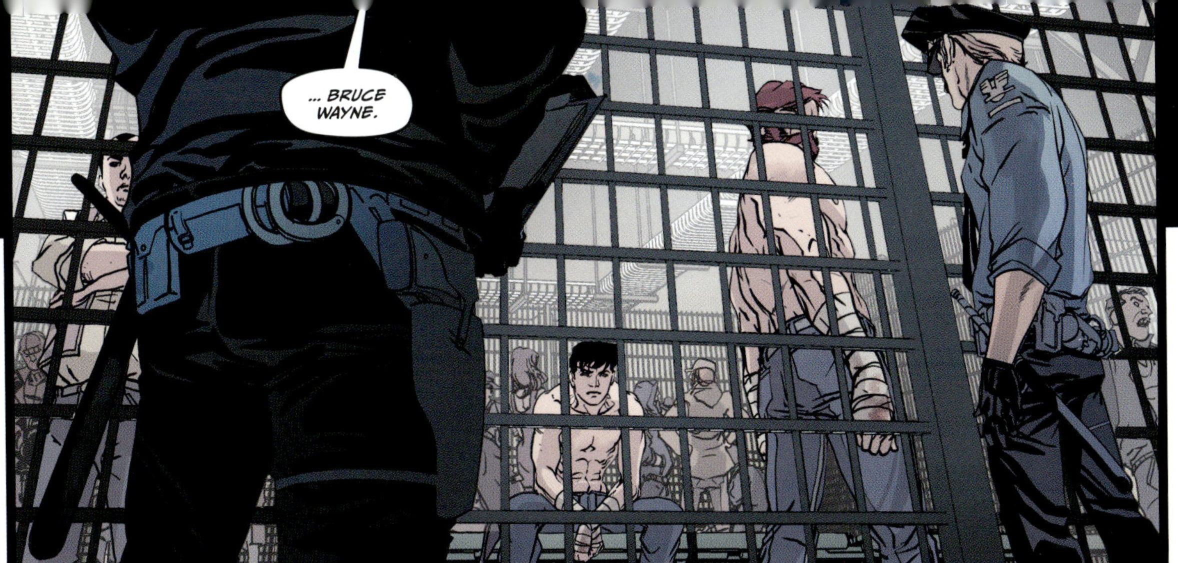
... BRUCE WAYNE.

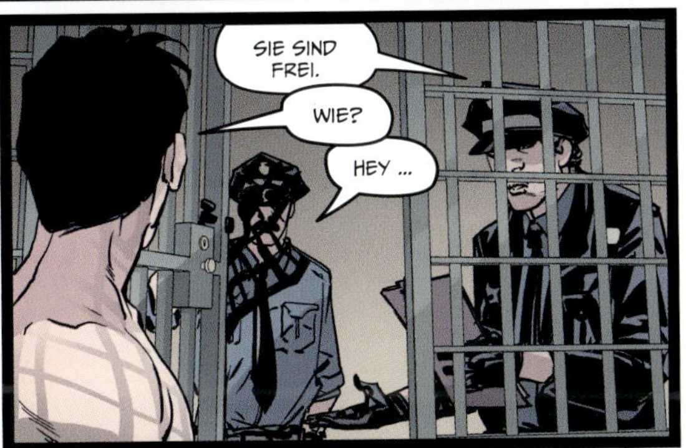
SIE SIND FREI.
WIE?
HEY ...

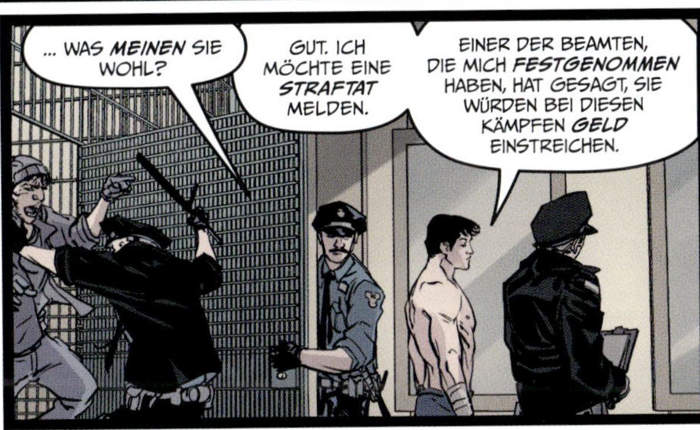
... WAS MEINEN SIE WOHL?
GUT. ICH MÖCHTE EINE STRAFTAT MELDEN.
EINER DER BEAMTEN, DIE MICH FESTGENOMMEN HABEN, HAT GESAGT, SIE WÜRDEN BEI DIESEN KÄMPFEN GELD EINSTREICHEN.

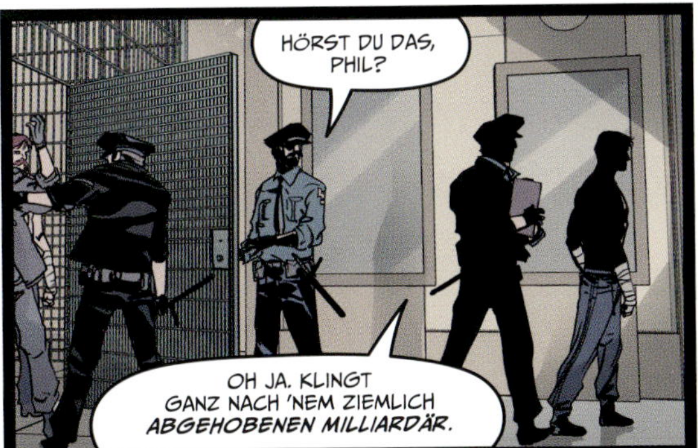
HÖRST DU DAS, PHIL?
OH JA. KLINGT GANZ NACH 'NEM ZIEMLICH ABGEHOBENEN MILLIARDÄR.

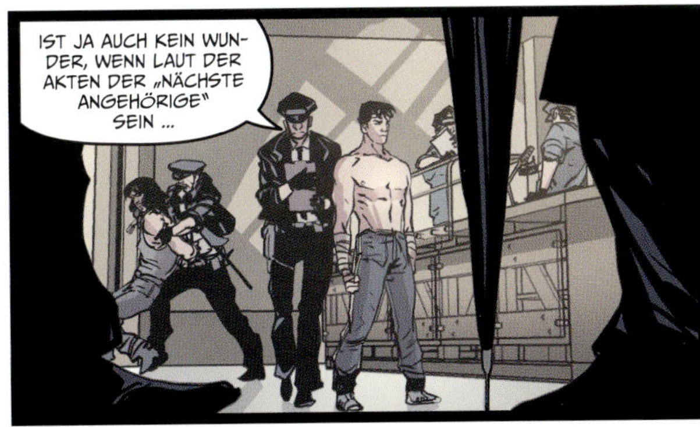
IST JA AUCH KEIN WUNDER, WENN LAUT DER AKTEN DER „NÄCHSTE ANGEHÖRIGE" SEIN ...

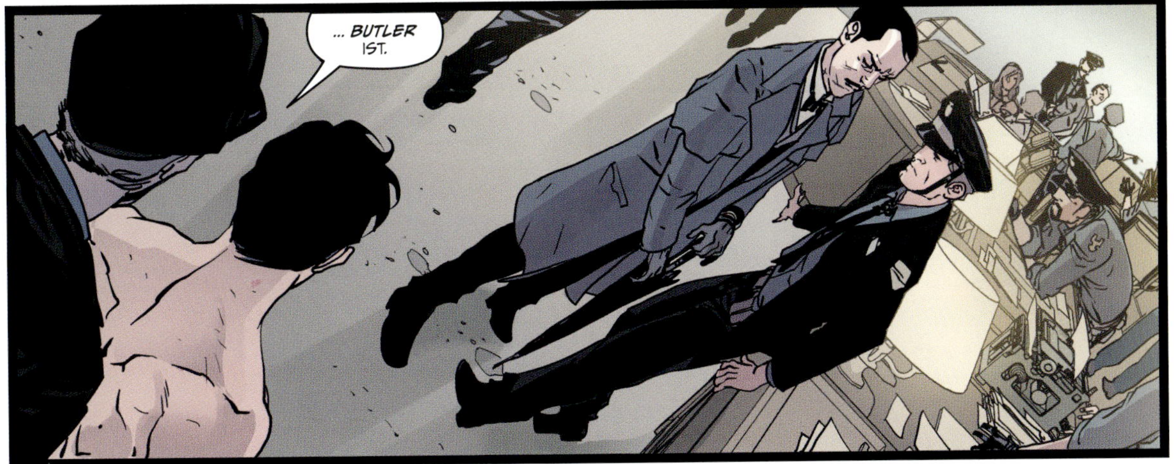
... BUTLER IST.

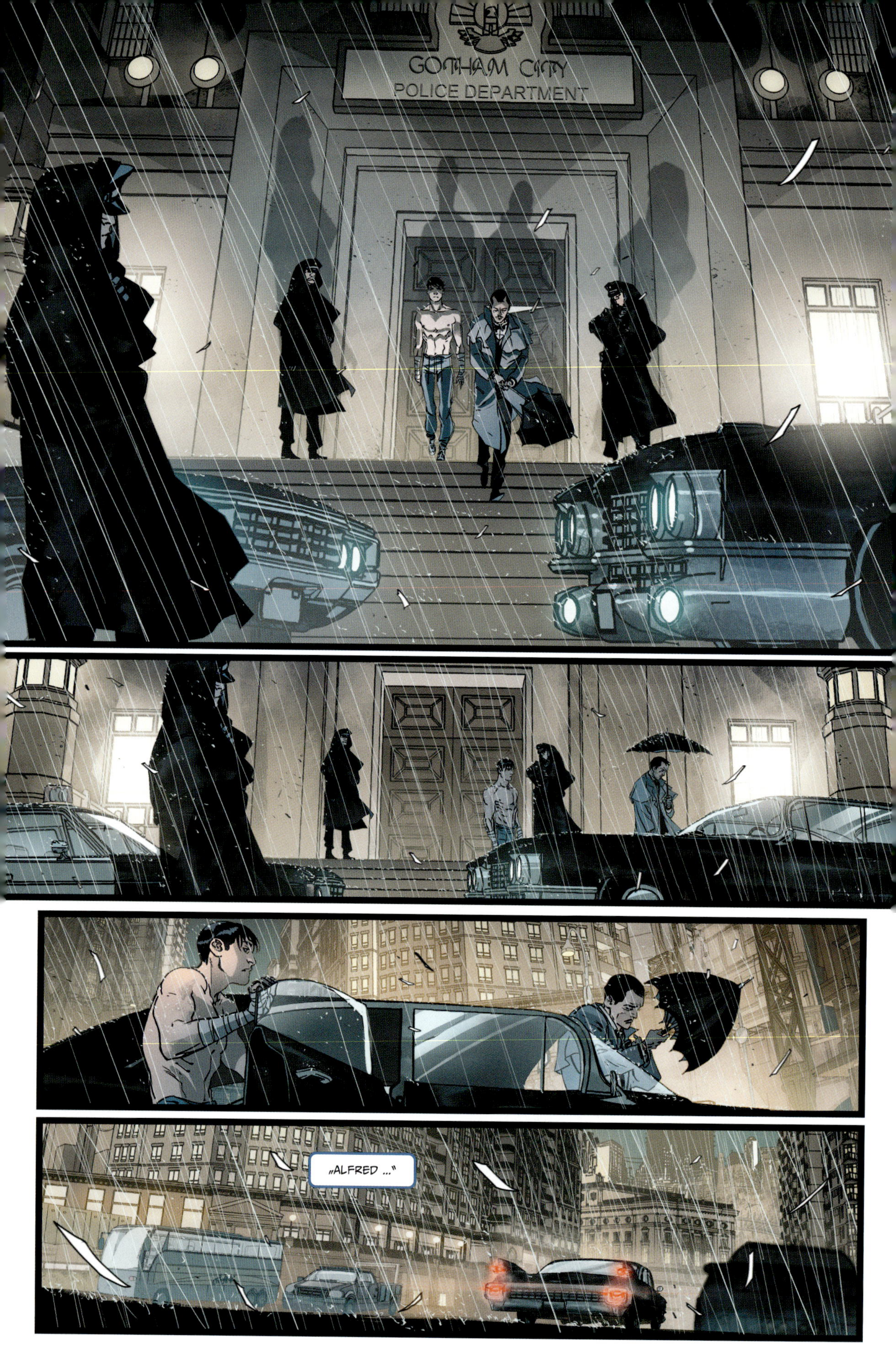

GOTHAM CITY
POLICE DEPARTMENT

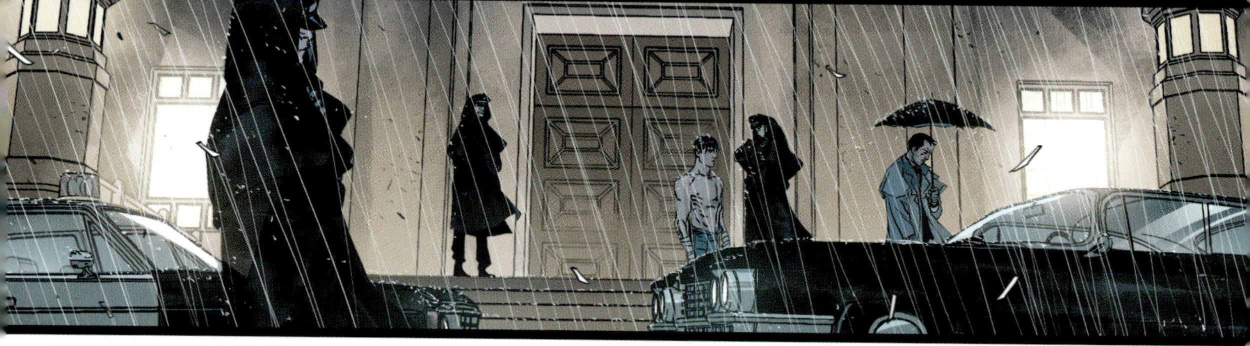

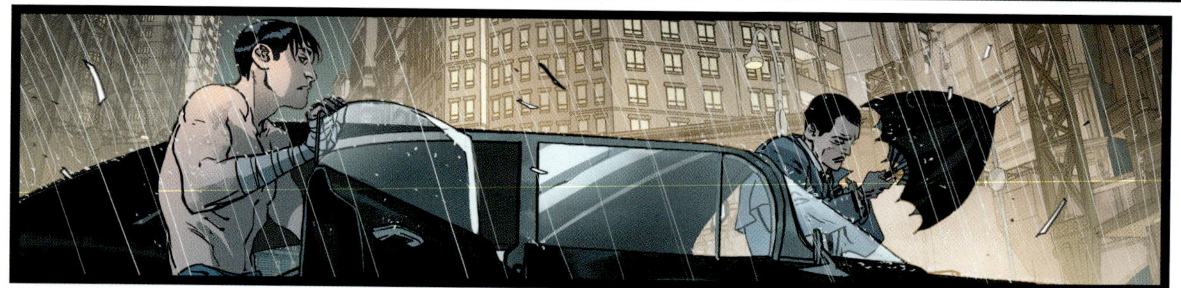

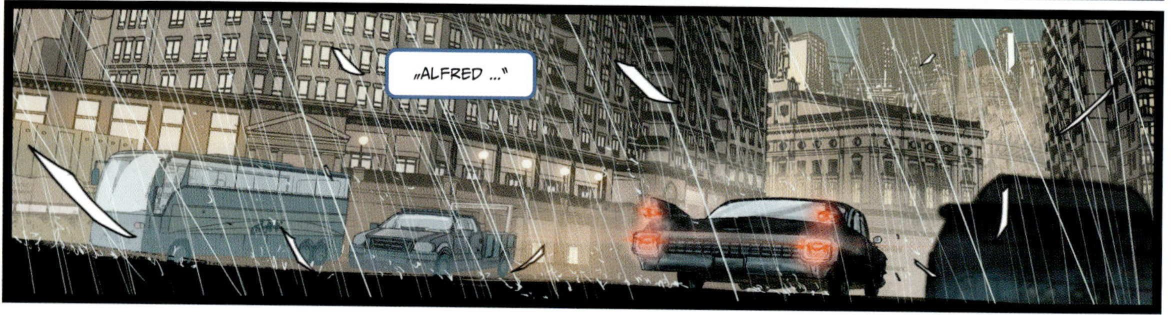
„ALFRED ...“

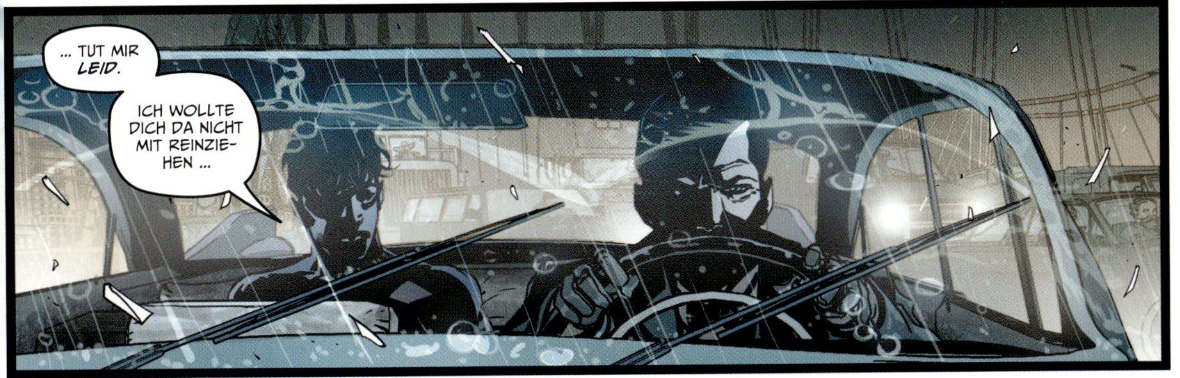
... TUT MIR LEID.
ICH WOLLTE DICH DA NICHT MIT REINZIEHEN ...

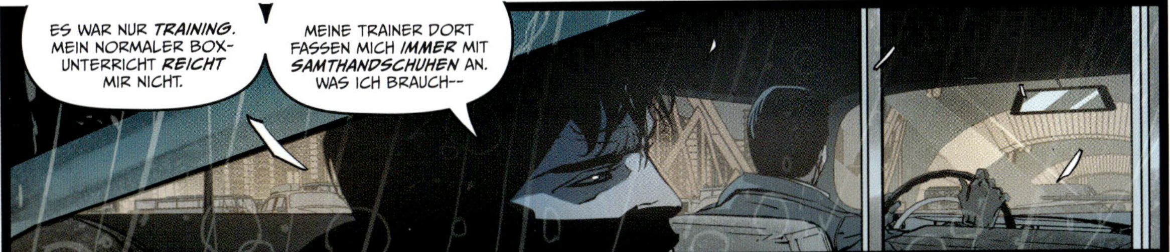
ES WAR NUR TRAINING. MEIN NORMALER BOXUNTERRICHT REICHT MIR NICHT.
MEINE TRAINER DORT FASSEN MICH IMMER MIT SAMTHANDSCHUHEN AN. WAS ICH BRAUCH--

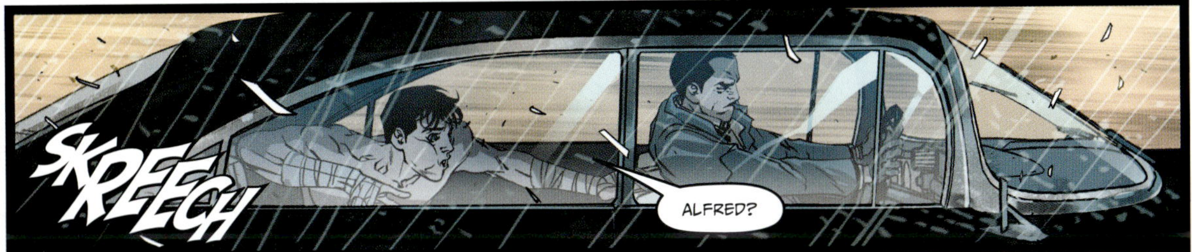
SKREECH
ALFRED?

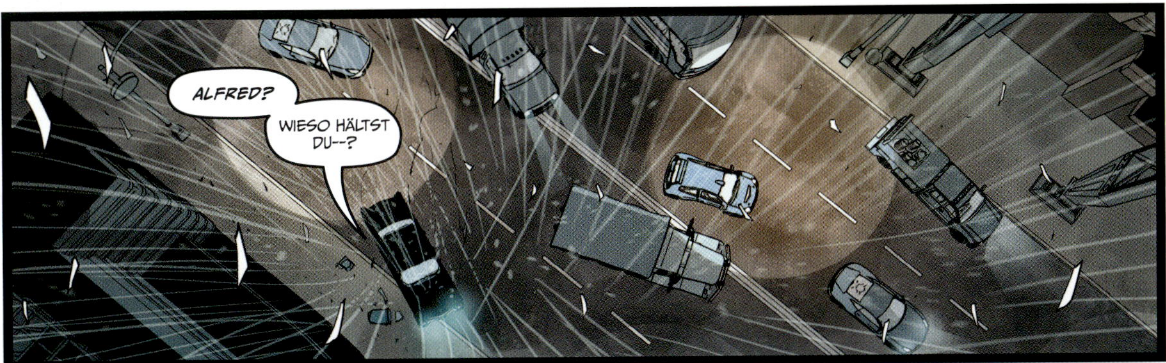
ALFRED?
WIESO HÄLTST DU--?

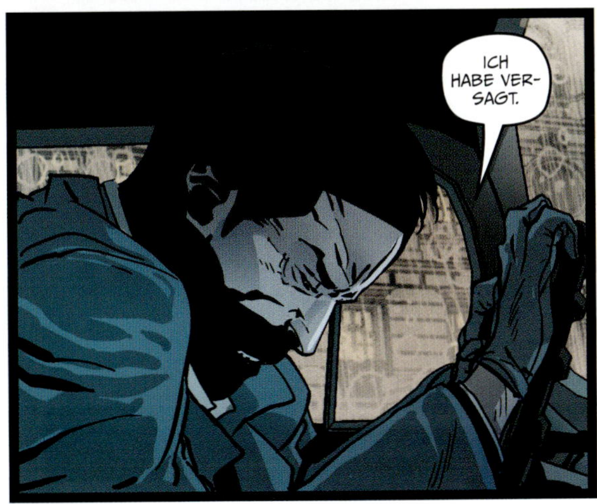
ICH HABE VERSAGT.

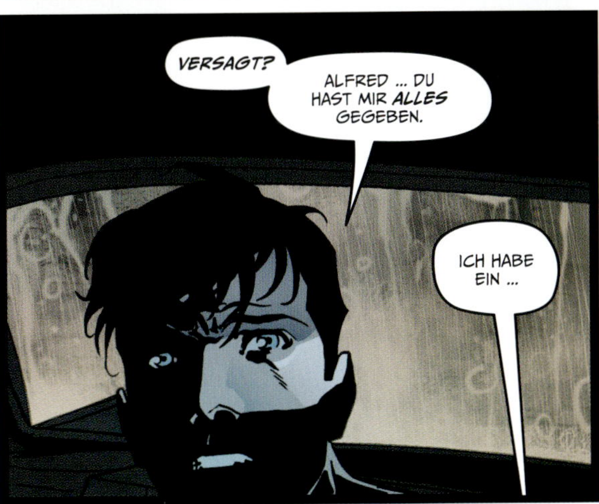
VERSAGT?
ALFRED ... DU HAST MIR ALLES GEGEBEN.
ICH HABE EIN ...

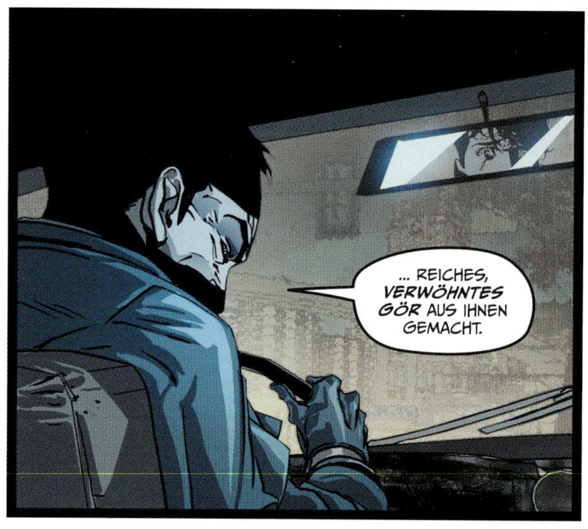
... REICHES, VERWÖHNTES GÖR AUS IHNEN GEMACHT.

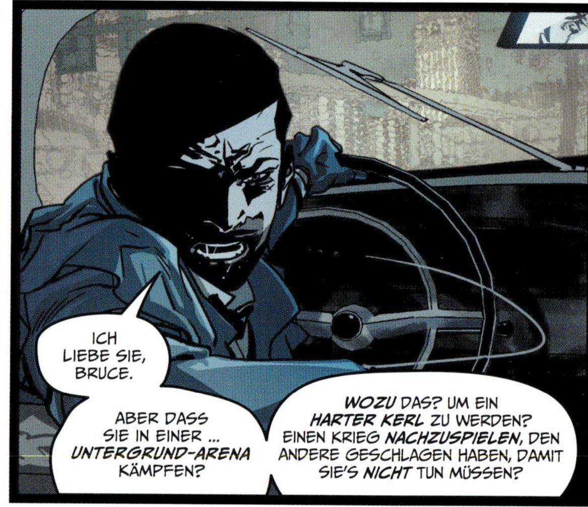
ICH LIEBE SIE, BRUCE.
ABER DASS SIE IN EINER ... UNTERGRUND-ARENA KÄMPFEN?
WOZU DAS? UM EIN HARTER KERL ZU WERDEN? EINEN KRIEG NACHZUSPIELEN, DEN ANDERE GESCHLAGEN HABEN, DAMIT SIE'S NICHT TUN MÜSSEN?

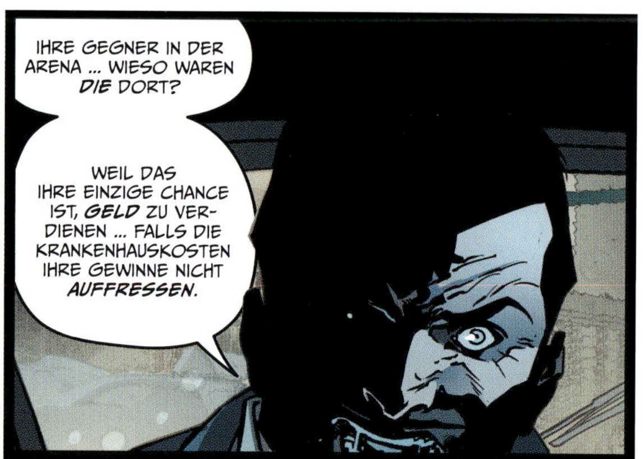
IHRE GEGNER IN DER ARENA ... WIESO WAREN DIE DORT?
WEIL DAS IHRE EINZIGE CHANCE IST, GELD ZU VERDIENEN ... FALLS DIE KRANKENHAUSKOSTEN IHRE GEWINNE NICHT AUFFRESSEN.

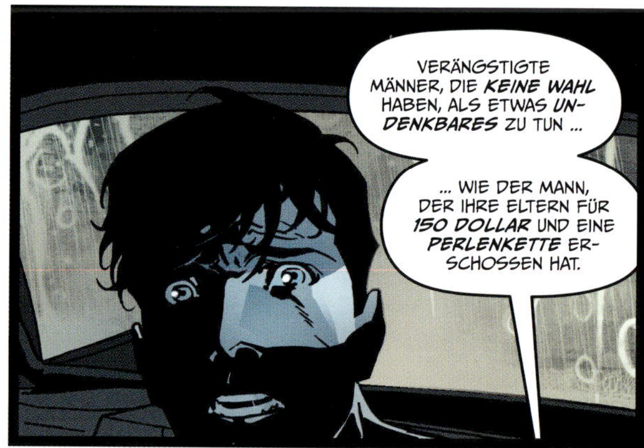
VERÄNGSTIGTE MÄNNER, DIE KEINE WAHL HABEN, ALS ETWAS UNDENKBARES ZU TUN ...
... WIE DER MANN, DER IHRE ELTERN FÜR 150 DOLLAR UND EINE PERLENKETTE ERSCHOSSEN HAT.

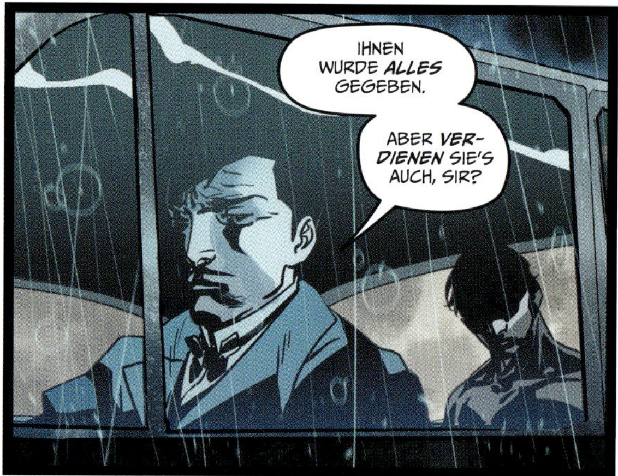
IHNEN WURDE ALLES GEGEBEN.
ABER VERDIENEN SIE'S AUCH, SIR?

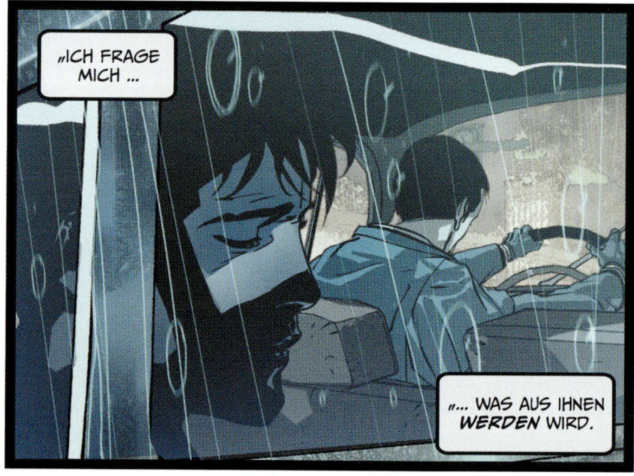
„ICH FRAGE MICH ...
„... WAS AUS IHNEN WERDEN WIRD.

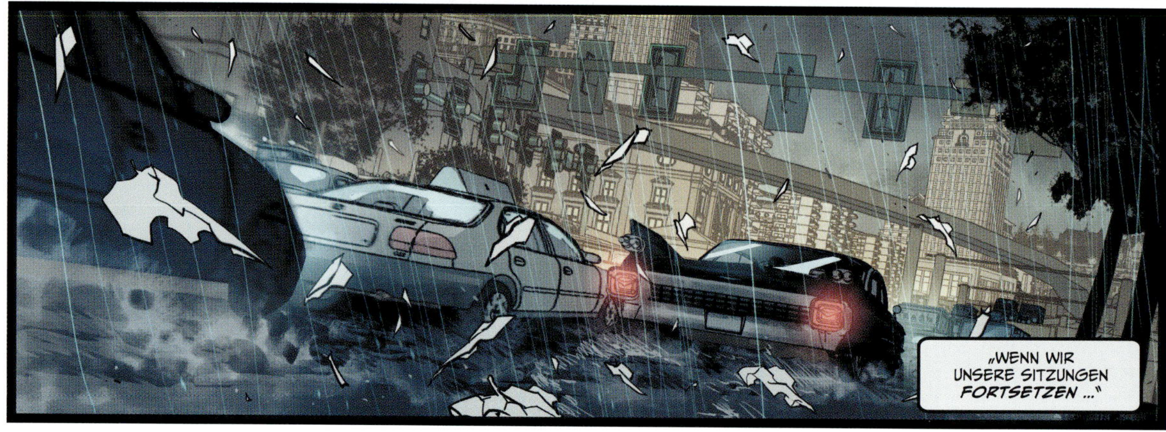
„WENN WIR UNSERE SITZUNGEN FORTSETZEN ...“

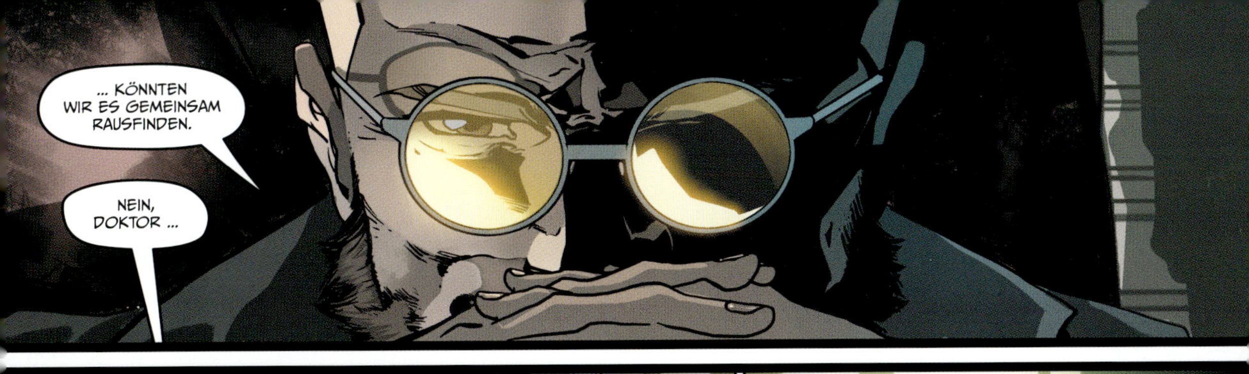
... KÖNNTEN WIR ES GEMEINSAM RAUSFINDEN.
NEIN, DOKTOR ...

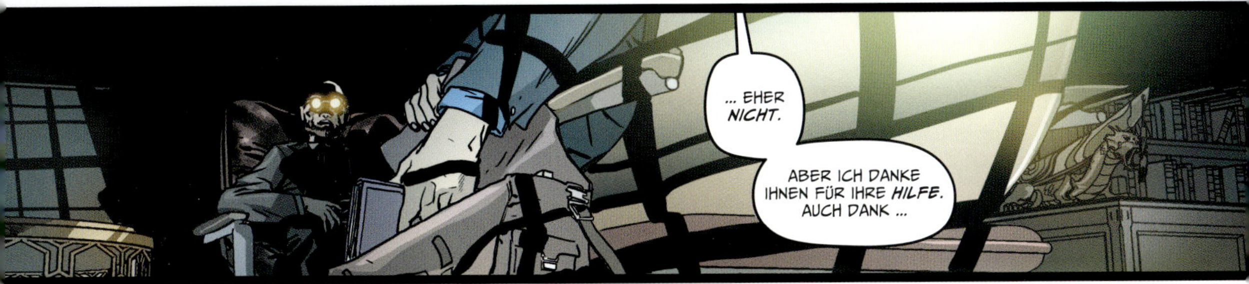
... EHER NICHT.
ABER ICH DANKE IHNEN FÜR IHRE HILFE. AUCH DANK ...

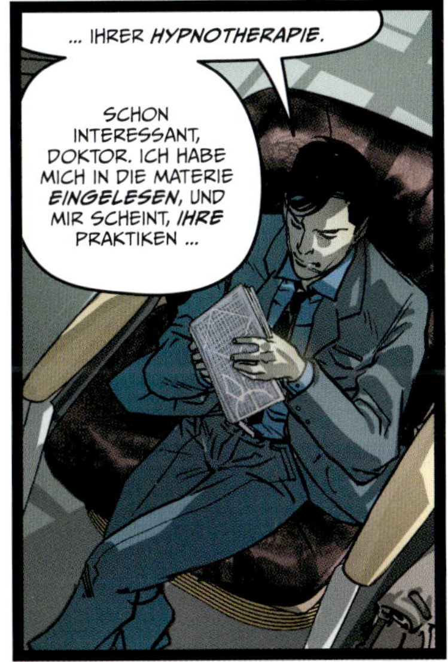
... IHRER HYPNOTHERAPIE.
SCHON INTERESSANT, DOKTOR. ICH HABE MICH IN DIE MATERIE EINGELESEN, UND MIR SCHEINT, IHRE PRAKTIKEN ...

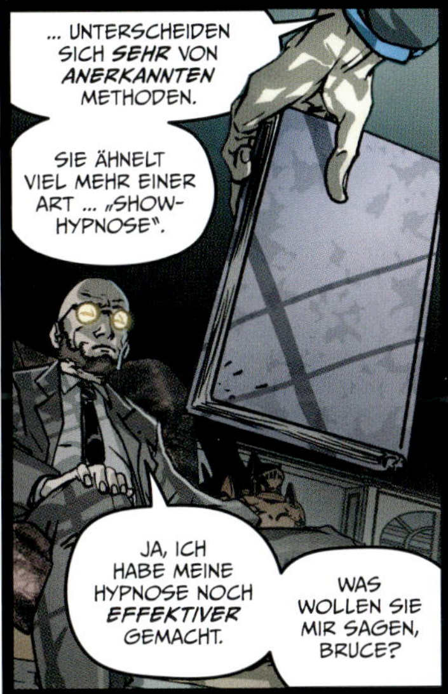
... UNTERSCHEIDEN SICH SEHR VON ANERKANNTEN METHODEN.
SIE ÄHNELT VIEL MEHR EINER ART ... „SHOW-HYPNOSE".
JA, ICH HABE MEINE HYPNOSE NOCH EFFEKTIVER GEMACHT.
WAS WOLLEN SIE MIR SAGEN, BRUCE?

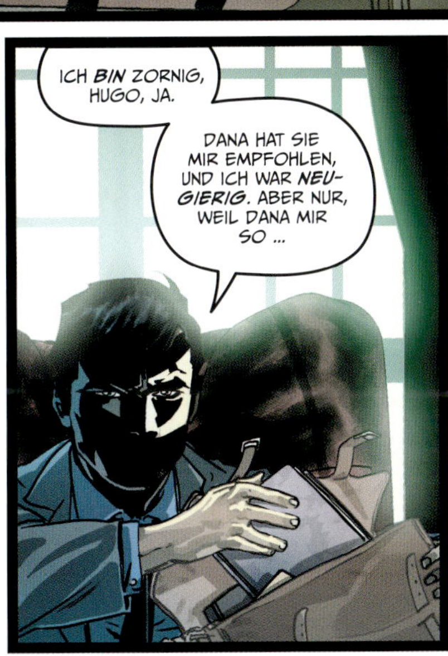
ICH BIN ZORNIG, HUGO, JA.
DANA HAT SIE MIR EMPFOHLEN, UND ICH WAR NEU-GIERIG. ABER NUR, WEIL DANA MIR SO ...

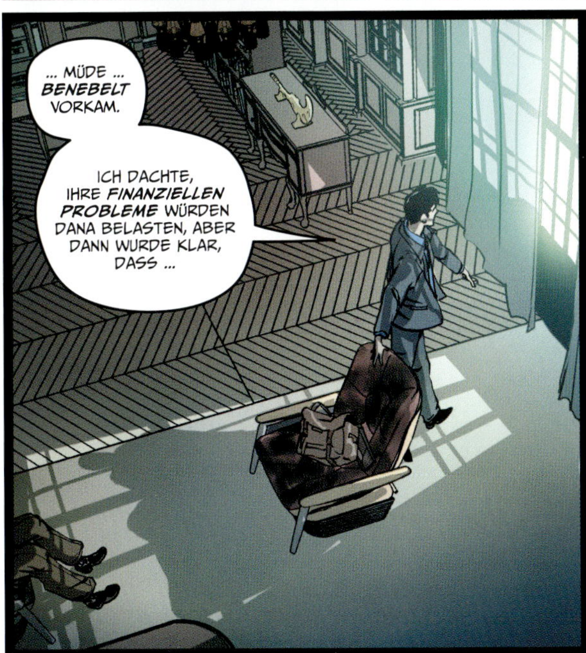
... MÜDE ... BENEBELT VORKAM.
ICH DACHTE, IHRE FINANZIELLEN PROBLEME WÜRDEN DANA BELASTEN, ABER DANN WURDE KLAR, DASS ...

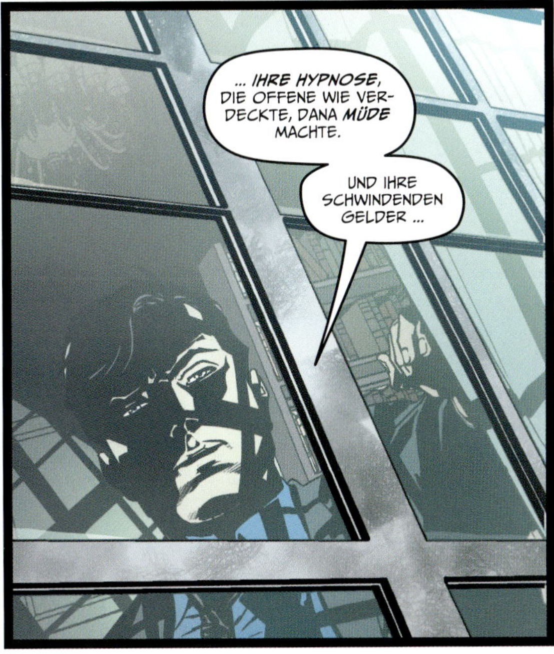
... IHRE HYPNOSE, DIE OFFENE WIE VER-DECKTE, DANA MÜDE MACHTE.
UND IHRE SCHWINDENDEN GELDER ...

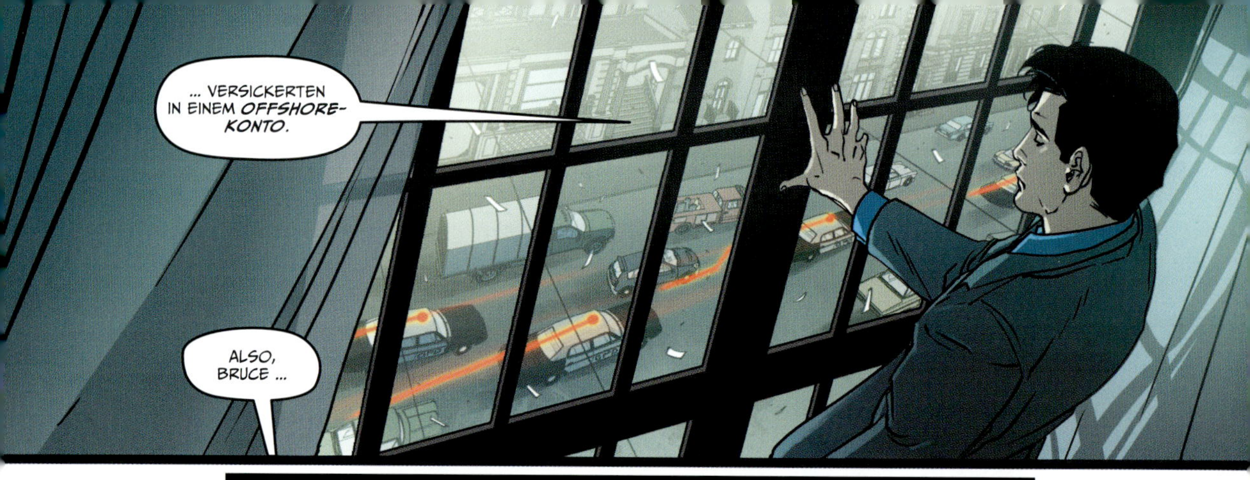
... VERSICKERTEN IN EINEM *OFFSHORE-KONTO*.
ALSO, BRUCE ...

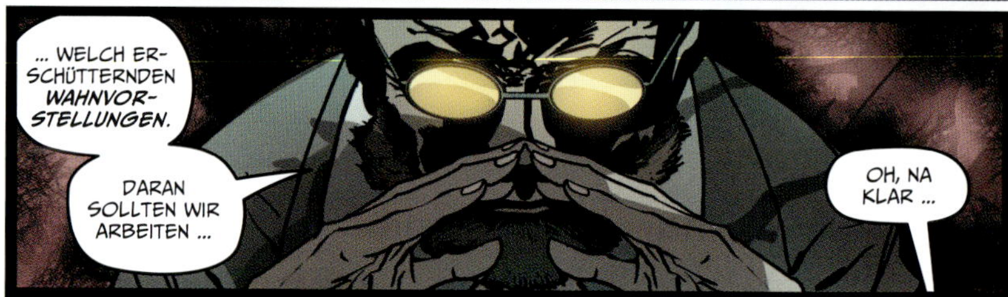
... WELCH ERSCHÜTTERNDEN *WAHNVORSTELLUNGEN*.
DARAN SOLLTEN WIR ARBEITEN ...
OH, NA KLAR ...

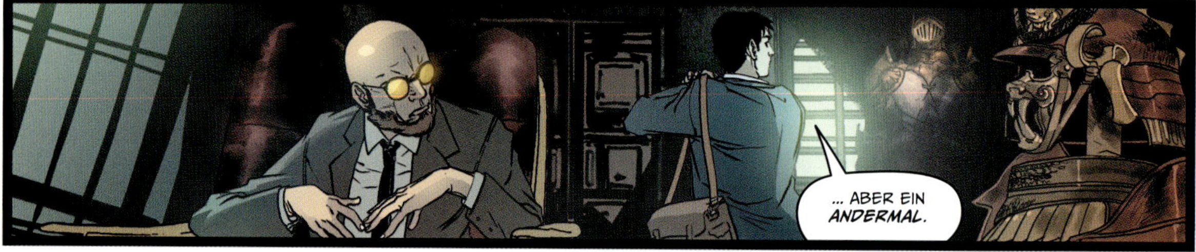
... ABER EIN *ANDERMAL*.

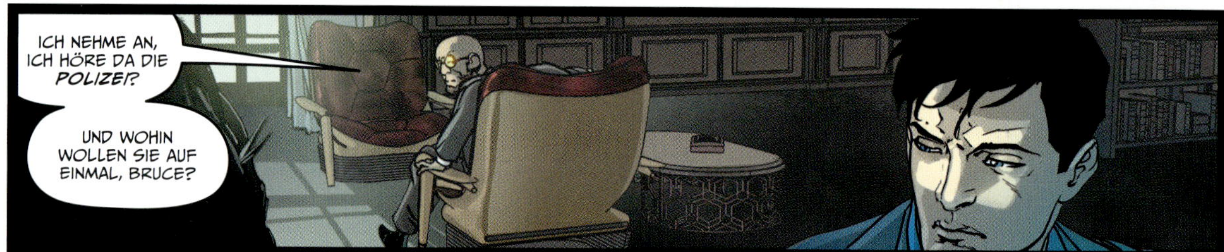
ICH NEHME AN, ICH HÖRE DA DIE *POLIZEI*?
UND WOHIN WOLLEN SIE AUF EINMAL, BRUCE?

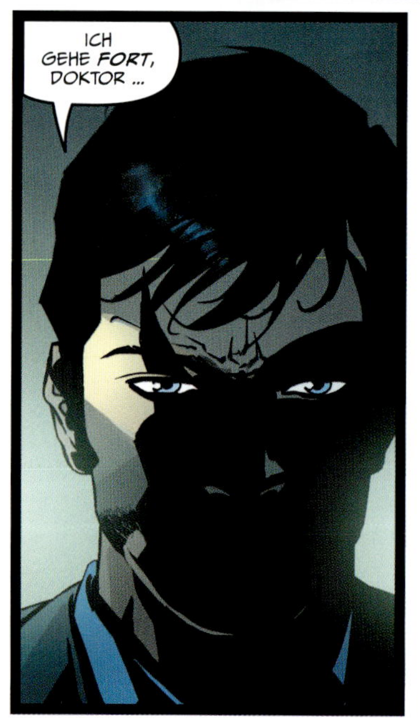
ICH GEHE *FORT*, DOKTOR ...

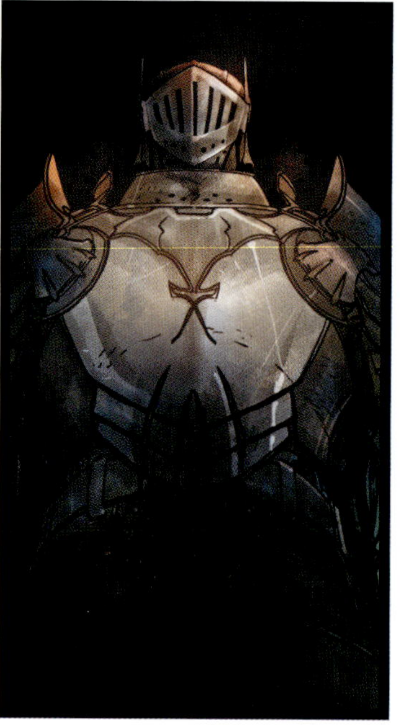

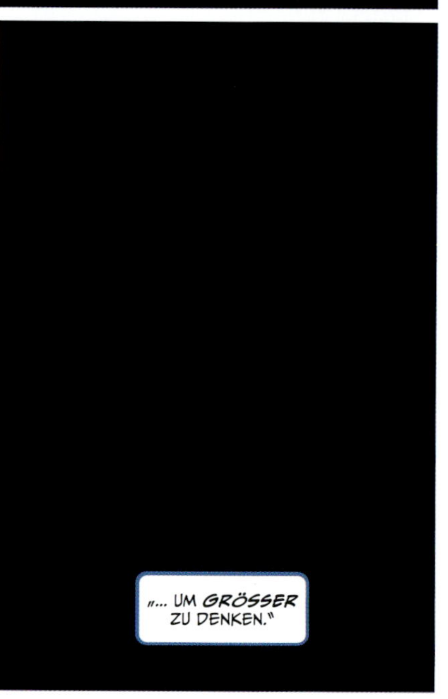
"... UM *GRÖSSER* ZU DENKEN."

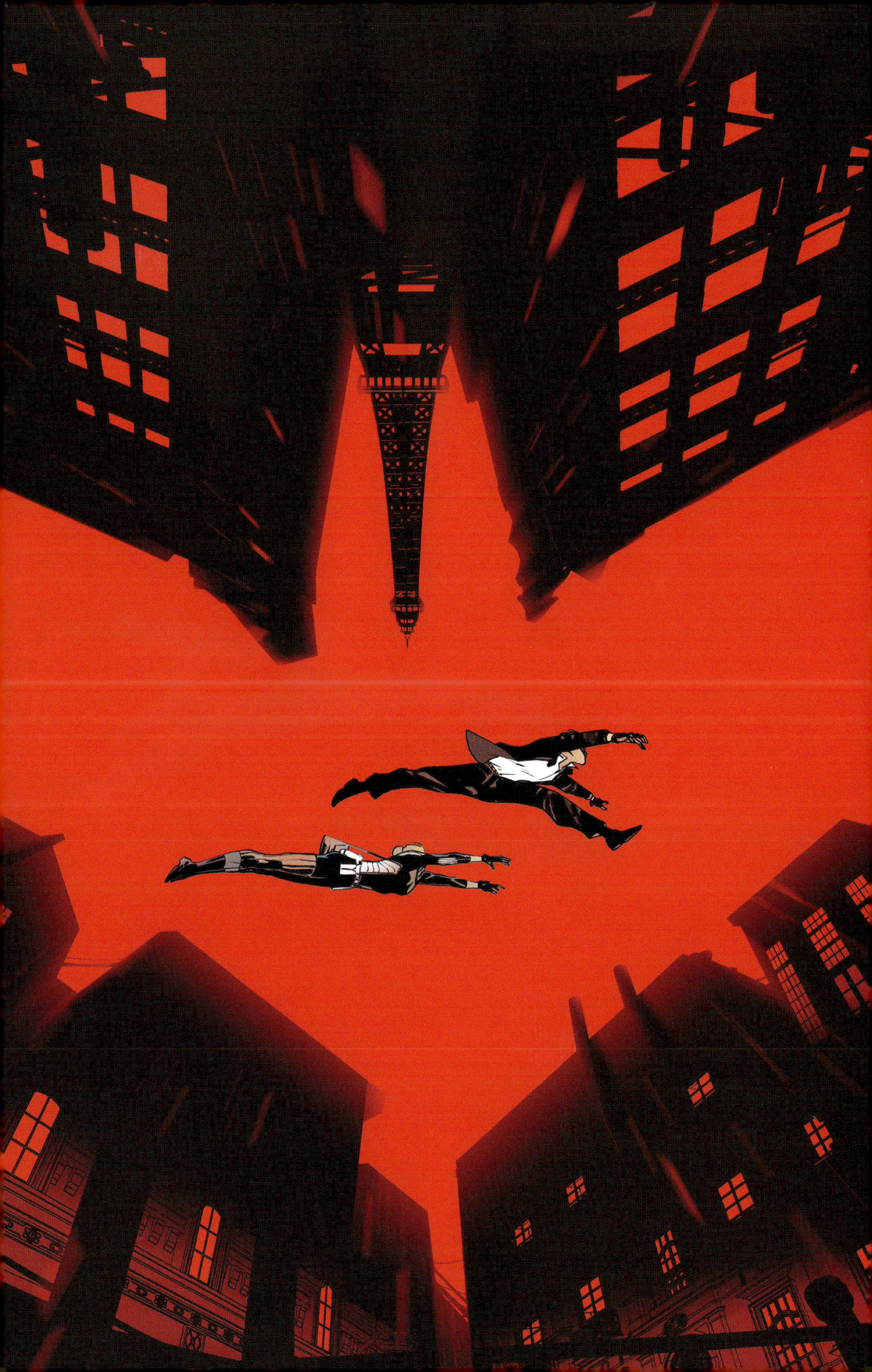

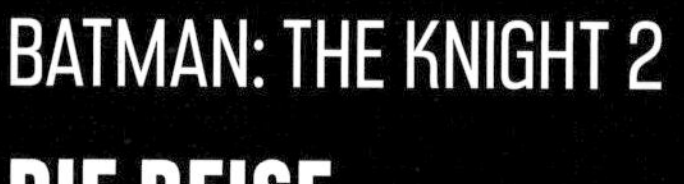

DIE REISE
Teil 2

CHIP ZDARSKY
Story

CARMINE DI GIANDOMENICO
Zeichnungen & Tusche

IVAN PLASCENCIA
Farben

CARMINE DI GIANDOMENICO
Original-Cover

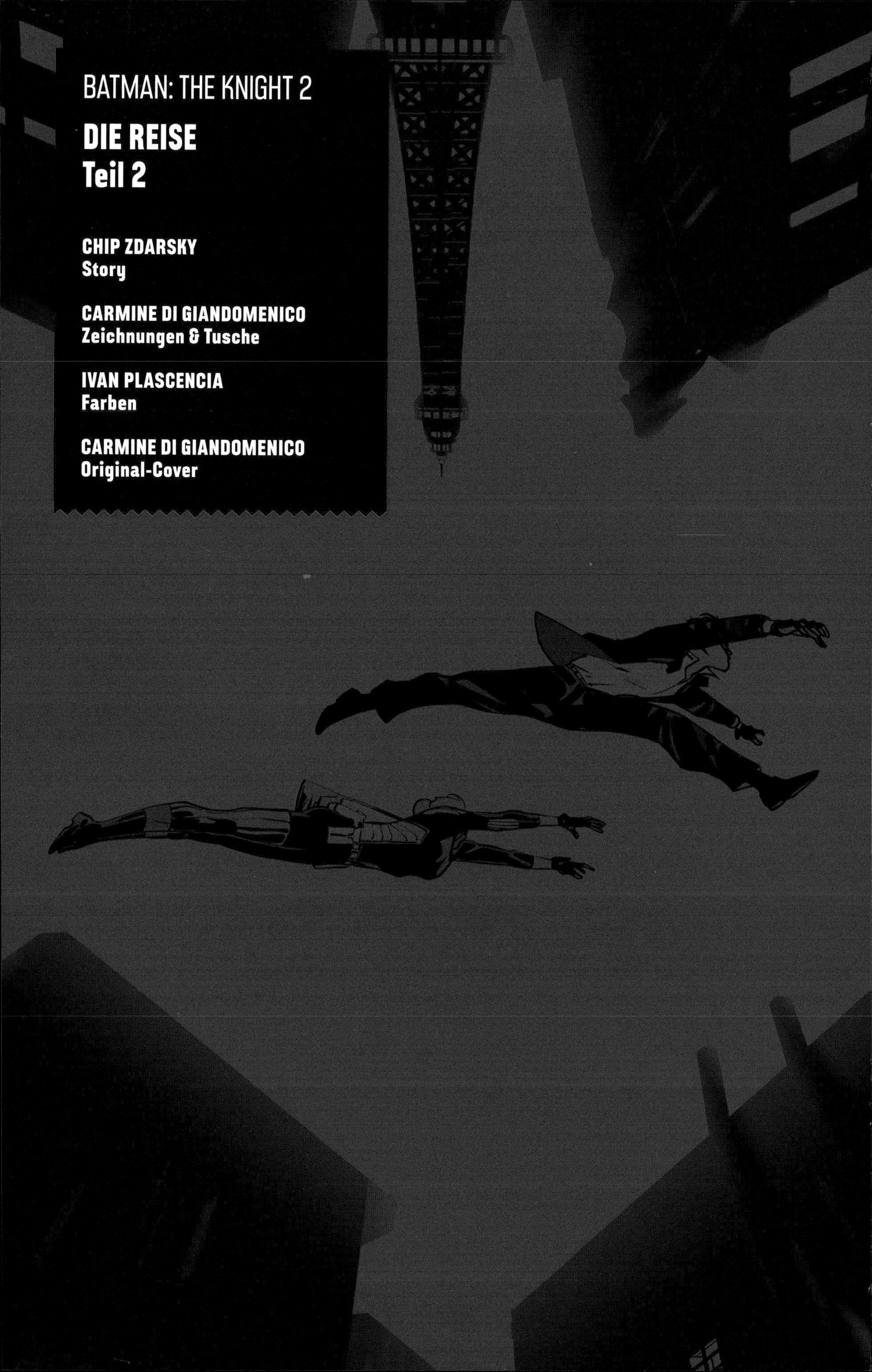

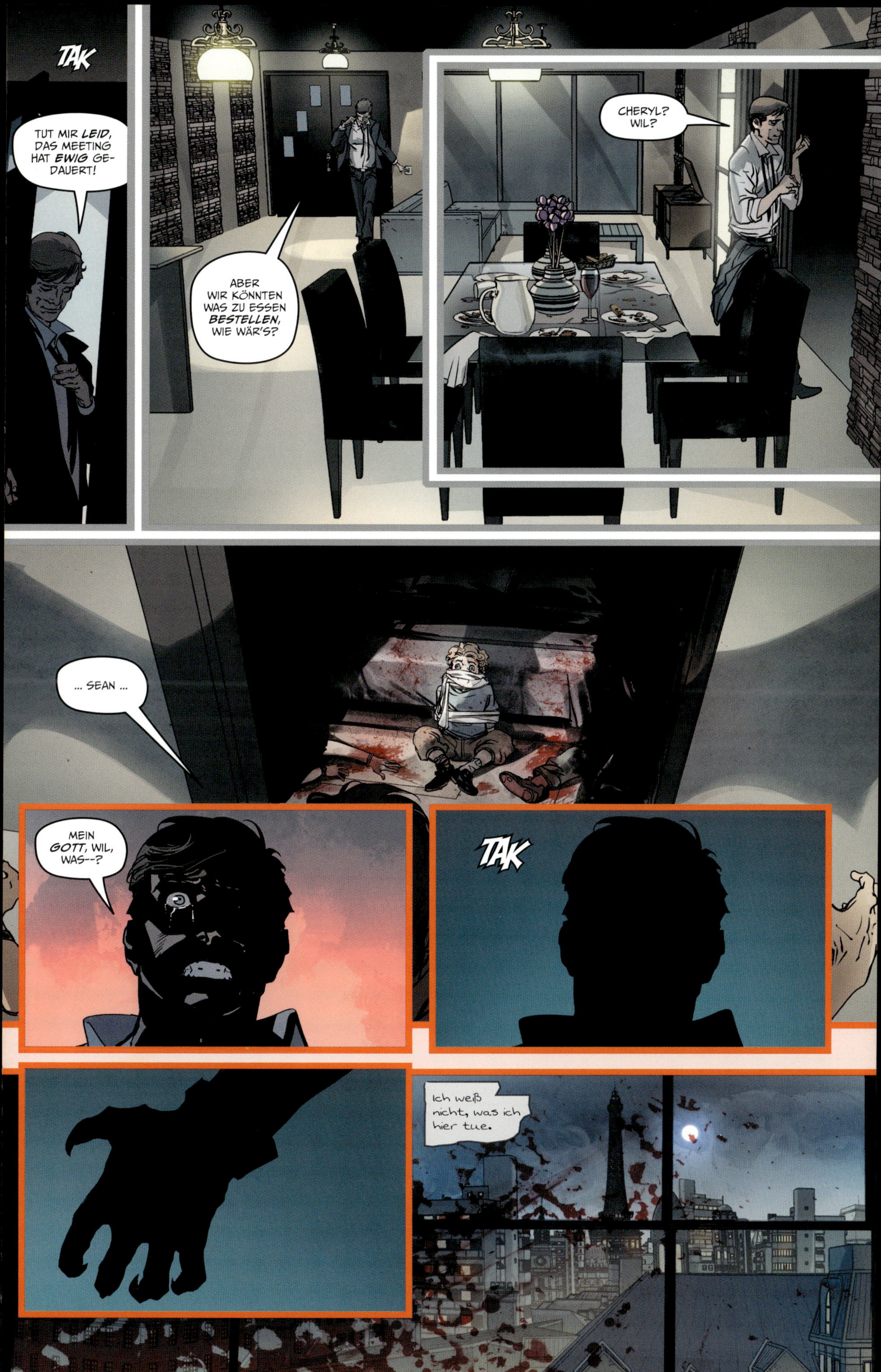
TAK
TUT MIR LEID, DAS MEETING HAT EWIG GE-DAUERT!
ABER WIR KÖNNTEN WAS ZU ESSEN BESTELLEN, WIE WÄR'S?
CHERYL? WIL?
... SEAN ...
MEIN GOTT, WIL, WAS--?
TAK
Ich weiß nicht, was ich hier tue.

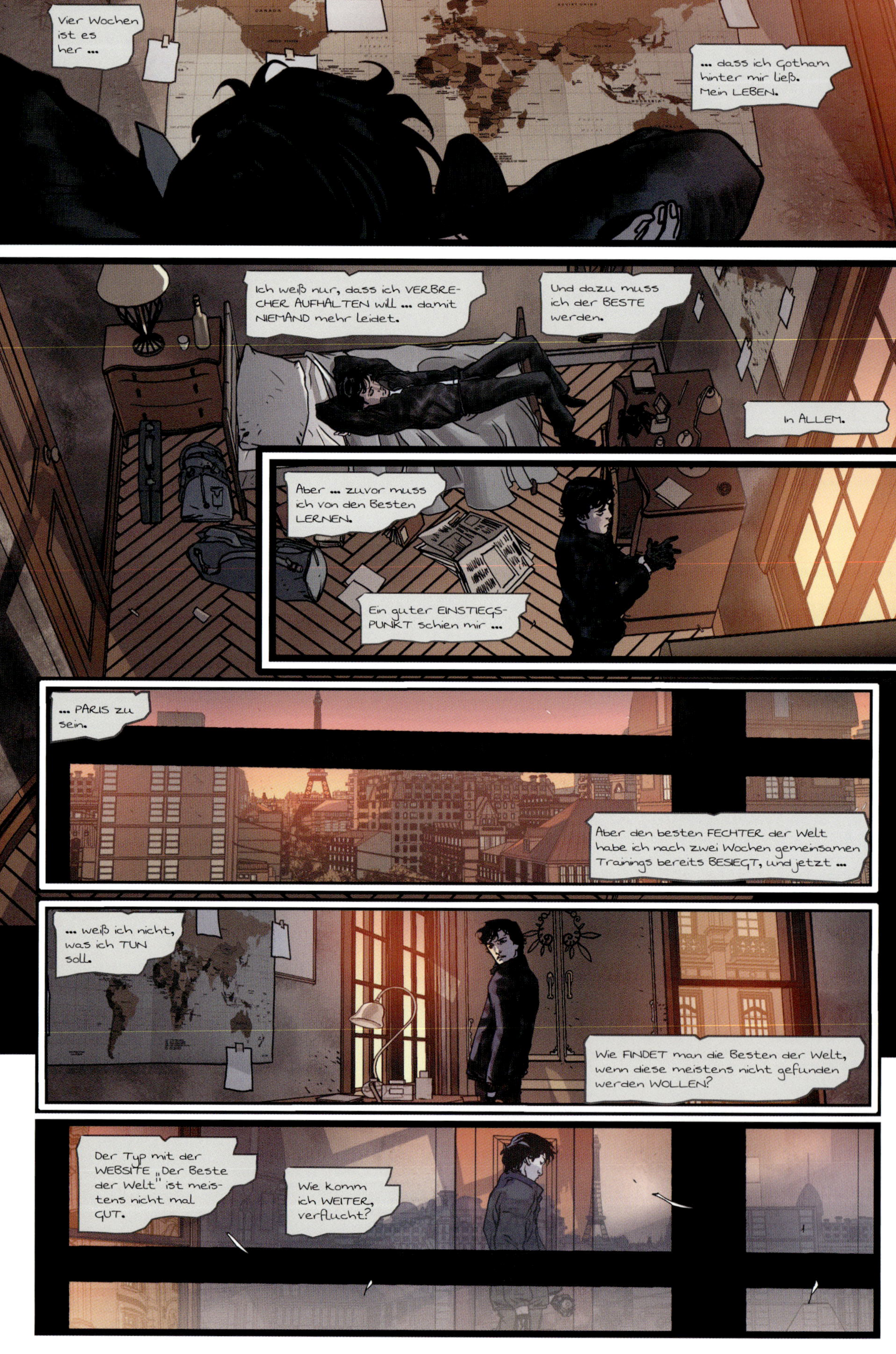

Vier Wochen ist es her ...
... dass ich Gotham hinter mir ließ. Mein LEBEN.
Ich weiß nur, dass ich VERBRE-CHER AUFHALTEN will ... damit NIEMAND mehr leidet.
Und dazu muss ich der BESTE werden.
In ALLEM.
Aber ... zuvor muss ich von den Besten LERNEN.
Ein guter EINSTIEGS-PUNKT schien mir ...
... PARIS zu sein.
Aber den besten FECHTER der Welt habe ich nach zwei Wochen gemeinsamen Trainings bereits BESIEGT, und jetzt ...
... weiß ich nicht, was ich TUN soll.
Wie FINDET man die Besten der Welt, wenn diese meistens nicht gefunden werden WOLLEN?
Der Typ mit der WEBSITE „Der Beste der Welt" ist meis-tens nicht mal GUT.
Wie komm ich WEITER, verflucht?

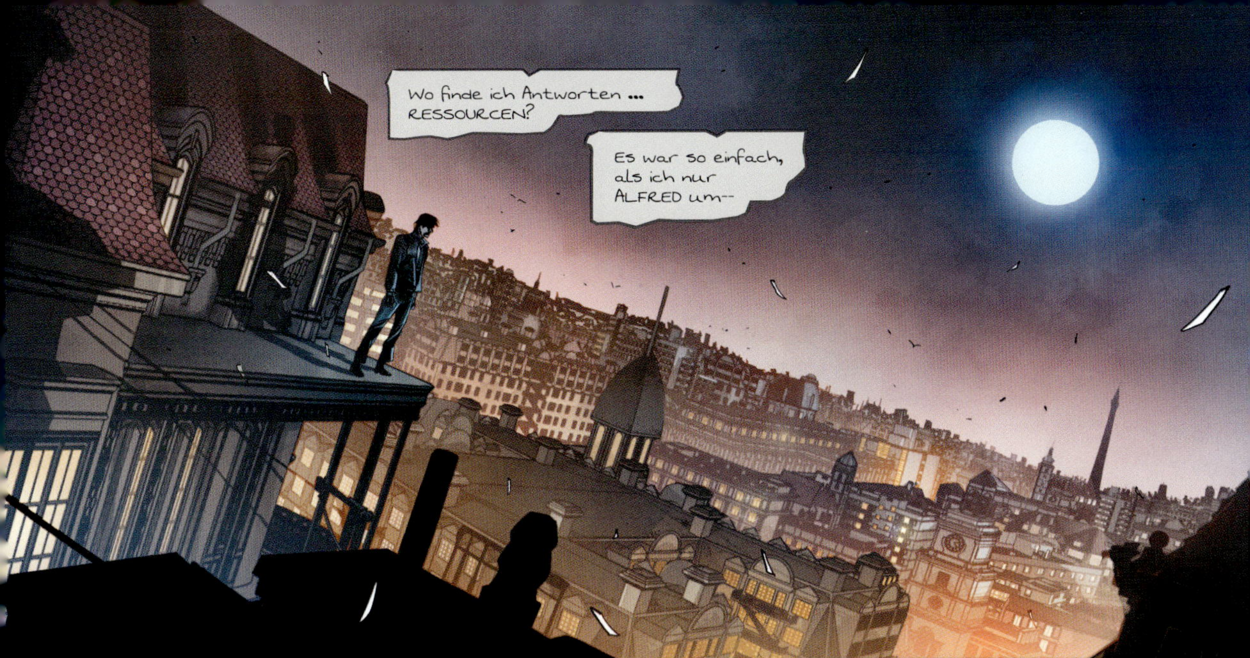

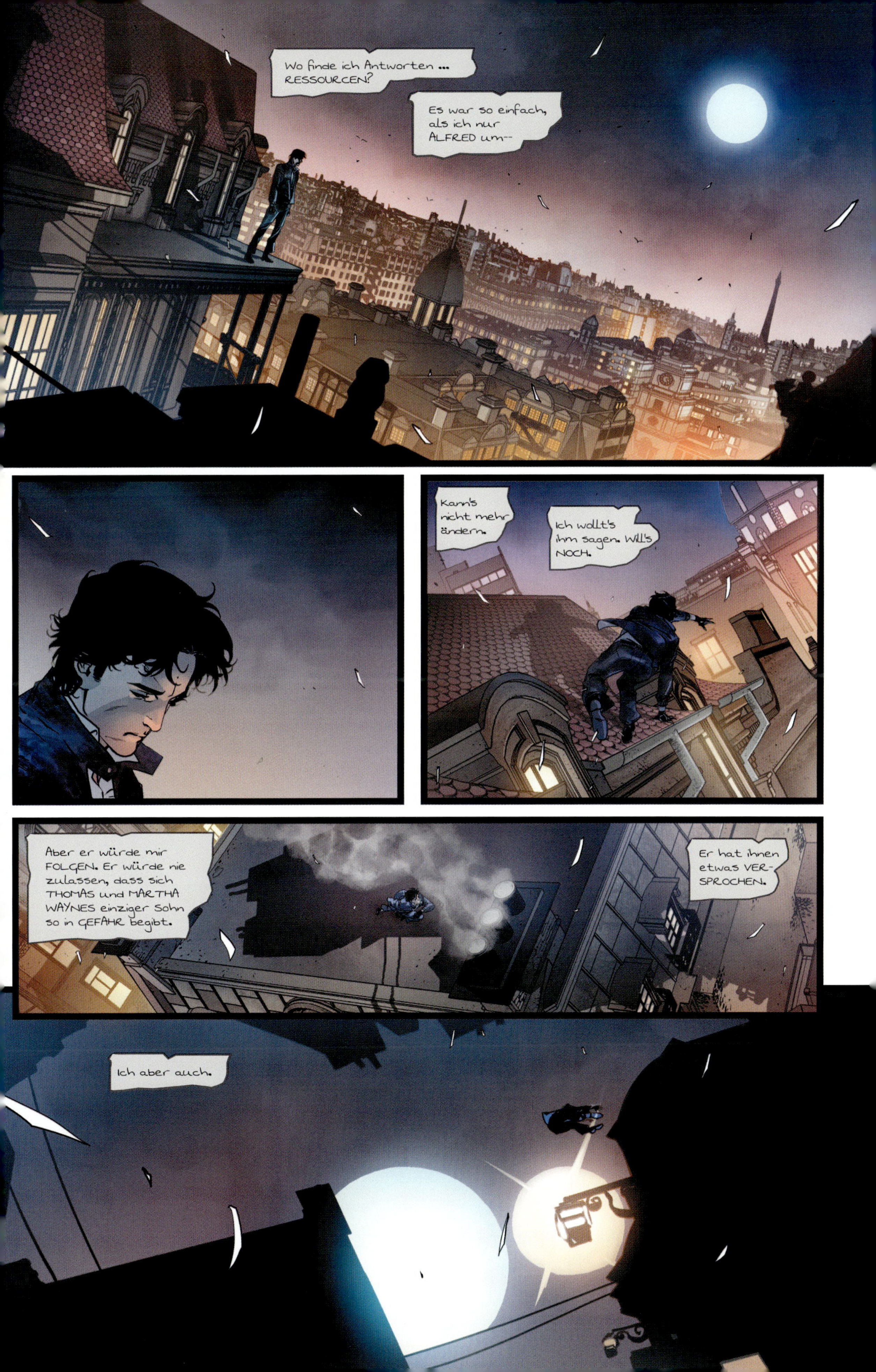

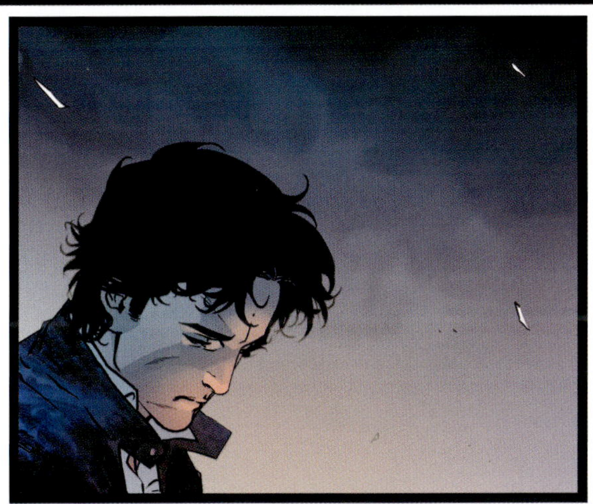

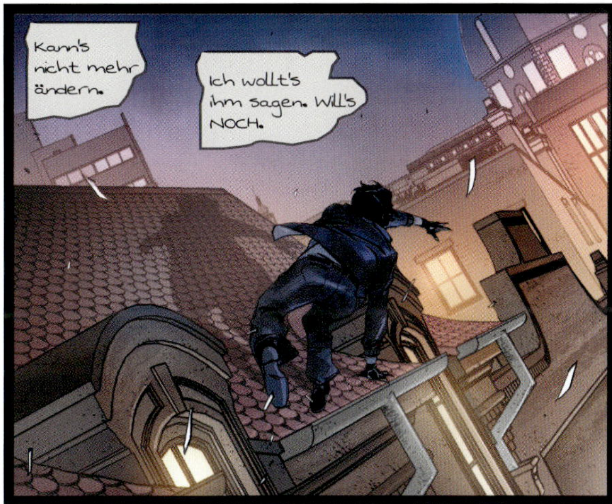

Aber er würde mir FOLGEN. Er würde nie zulassen, dass sich THOMAS und MARTHA WAYNES einziger Sohn so in GEFAHR begibt.

Er hat ihnen etwas VERSPROCHEN.

Ich aber auch.

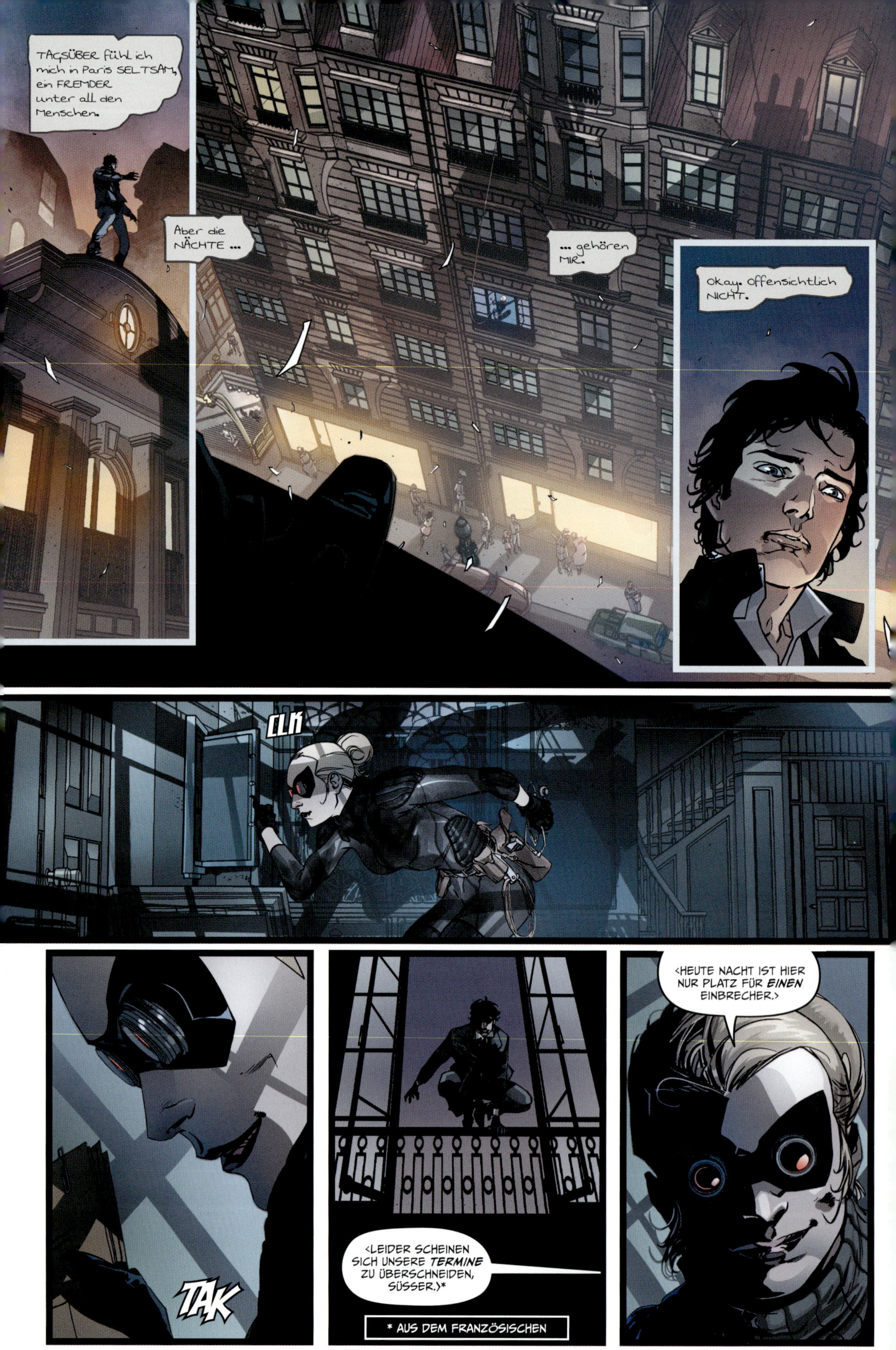

TAGSÜBER fühl ich mich in Paris SELTSAM, ein FREMDER unter all den Menschen.

Aber die NÄCHTE ...

... gehören MIR.

Okay. Offensichtlich NICHT.

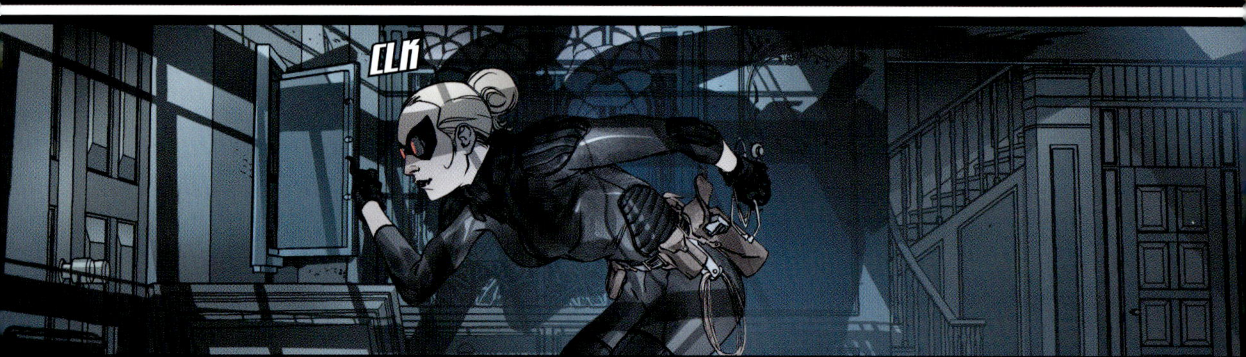

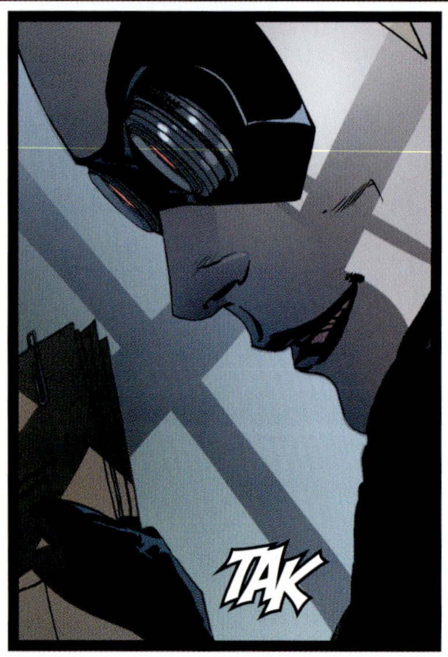

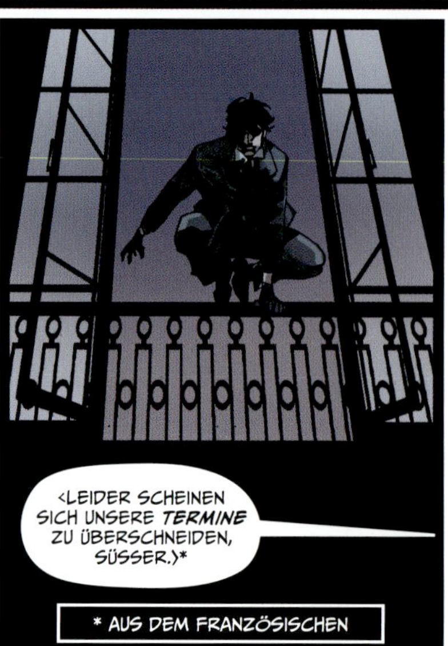

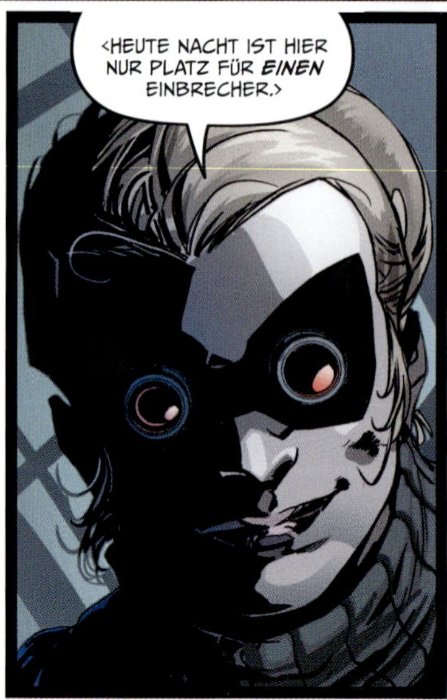

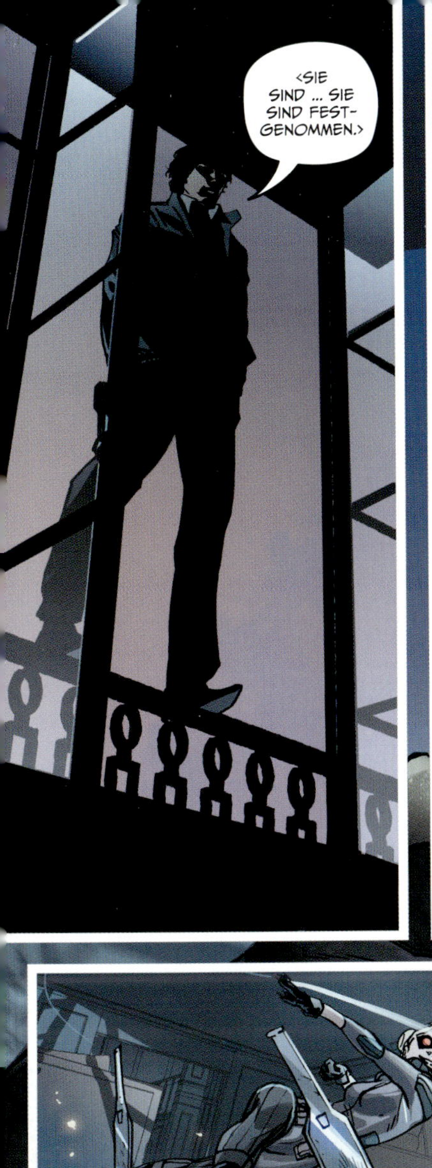
<SIE SIND ... SIE SIND FEST-GENOMMEN.>

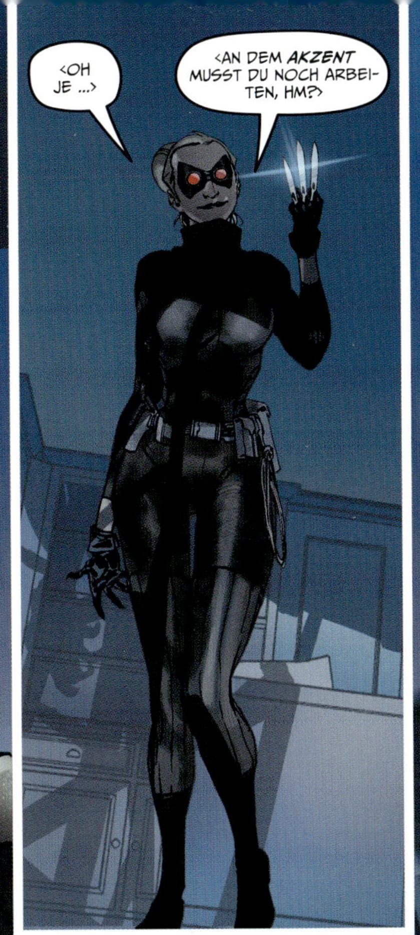
<OH JE ...>
<AN DEM **AKZENT** MUSST DU NOCH ARBEI-TEN, HM?>

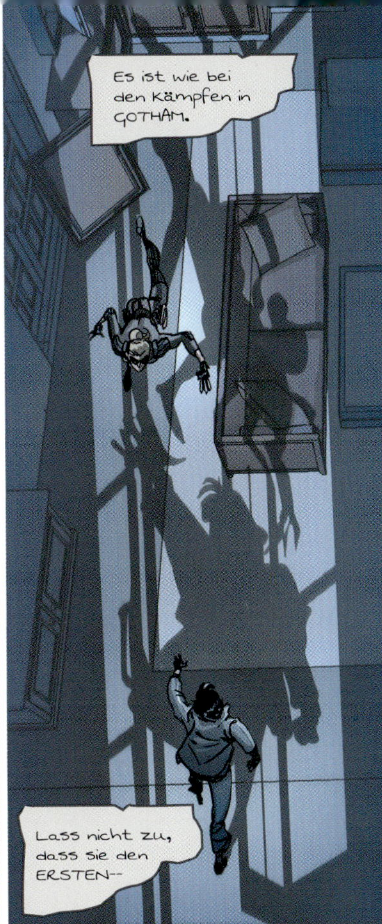
Es ist wie bei den Kämpfen in GOTHAM.
Lass nicht zu, dass sie den ERSTEN--

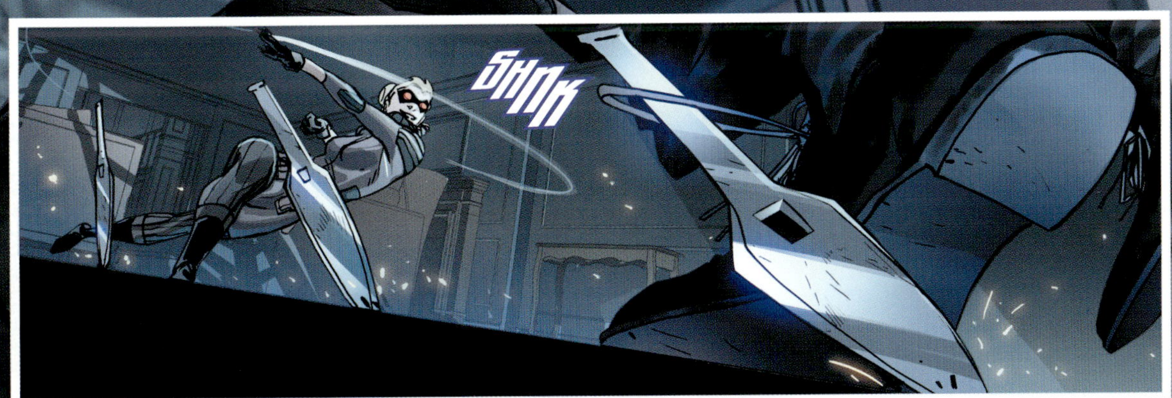
SHNK

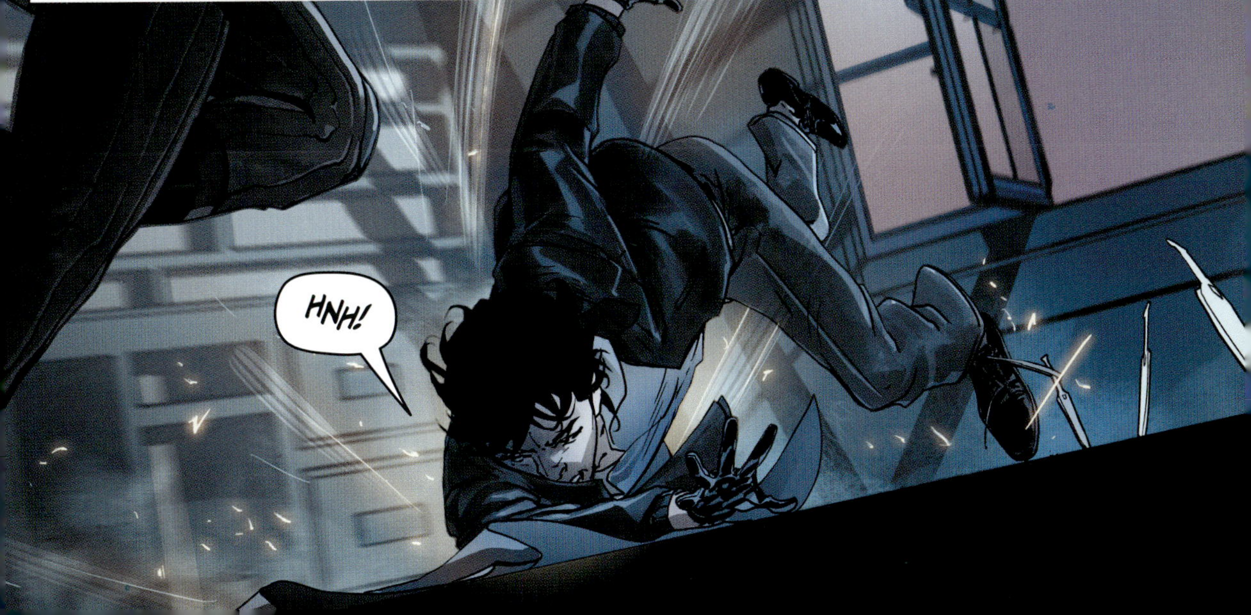
HNH!

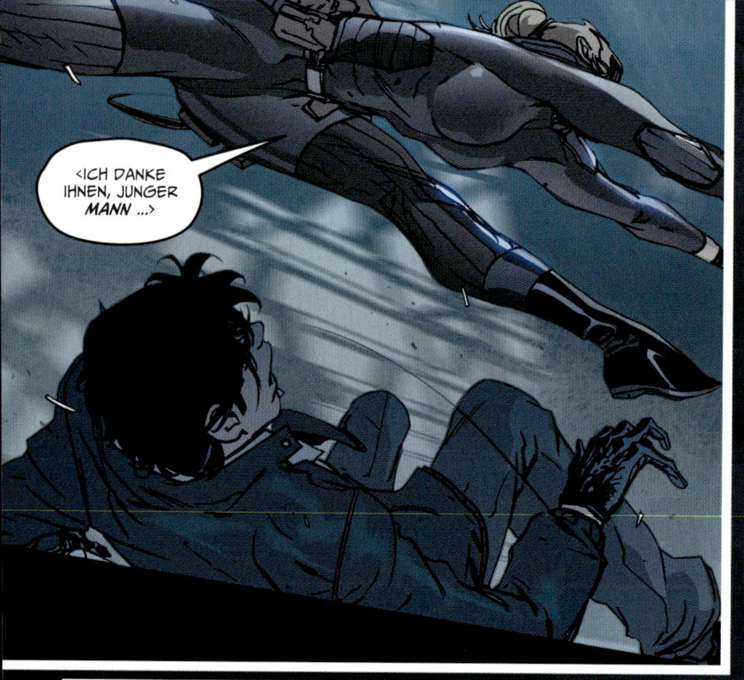

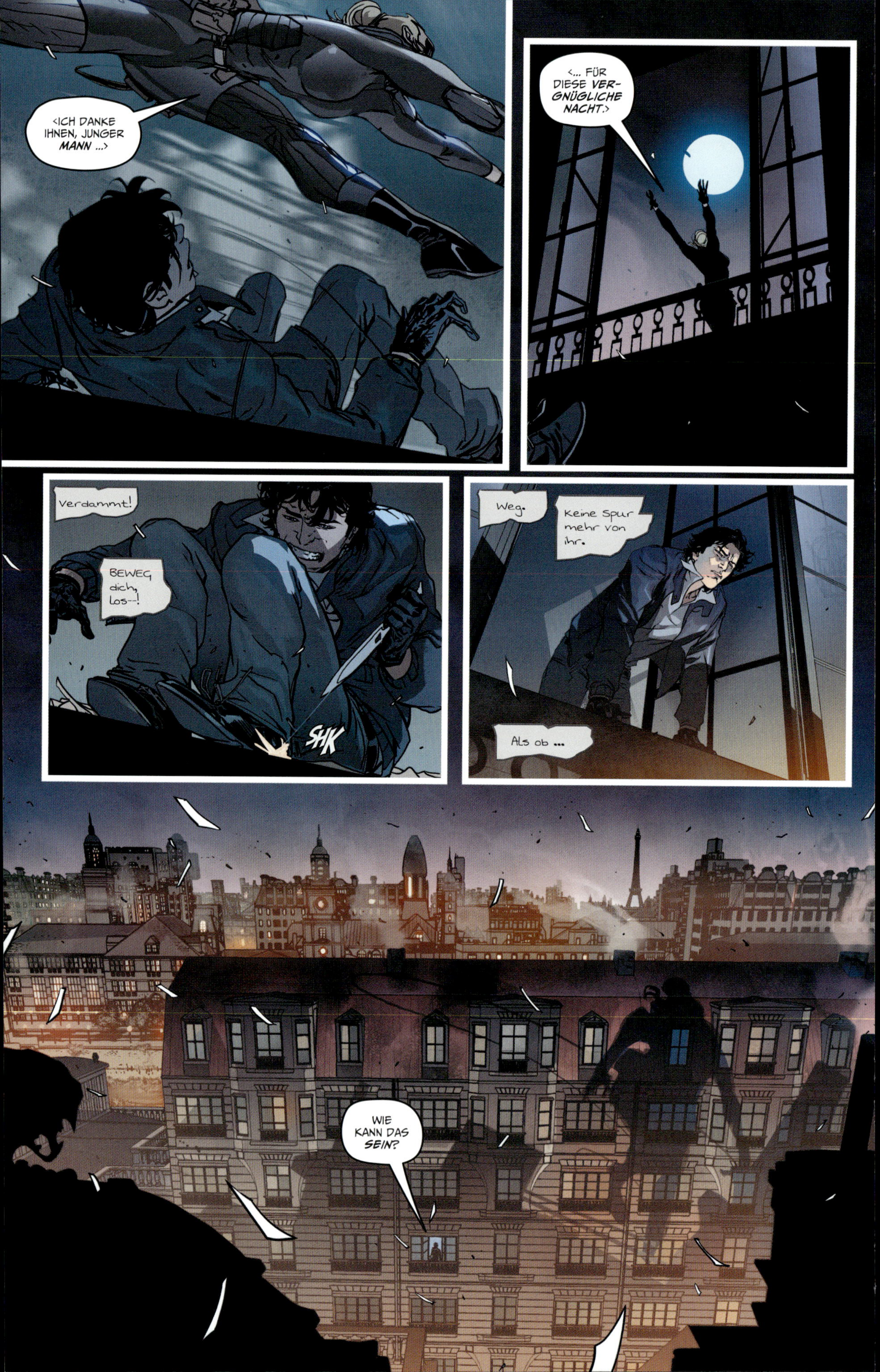

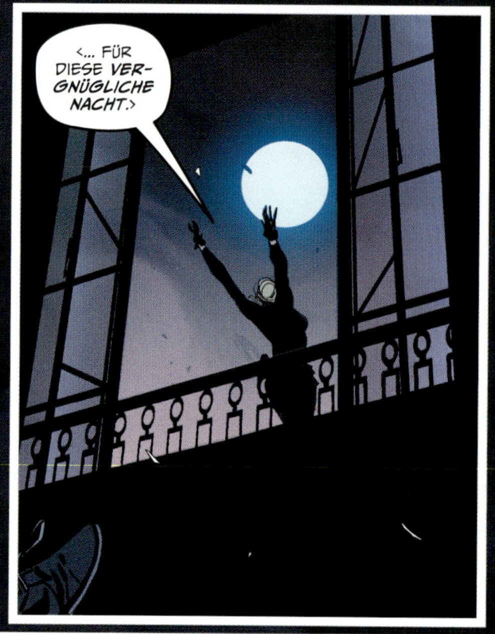

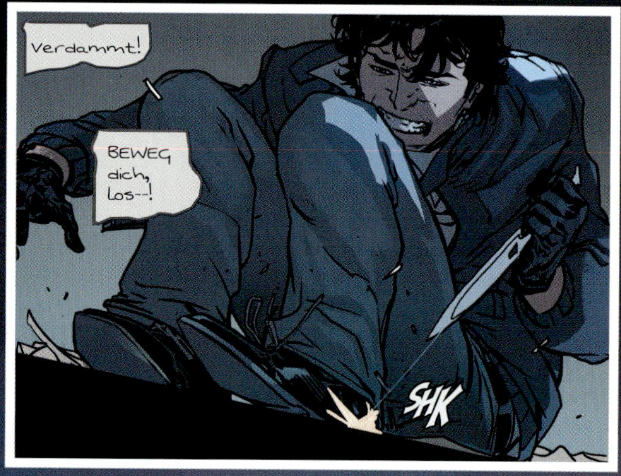

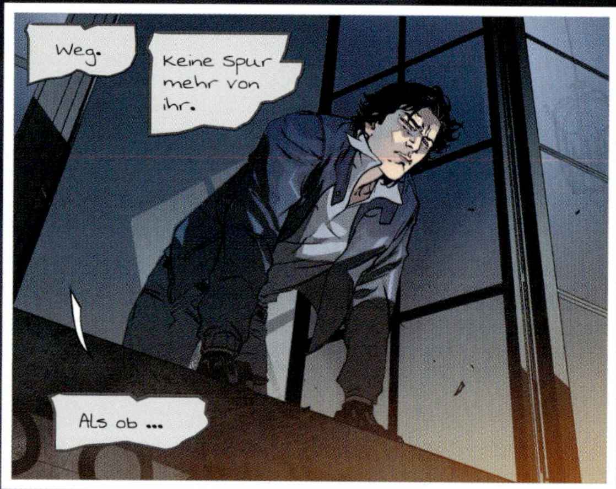

WIE KANN DAS *SEIN*?

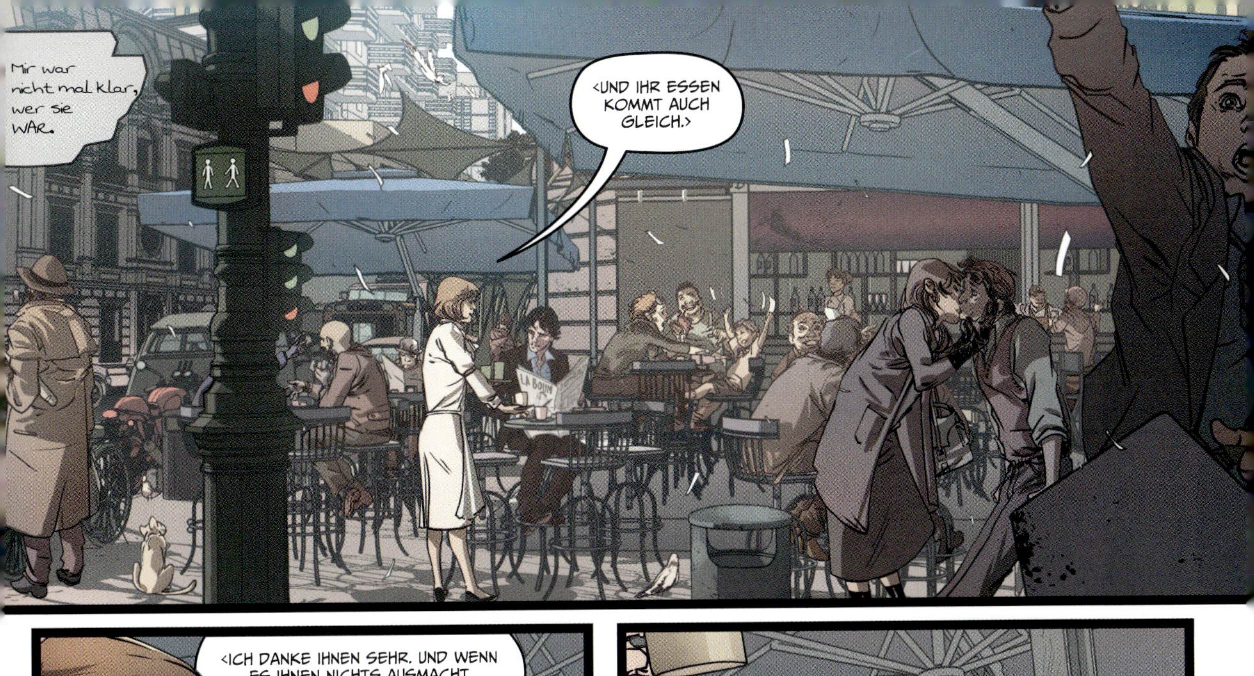
Mir war nicht mal klar, wer sie WAR.
<UND IHR ESSEN KOMMT AUCH GLEICH.>

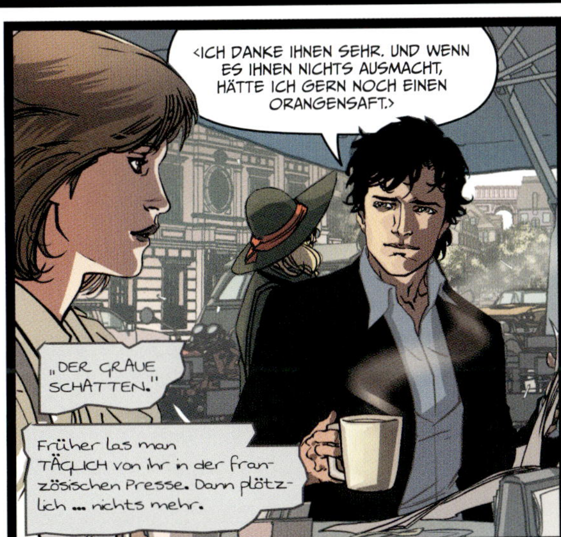
<ICH DANKE IHNEN SEHR. UND WENN ES IHNEN NICHTS AUSMACHT, HÄTTE ICH GERN NOCH EINEN ORANGENSAFT.>
„DER GRAUE SCHATTEN."
Früher las man TÄGLICH von ihr in der französischen Presse. Dann plötzlich ... nichts mehr.

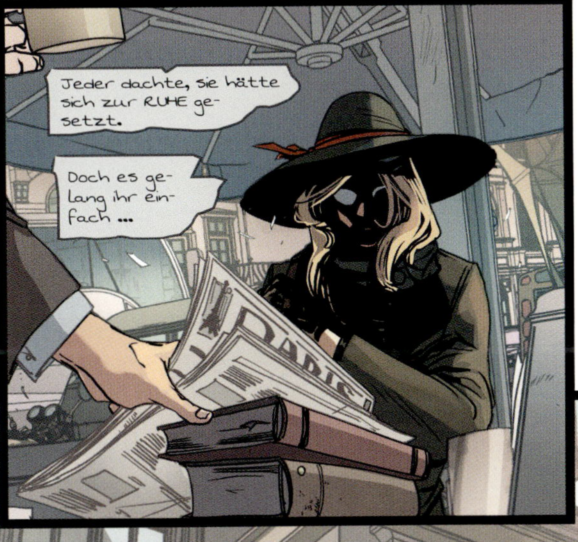
Jeder dachte, sie hätte sich zur RUHE gesetzt.
Doch es gelang ihr einfach ...

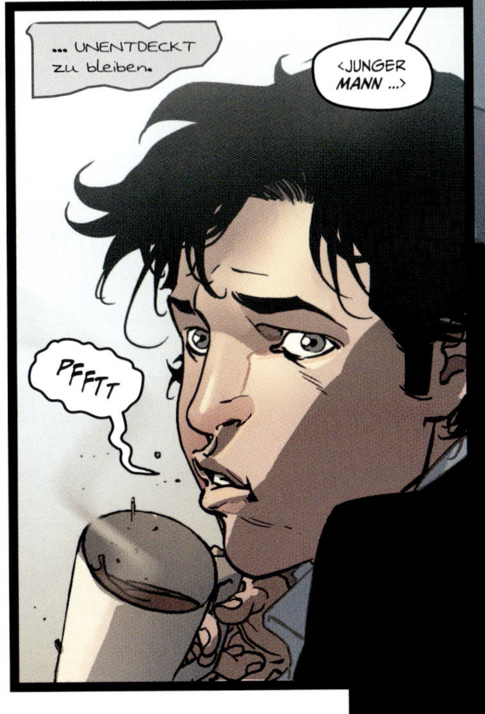
... UNENTDECKT zu bleiben.
<JUNGER *MANN* ...>
PFFTT

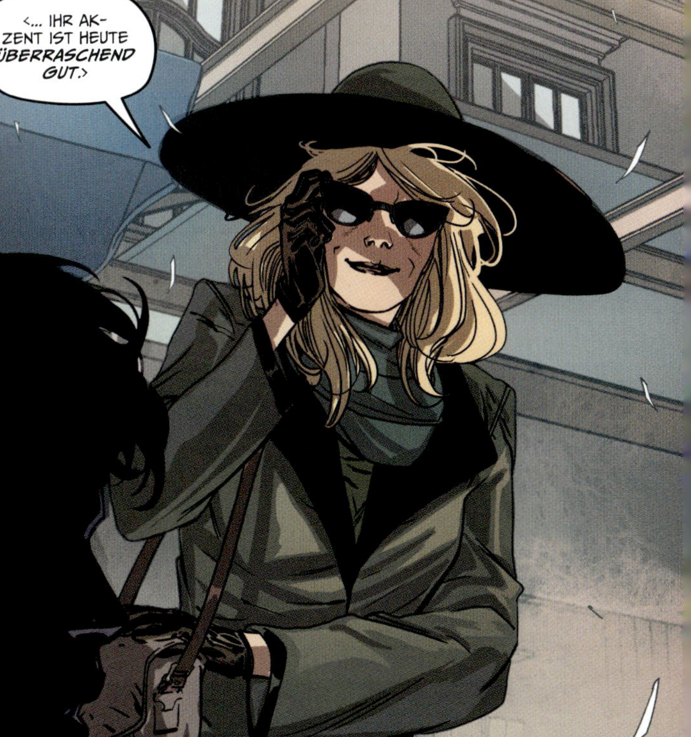
<... IHR AKZENT IST HEUTE *ÜBERRASCHEND* GUT.>

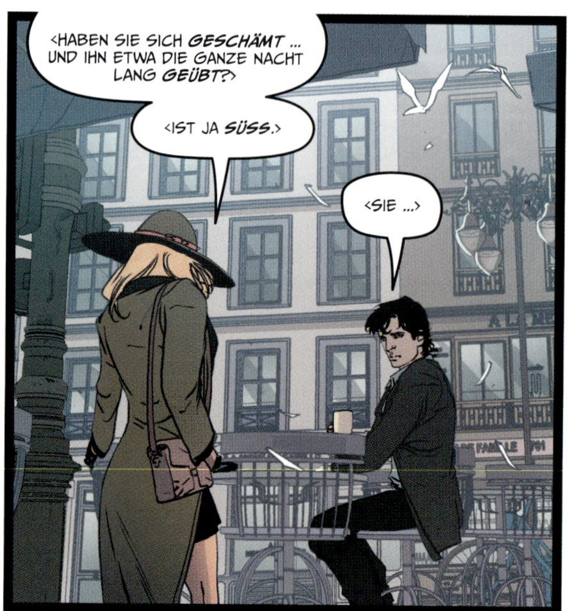
<HABEN SIE SICH GESCHÄMT ... UND IHN ETWA DIE GANZE NACHT LANG GEÜBT?>
<IST JA SÜSS.>
<SIE ...>

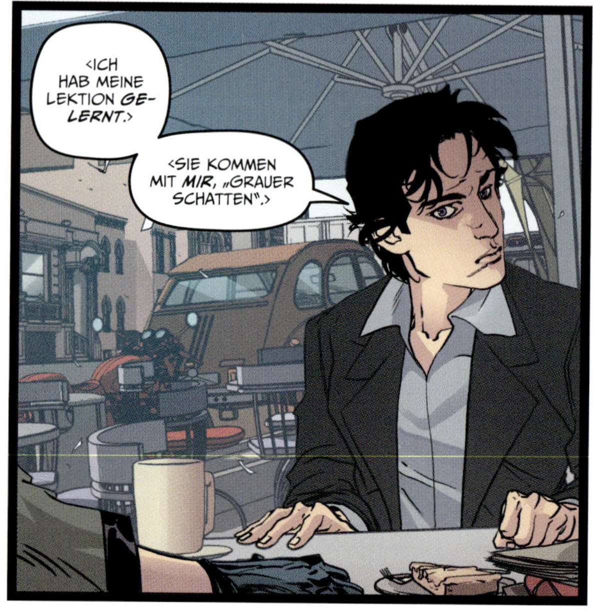
<ICH HAB MEINE LEKTION GELERNT.>
<SIE KOMMEN MIT MIR, „GRAUER SCHATTEN".>

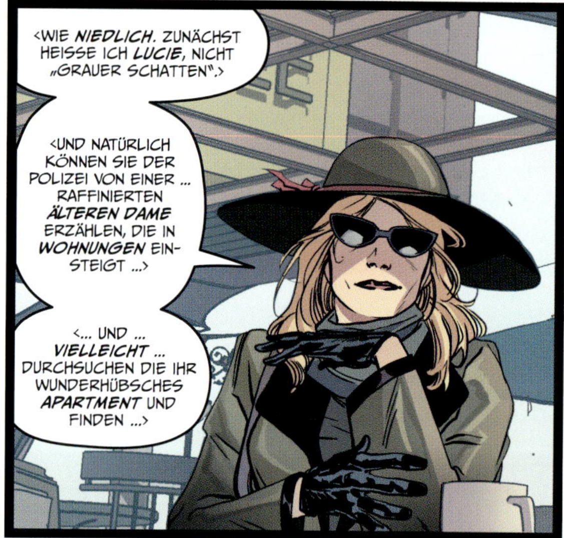
<WIE NIEDLICH. ZUNÄCHST HEISSE ICH LUCIE, NICHT „GRAUER SCHATTEN".>
<UND NATÜRLICH KÖNNEN SIE DER POLIZEI VON EINER ... RAFFINIERTEN ÄLTEREN DAME ERZÄHLEN, DIE IN WOHNUNGEN EINSTEIGT ...>
<... UND ... VIELLEICHT ... DURCHSUCHEN DIE IHR WUNDERHÜBSCHES APARTMENT UND FINDEN ...>

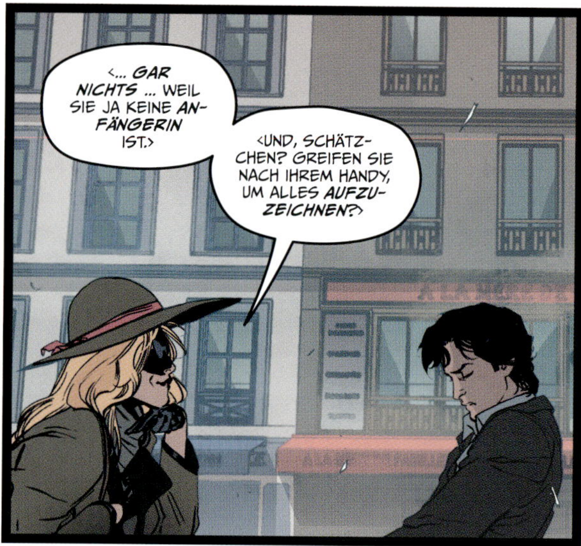
<... GAR NICHTS ... WEIL SIE JA KEINE ANFÄNGERIN IST.>
<UND, SCHÄTZCHEN? GREIFEN SIE NACH IHREM HANDY, UM ALLES AUFZUZEICHNEN?>

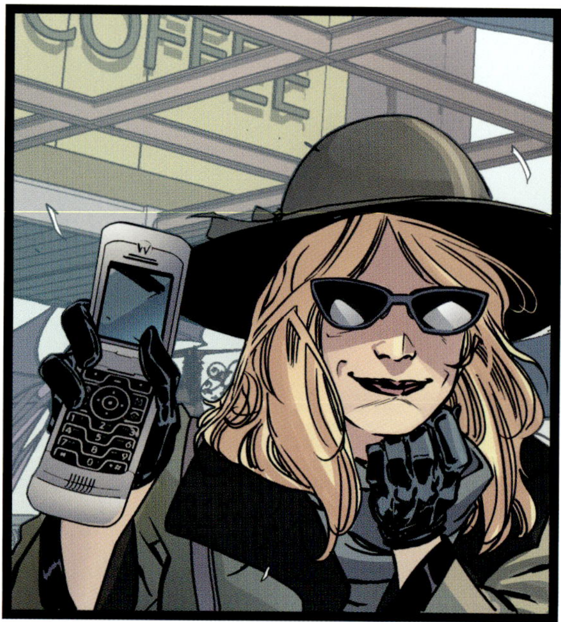

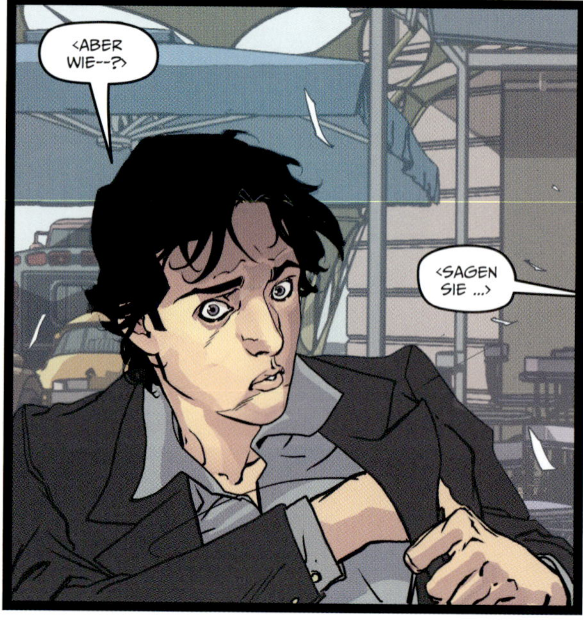
<ABER WIE--?>
<SAGEN SIE ...>

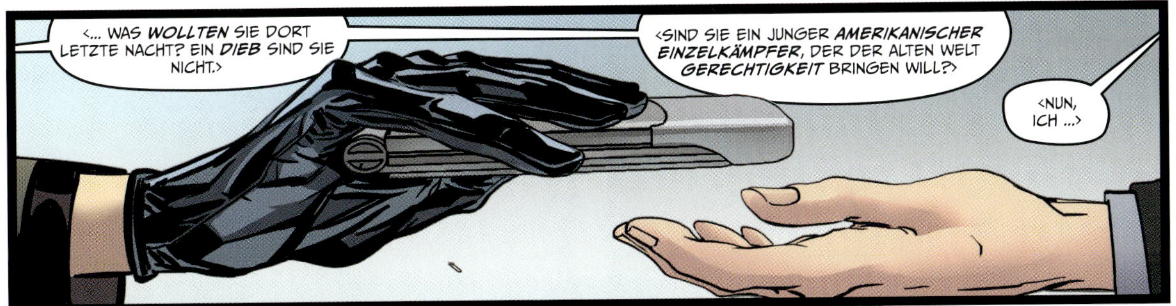

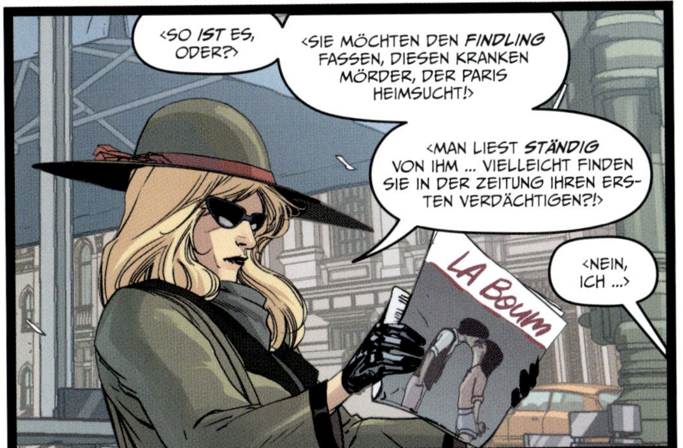

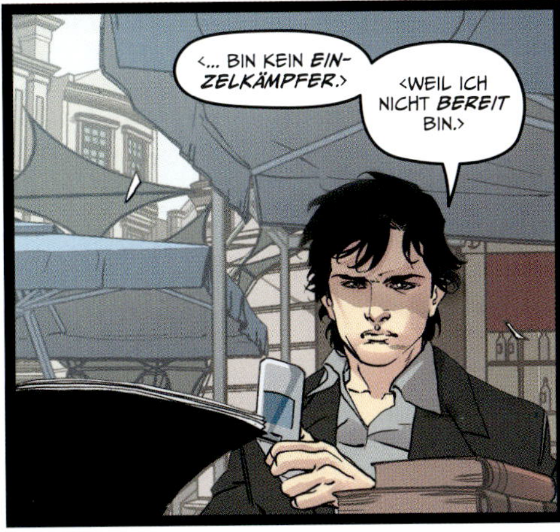

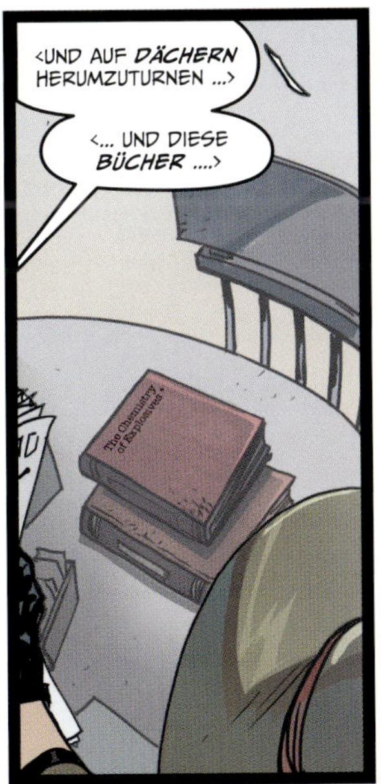

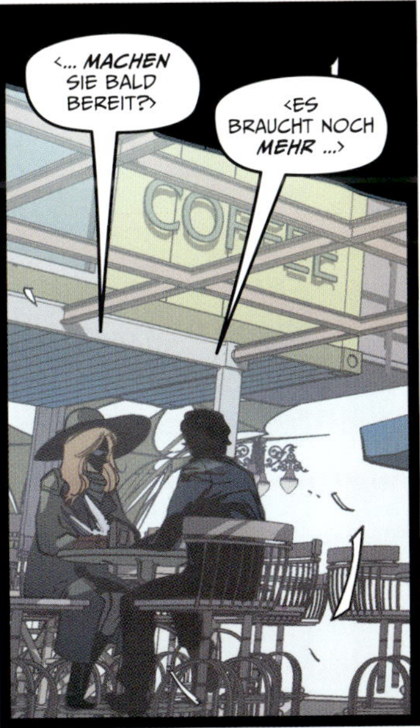

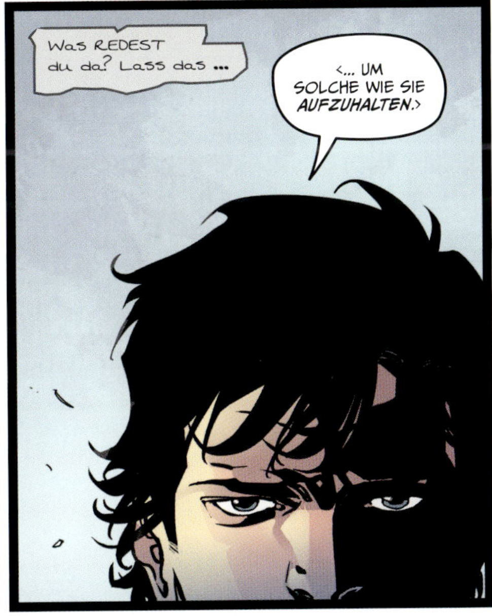

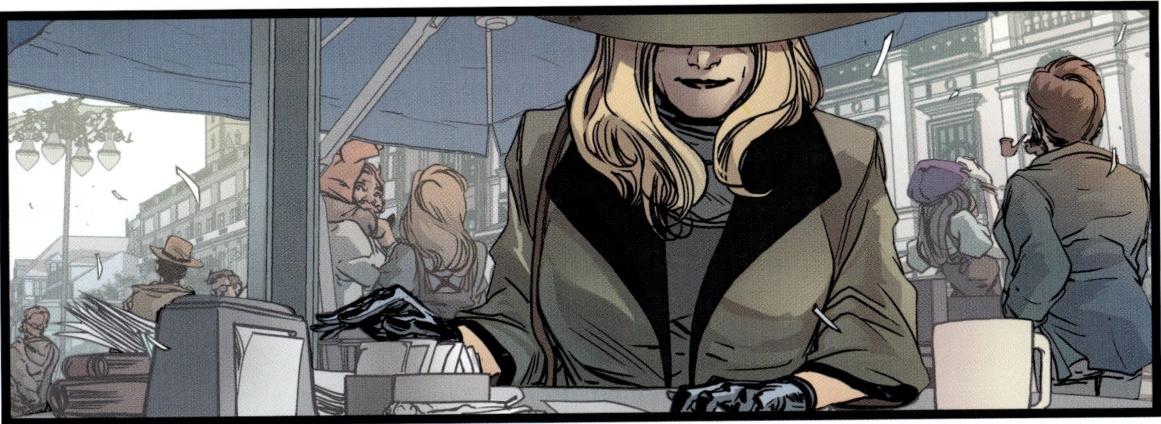

* DIE CHEMIE VON SPRENGSTOFFEN

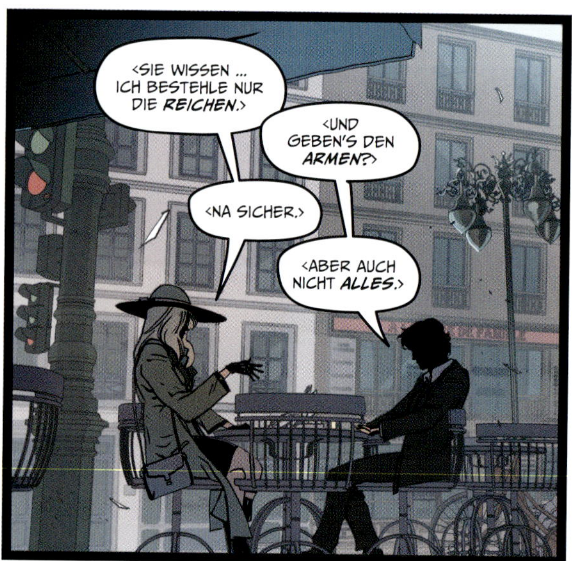
<SIE WISSEN ... ICH BESTEHLE NUR DIE REICHEN.>
<UND GEBEN'S DEN ARMEN?>
<NA SICHER.>
<ABER AUCH NICHT ALLES.>

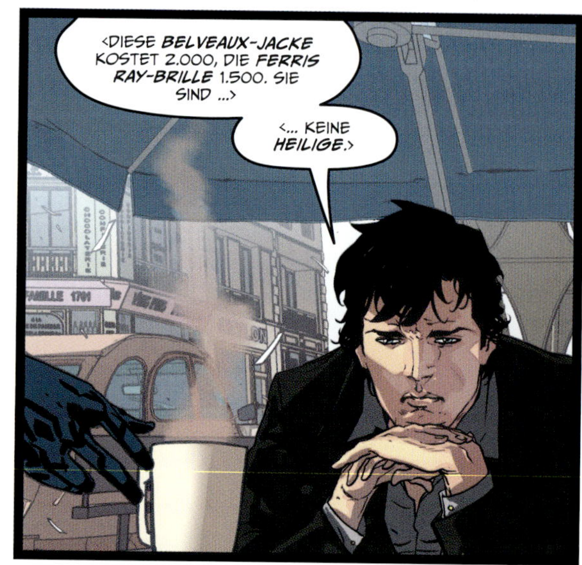
<DIESE BELVEAUX-JACKE KOSTET 2.000, DIE FERRIS RAY-BRILLE 1.500. SIE SIND ...>
<... KEINE HEILIGE.>

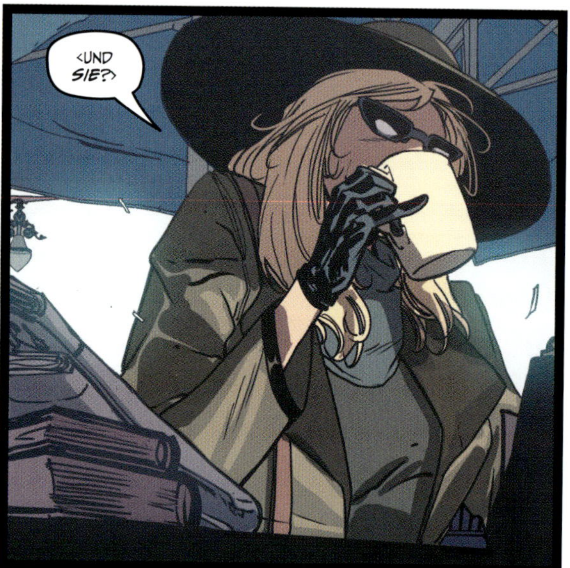
<UND SIE?>

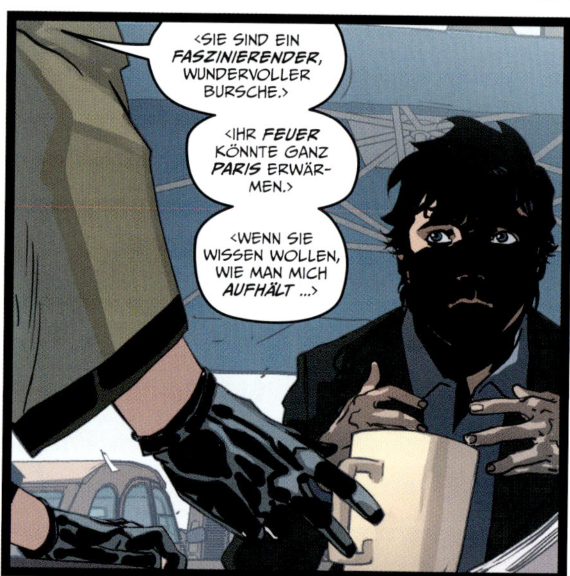
<SIE SIND EIN FASZINIERENDER, WUNDERVOLLER BURSCHE.>
<IHR FEUER KÖNNTE GANZ PARIS ERWÄR-MEN.>
<WENN SIE WISSEN WOLLEN, WIE MAN MICH AUFHÄLT ...>

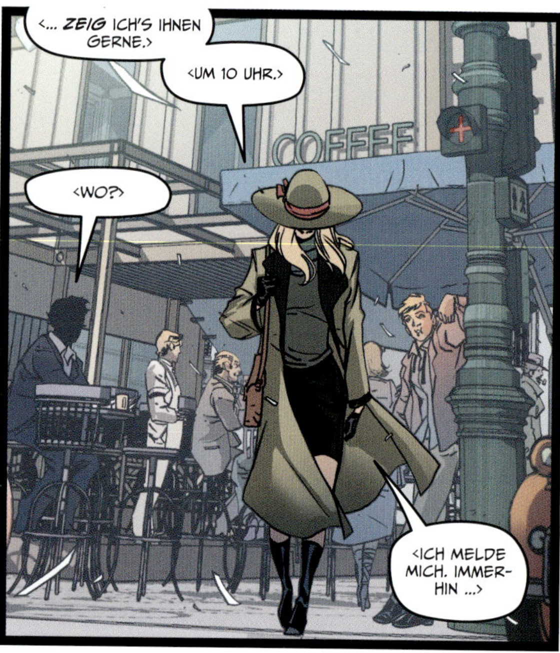
<... ZEIG ICH'S IHNEN GERNE.>
<UM 10 UHR.>
COFFEE
<WO?>
<ICH MELDE MICH. IMMER-HIN ...>

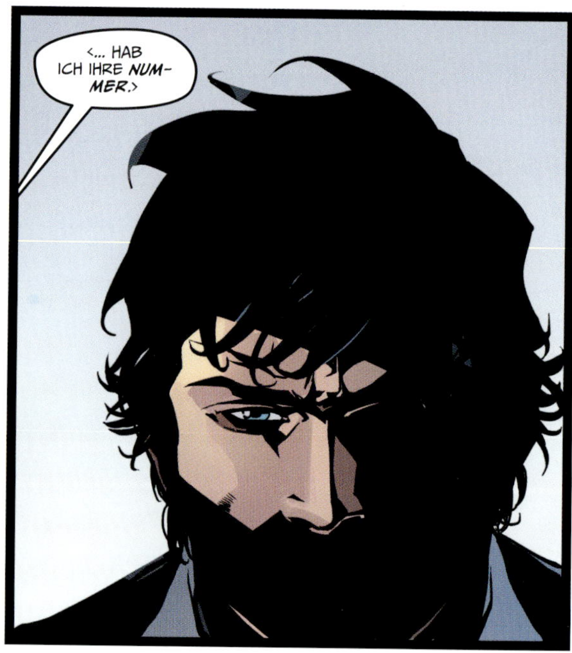
<... HAB ICH IHRE NUM-MER.>

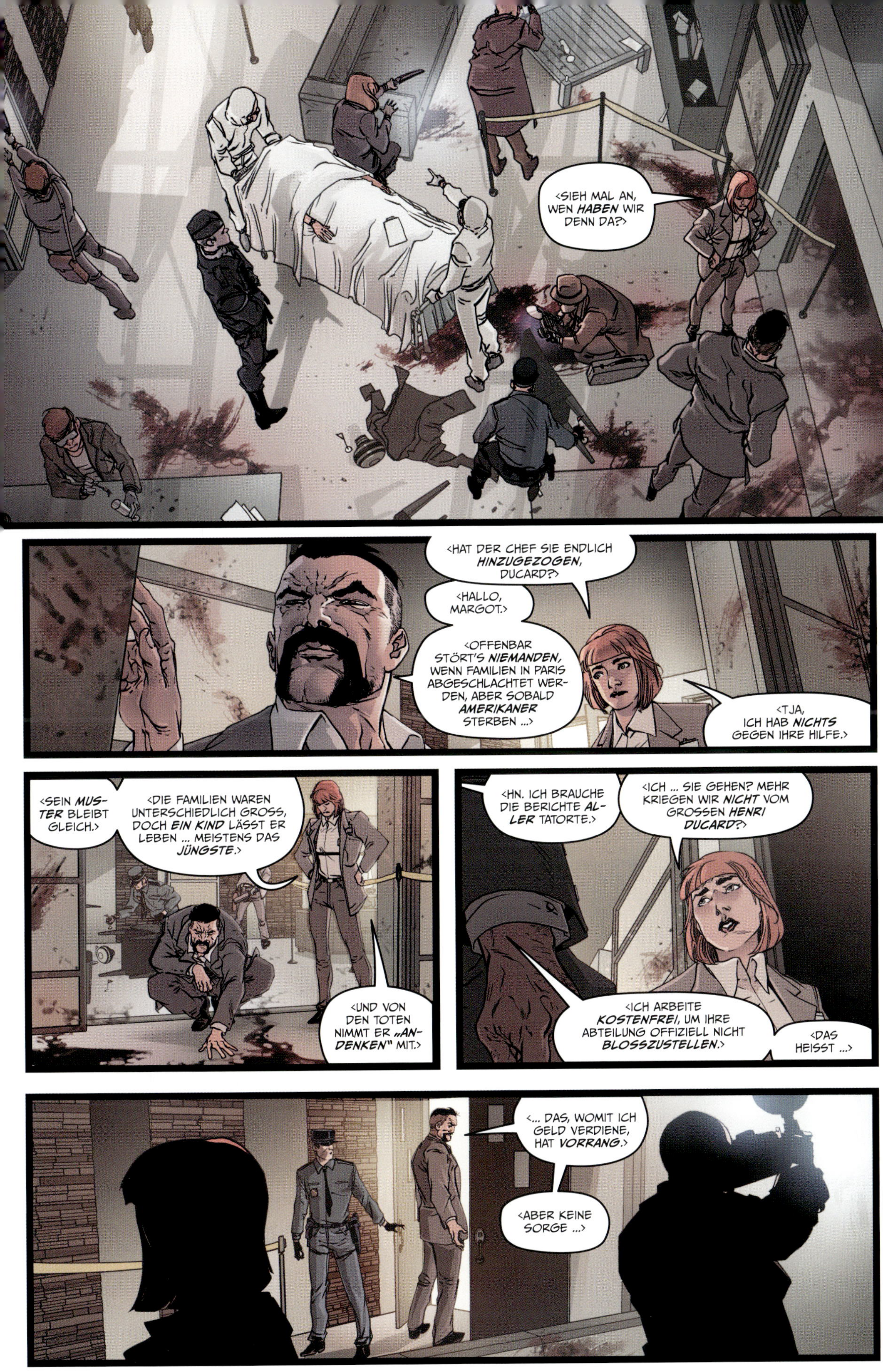

<SIEH MAL AN, WEN *HABEN* WIR DENN DA?>

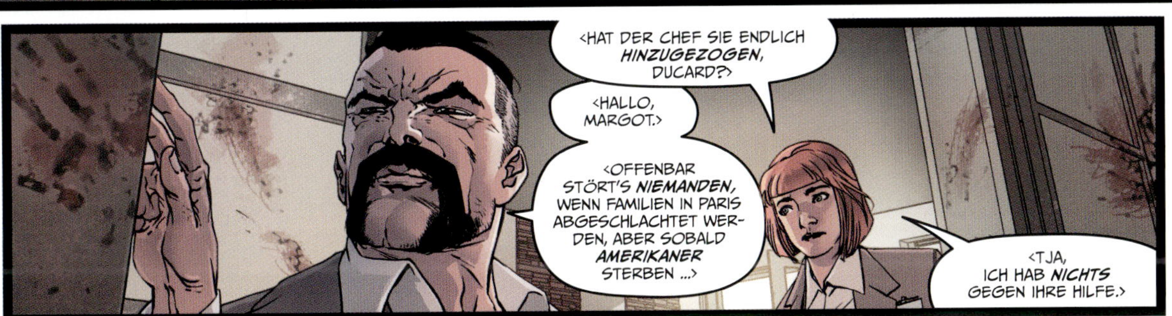

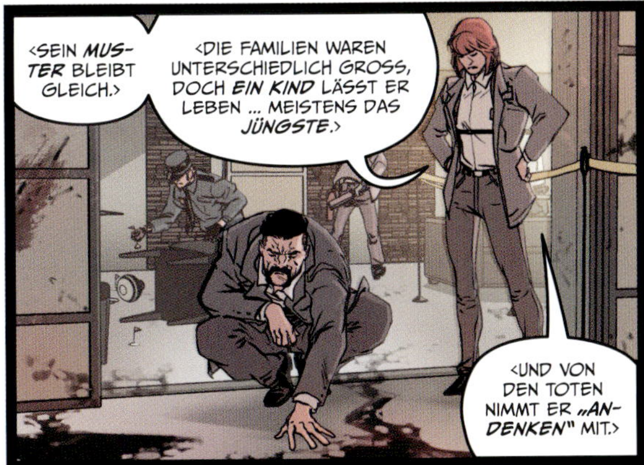

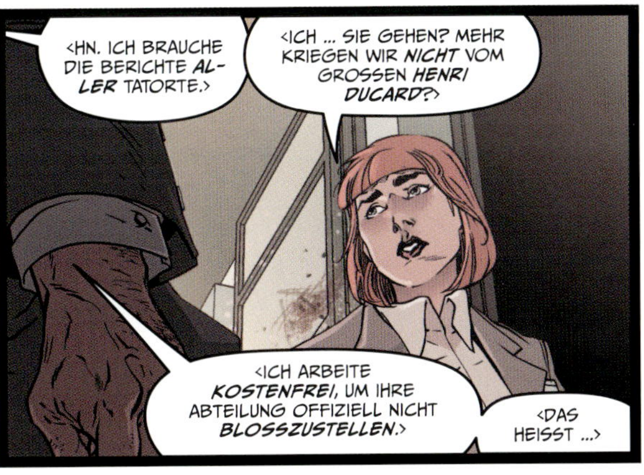

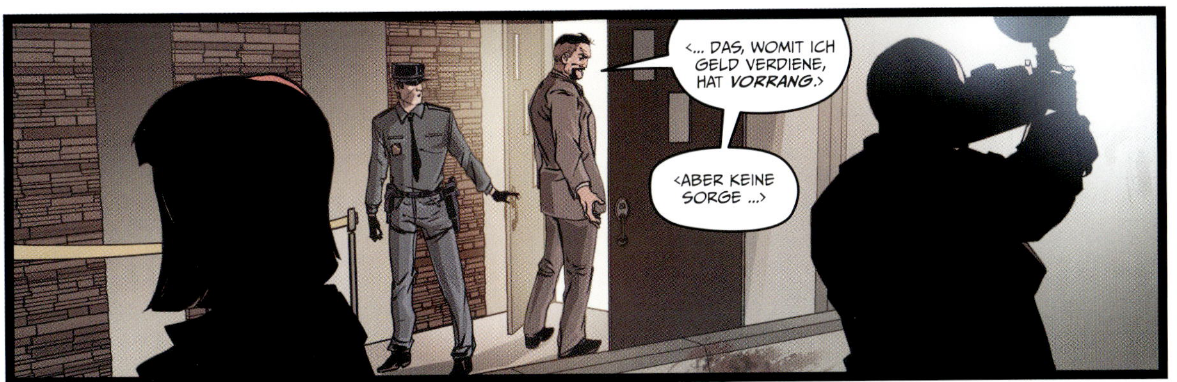

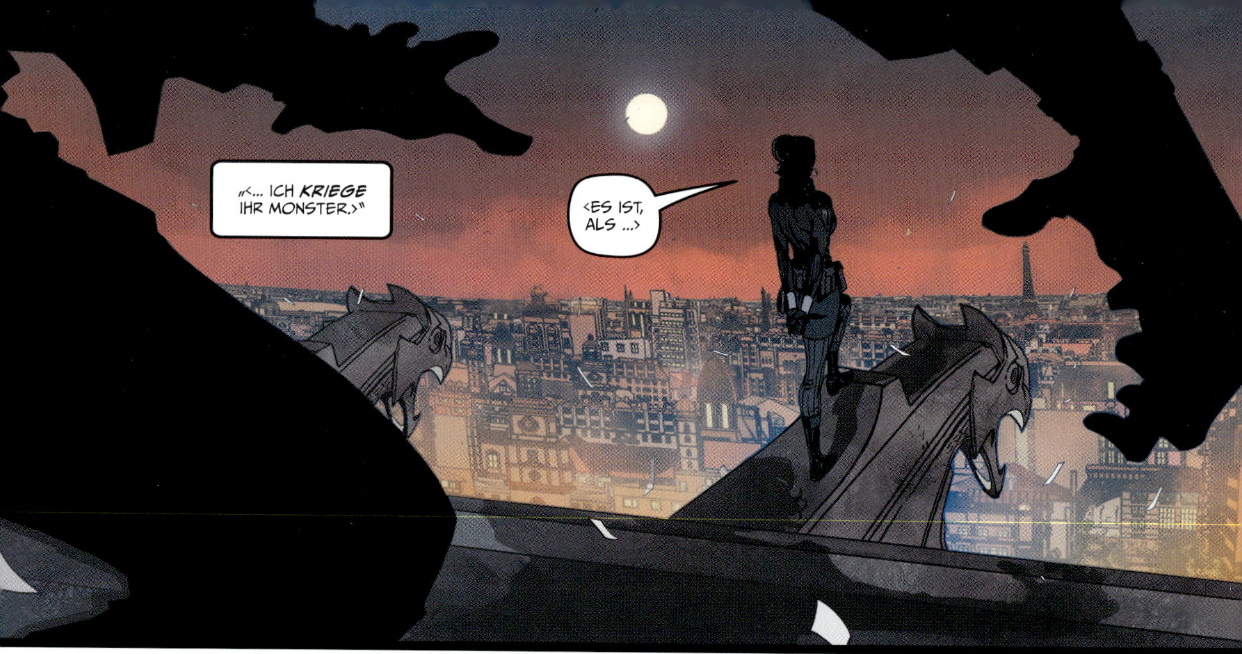
„‹… ICH *KRIEGE* IHR MONSTER.›"
‹ES IST, ALS …›

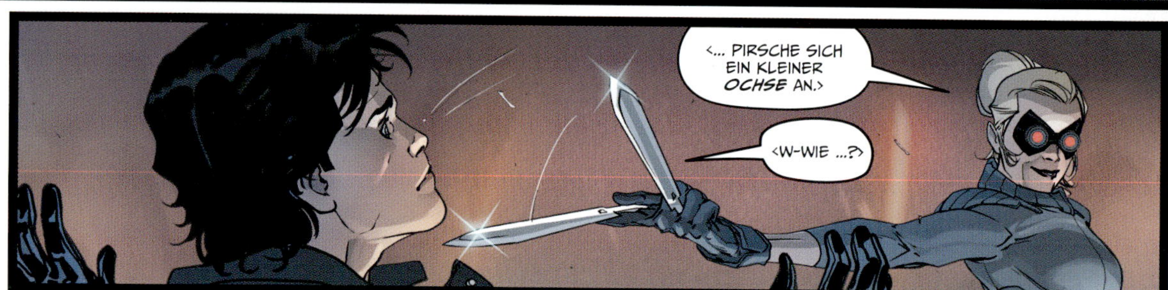
‹… PIRSCHE SICH EIN KLEINER *OCHSE* AN.›
‹W-WIE …?›

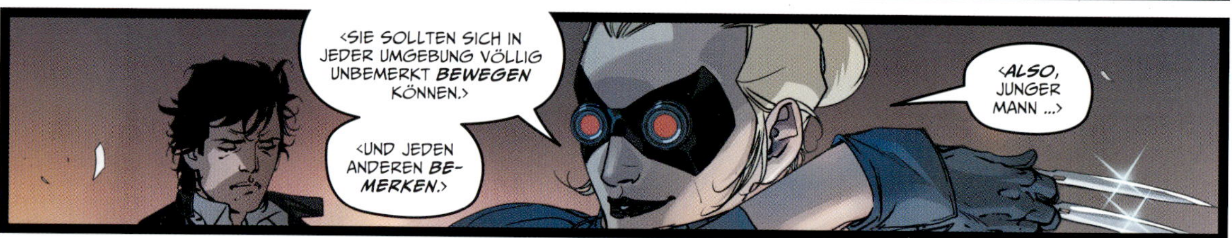
‹SIE SOLLTEN SICH IN JEDER UMGEBUNG VÖLLIG UNBEMERKT *BEWEGEN* KÖNNEN.›
‹UND JEDEN ANDEREN *BEMERKEN.*›
‹*ALSO*, JUNGER MANN …›

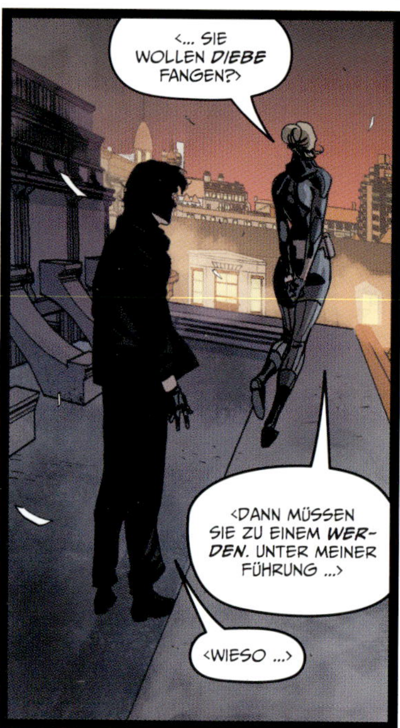
‹… SIE WOLLEN *DIEBE* FANGEN?›
‹DANN MÜSSEN SIE ZU EINEM *WERDEN.* UNTER MEINER FÜHRUNG …›
‹WIESO …›

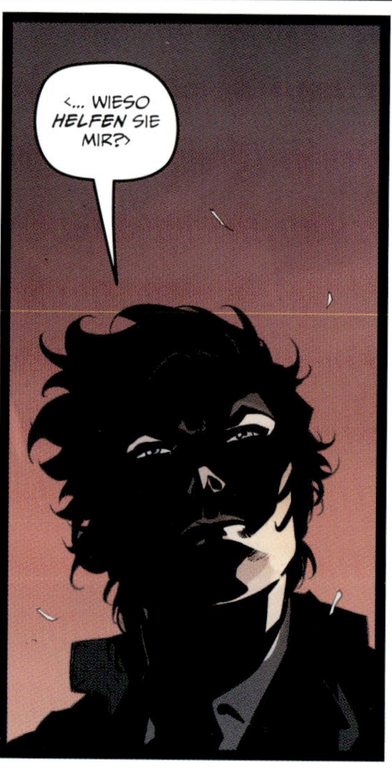
‹… WIESO *HELFEN* SIE MIR?›

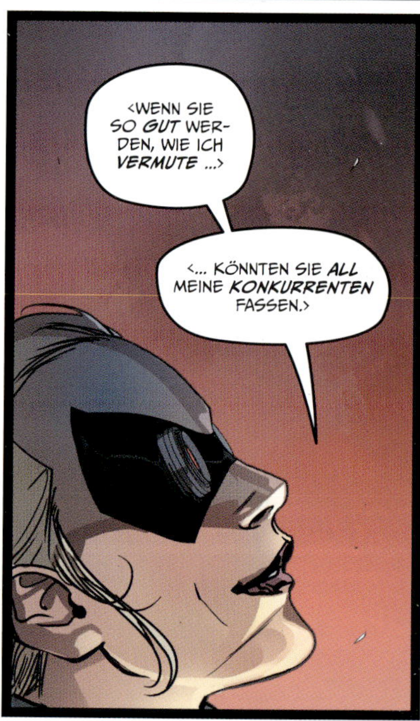
‹WENN SIE SO *GUT* WERDEN, WIE ICH *VERMUTE* …›
‹… KÖNNTEN SIE *ALL* MEINE *KONKURRENTEN* FASSEN.›

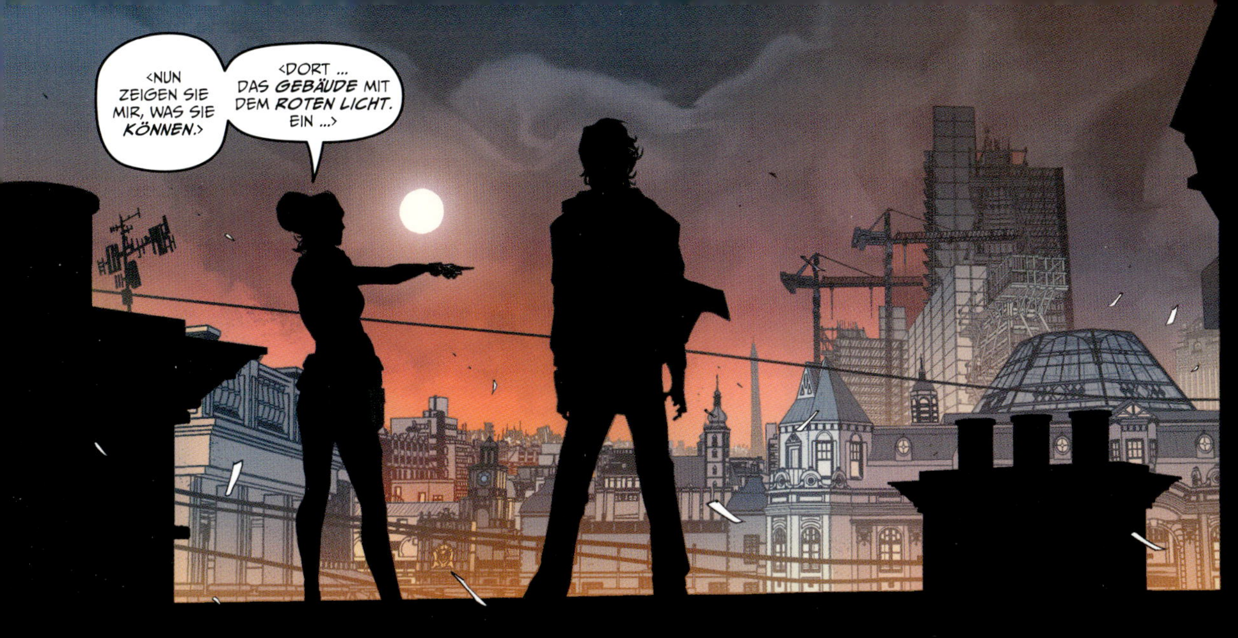

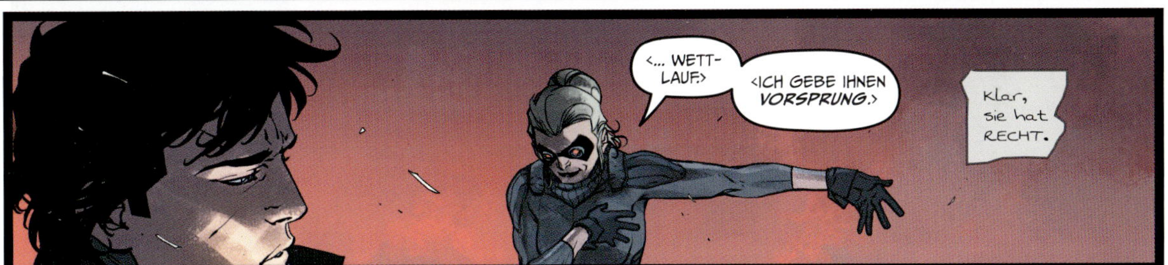

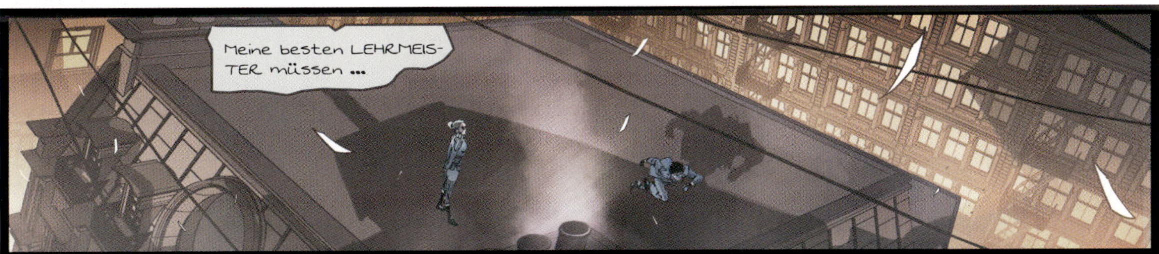

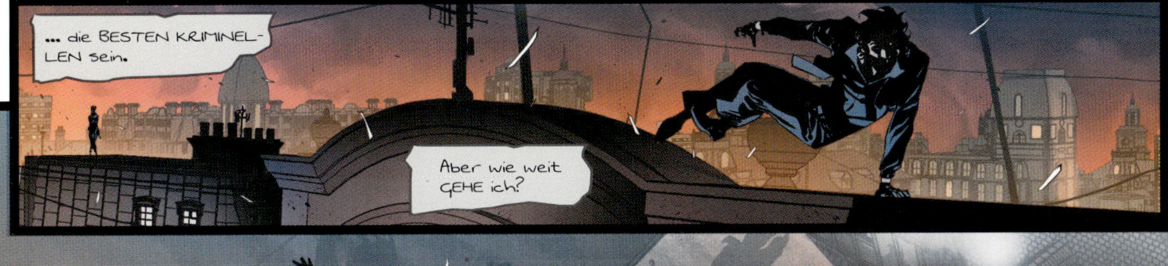

Nach ihrem Tod SCHWOR ich meinen Eltern, alle Verbrecher AUFZUHALTEN.

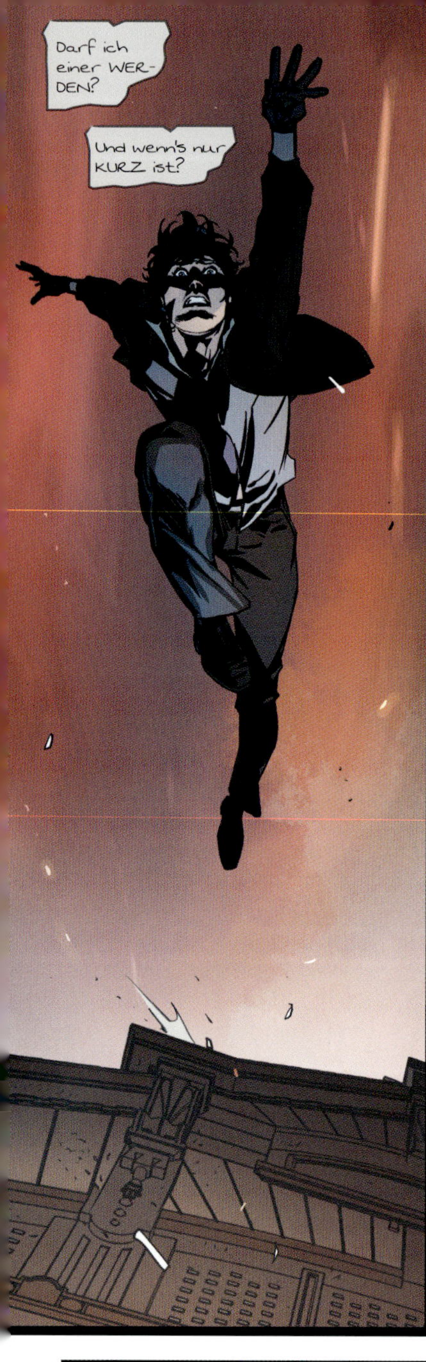
Darf ich einer WERDEN?
Und wenn's nur KURZ ist?
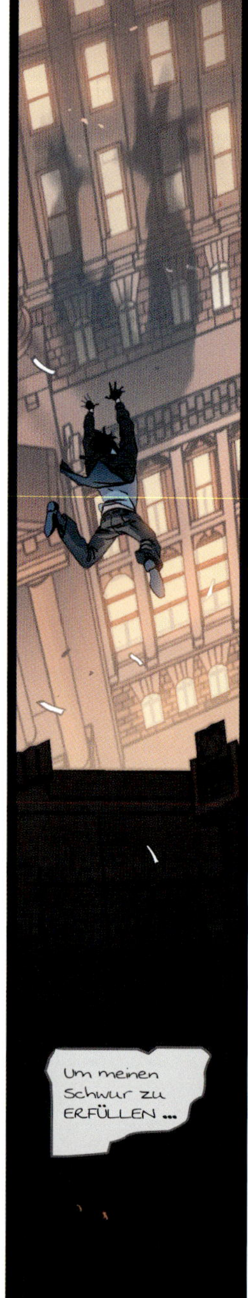
Um meinen Schwur zu ERFÜLLEN ...
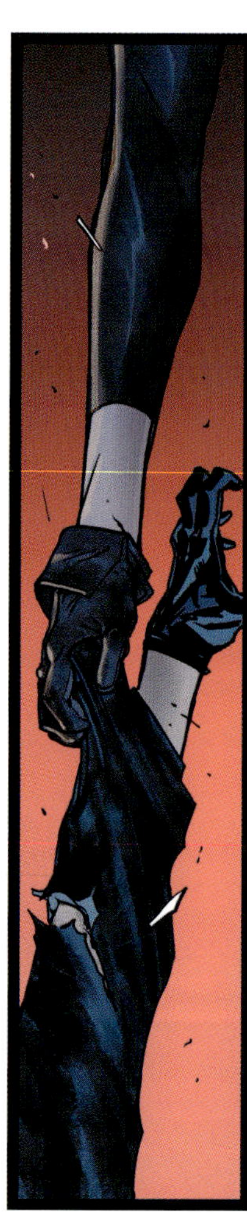
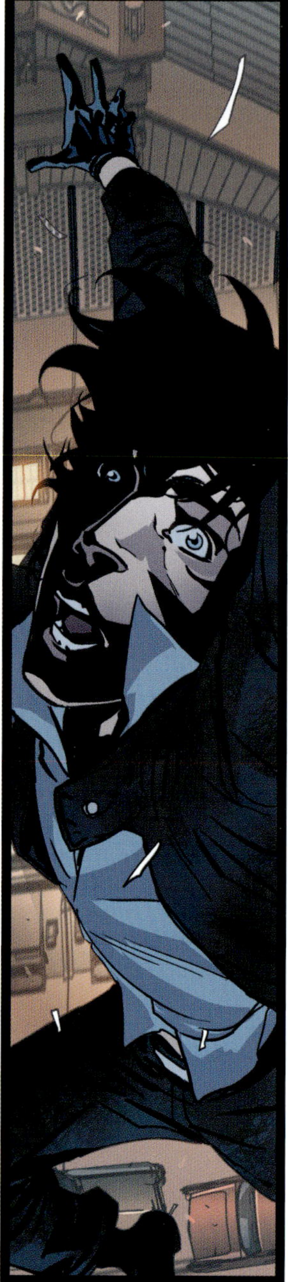
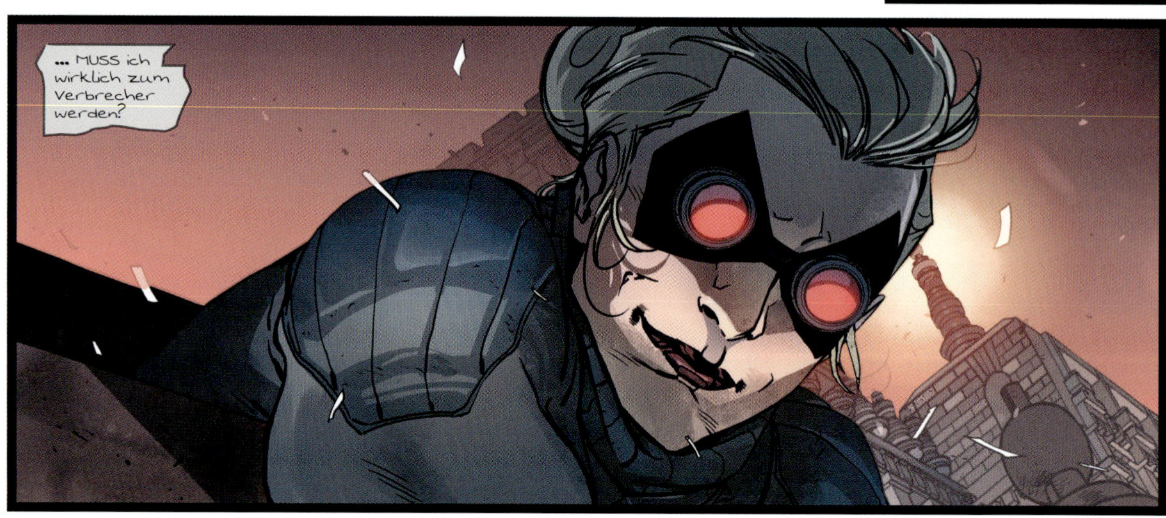
... MUSS ich wirklich zum Verbrecher werden?

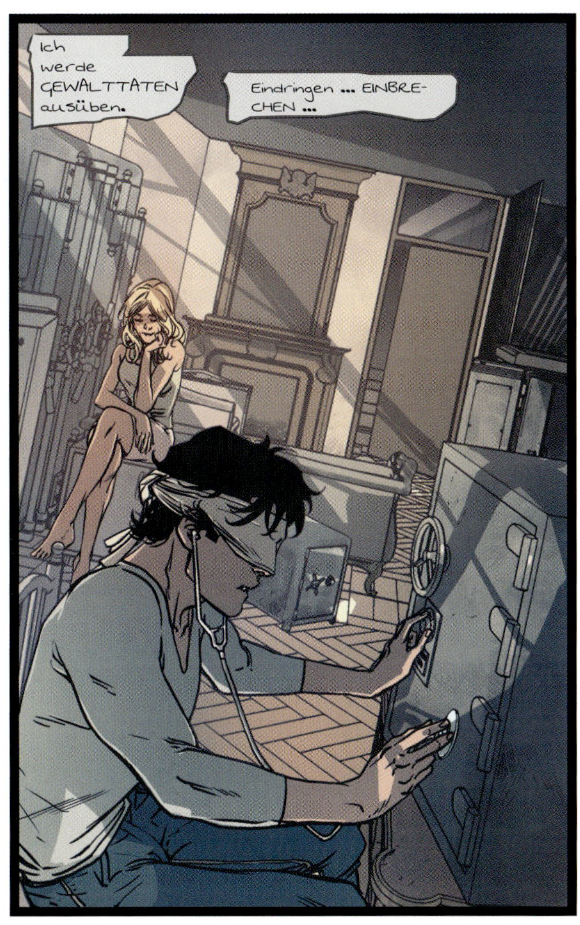
Ich werde GEWALTTATEN ausüben.
Eindringen ... EINBRE-CHEN ...

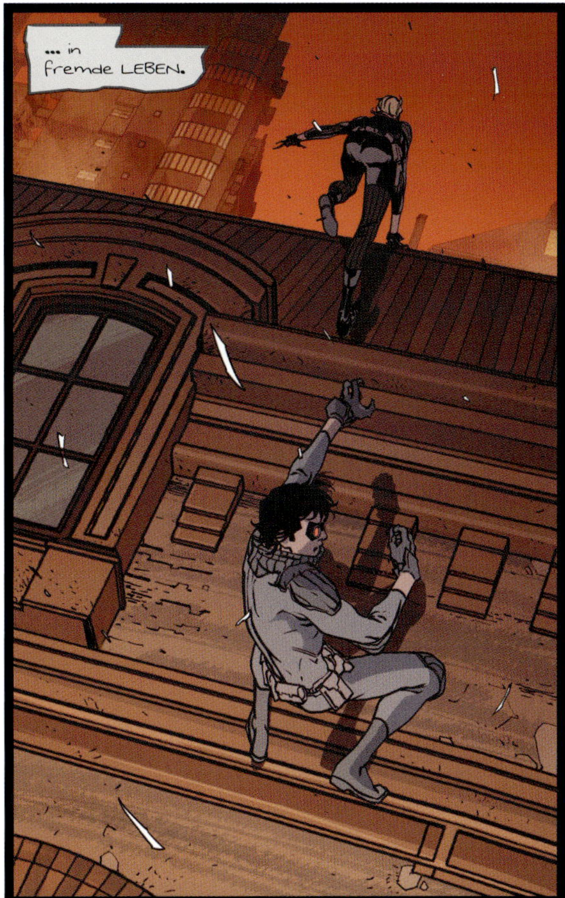
... in fremde LEBEN.

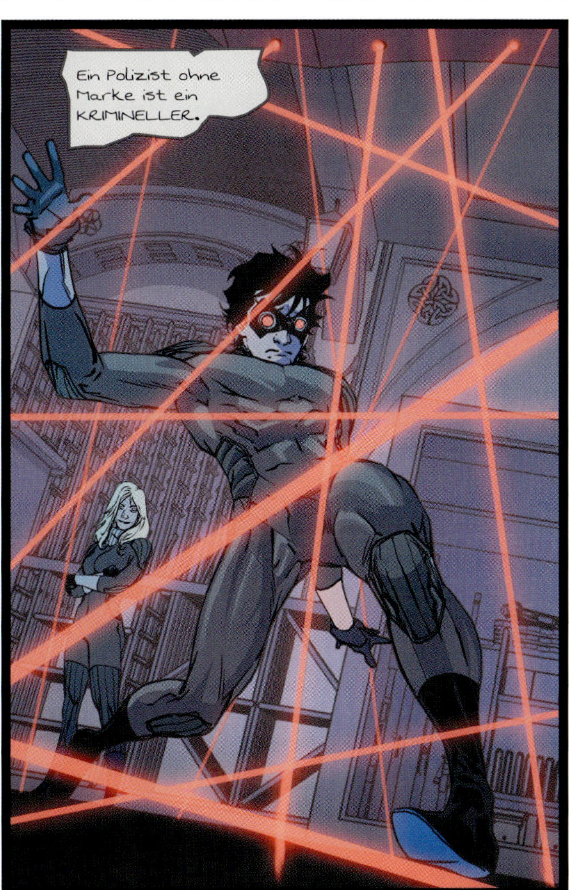
Ein Polizist ohne Marke ist ein KRIMINELLER.

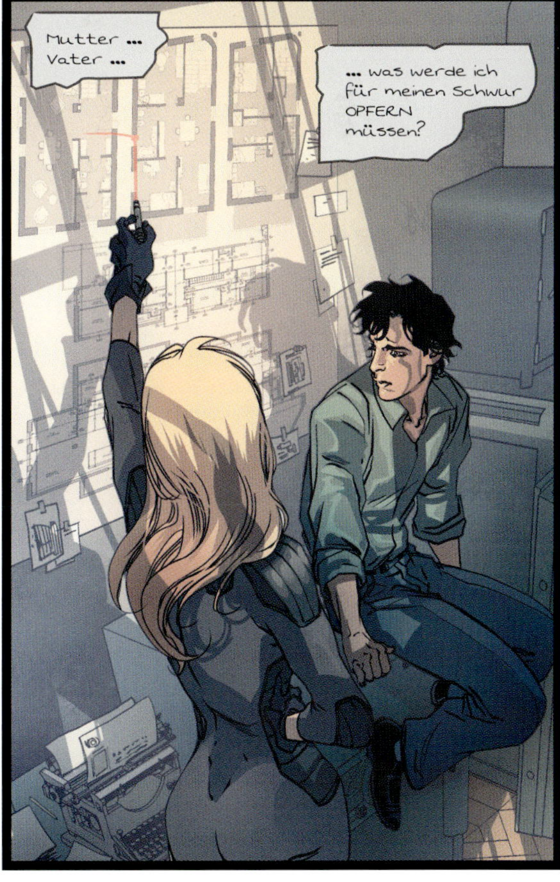
Mutter ... Vater ...
... was werde ich für meinen Schwur OPFERN müssen?

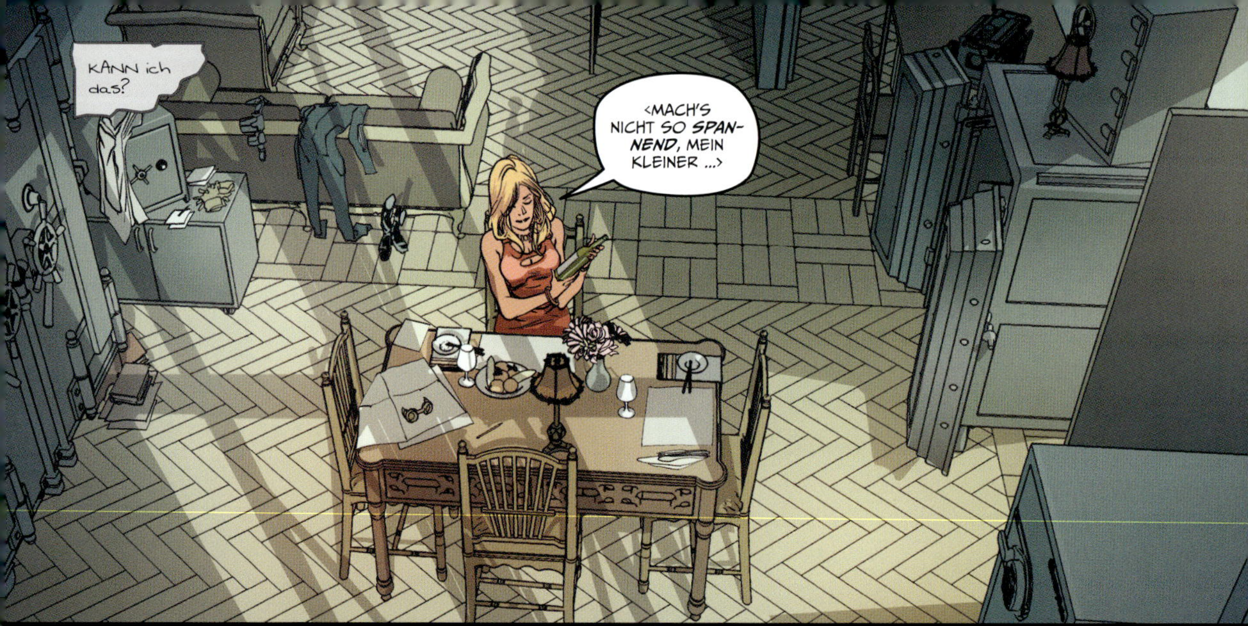
KANN ich das?
<MACH'S NICHT SO SPANNEND, MEIN KLEINER ...>

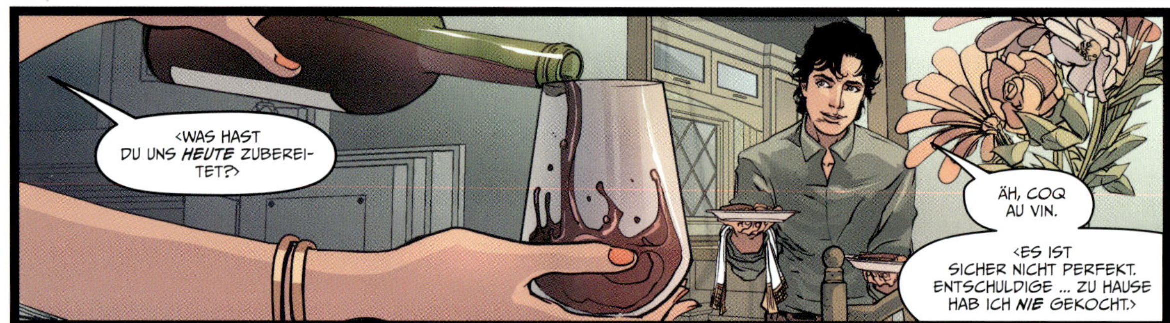
<WAS HAST DU UNS HEUTE ZUBEREITET?>
ÄH, COQ AU VIN.
<ES IST SICHER NICHT PERFEKT. ENTSCHULDIGE ... ZU HAUSE HAB ICH NIE GEKOCHT.>

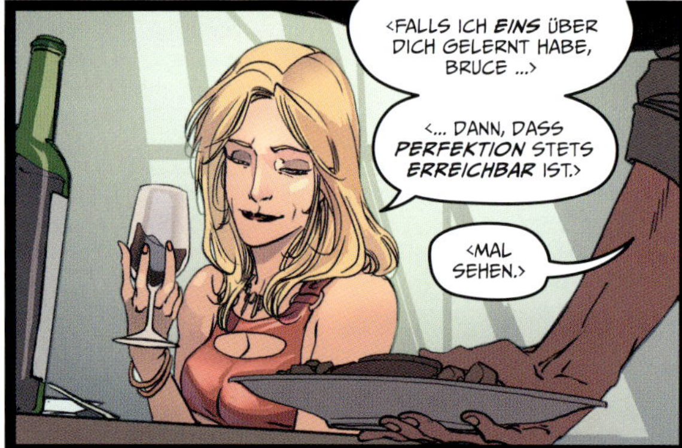
<FALLS ICH EINS ÜBER DICH GELERNT HABE, BRUCE ...>
<... DANN, DASS PERFEKTION STETS ERREICHBAR IST.>
<MAL SEHEN.>

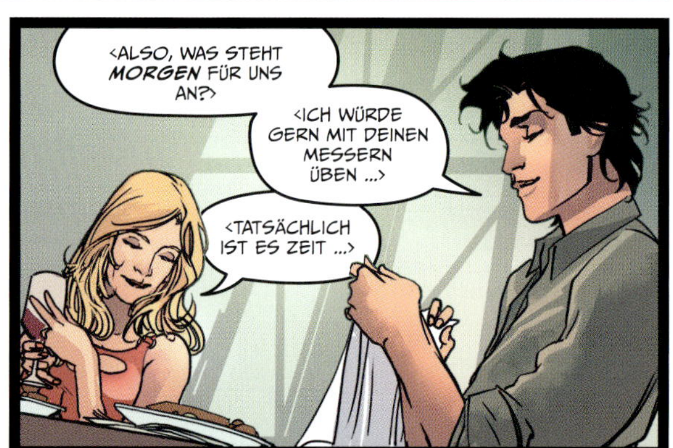
<ALSO, WAS STEHT MORGEN FÜR UNS AN?>
<ICH WÜRDE GERN MIT DEINEN MESSERN ÜBEN ...>
<TATSÄCHLICH IST ES ZEIT ...>

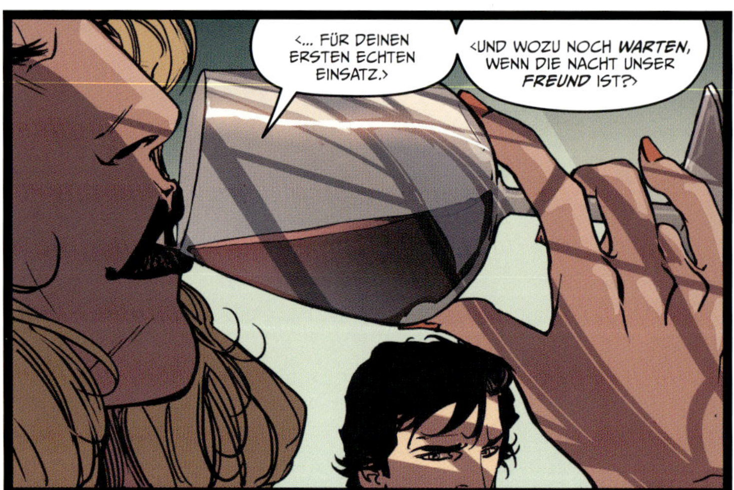
<... FÜR DEINEN ERSTEN ECHTEN EINSATZ.>
<UND WOZU NOCH WARTEN, WENN DIE NACHT UNSER FREUND IST?>

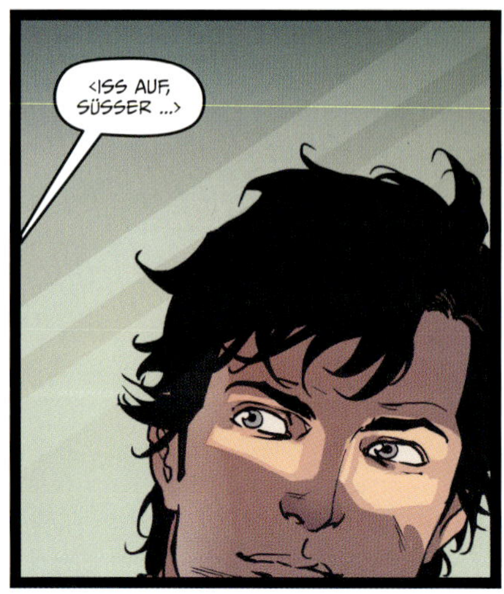
<ISS AUF, SÜSSER ...>

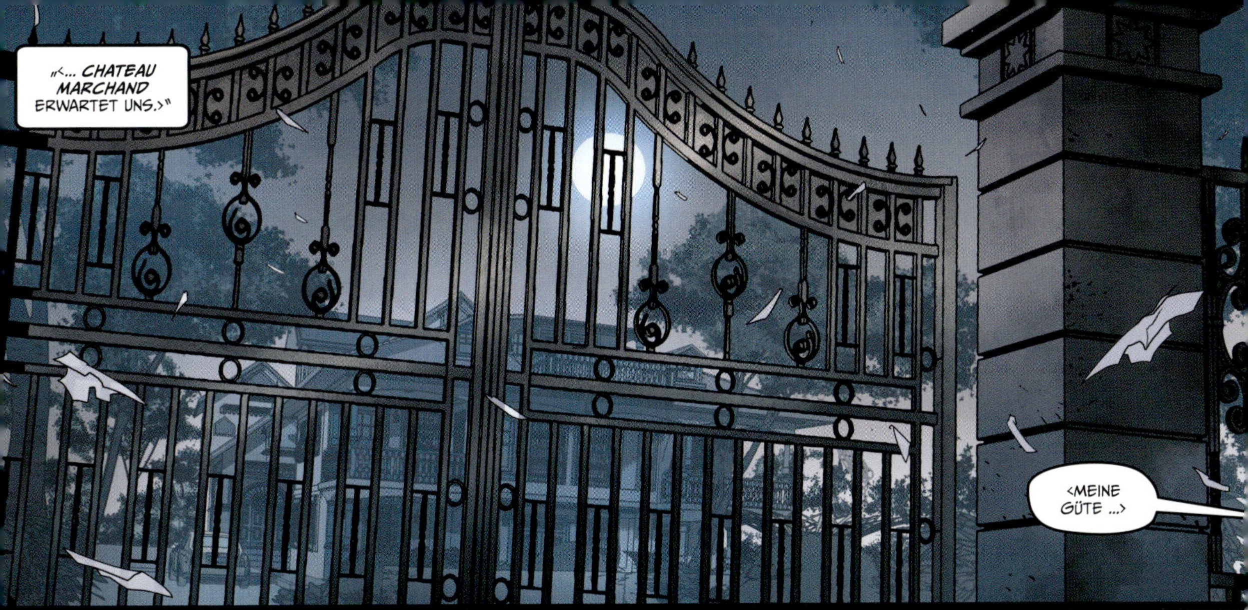
"<... *CHATEAU MARCHAND* ERWARTET UNS.>"
<MEINE GÜTE ...>

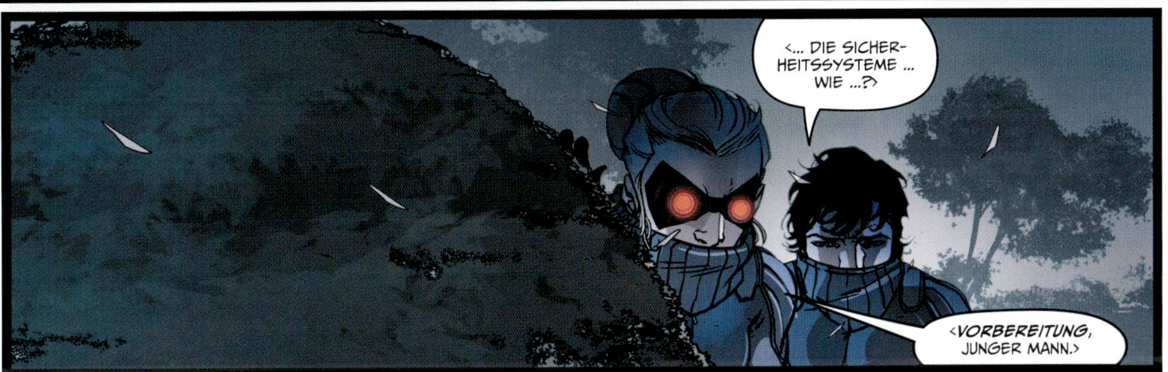
<... DIE SICHERHEITSSYSTEME ... WIE ...?>
<*VORBEREITUNG*, JUNGER MANN.>

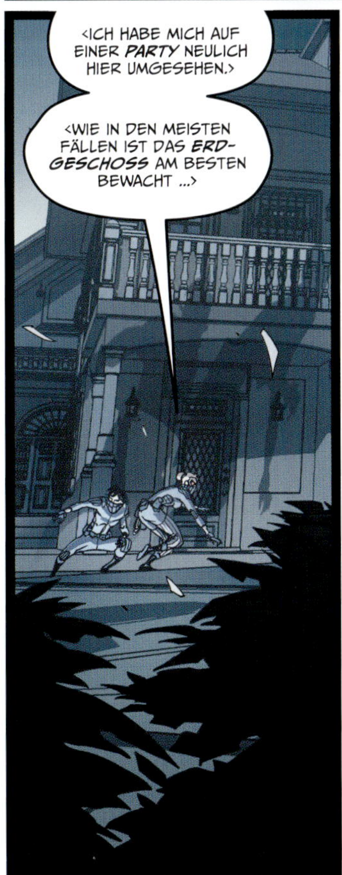
<ICH HABE MICH AUF EINER *PARTY* NEULICH HIER UMGESEHEN.>
<WIE IN DEN MEISTEN FÄLLEN IST DAS *ERDGESCHOSS* AM BESTEN BEWACHT ...>

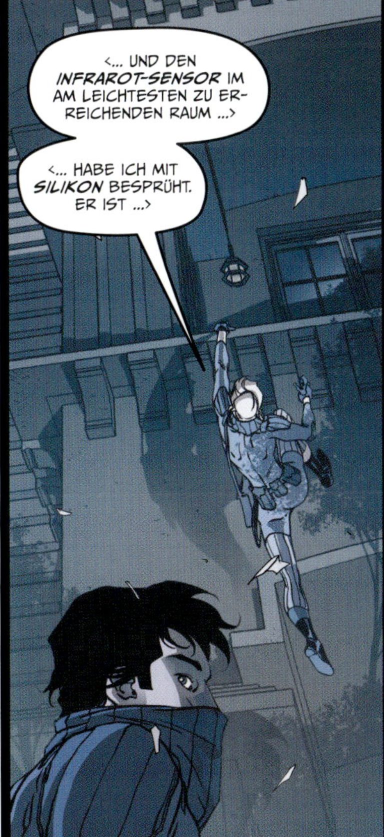
<... UND DEN *INFRAROT-SENSOR* IM AM LEICHTESTEN ZU ERREICHENDEN RAUM ...>
<... HABE ICH MIT *SILIKON* BESPRÜHT. ER IST ...>

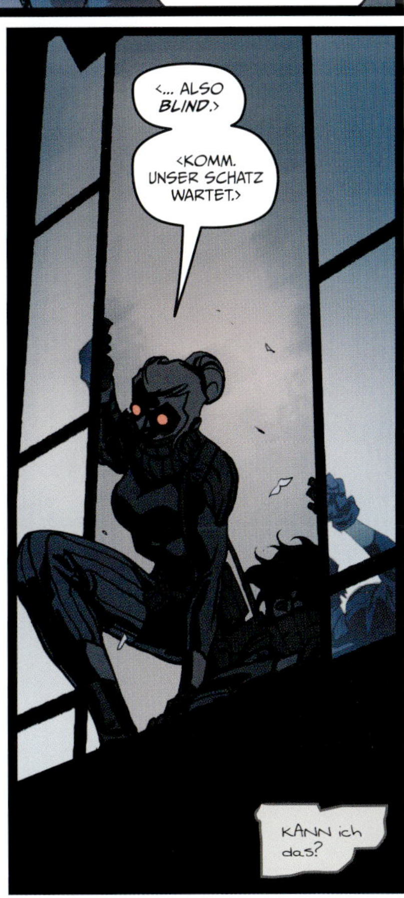
<... ALSO *BLIND*.>
<KOMM. UNSER SCHATZ WARTET.>
KANN ich das?

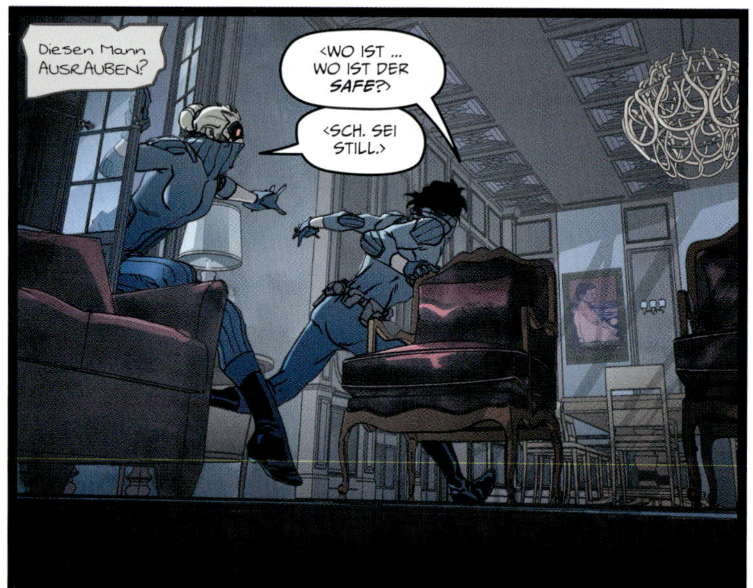

Diesen Mann AUSRAUBEN?
<WO IST ... WO IST DER SAFE?>
<SCH. SEI STILL.>

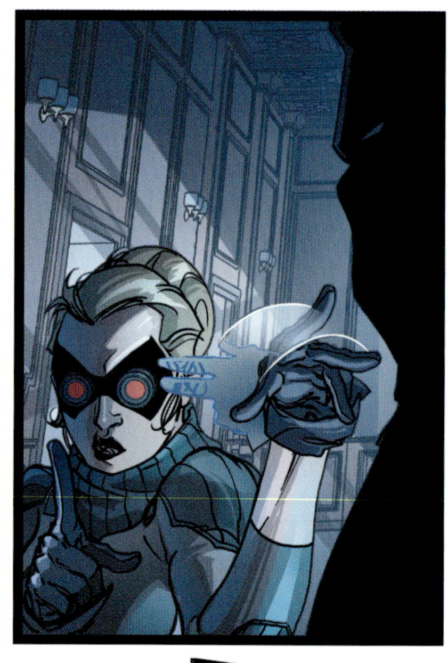

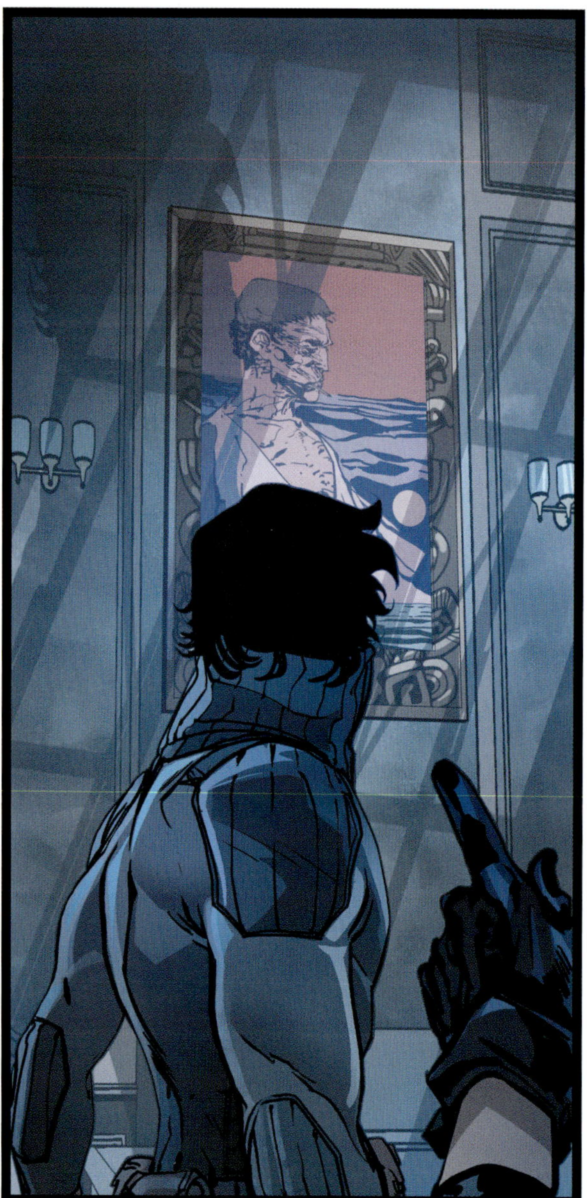

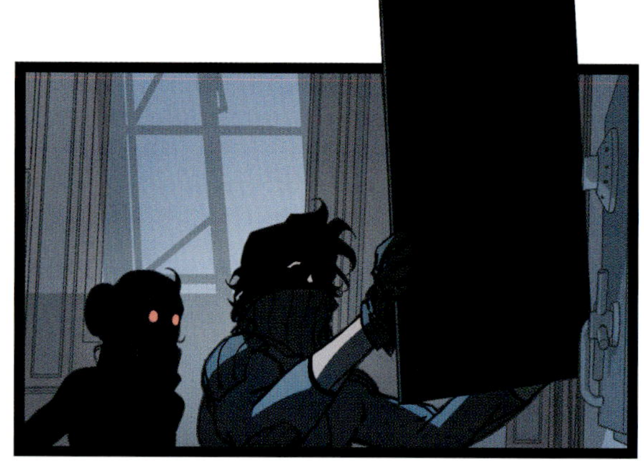

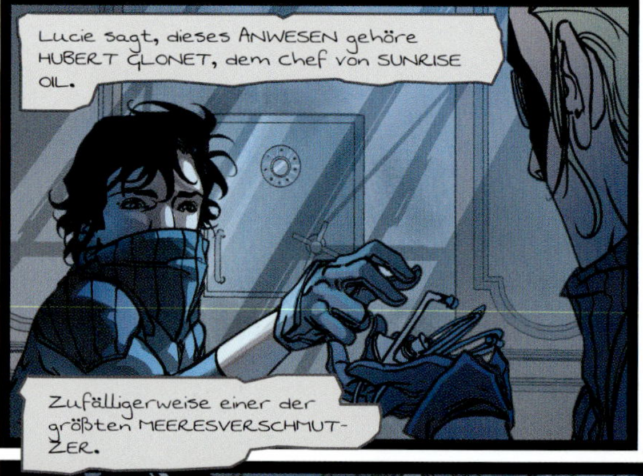

Lucie sagt, dieses ANWESEN gehöre HUBERT GLONET, dem chef von SUNRISE OIL.
Zufälligerweise einer der größten MEERESVERSCHMUT-ZER.

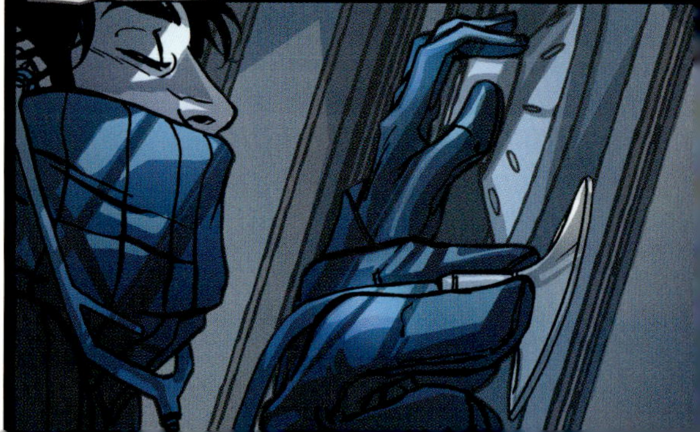

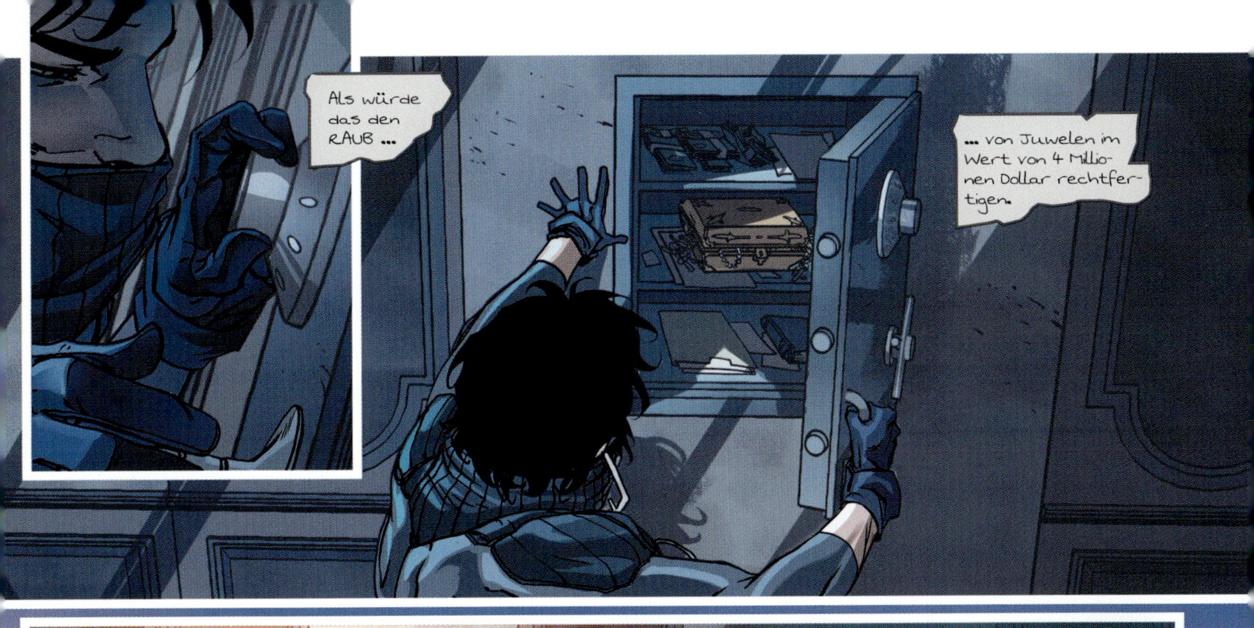
Als würde das den RAUB ...
... von Juwelen im Wert von 4 Millionen Dollar rechtfertigen.

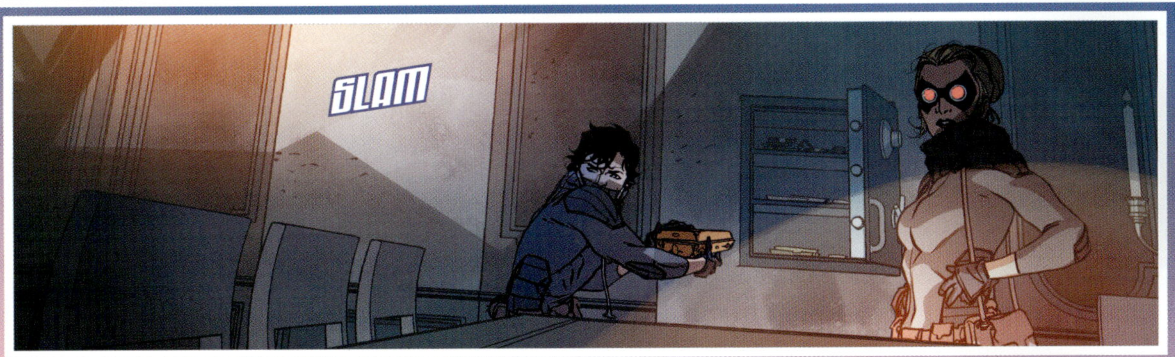
SLAM

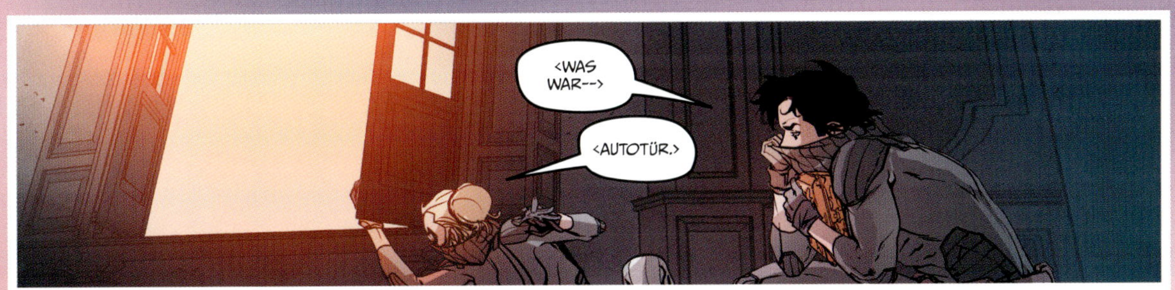
<WAS WAR-->
<AUTOTÜR.>

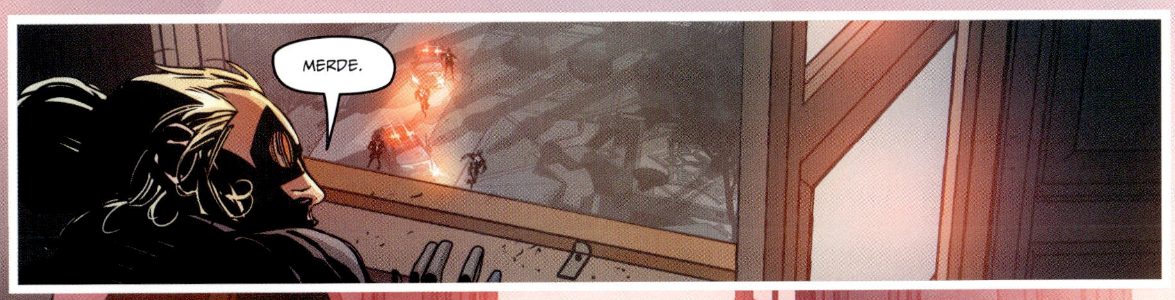
MERDE.

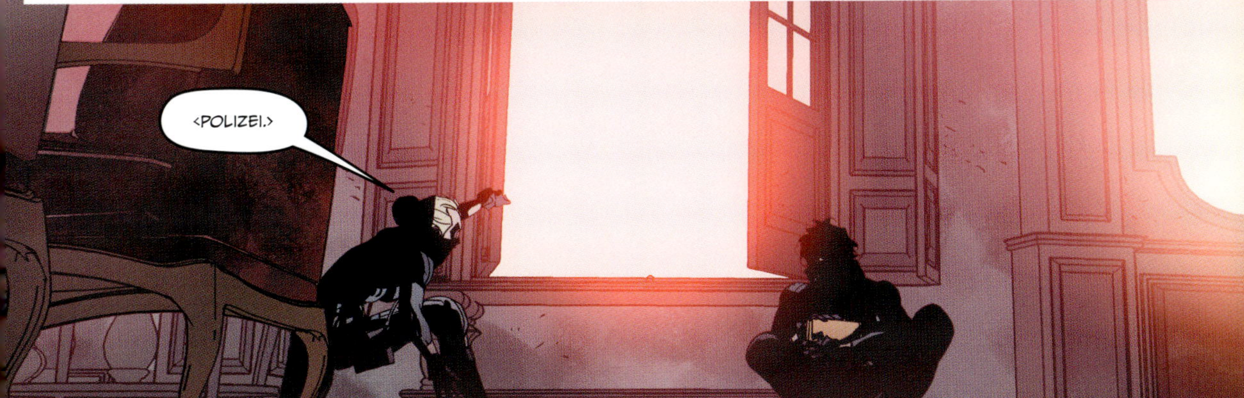
<POLIZEI.>

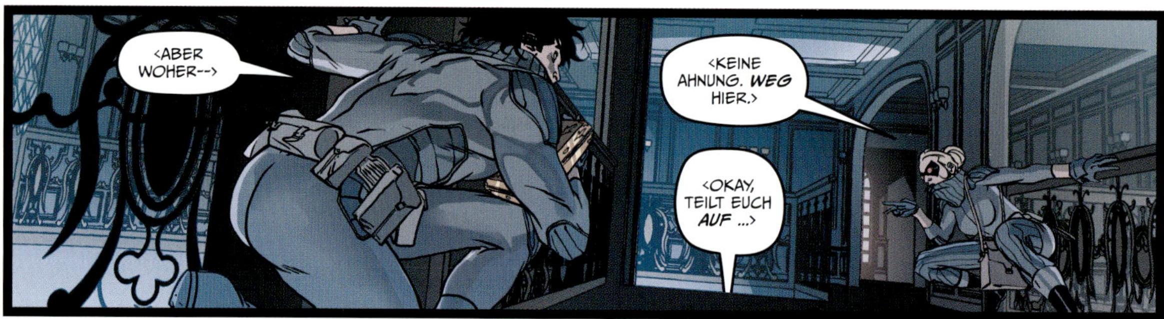
<ABER WOHER-->
<KEINE AHNUNG. **WEG** HIER.>
<OKAY, TEILT EUCH **AUF** ...>

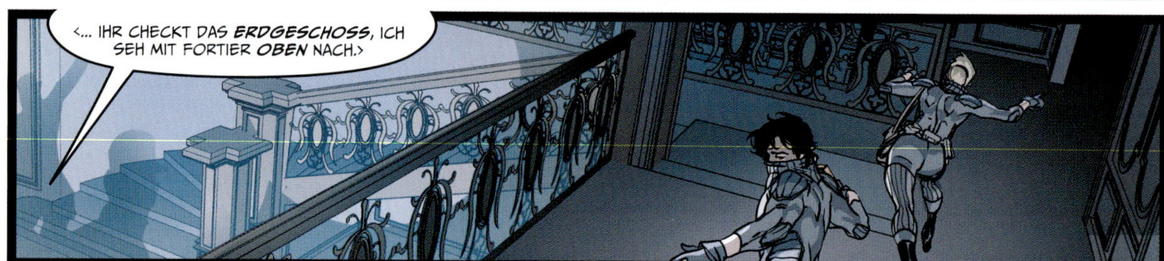
<... IHR CHECKT DAS **ERDGESCHOSS**, ICH SEH MIT FORTIER **OBEN** NACH.>

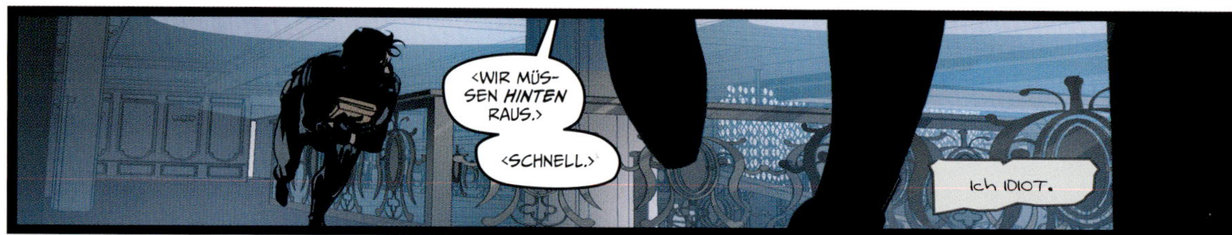
<WIR MÜS-SEN **HINTEN** RAUS.>
<SCHNELL.>
Ich IDIOT.

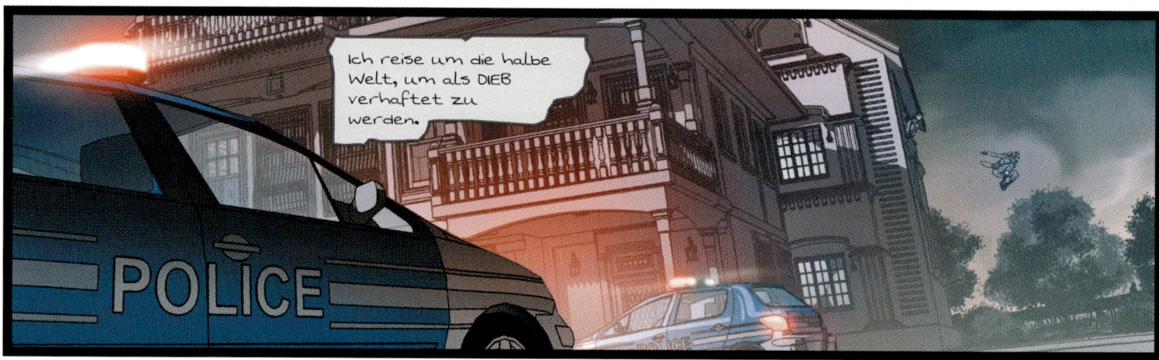
Ich reise um die halbe Welt, um als DIEB verhaftet zu werden.
POLICE

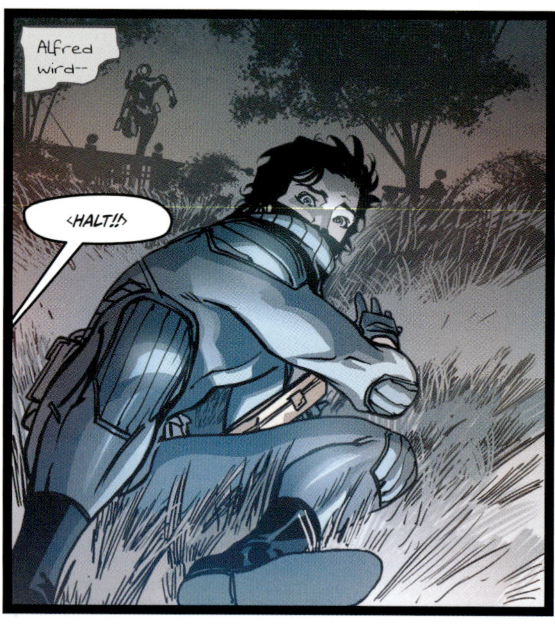
Alfred wird--
<**HALT!!**>

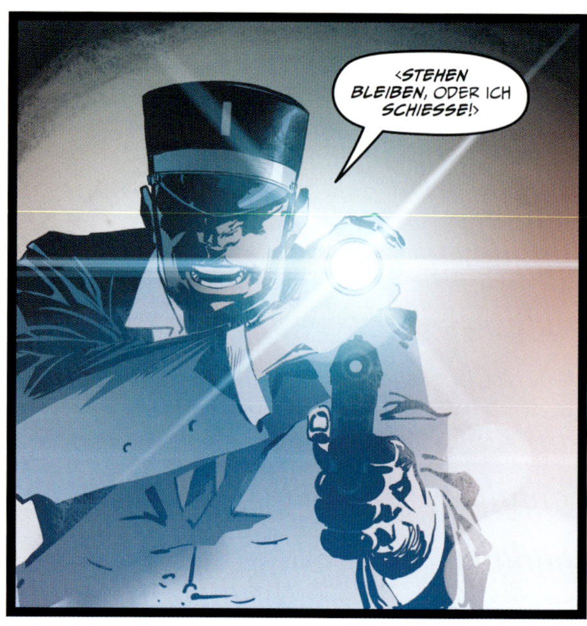
<**STEHEN BLEIBEN**, ODER ICH **SCHIESSE!**>

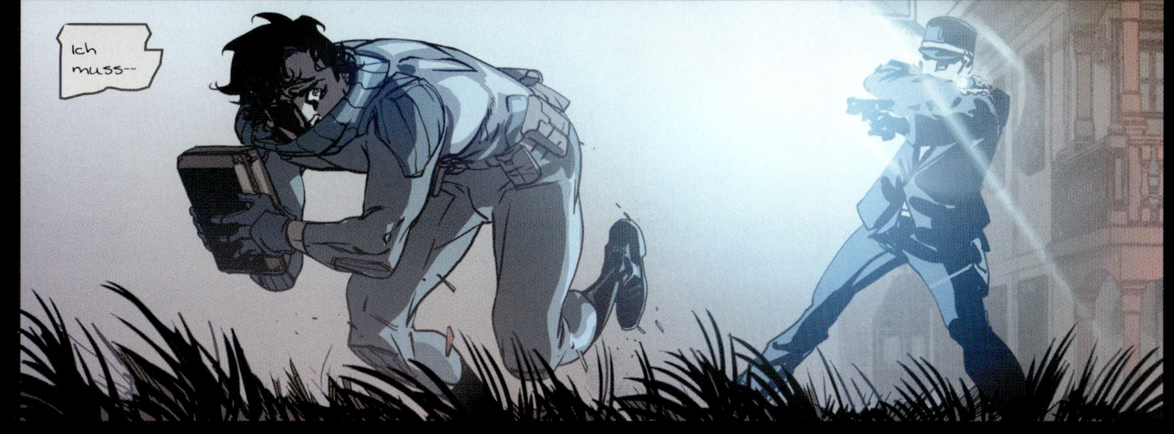
Ich muss--

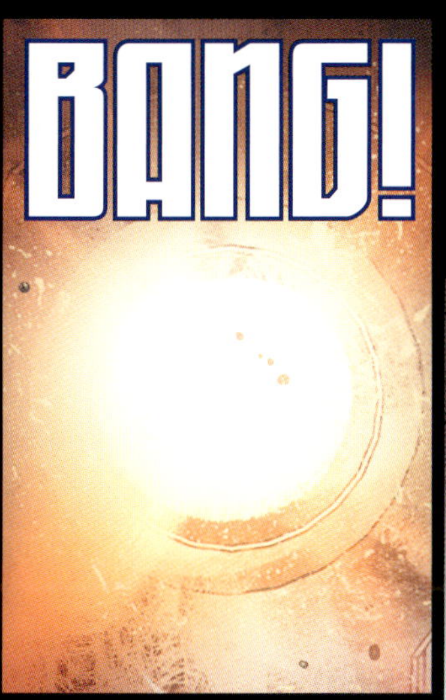
BANG!

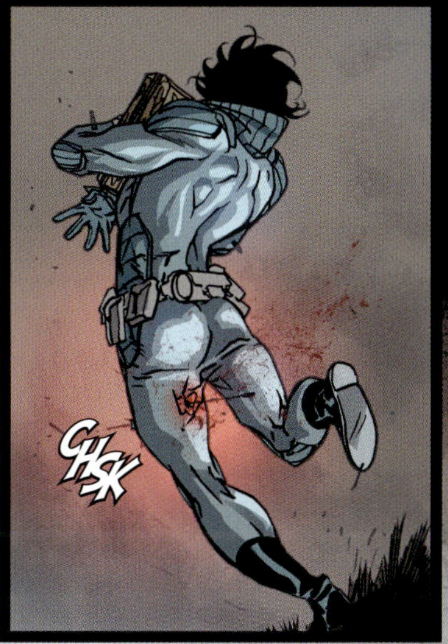
CHSK

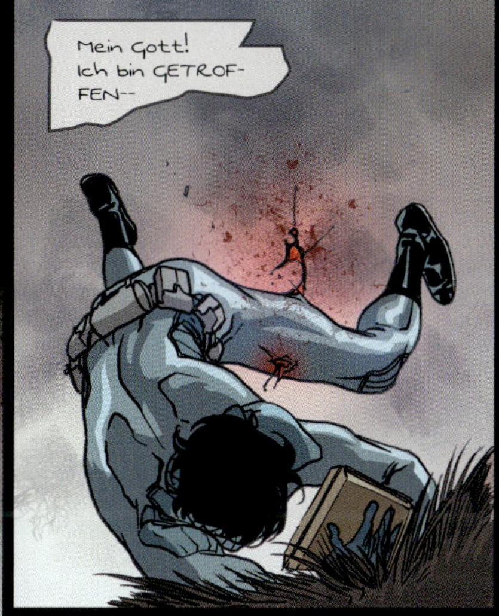
Mein Gott! Ich bin GETROF-FEN--

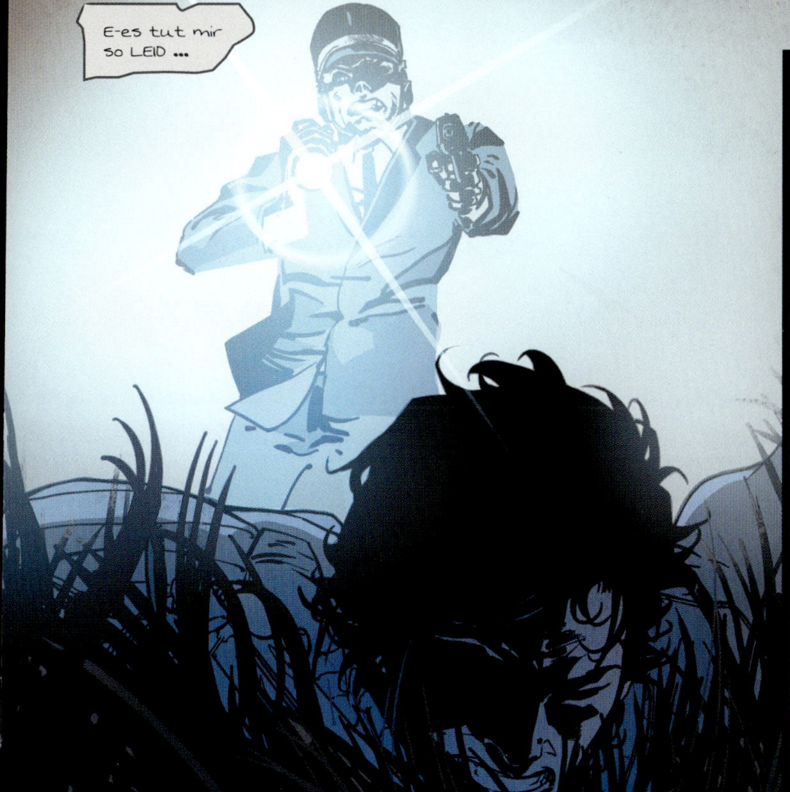
E-es tut mir so LEID ...

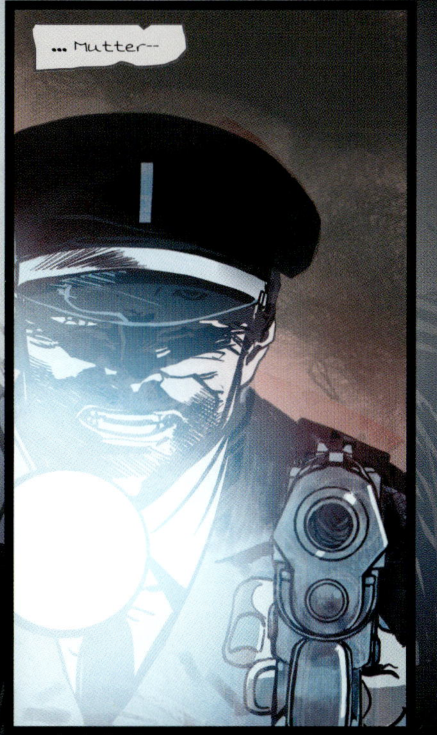
... Mutter--

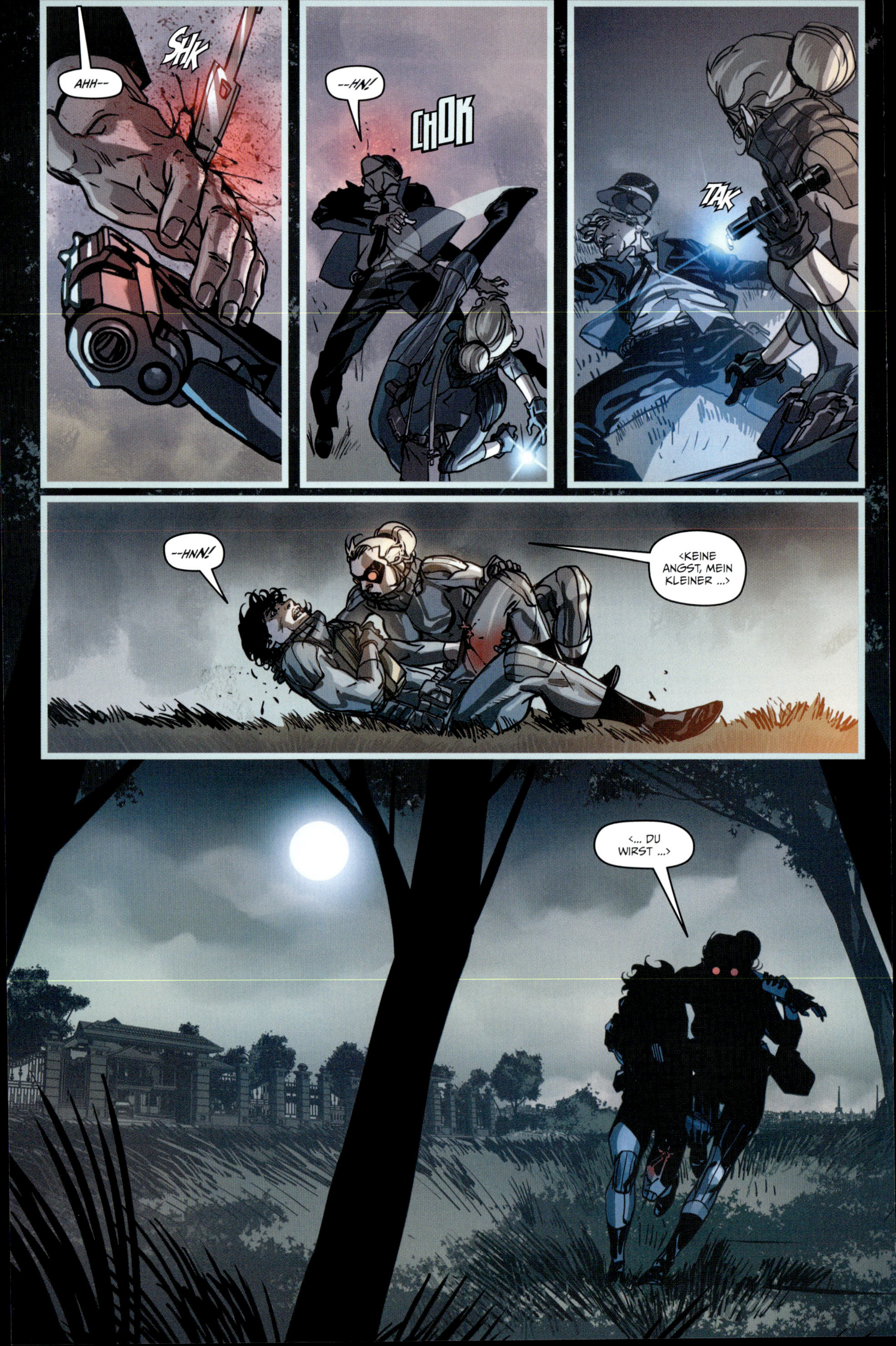

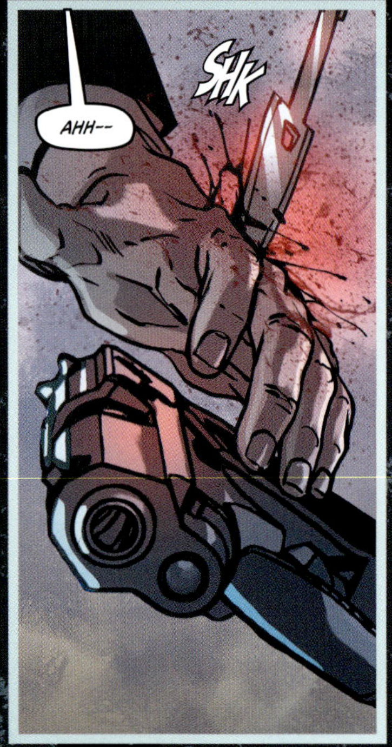
AHH--
SHK

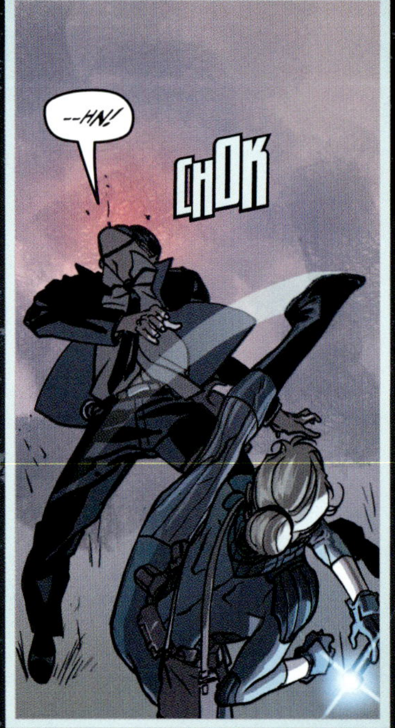
--HN!
CHOK

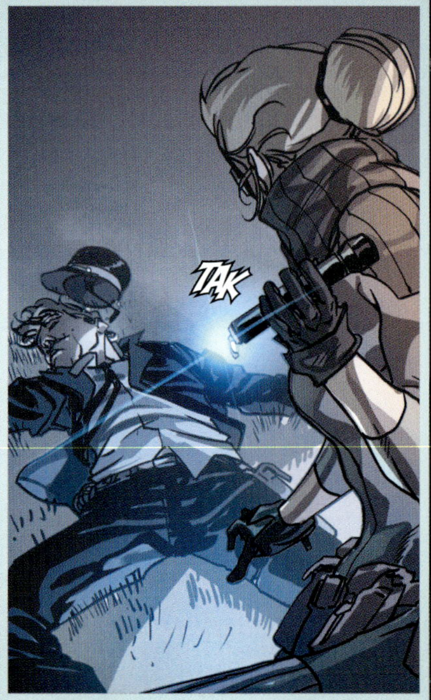
TAK

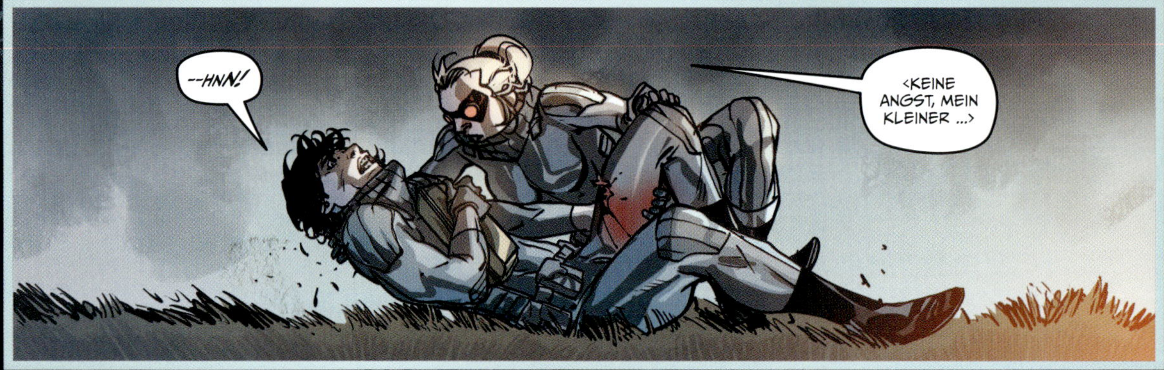
--HNN!
<KEINE ANGST, MEIN KLEINER ...>

<... DU WIRST ...>

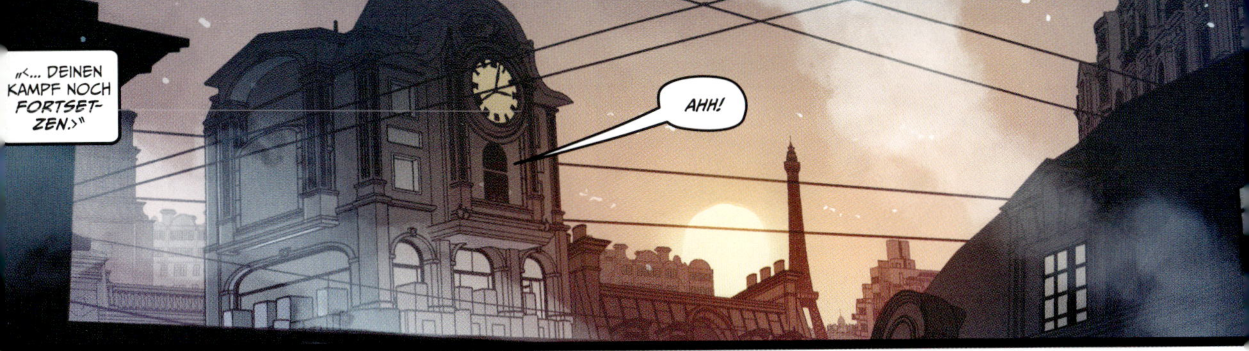

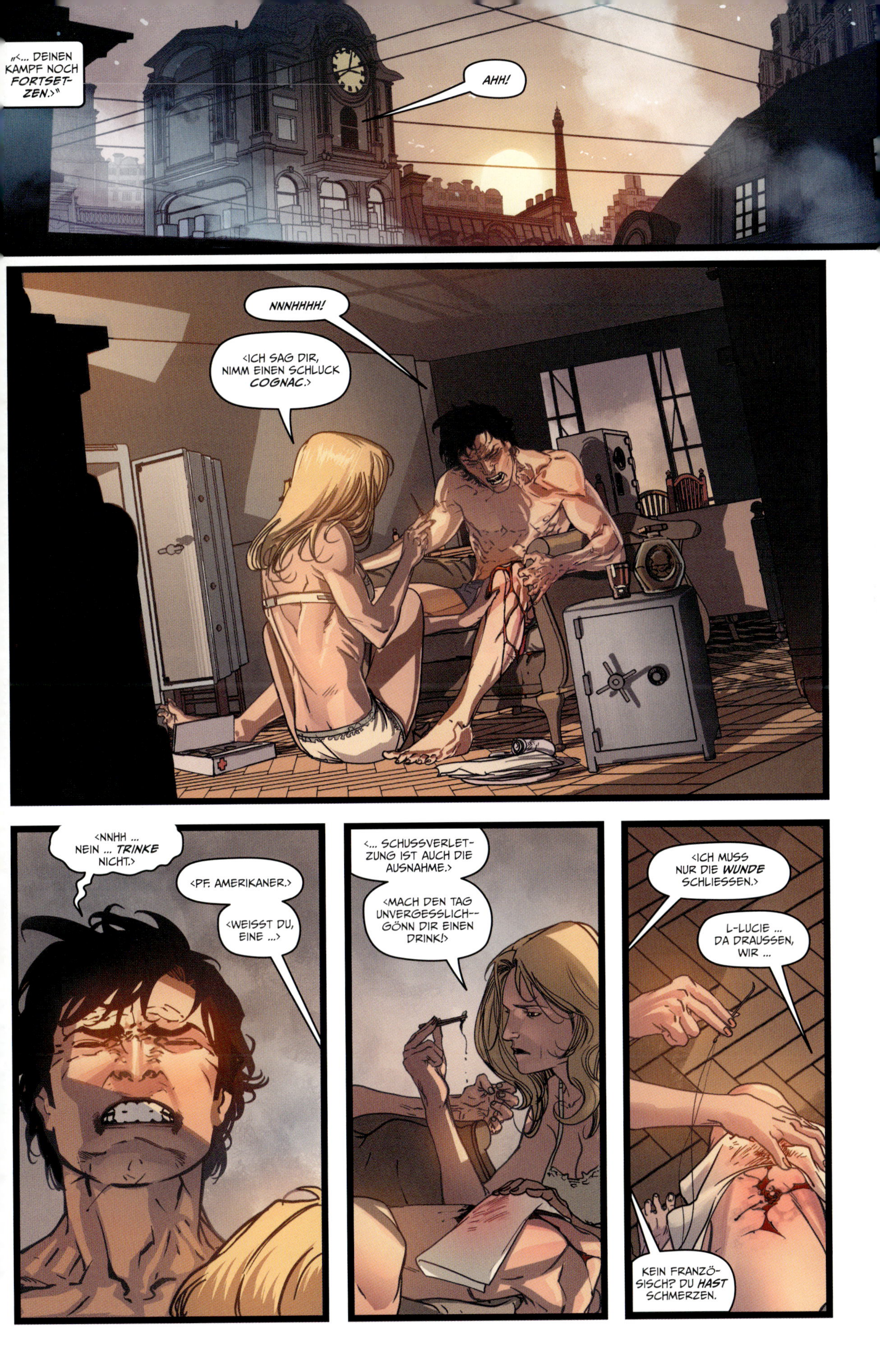

NNNHHHH!

<ICH SAG DIR, NIMM EINEN SCHLUCK COGNAC.>

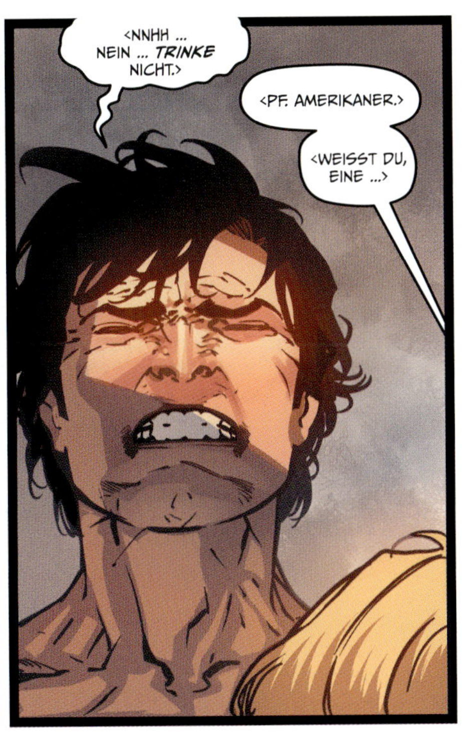

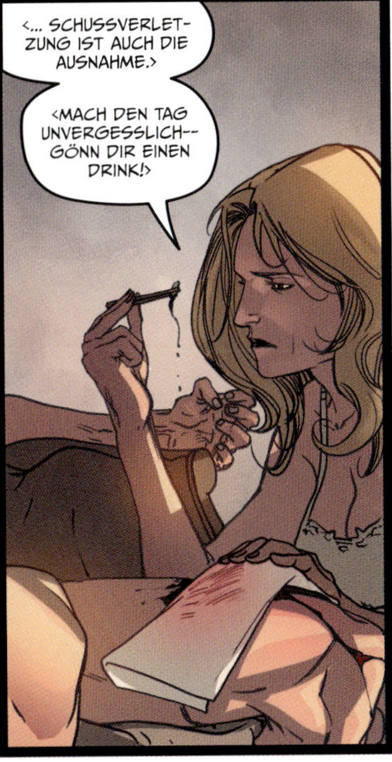

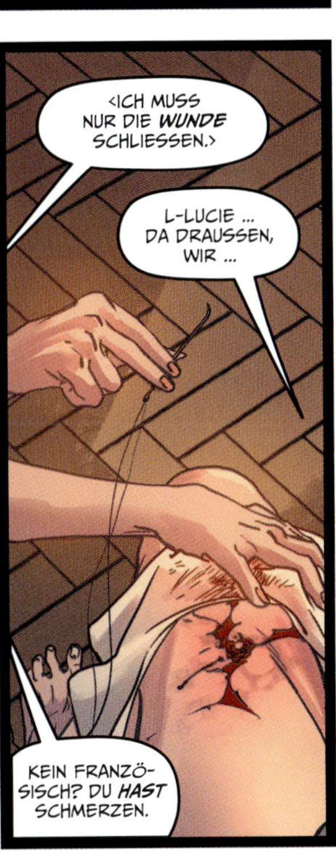

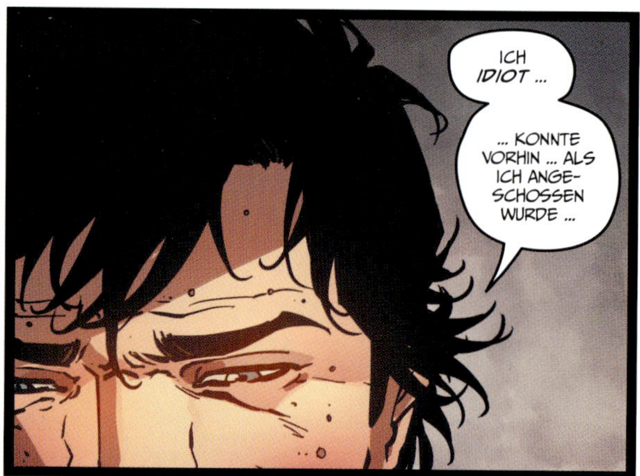
ICH IDIOT ...
... KONNTE VORHIN ... ALS ICH ANGE-SCHOSSEN WURDE ...

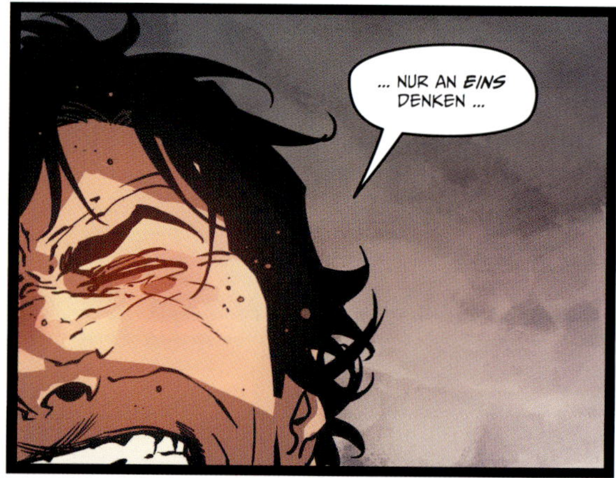
... NUR AN EINS DENKEN ...

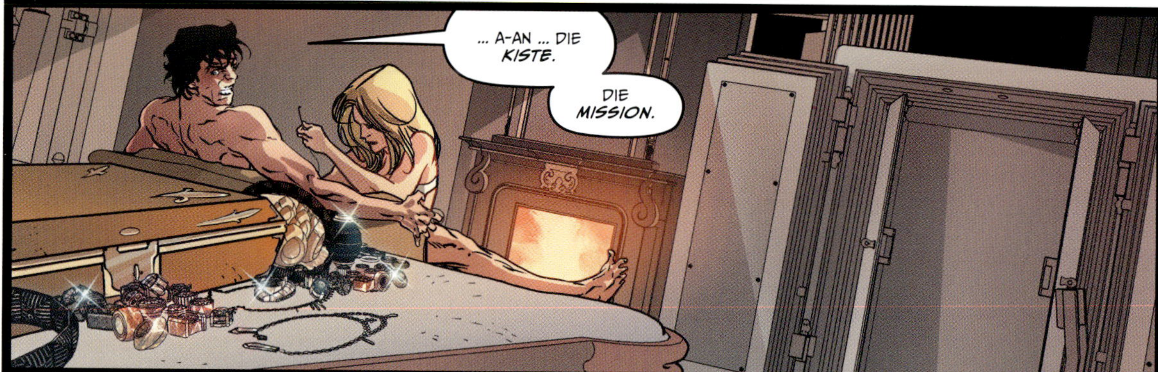
... A-AN ... DIE KISTE.
DIE MISSION.

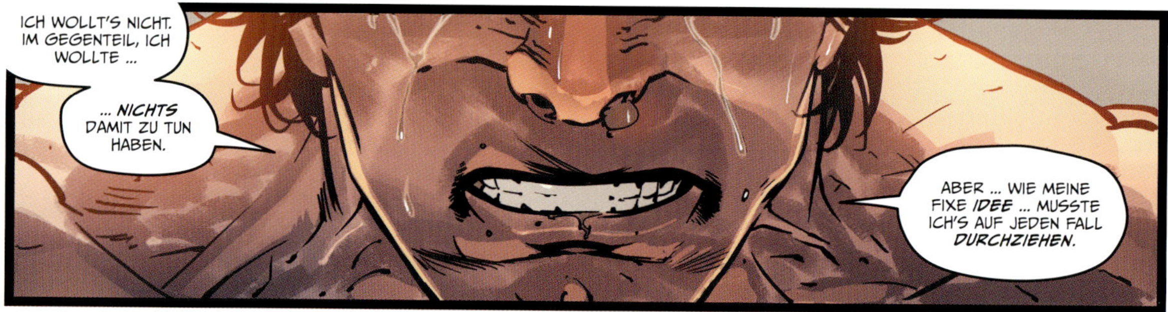
ICH WOLLT'S NICHT. IM GEGENTEIL, ICH WOLLTE ...
... NICHTS DAMIT ZU TUN HABEN.
ABER ... WIE MEINE FIXE IDEE ... MUSSTE ICH'S AUF JEDEN FALL DURCHZIEHEN.

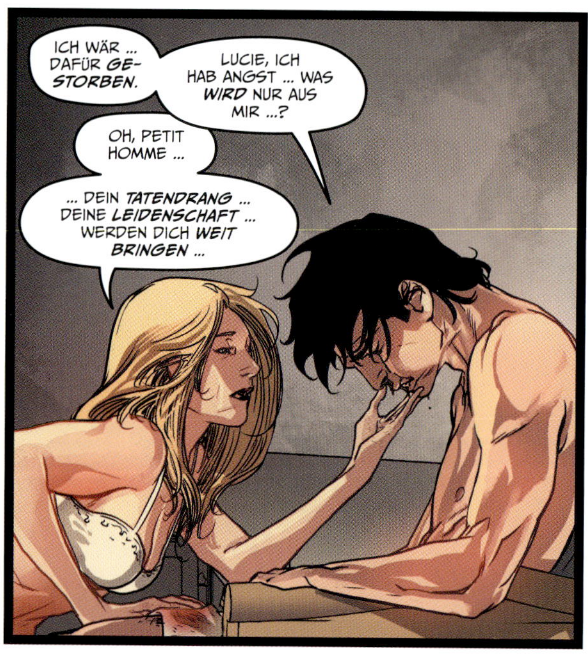
ICH WÄR ... DAFÜR GE-STORBEN.
LUCIE, ICH HAB ANGST ... WAS WIRD NUR AUS MIR ...?
OH, PETIT HOMME ...
... DEIN TATENDRANG ... DEINE LEIDENSCHAFT ... WERDEN DICH WEIT BRINGEN ...

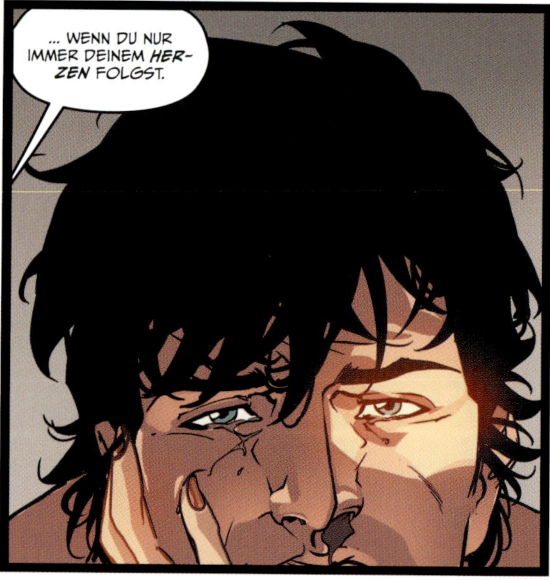
... WENN DU NUR IMMER DEINEM HER-ZEN FOLGST.

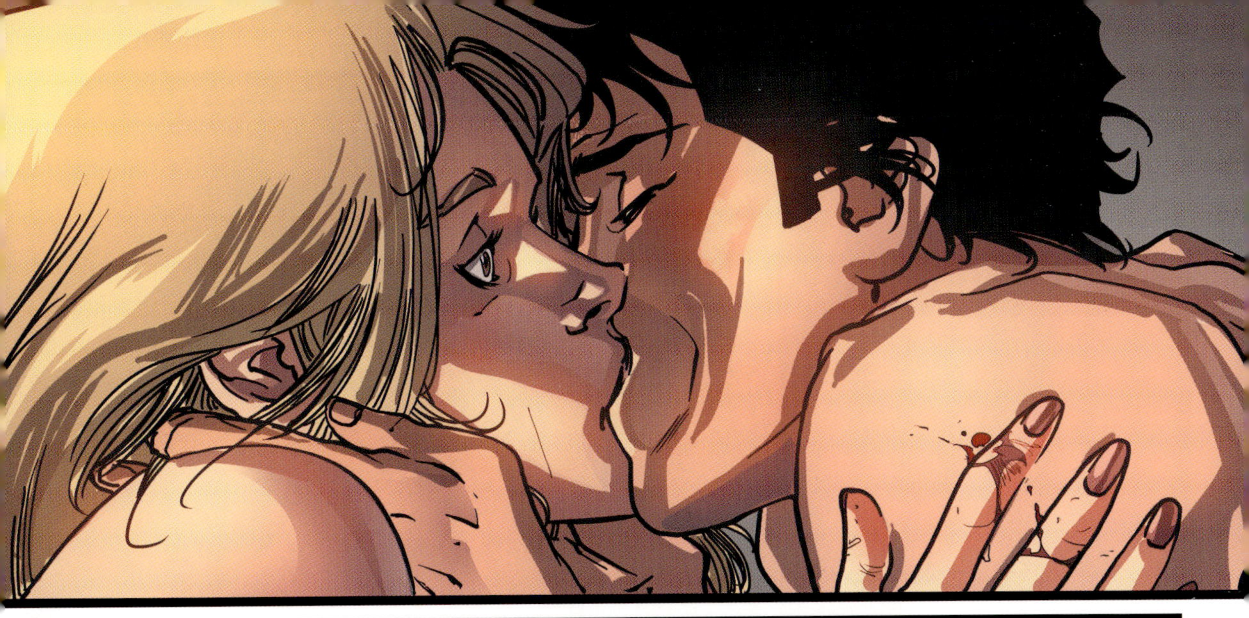

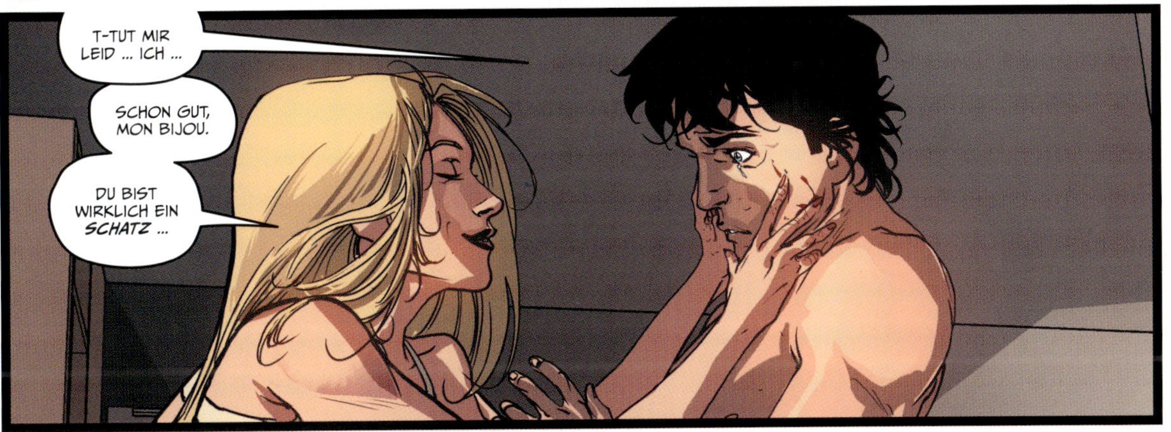
T-TUT MIR LEID ... ICH ...
SCHON GUT, MON BIJOU.
DU BIST WIRKLICH EIN *SCHATZ* ...

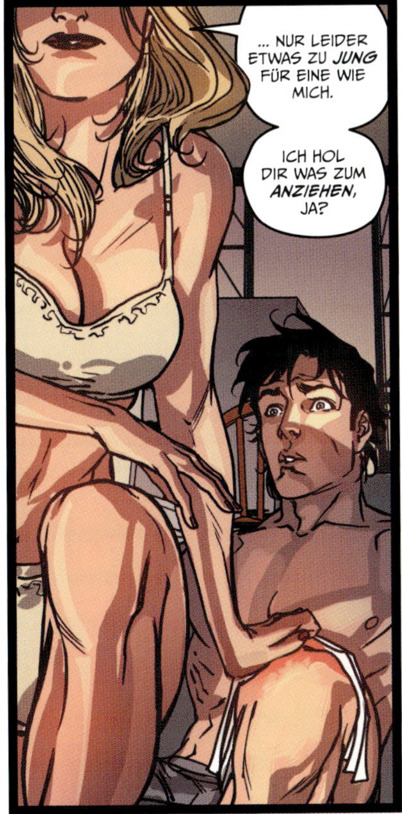
... NUR LEIDER ETWAS ZU *JUNG* FÜR EINE WIE MICH.
ICH HOL DIR WAS ZUM *ANZIEHEN,* JA?

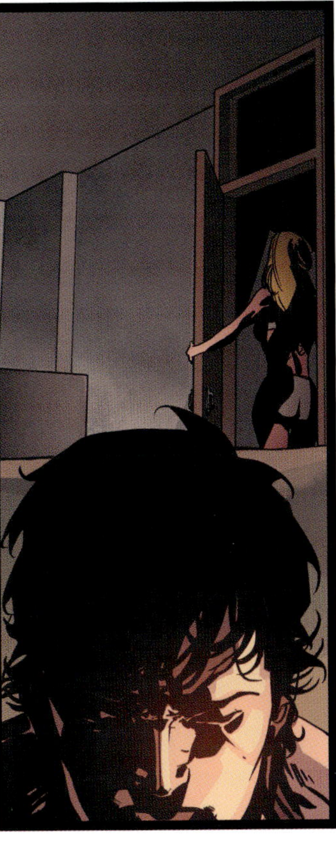

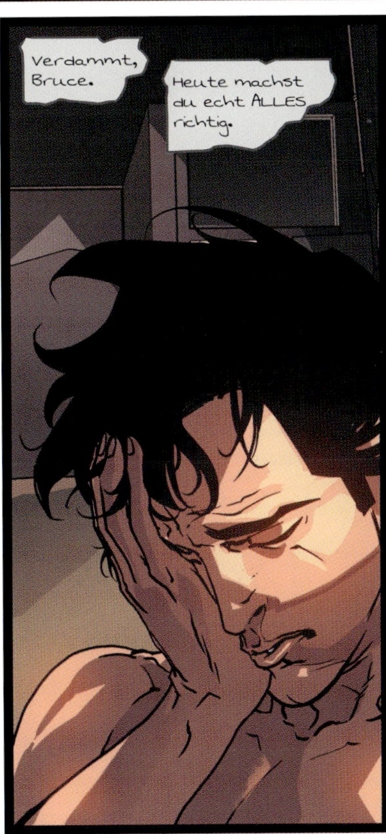
Verdammt, Bruce.
Heute machst du echt ALLES richtig.

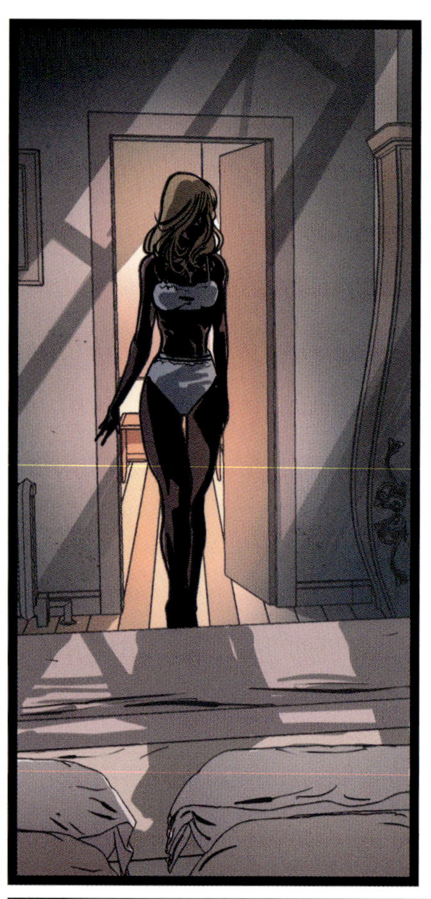

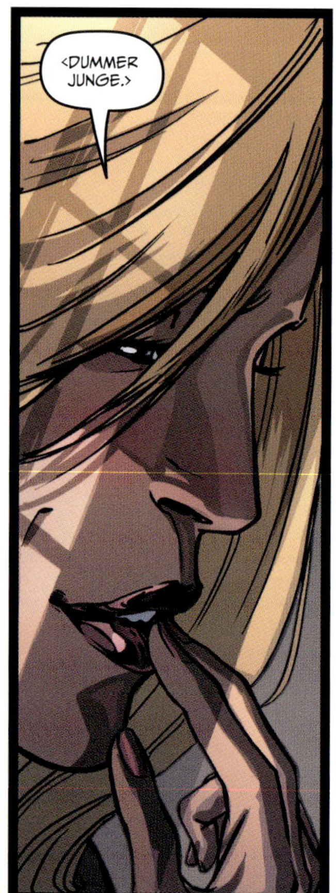

<DUMMER JUNGE.>

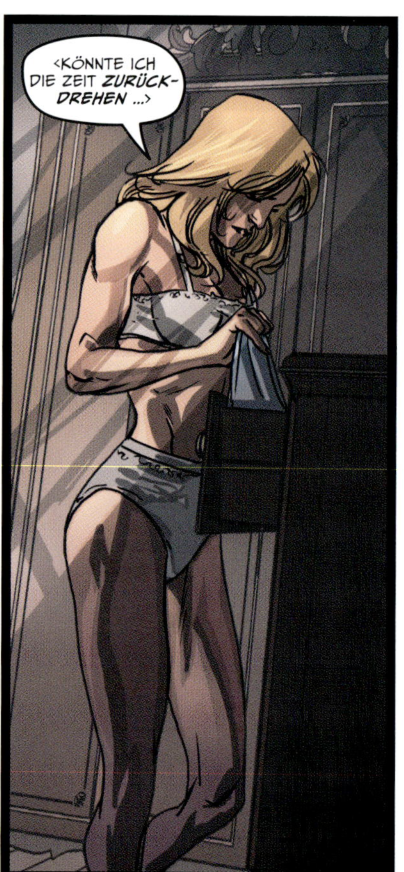

<KÖNNTE ICH DIE ZEIT ZURÜCK-DREHEN ...>

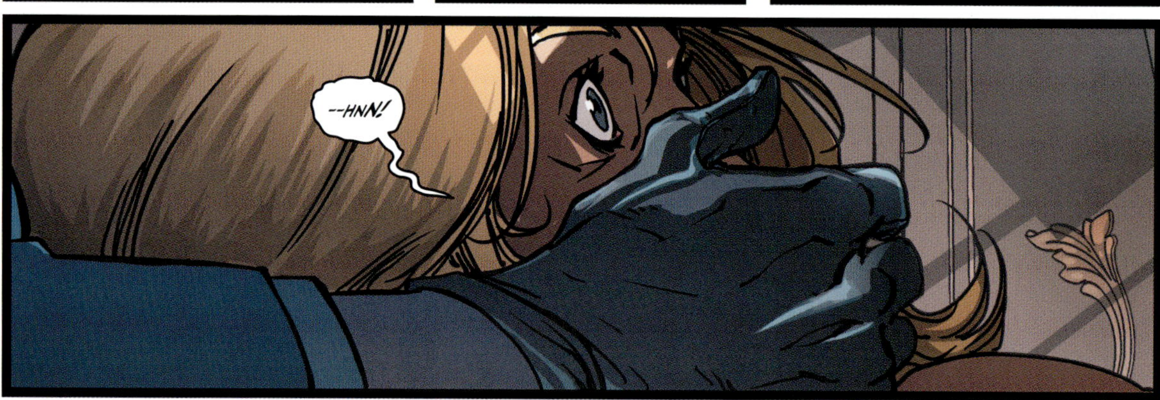

--HNN!

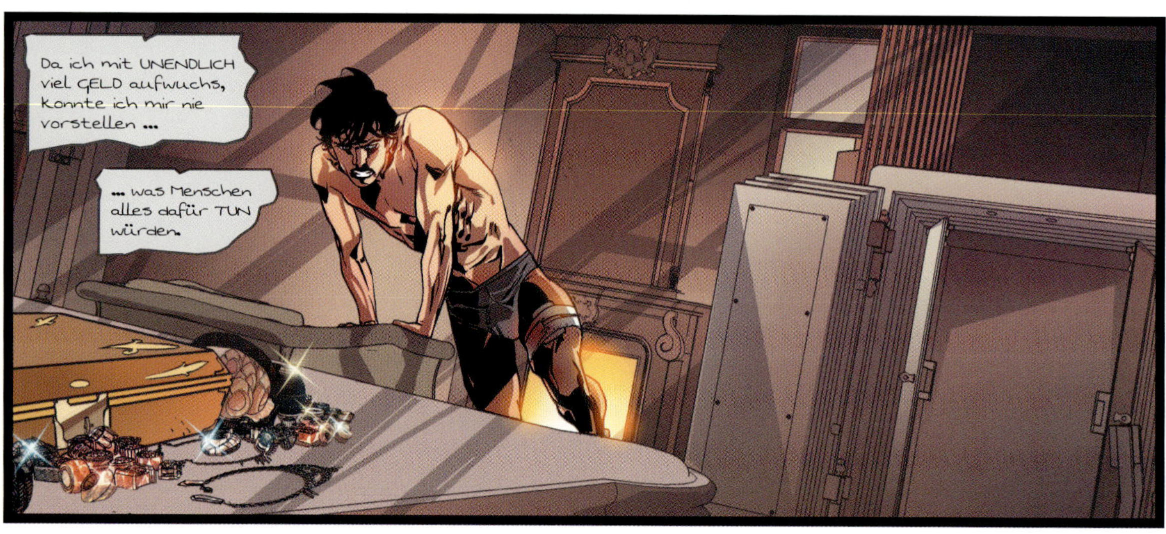

Da ich mit UNENDLICH viel GELD aufwuchs, konnte ich mir nie vorstellen ...
... was Menschen alles dafür TUN würden.

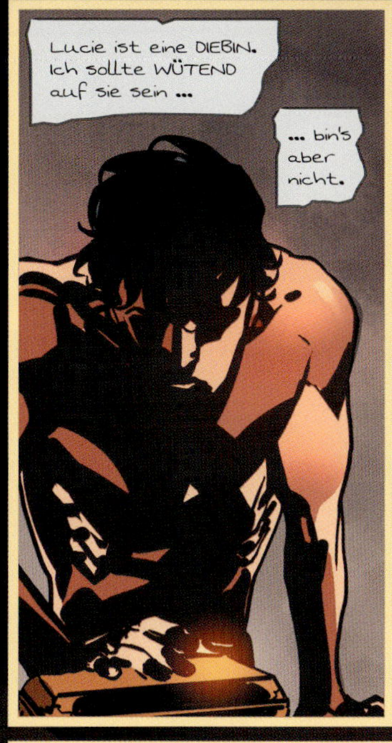
Lucie ist eine DIEBIN. Ich sollte WÜTEND auf sie sein ...
... bin's aber nicht.

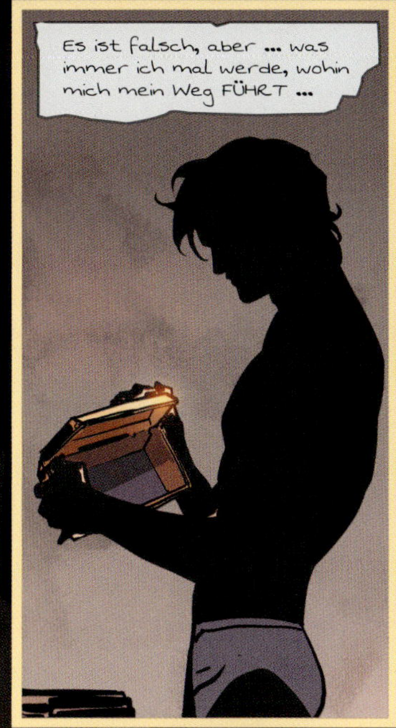
Es ist falsch, aber ... was immer ich mal werde, wohin mich mein Weg FÜHRT ...

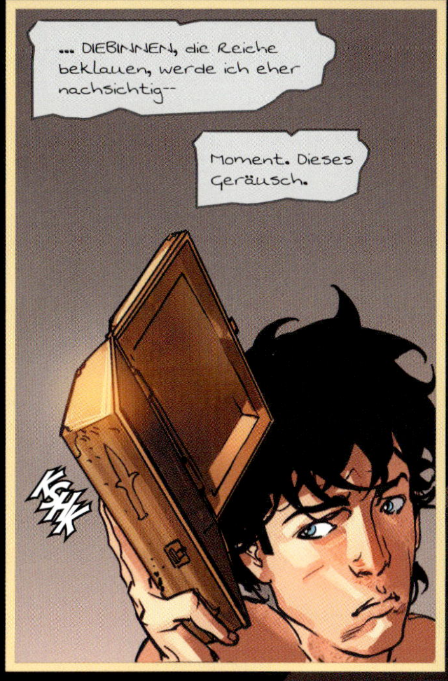
... DIEBINNEN, die Reiche beklauen, werde ich eher nachsichtig--
Moment. Dieses Geräusch.
KSHK

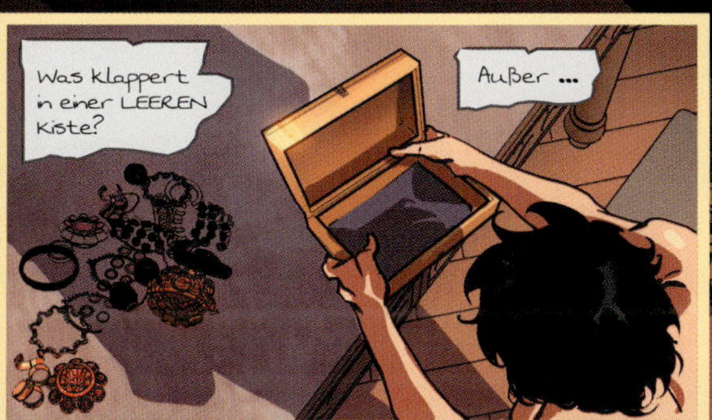
Was klappert in einer LEEREN Kiste?
Außer ...

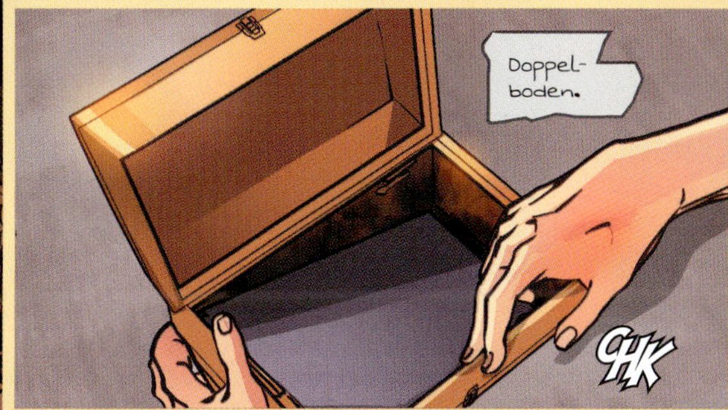
Doppel-boden.
CHK

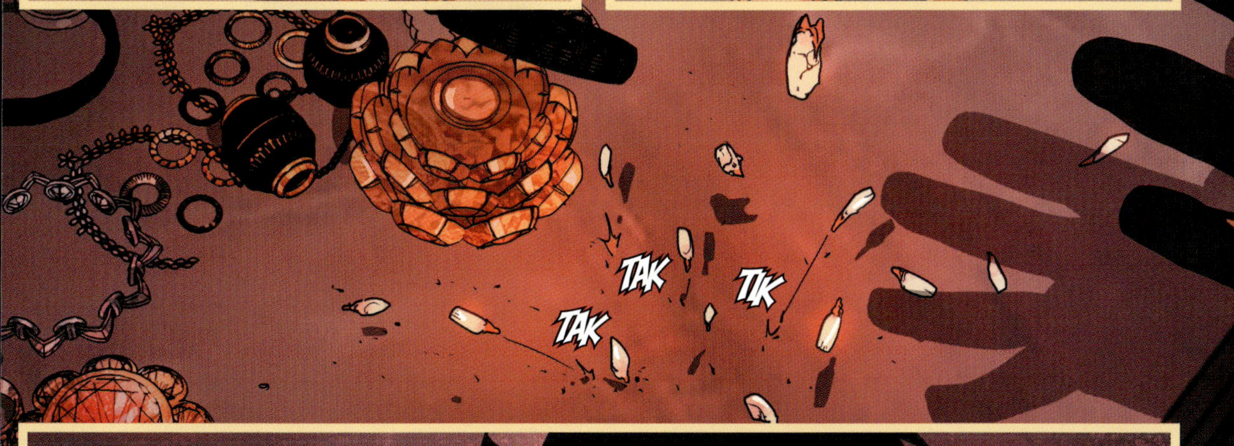
TAK
TIK
TAK

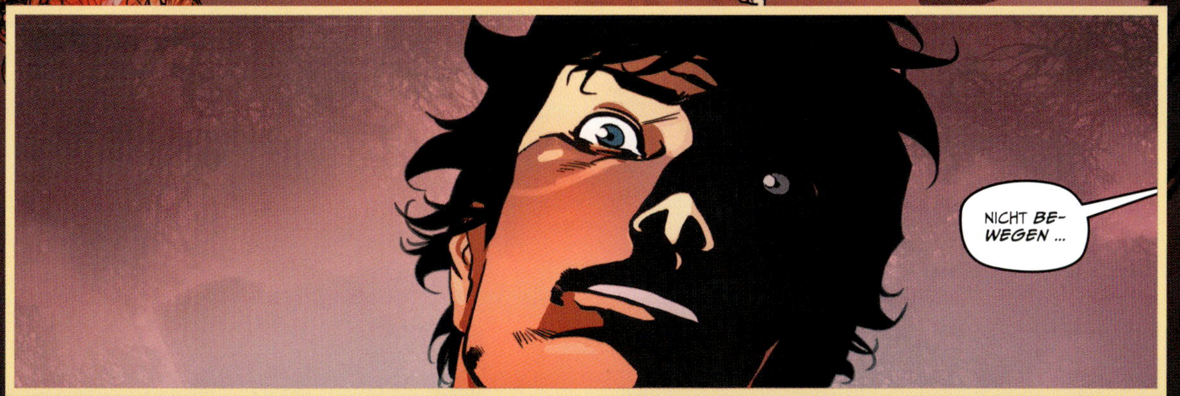
NICHT BE-WEGEN ...

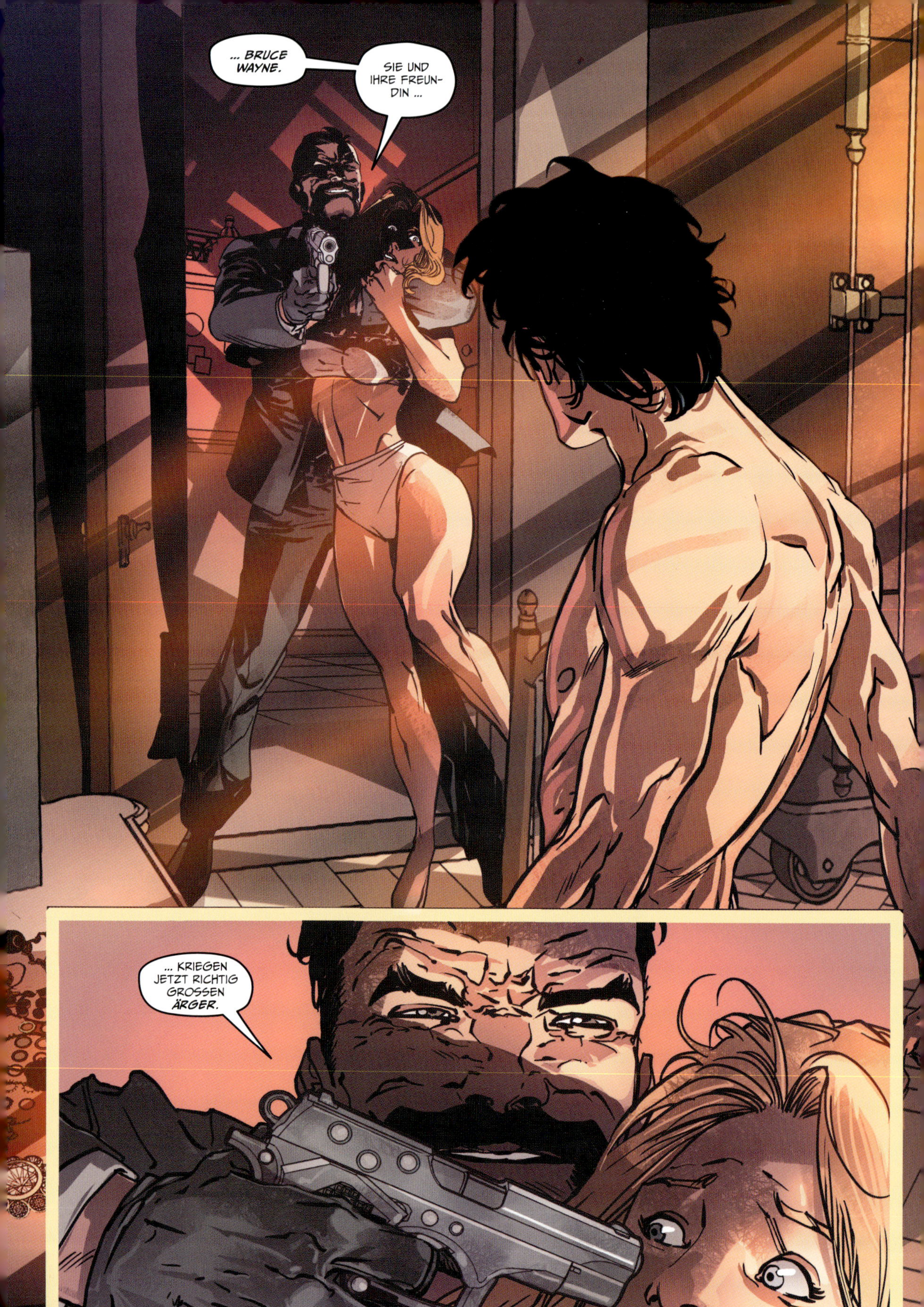
... BRUCE WAYNE.
SIE UND IHRE FREUN-DIN ...
... KRIEGEN JETZT RICHTIG GROSSEN ÄRGER.

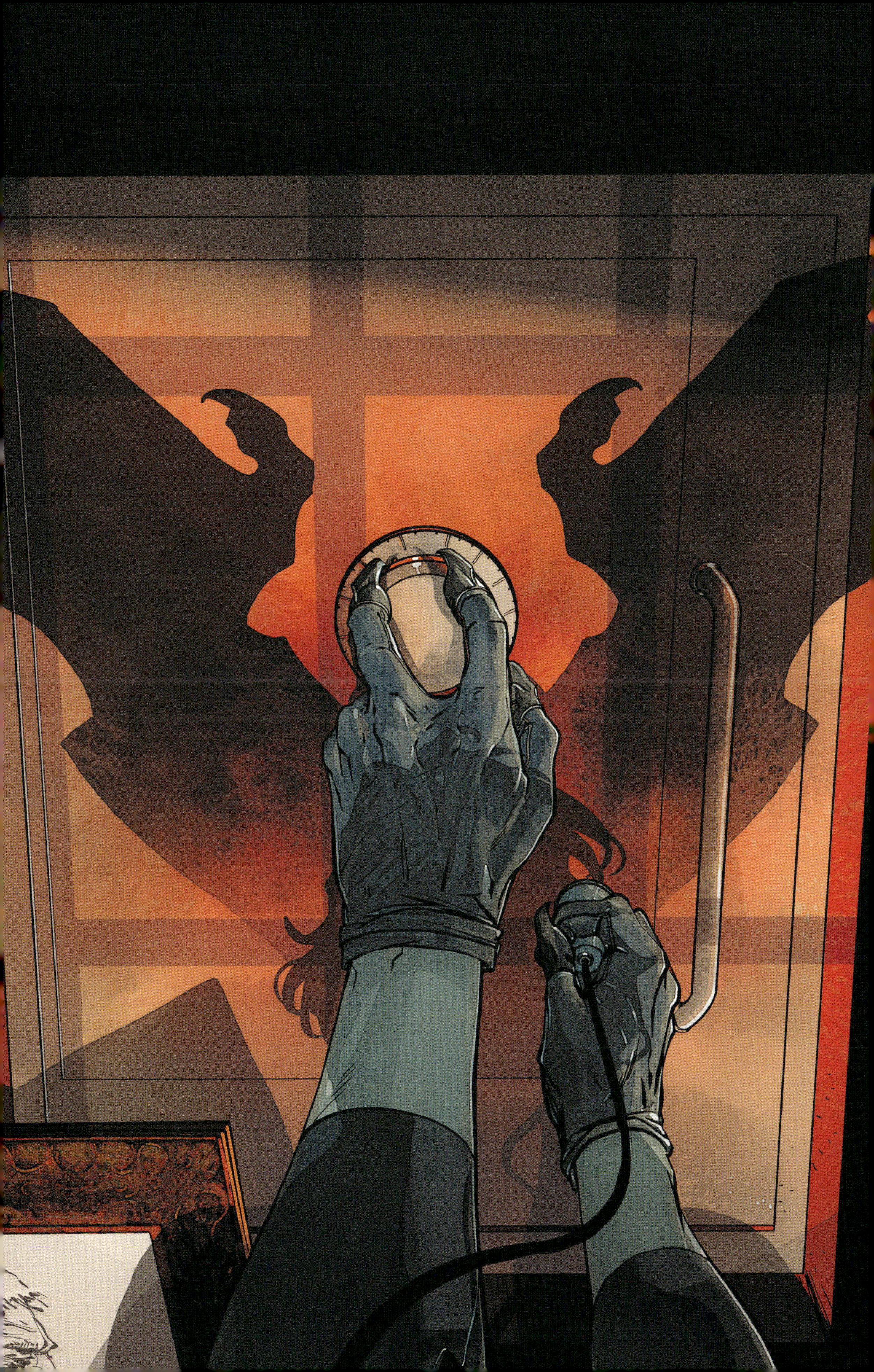

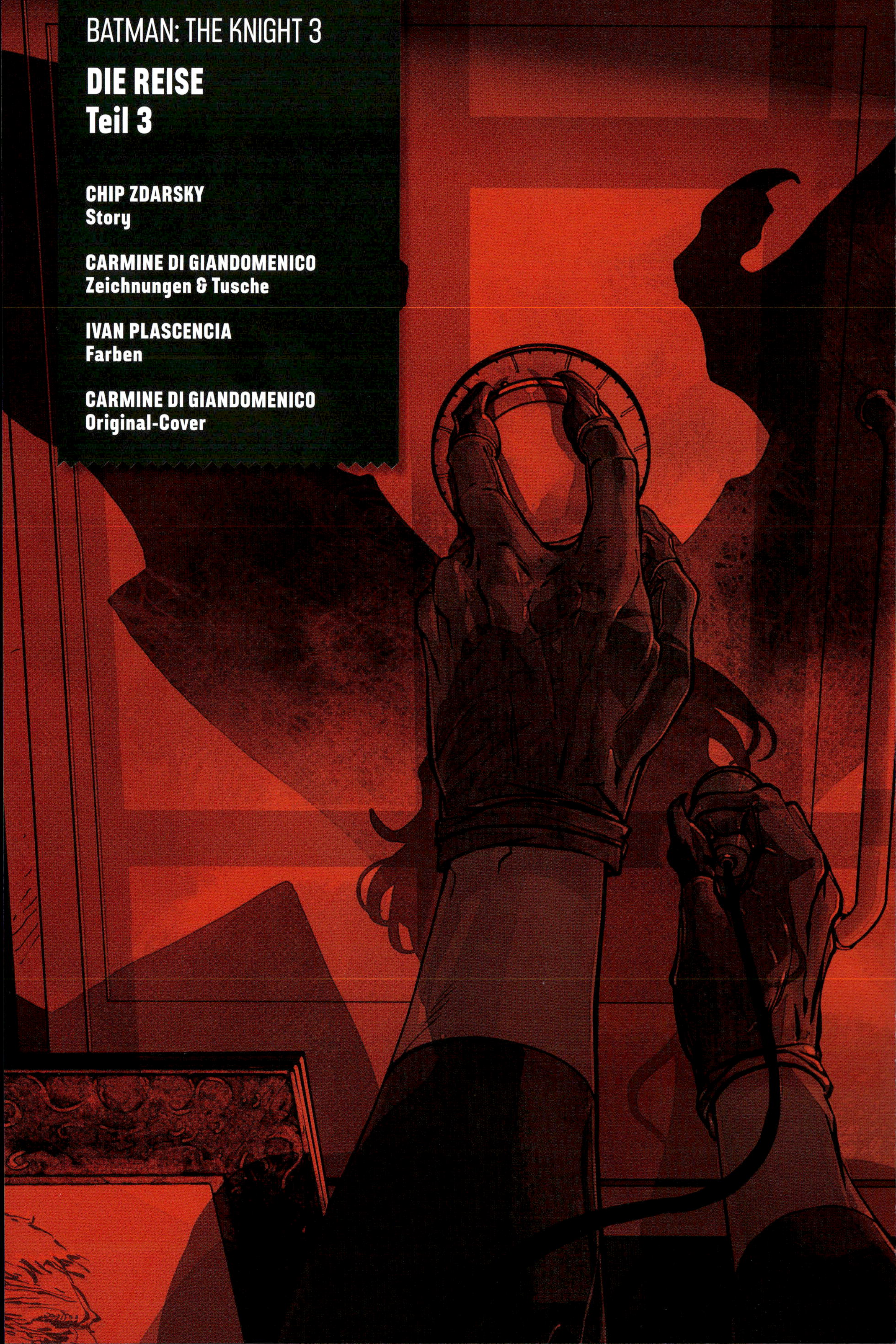
BATMAN: THE KNIGHT 3
DIE REISE
Teil 3
CHIP ZDARSKY
Story
CARMINE DI GIANDOMENICO
Zeichnungen & Tusche
IVAN PLASCENCIA
Farben
CARMINE DI GIANDOMENICO
Original-Cover

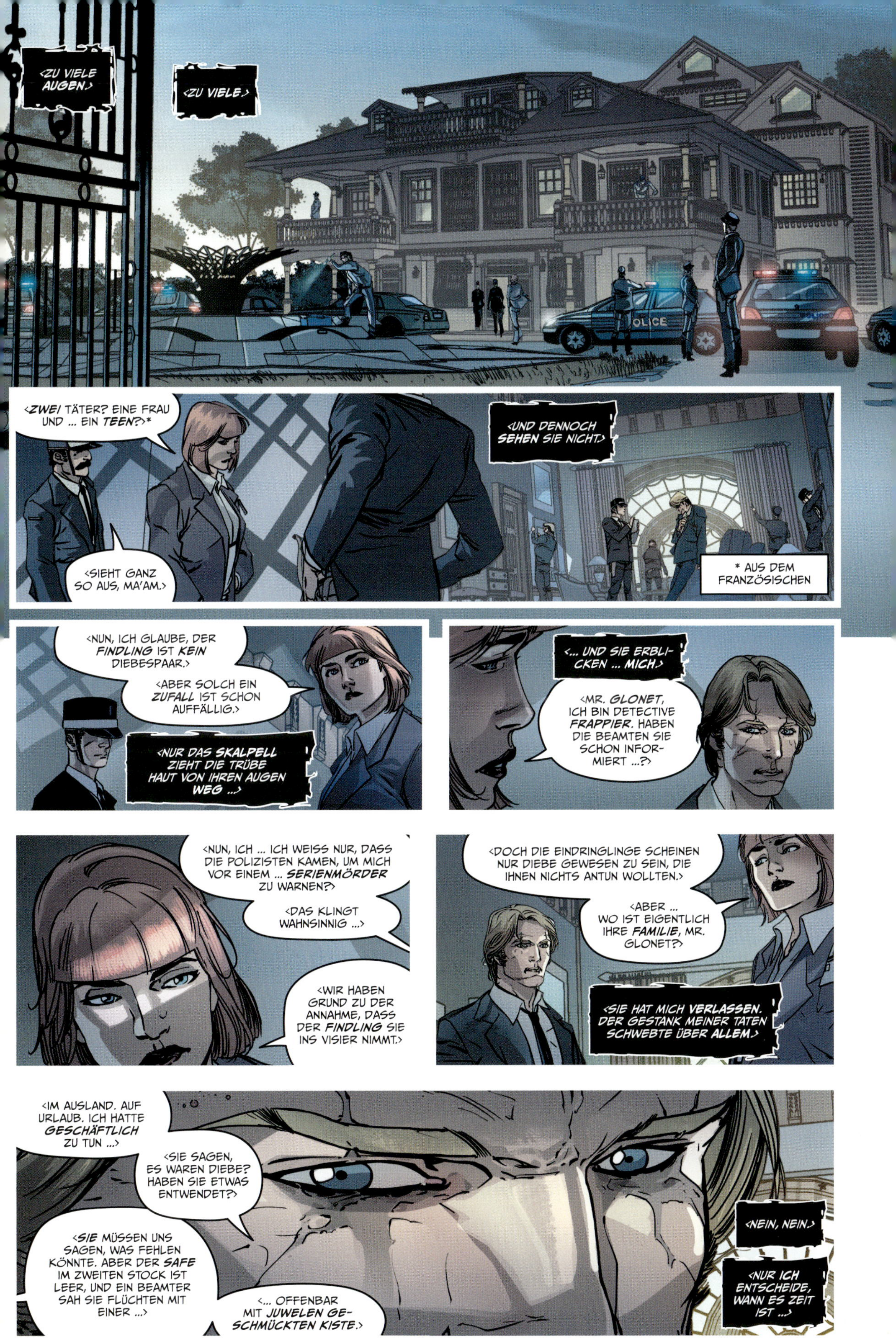

<ZU VIELE AUGEN.>
<ZU VIELE.>

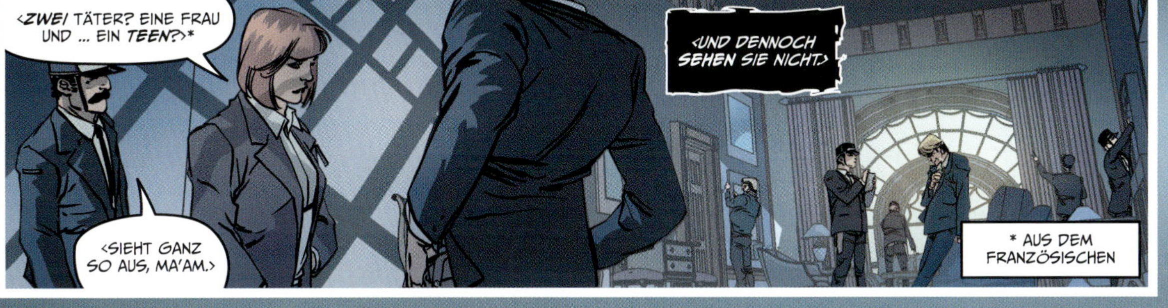

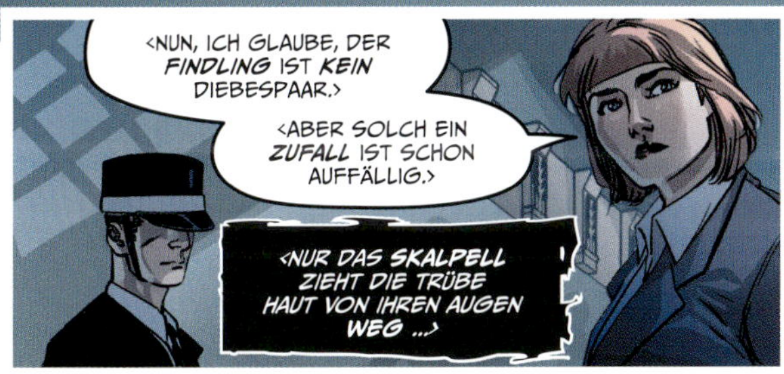

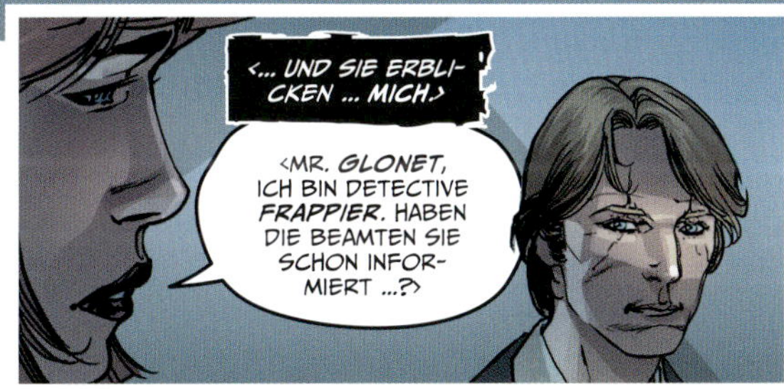

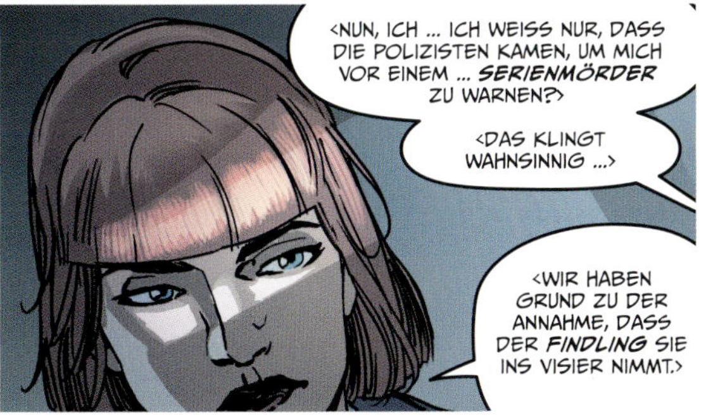

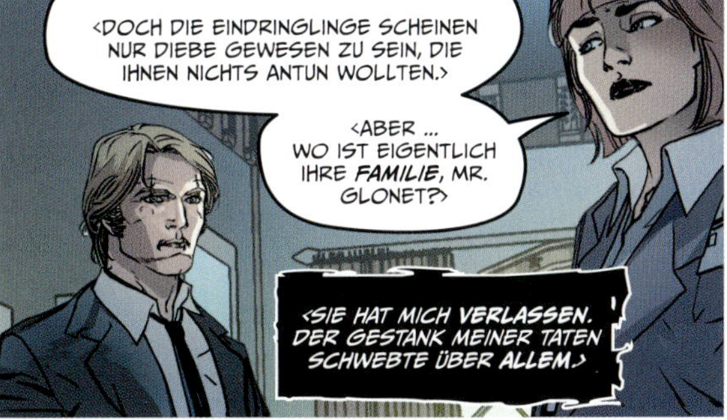

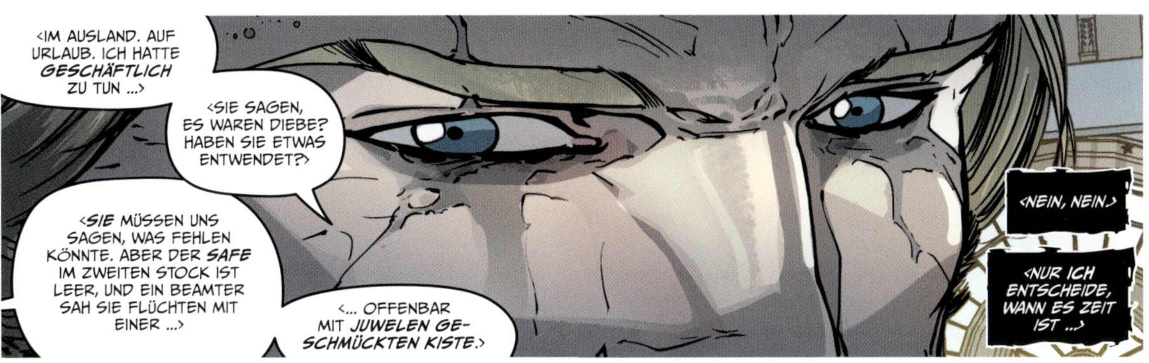

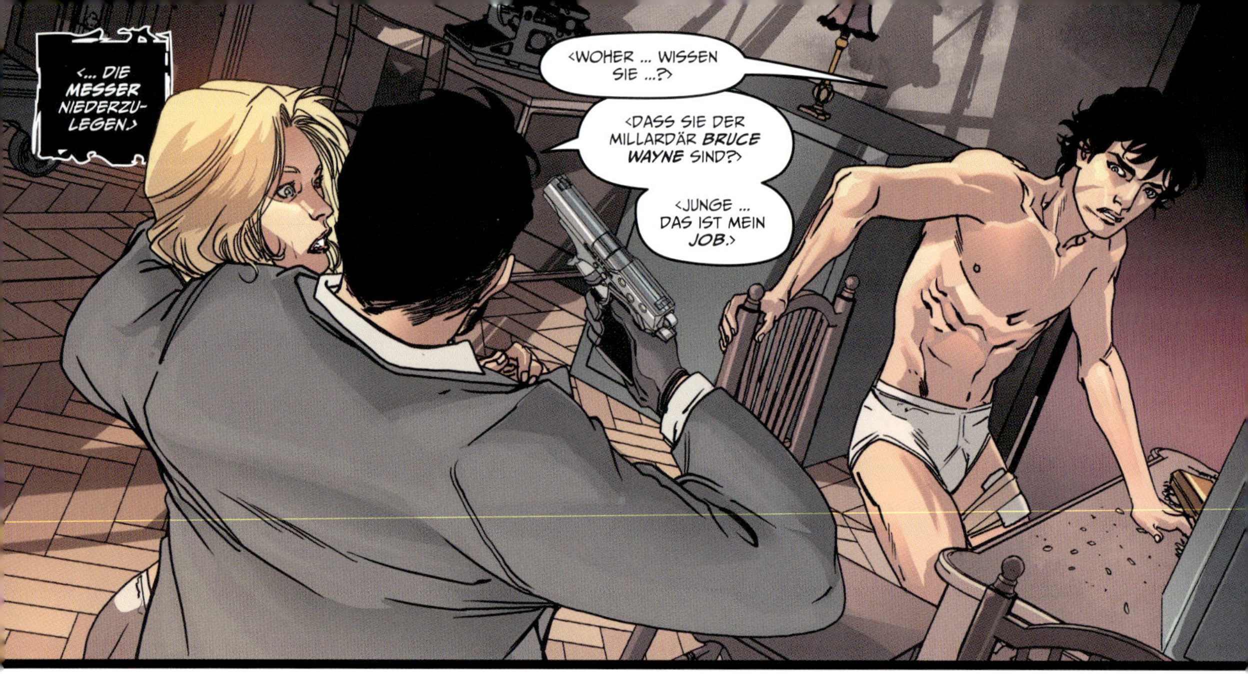
<... DIE MESSER NIEDERZU-LEGEN.>
<WOHER ... WISSEN SIE ...?>
<DASS SIE DER MILLARDÄR BRUCE WAYNE SIND?>
<JUNGE ... DAS IST MEIN JOB.>

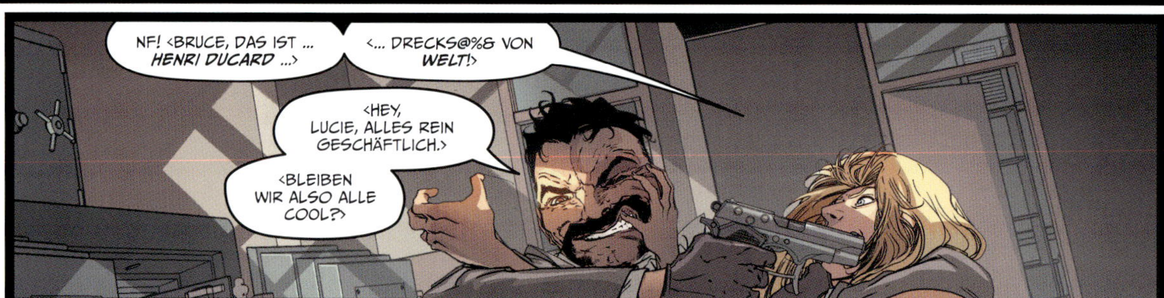
NF! <BRUCE, DAS IST ... HENRI DUCARD ...>
<... DRECKS@%& VON WELT!>
<HEY, LUCIE, ALLES REIN GESCHÄFTLICH.>
<BLEIBEN WIR ALSO ALLE COOL?>

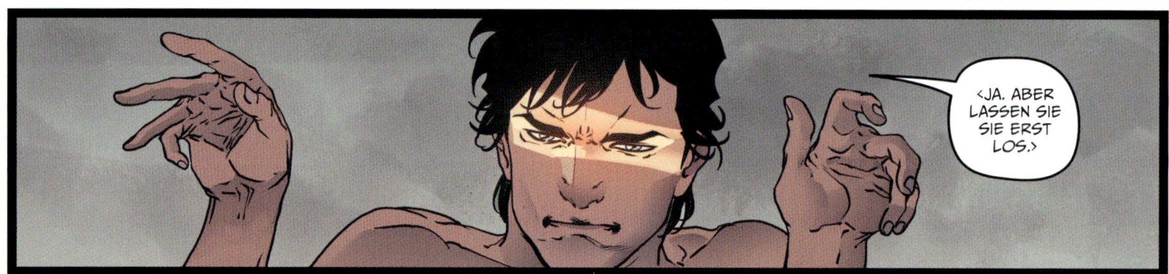
<JA. ABER LASSEN SIE SIE ERST LOS.>

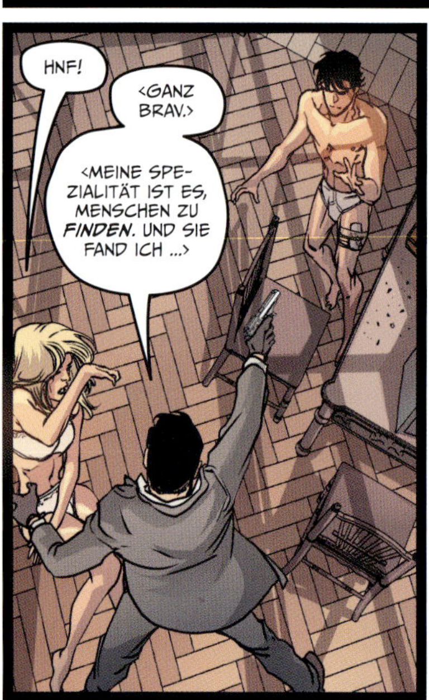
HNF!
<GANZ BRAV.>
<MEINE SPE-ZIALITÄT IST ES, MENSCHEN ZU FINDEN. UND SIE FAND ICH ...>

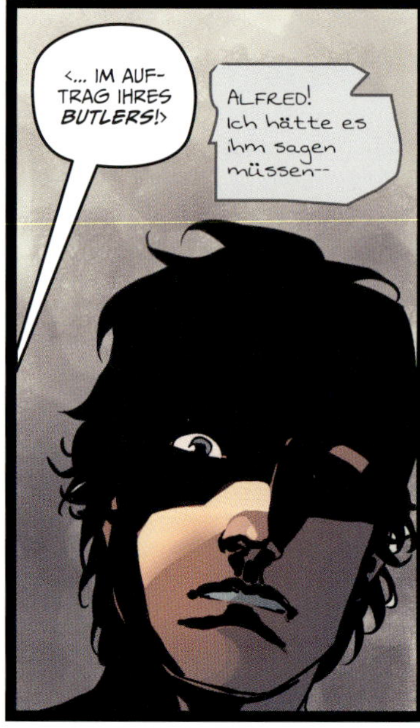
<... IM AUF-TRAG IHRES BUTLERS!>
ALFRED! Ich hätte es ihm sagen müssen--

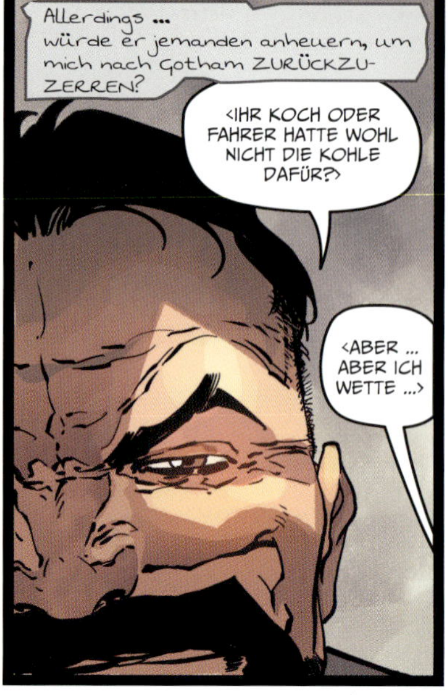
Allerdings ... würde er jemanden anheuern, um mich nach Gotham ZURÜCKZU-ZERREN?
<IHR KOCH ODER FAHRER HATTE WOHL NICHT DIE KOHLE DAFÜR?>
<ABER ... ABER ICH WETTE ...>

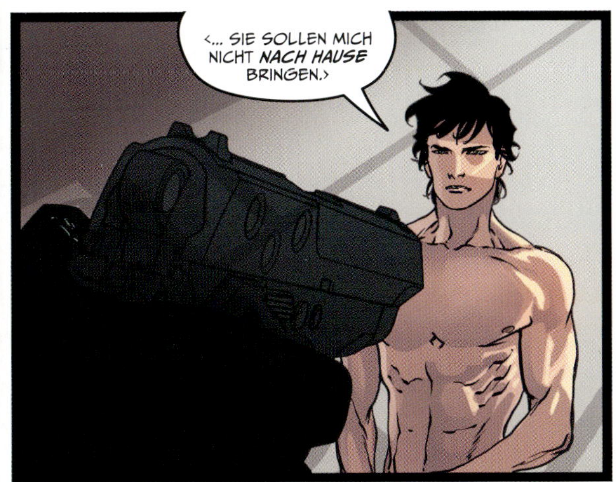
<... SIE SOLLEN MICH NICHT **NACH HAUSE** BRINGEN.>

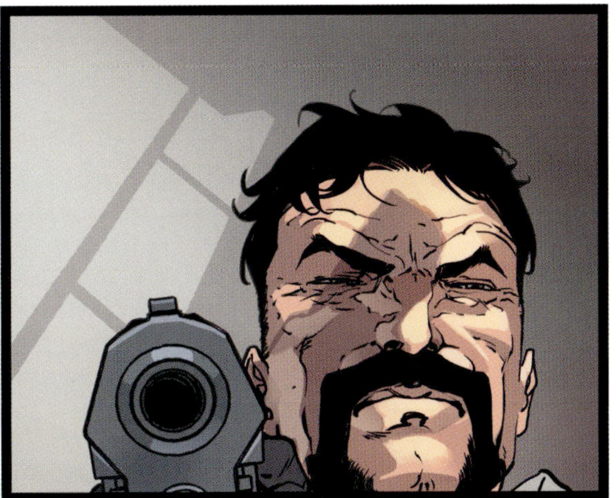

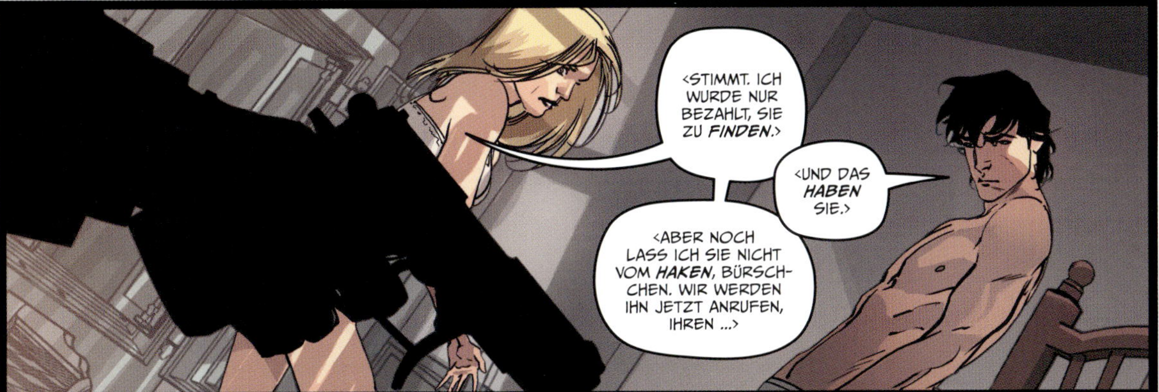
<STIMMT. ICH WURDE NUR BEZAHLT, SIE ZU **FINDEN**.>
<UND DAS **HABEN** SIE.>
<ABER NOCH LASS ICH SIE NICHT VOM **HAKEN**, BÜRSCHCHEN. WIR WERDEN IHN JETZT ANRUFEN, IHREN ...>

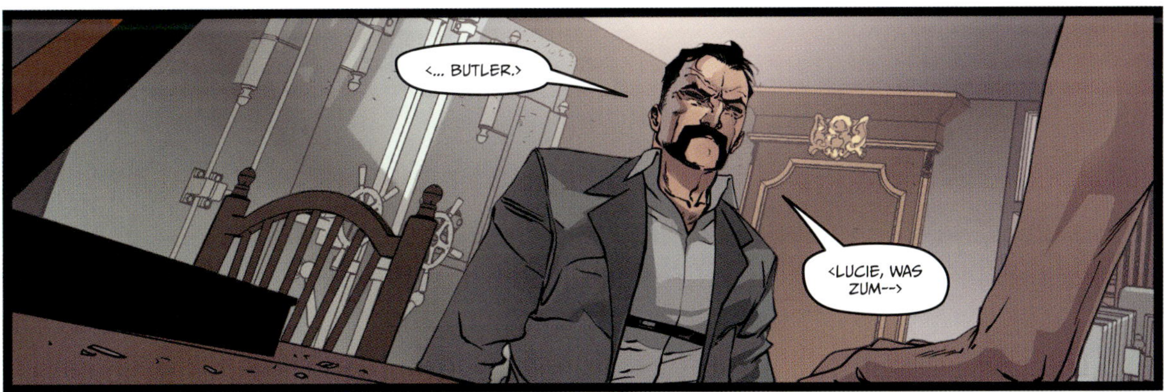
<... BUTLER.>
<LUCIE, WAS ZUM-->

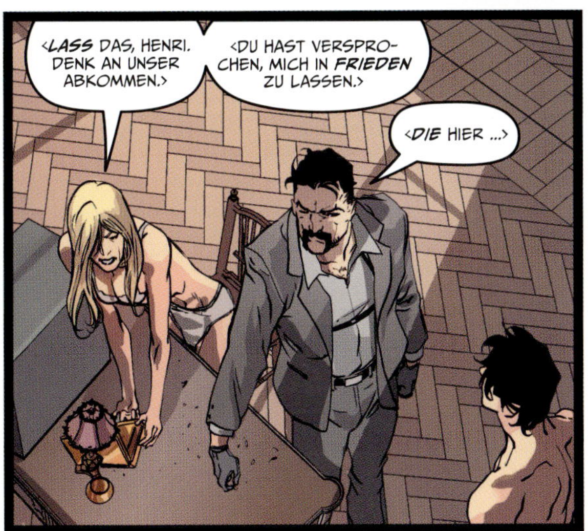
<**LASS** DAS, HENRI. DENK AN UNSER ABKOMMEN.>
<DU HAST VERSPROCHEN, MICH IN **FRIEDEN** ZU LASSEN.>
<**DIE** HIER ...>

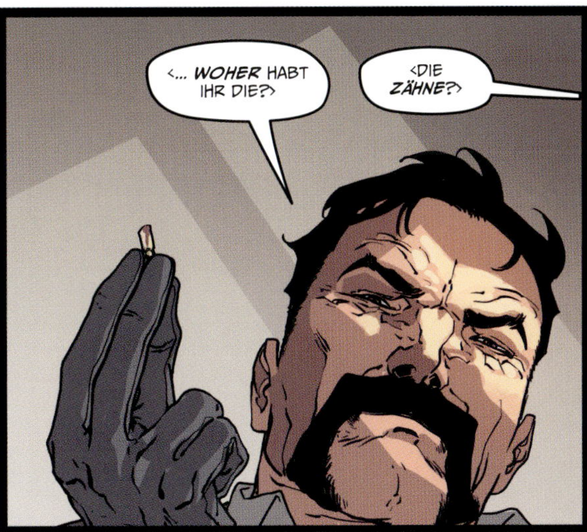
<... **WOHER** HABT IHR DIE?>
<DIE **ZÄHNE**?>

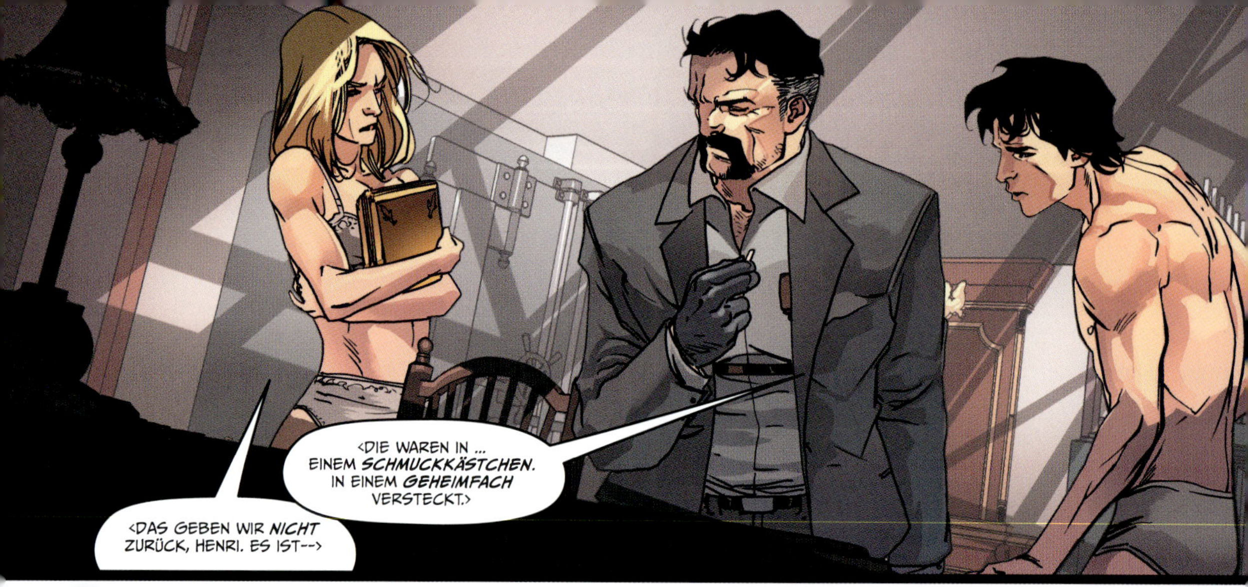
<DIE WAREN IN ... EINEM SCHMUCKKÄSTCHEN. IN EINEM GEHEIMFACH VERSTECKT.>
<DAS GEBEN WIR NICHT ZURÜCK, HENRI. ES IST-->

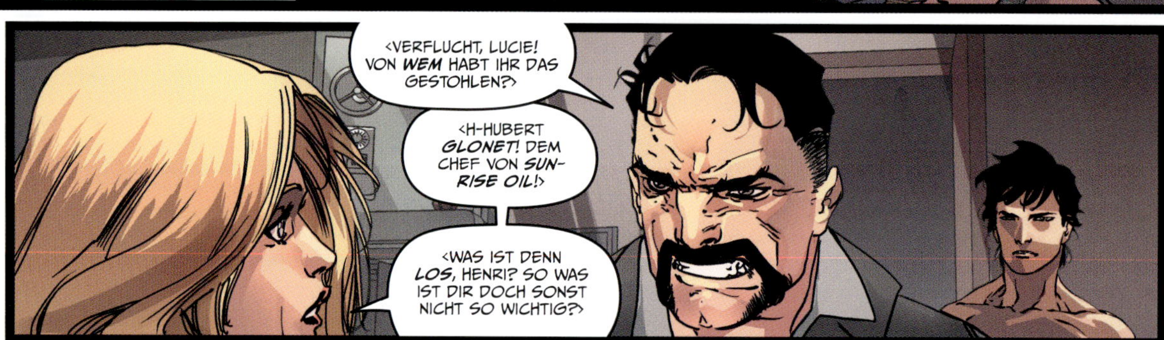
<VERFLUCHT, LUCIE! VON WEM HABT IHR DAS GESTOHLEN?>
<H-HUBERT GLONET! DEM CHEF VON SUNRISE OIL!>
<WAS IST DENN LOS, HENRI? SO WAS IST DIR DOCH SONST NICHT SO WICHTIG?>

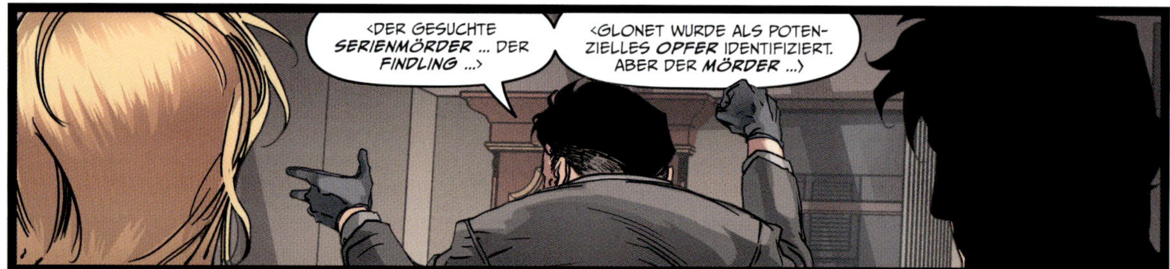
<DER GESUCHTE SERIENMÖRDER ... DER FINDLING ...>
<GLONET WURDE ALS POTENZIELLES OPFER IDENTIFIZIERT. ABER DER MÖRDER ...>

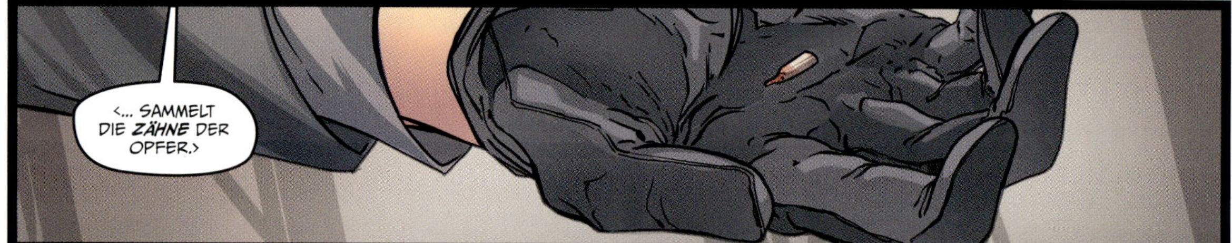
<... SAMMELT DIE ZÄHNE DER OPFER.>

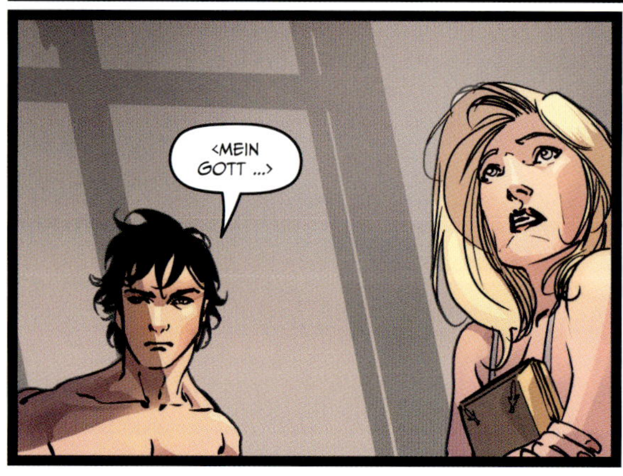
<MEIN GOTT ...>

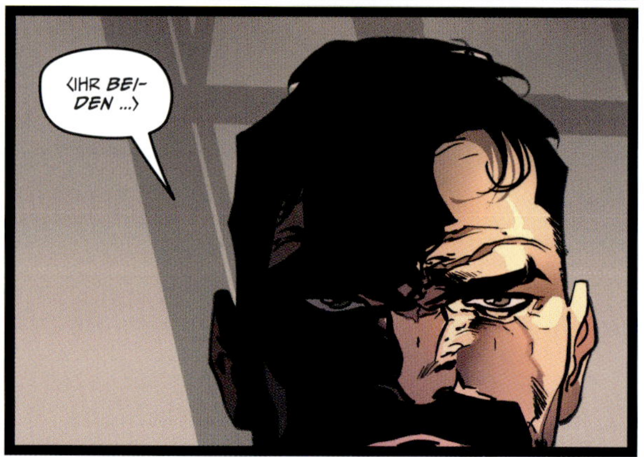
<IHR BEIDEN ...>

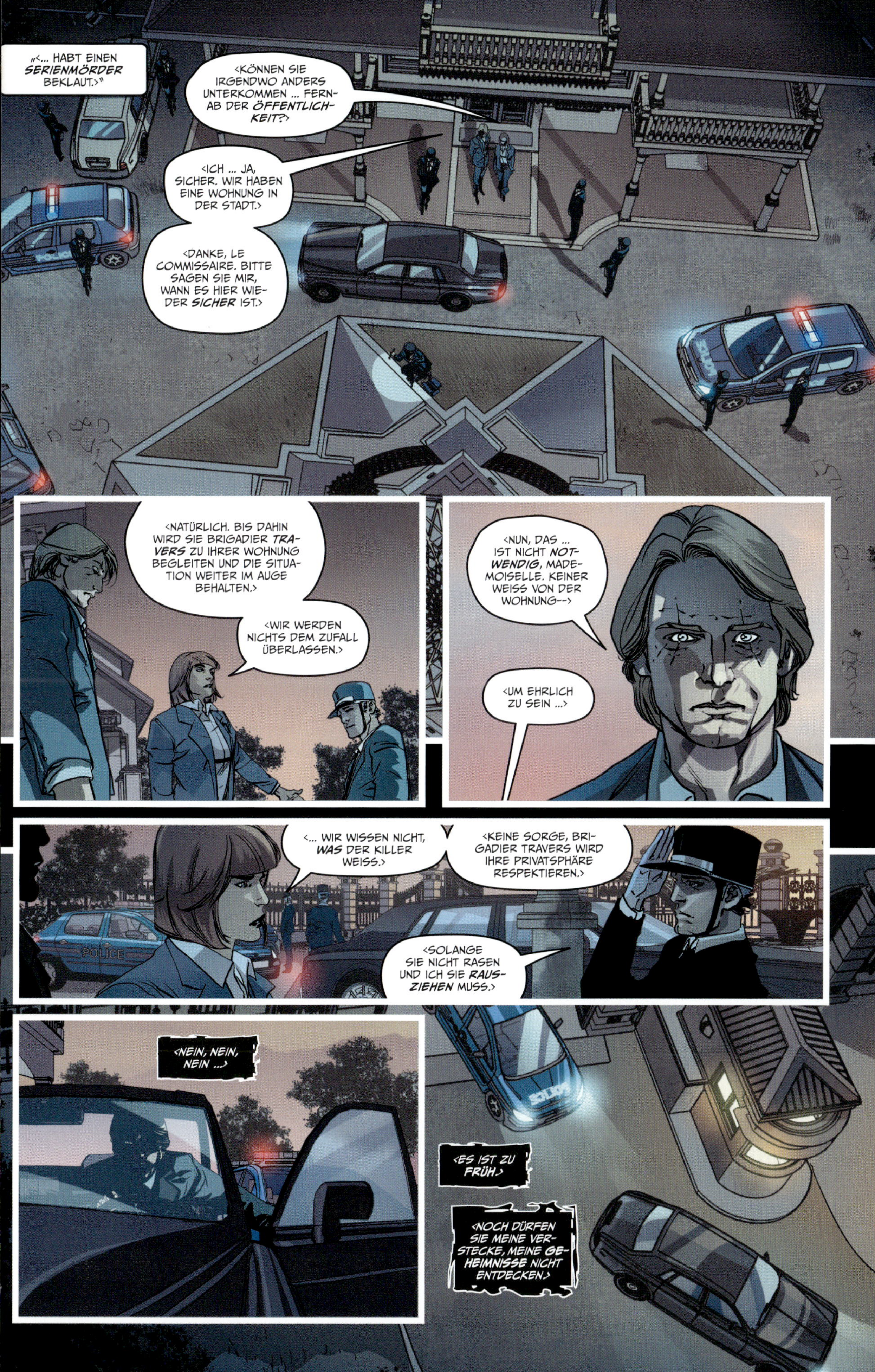

»<… HABT EINEN SERIENMÖRDER BEKLAUT.>«
<KÖNNEN SIE IRGENDWO ANDERS UNTERKOMMEN … FERNAB DER ÖFFENTLICHKEIT?>
<ICH … JA, SICHER. WIR HABEN EINE WOHNUNG IN DER STADT.>
<DANKE, LE COMMISSAIRE. BITTE SAGEN SIE MIR, WANN ES HIER WIEDER SICHER IST.>
<NATÜRLICH. BIS DAHIN WIRD SIE BRIGADIER TRAVERS ZU IHRER WOHNUNG BEGLEITEN UND DIE SITUATION WEITER IM AUGE BEHALTEN.>
<WIR WERDEN NICHTS DEM ZUFALL ÜBERLASSEN.>
<NUN, DAS … IST NICHT NOTWENDIG, MADEMOISELLE. KEINER WEISS VON DER WOHNUNG-->
<UM EHRLICH ZU SEIN …>
<… WIR WISSEN NICHT, WAS DER KILLER WEISS.>
<KEINE SORGE, BRIGADIER TRAVERS WIRD IHRE PRIVATSPHÄRE RESPEKTIEREN.>
<SOLANGE SIE NICHT RASEN UND ICH SIE RAUSZIEHEN MUSS.>
POLICE
<NEIN, NEIN, NEIN …>
<ES IST ZU FRÜH.>
<NOCH DÜRFEN SIE MEINE VERSTECKE, MEINE GEHEIMNISSE NICHT ENTDECKEN.>

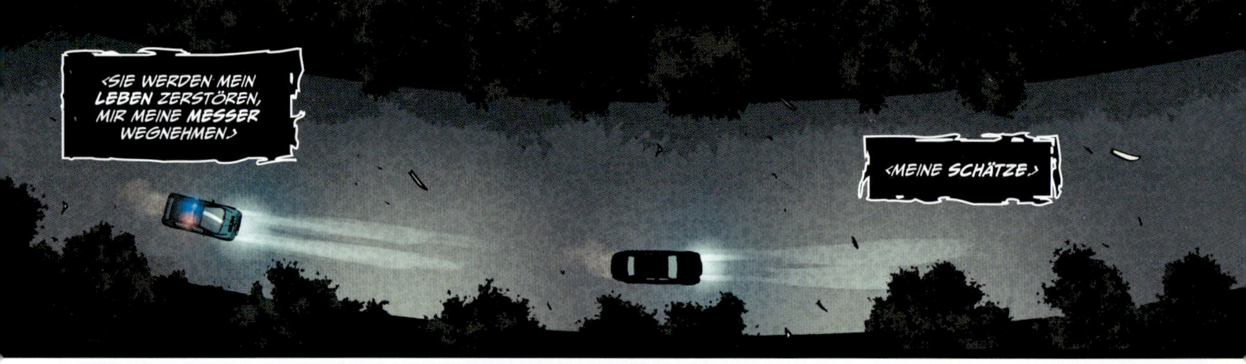
‹SIE WERDEN MEIN LEBEN ZERSTÖREN, MIR MEINE MESSER WEGNEHMEN.›
‹MEINE SCHÄTZE.›

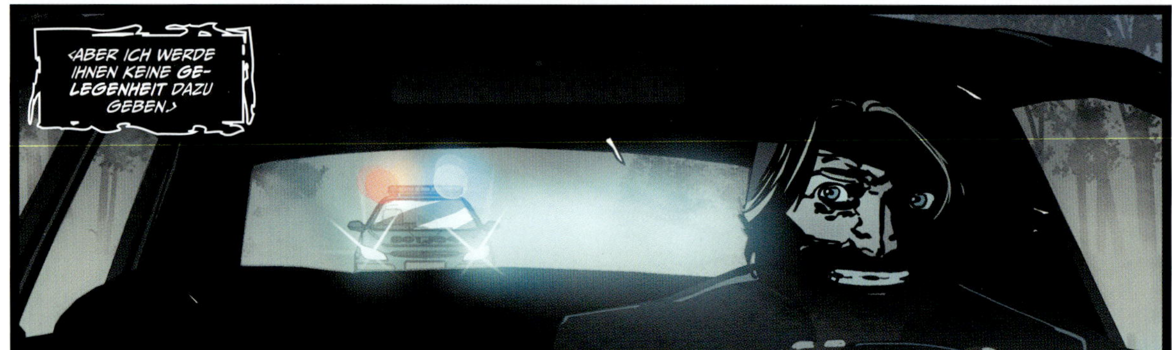
‹ABER ICH WERDE IHNEN KEINE GELEGENHEIT DAZU GEBEN.›

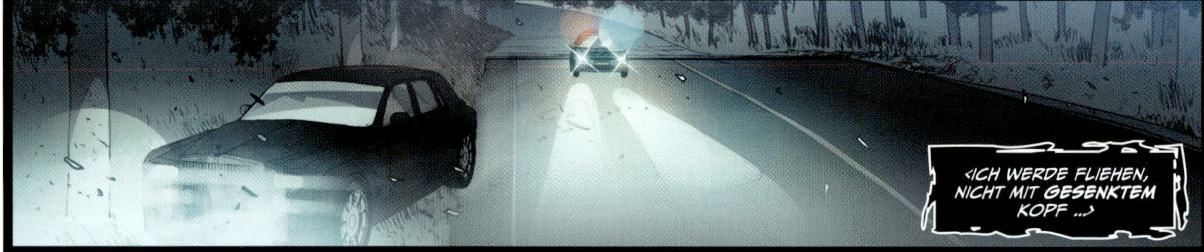
‹ICH WERDE FLIEHEN, NICHT MIT GESENKTEM KOPF ...›

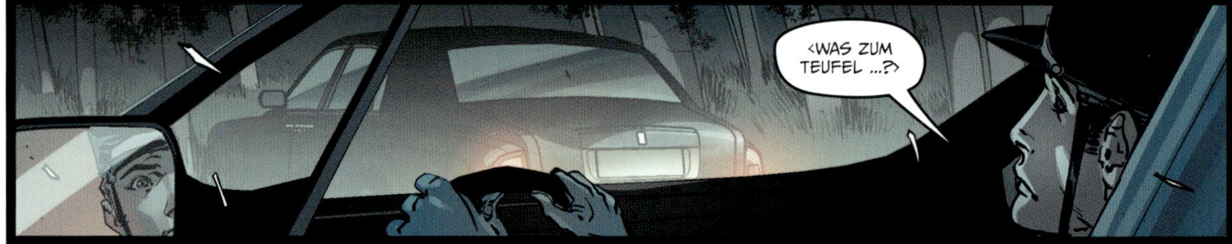
‹WAS ZUM TEUFEL ...?›

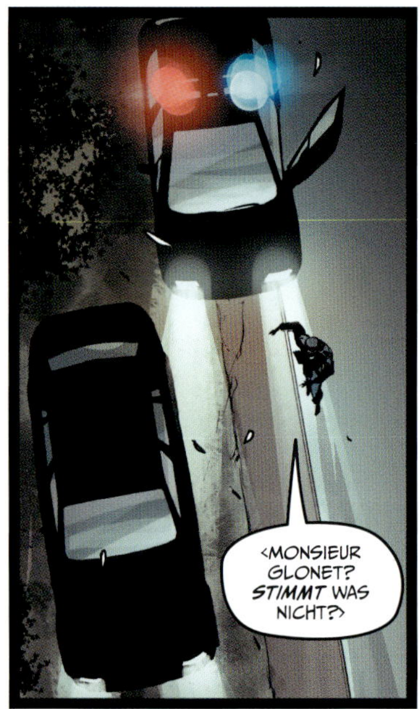
‹MONSIEUR GLONET? STIMMT WAS NICHT?›

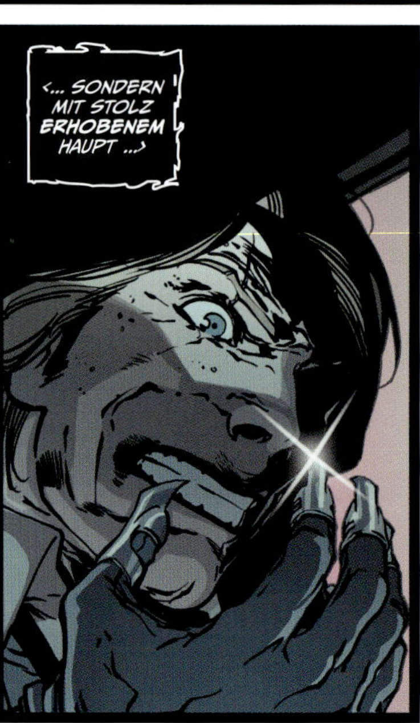
‹... SONDERN MIT STOLZ ERHOBENEM HAUPT ...›

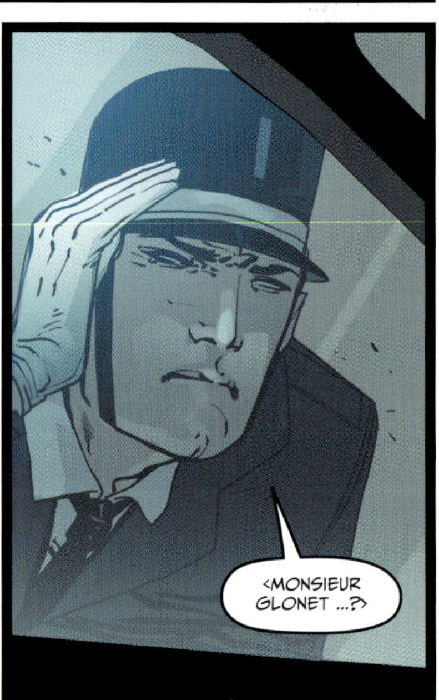
‹MONSIEUR GLONET ...?›

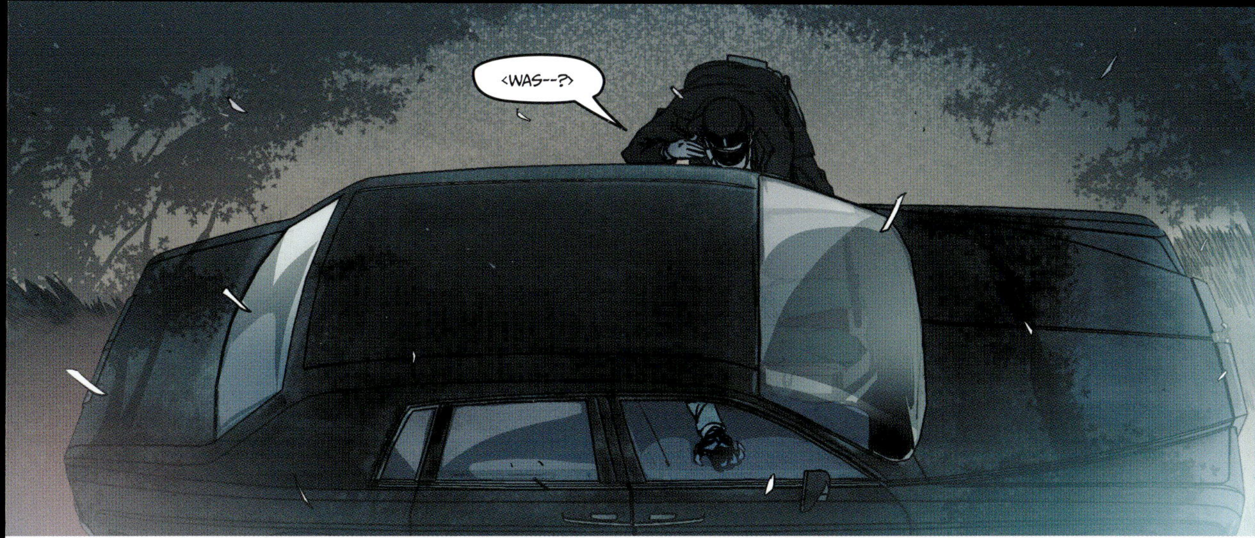
<WAS--?>

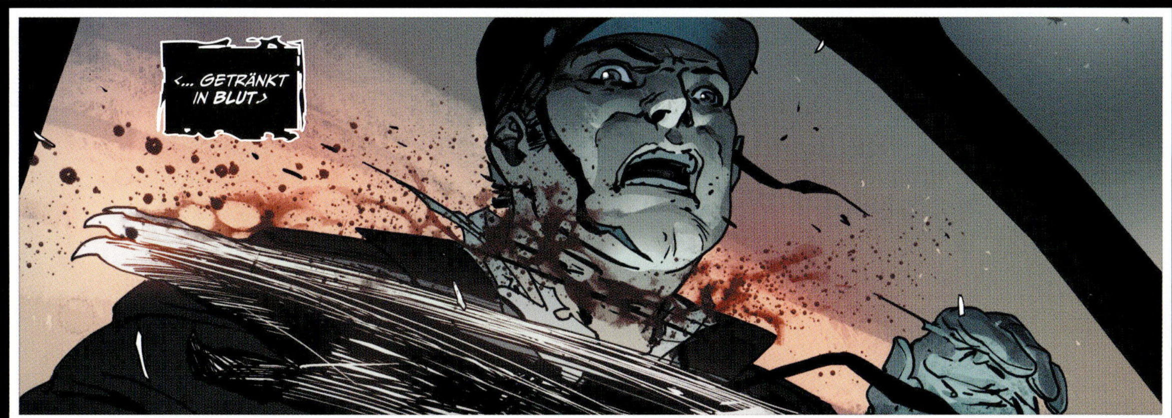
<... GETRÄNKT IN **BLUT**.>

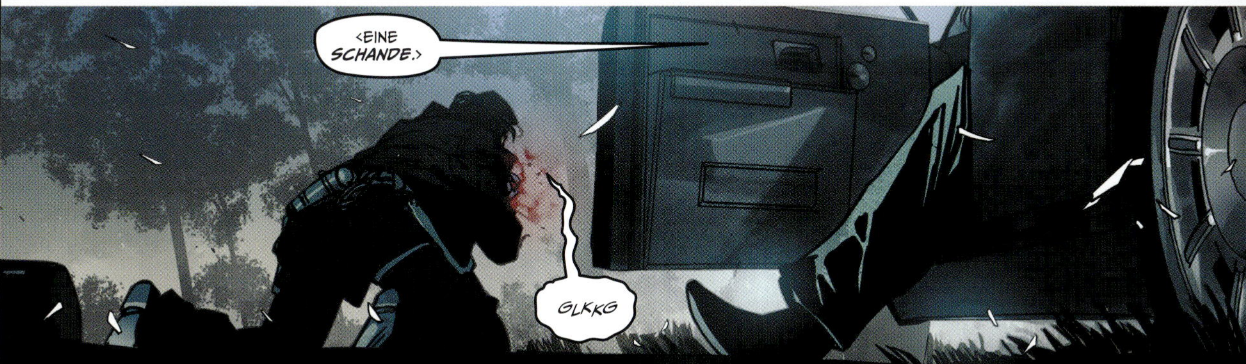
<EINE **SCHANDE**.>
GLKKG

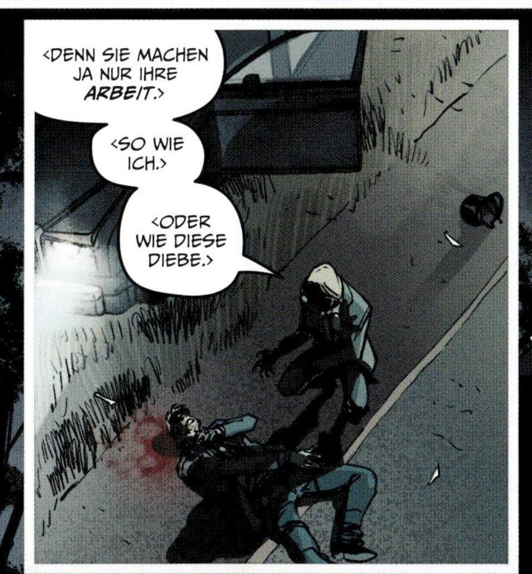
<DENN SIE MACHEN JA NUR IHRE **ARBEIT**.>
<SO WIE ICH.>
<ODER WIE DIESE DIEBE.>

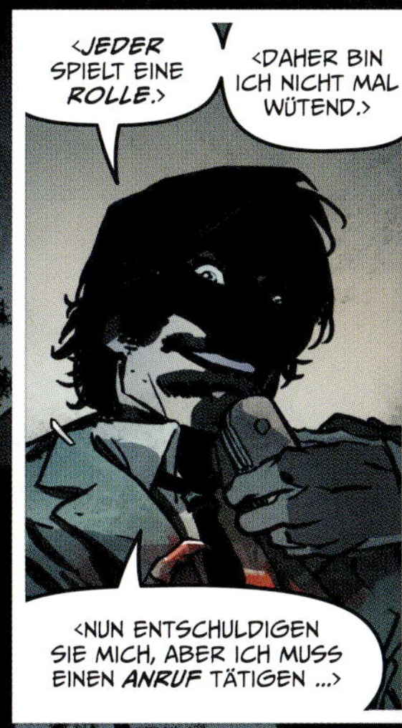
<**JEDER** SPIELT EINE **ROLLE**.>
<DAHER BIN ICH NICHT MAL WÜTEND.>
<NUN ENTSCHULDIGEN SIE MICH, ABER ICH MUSS EINEN **ANRUF** TÄTIGEN ...>

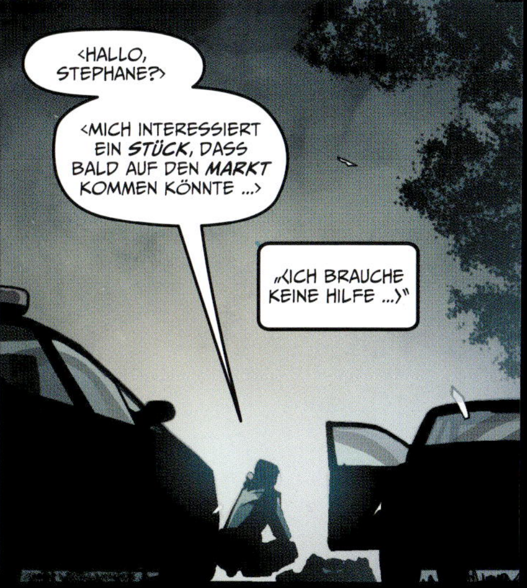
<HALLO, STEPHANE?>
<MICH INTERESSIERT EIN **STÜCK**, DASS BALD AUF DEN **MARKT** KOMMEN KÖNNTE ...>
„<ICH BRAUCHE KEINE HILFE ...>“

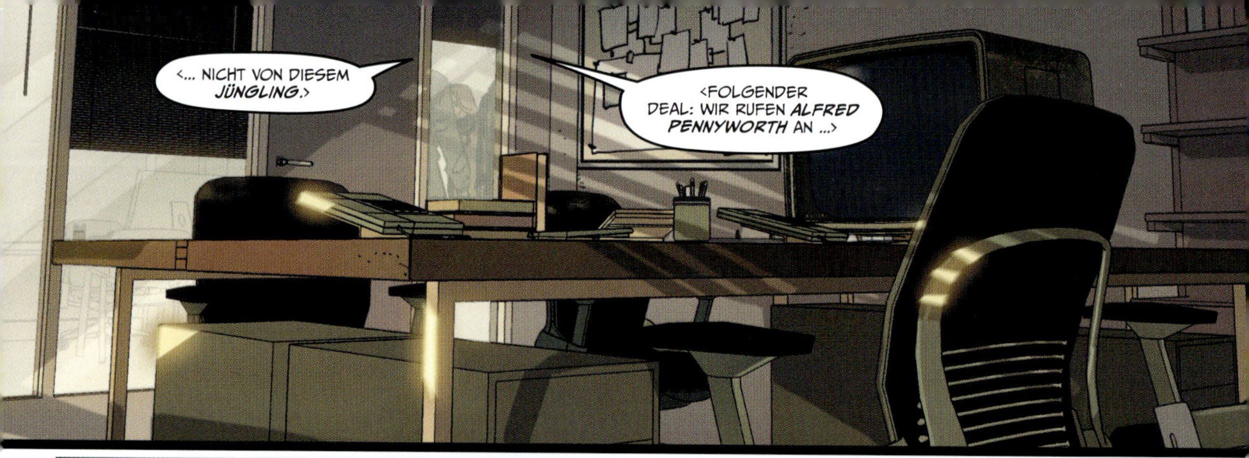
<... NICHT VON DIESEM JÜNGLING.>
<FOLGENDER DEAL: WIR RUFEN ALFRED PENNYWORTH AN ...>

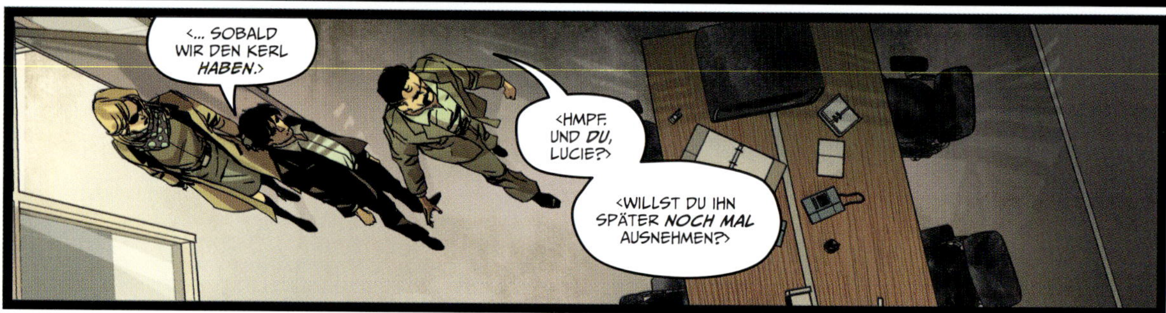
<... SOBALD WIR DEN KERL HABEN.>
<HMPF. UND DU, LUCIE?>
<WILLST DU IHN SPÄTER NOCH MAL AUSNEHMEN?>

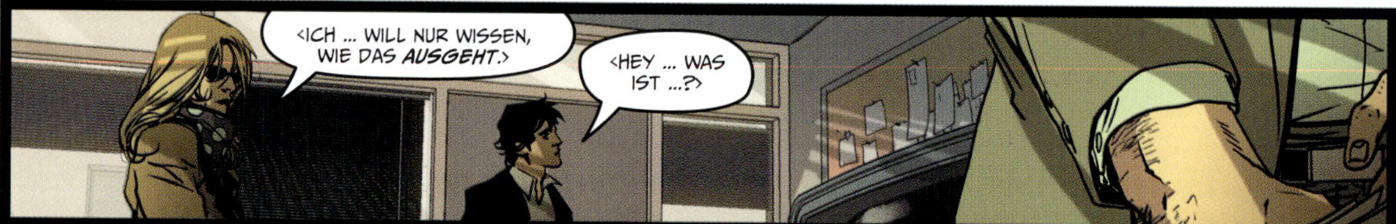
<ICH ... WILL NUR WISSEN, WIE DAS AUSGEHT.>
<HEY ... WAS IST ...?>

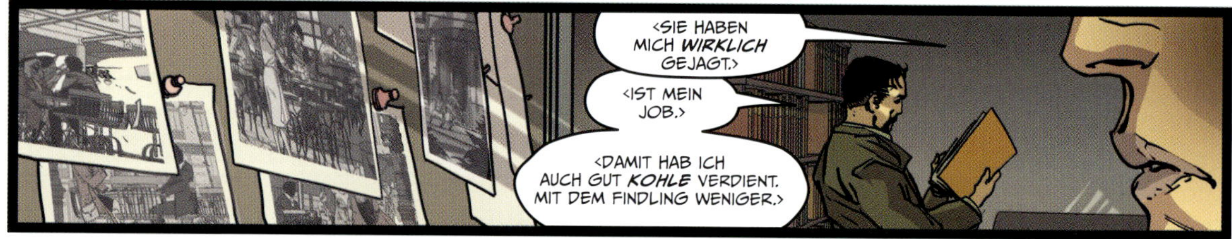
<SIE HABEN MICH WIRKLICH GEJAGT.>
<IST MEIN JOB.>
<DAMIT HAB ICH AUCH GUT KOHLE VERDIENT. MIT DEM FINDLING WENIGER.>

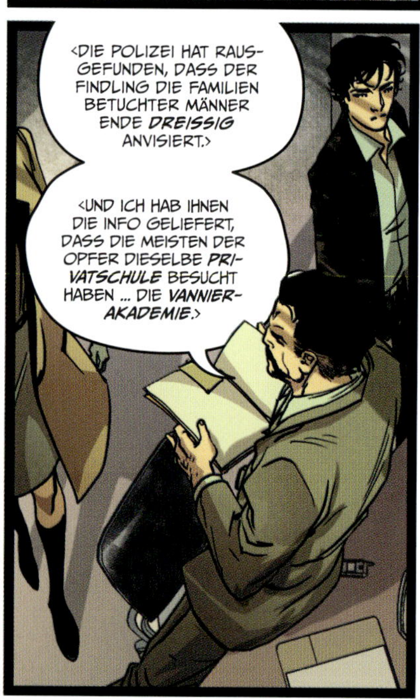
<DIE POLIZEI HAT RAUSGEFUNDEN, DASS DER FINDLING DIE FAMILIEN BETUCHTER MÄNNER ENDE DREISSIG ANVISIERT.>
<UND ICH HAB IHNEN DIE INFO GELIEFERT, DASS DIE MEISTEN DER OPFER DIESELBE PRIVATSCHULE BESUCHT HABEN ... DIE VANNIER-AKADEMIE.>

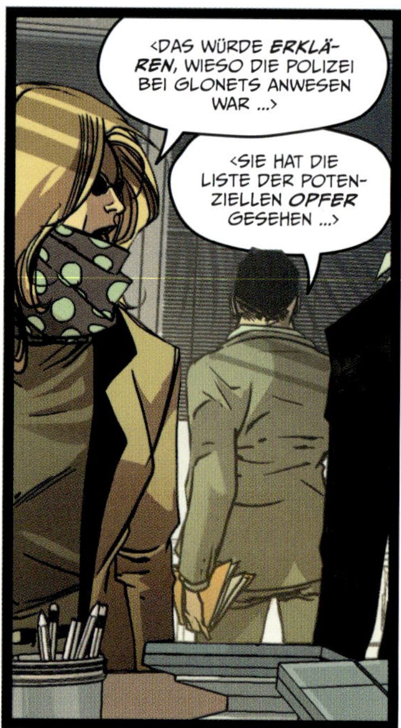
<DAS WÜRDE ERKLÄREN, WIESO DIE POLIZEI BEI GLONETS ANWESEN WAR ...>
<SIE HAT DIE LISTE DER POTENZIELLEN OPFER GESEHEN ...>

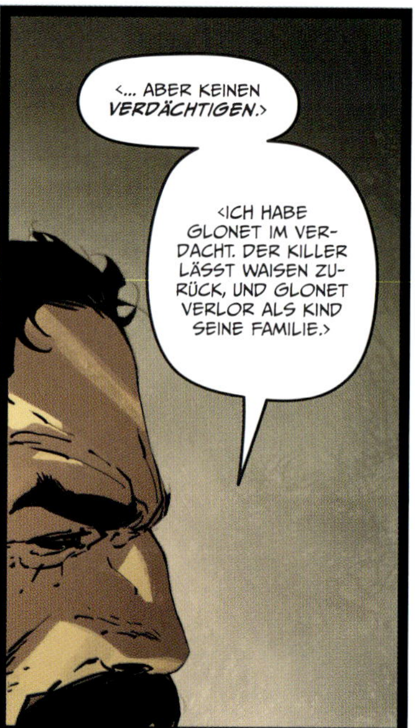
<... ABER KEINEN VERDÄCHTIGEN.>
<ICH HABE GLONET IM VERDACHT. DER KILLER LÄSST WAISEN ZURÜCK, UND GLONET VERLOR ALS KIND SEINE FAMILIE.>

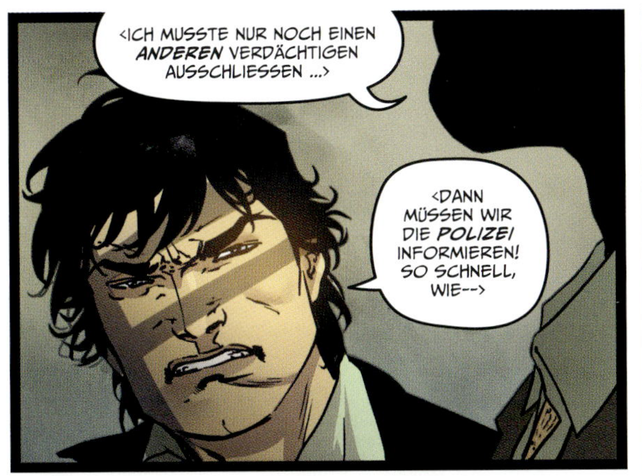

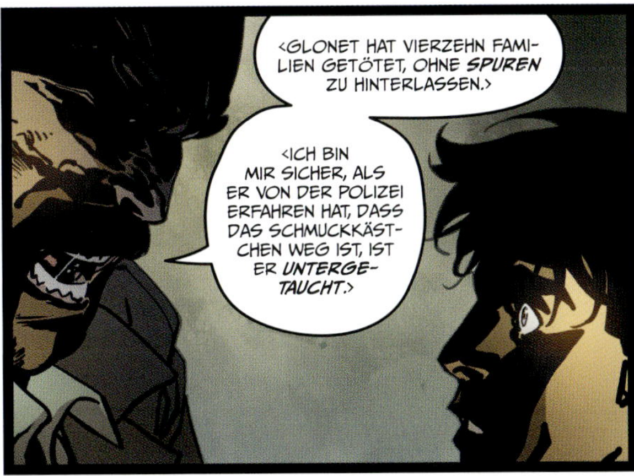

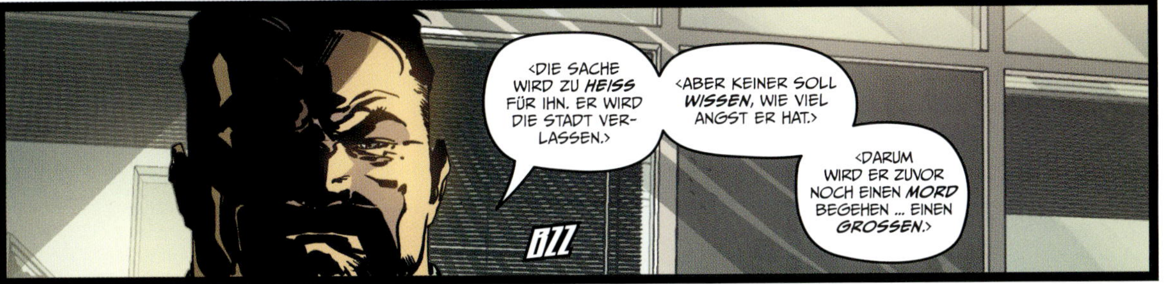

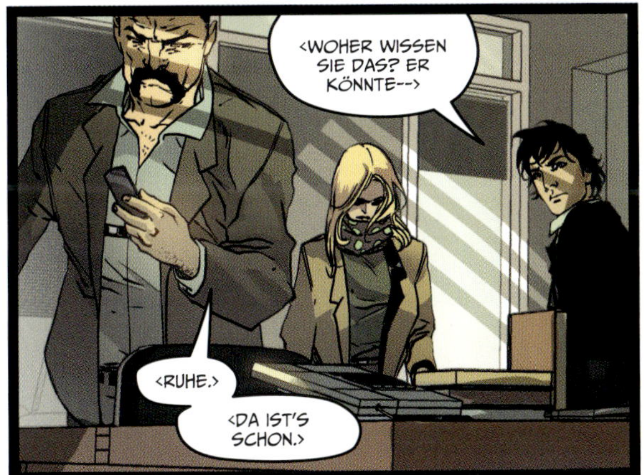

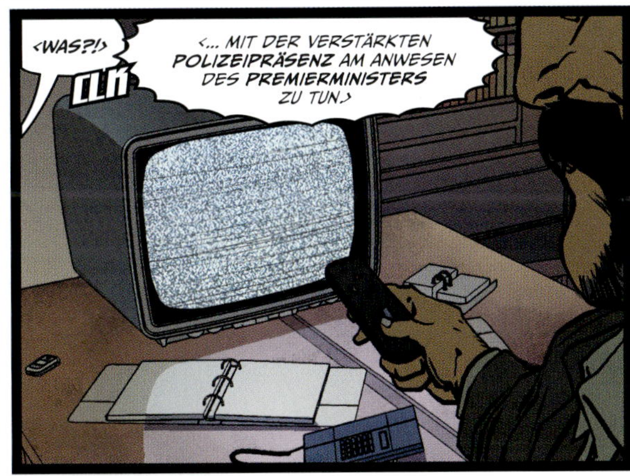

‹BISHER HAT SICH DER KILLER NAMENS „DER FINDLING" NIE ZU WORT GEMELDET ...›

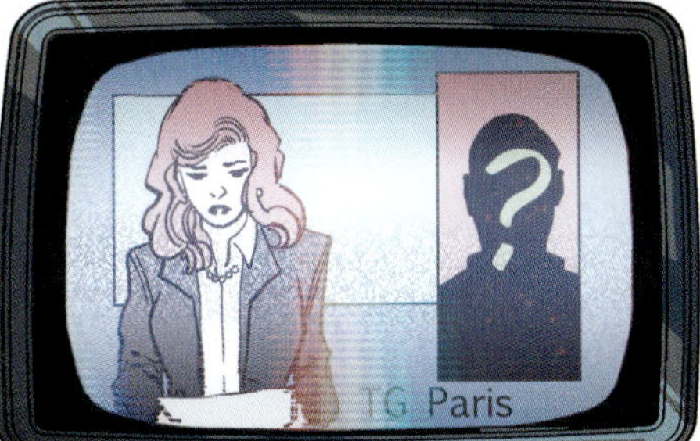

‹... DOCH DIE POLIZEI BESTÄTIGTE DIE ECHTHEIT DER DEN MEDIEN ZUGESPIELTEN NACHRICHT.›

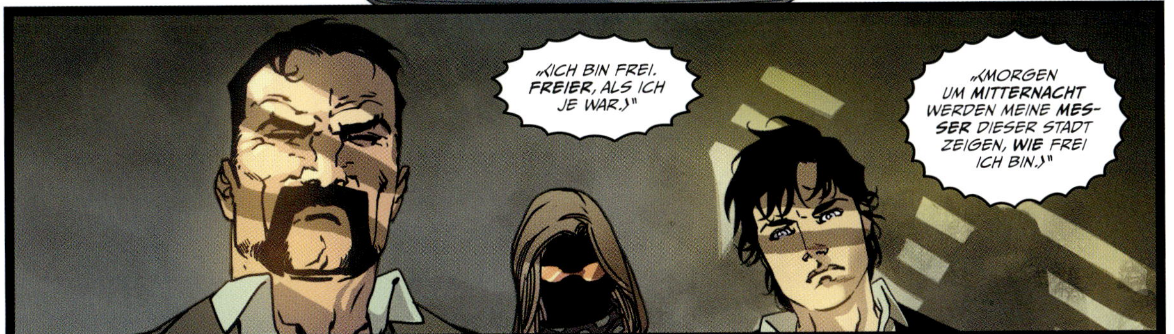

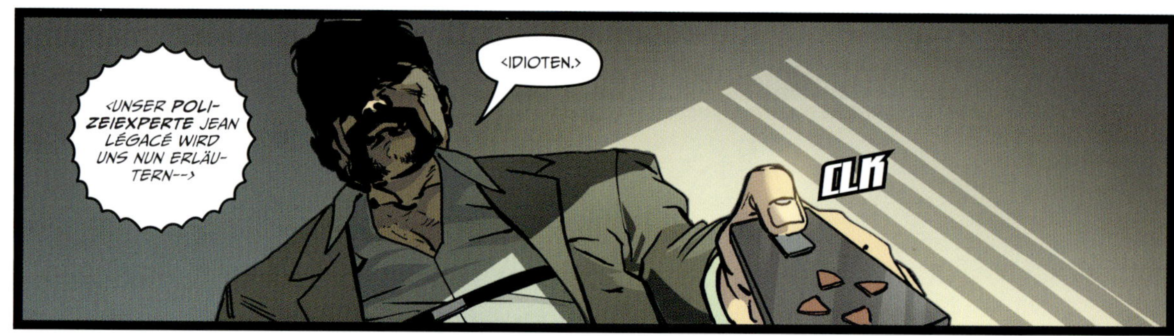
<UNSER POLIZEIEXPERTE JEAN LÉGACÉ WIRD UNS NUN ERLÄUTERN-->
<IDIOTEN.>
CLK

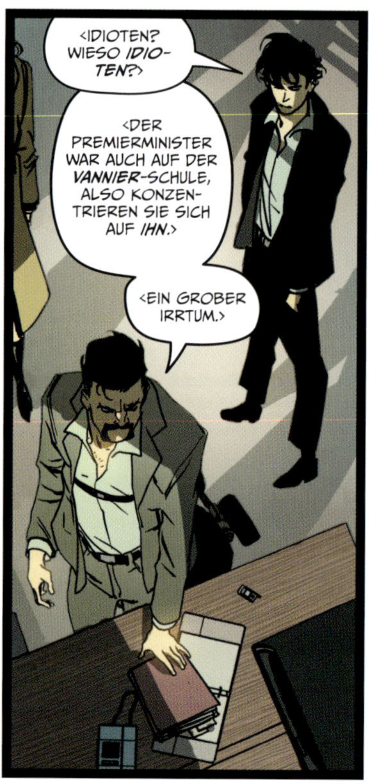
<IDIOTEN? WIESO IDIOTEN?>
<DER PREMIERMINISTER WAR AUCH AUF DER VANNIER-SCHULE, ALSO KONZENTRIEREN SIE SICH AUF IHN.>
<EIN GROBER IRRTUM.>

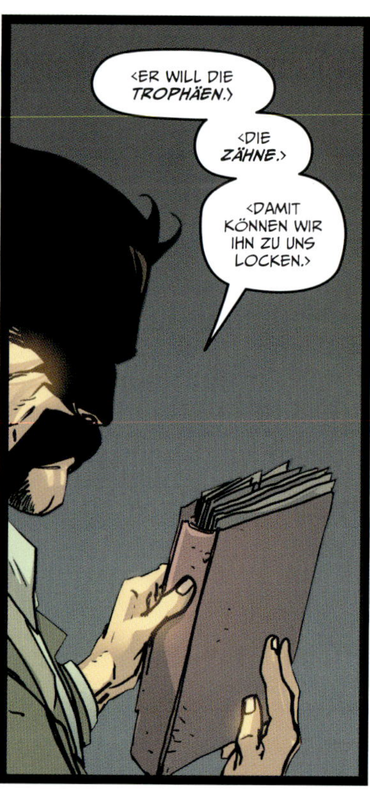
<ER WILL DIE TROPHÄEN.>
<DIE ZÄHNE.>
<DAMIT KÖNNEN WIR IHN ZU UNS LOCKEN.>

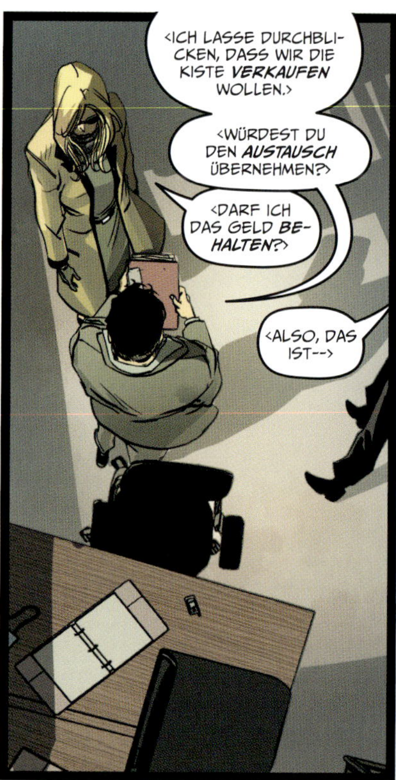
<ICH LASSE DURCHBLICKEN, DASS WIR DIE KISTE VERKAUFEN WOLLEN.>
<WÜRDEST DU DEN AUSTAUSCH ÜBERNEHMEN?>
<DARF ICH DAS GELD BEHALTEN?>
<ALSO, DAS IST-->

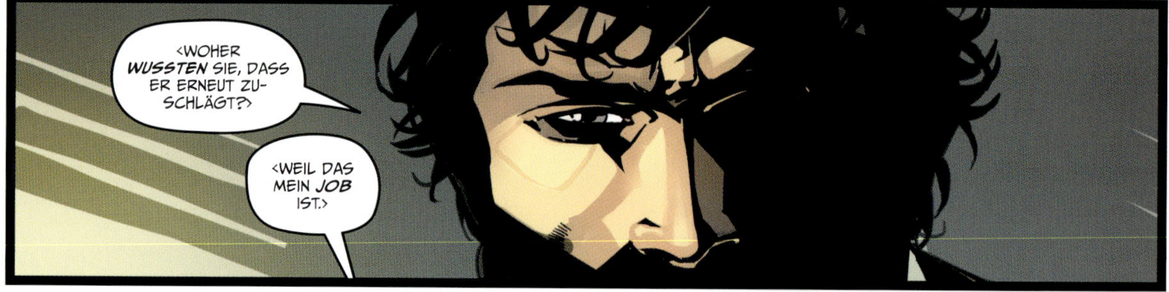
<WOHER WUSSTEN SIE, DASS ER ERNEUT ZUSCHLÄGT?>
<WEIL DAS MEIN JOB IST.>

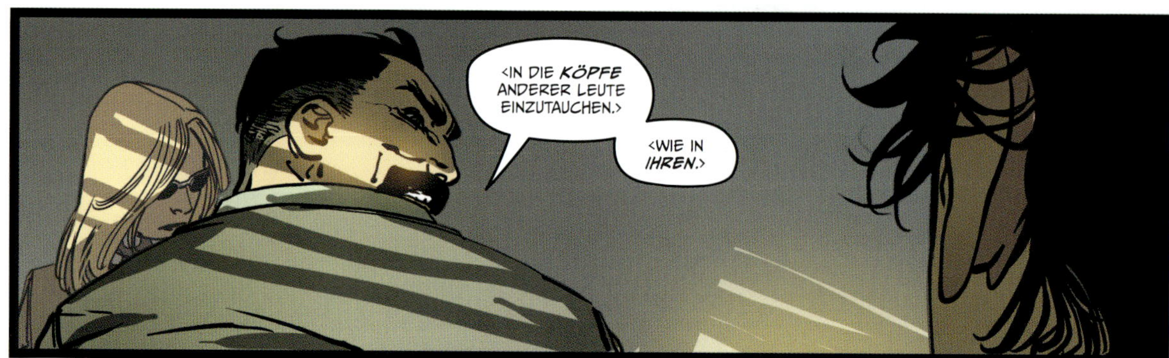
<IN DIE KÖPFE ANDERER LEUTE EINZUTAUCHEN.>
<WIE IN IHREN.>

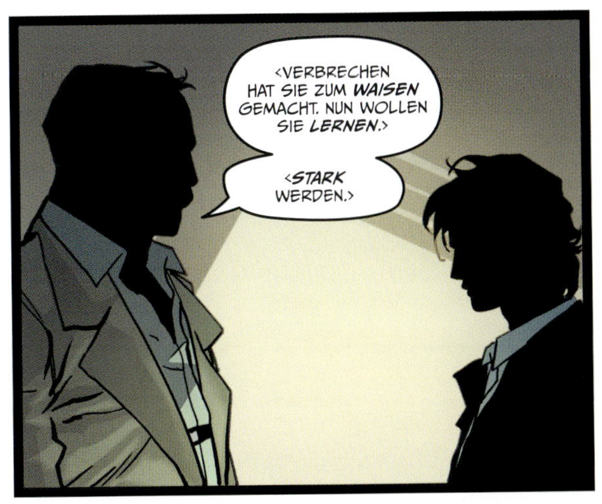
<VERBRECHEN HAT SIE ZUM WAISEN GEMACHT. NUN WOLLEN SIE LERNEN.>
<STARK WERDEN.>

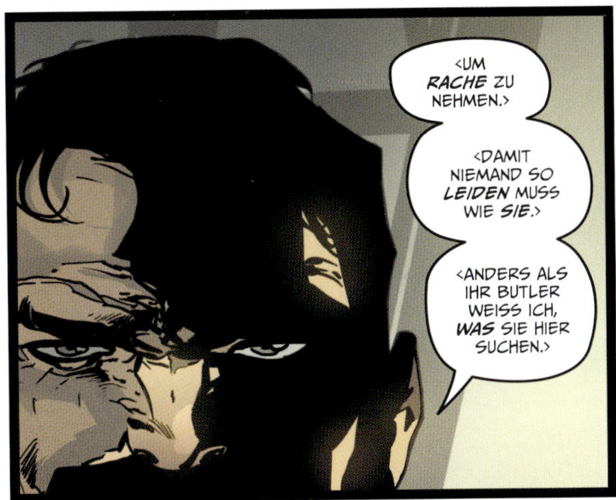
<UM RACHE ZU NEHMEN.>
<DAMIT NIEMAND SO LEIDEN MUSS WIE SIE.>
<ANDERS ALS IHR BUTLER WEISS ICH, WAS SIE HIER SUCHEN.>

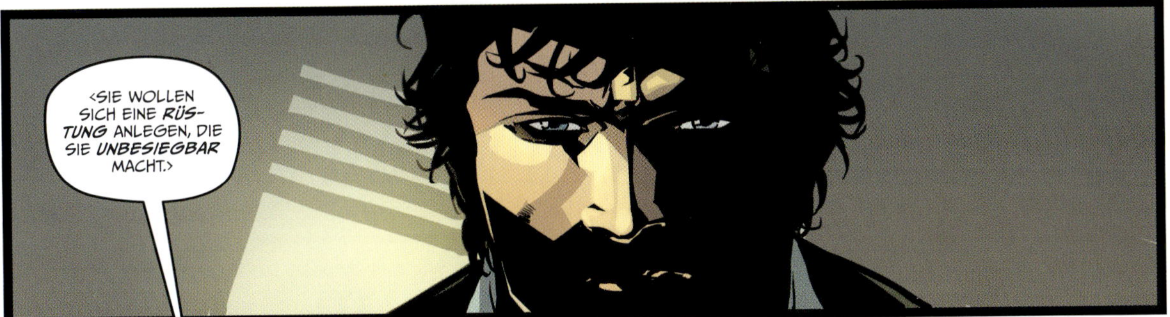
<SIE WOLLEN SICH EINE RÜS-TUNG ANLEGEN, DIE SIE UNBESIEGBAR MACHT.>

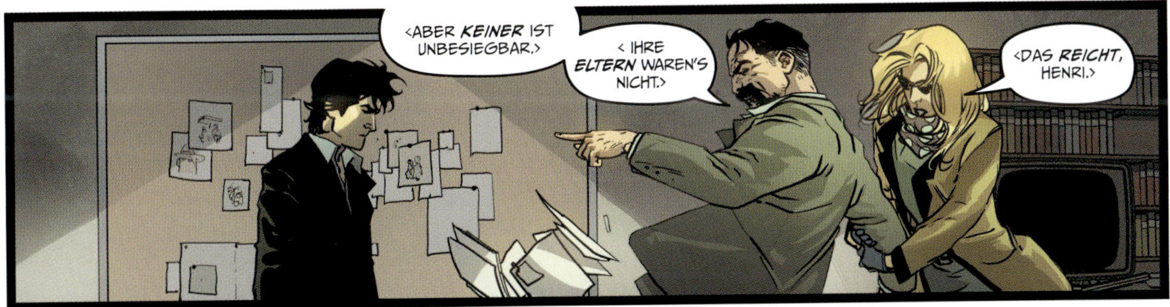
<ABER KEINER IST UNBESIEGBAR.>
< IHRE ELTERN WAREN'S NICHT.>
<DAS REICHT, HENRI.>

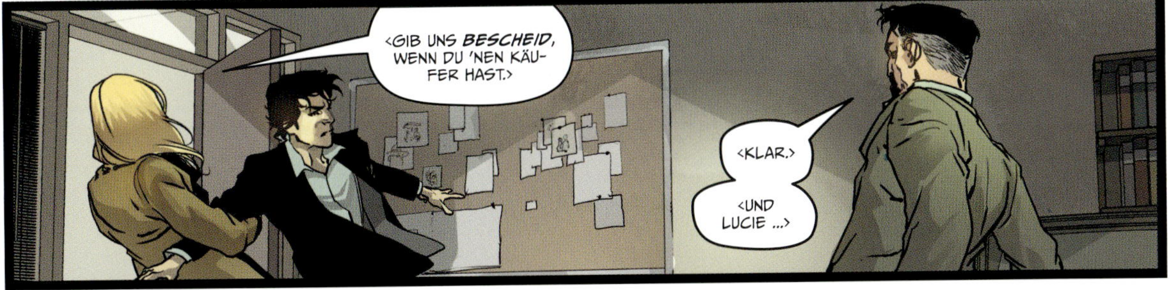
<GIB UNS BESCHEID, WENN DU 'NEN KÄU-FER HAST.>
<KLAR.>
<UND LUCIE ...>

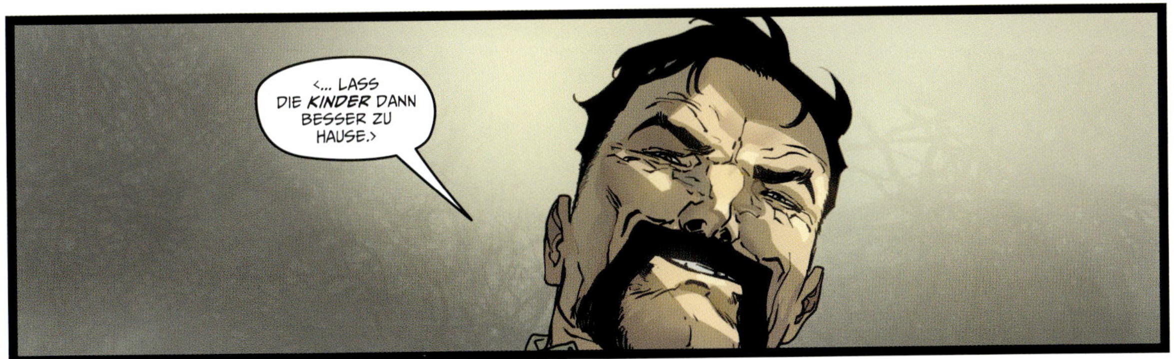
<... LASS DIE KINDER DANN BESSER ZU HAUSE.>

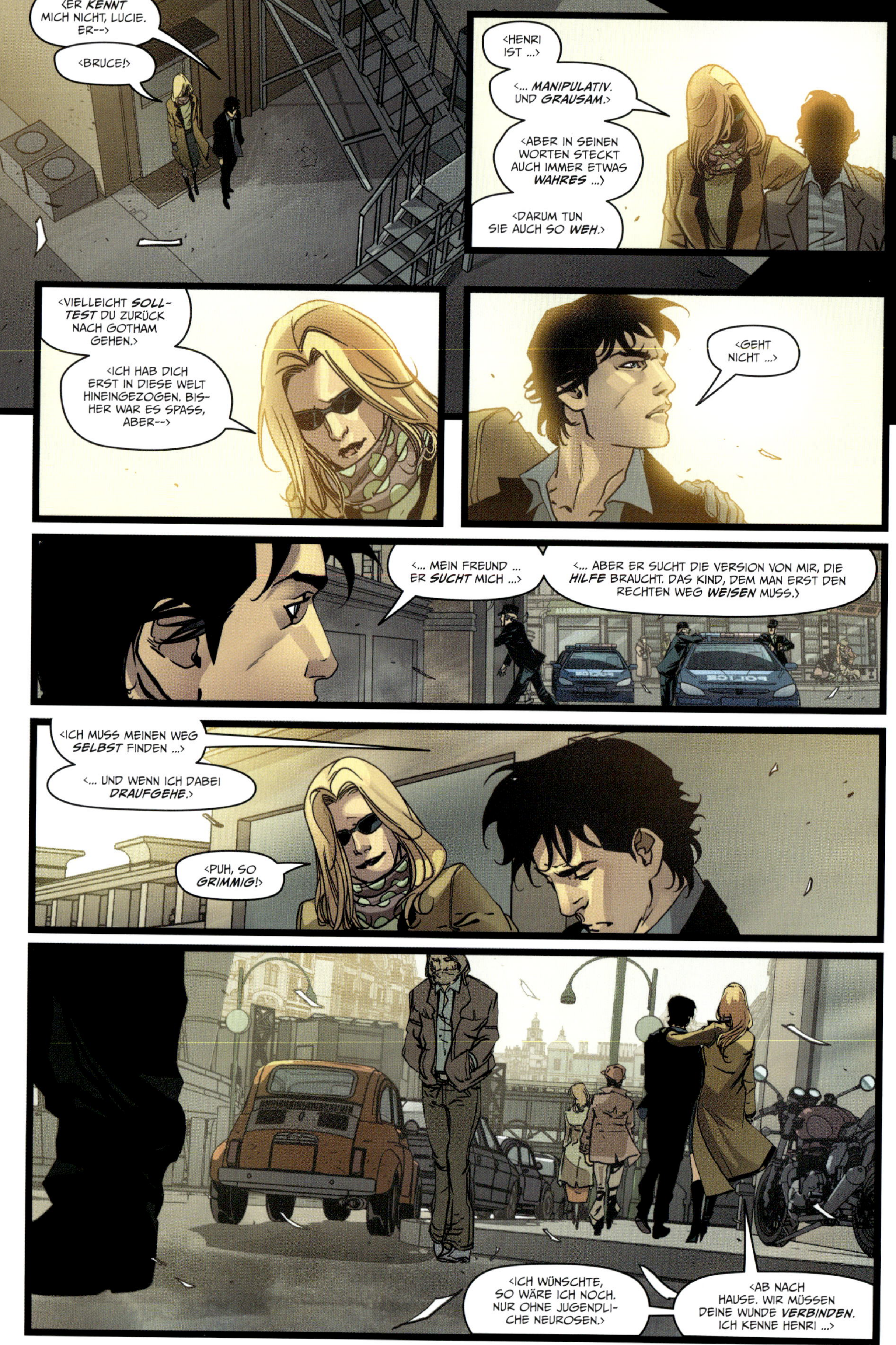
‹ER KENNT MICH NICHT, LUCIE. ER--›
‹BRUCE!›
‹HENRI IST ...›
‹... MANIPULATIV. UND GRAUSAM.›
‹ABER IN SEINEN WORTEN STECKT AUCH IMMER ETWAS WAHRES ...›
‹DARUM TUN SIE AUCH SO WEH.›
‹VIELLEICHT SOLL-TEST DU ZURÜCK NACH GOTHAM GEHEN.›
‹ICH HAB DICH ERST IN DIESE WELT HINEINGEZOGEN. BIS-HER WAR ES SPASS, ABER--›
‹GEHT NICHT ...›
‹... MEIN FREUND ... ER SUCHT MICH ...›
‹... ABER ER SUCHT DIE VERSION VON MIR, DIE HILFE BRAUCHT. DAS KIND, DEM MAN ERST DEN RECHTEN WEG WEISEN MUSS.›
‹ICH MUSS MEINEN WEG SELBST FINDEN ...›
‹... UND WENN ICH DABEI DRAUFGEHE.›
‹PUH, SO GRIMMIG!›
‹ICH WÜNSCHTE, SO WÄRE ICH NOCH. NUR OHNE JUGENDLI-CHE NEUROSEN.›
‹AB NACH HAUSE. WIR MÜSSEN DEINE WUNDE VERBINDEN. ICH KENNE HENRI ...›

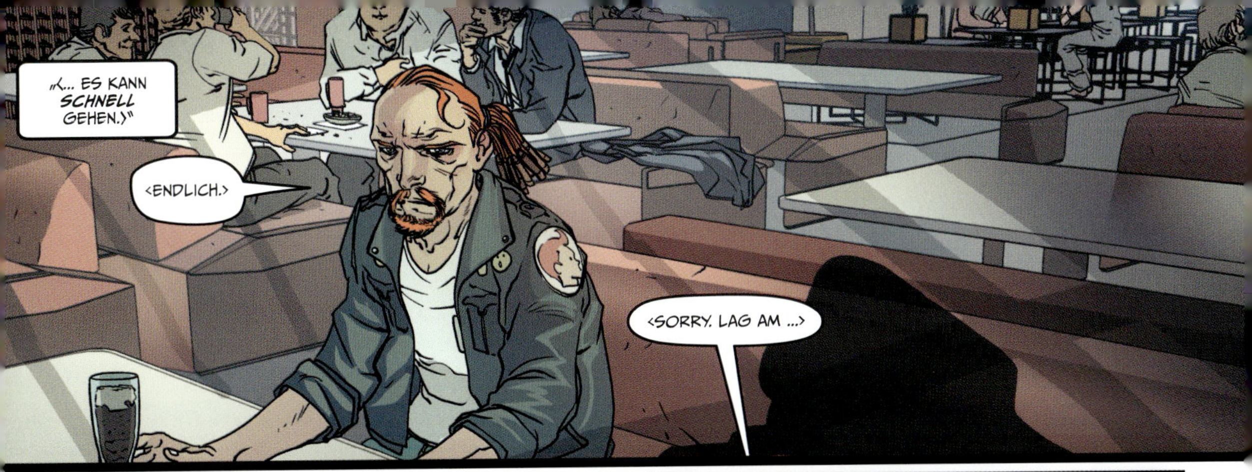
„‹... ES KANN SCHNELL GEHEN.›"
‹ENDLICH.›
‹SORRY. LAG AM ...›

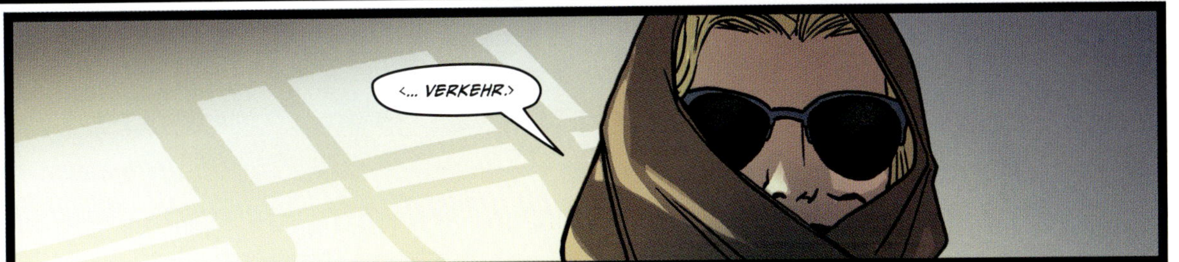
‹... VERKEHR.›

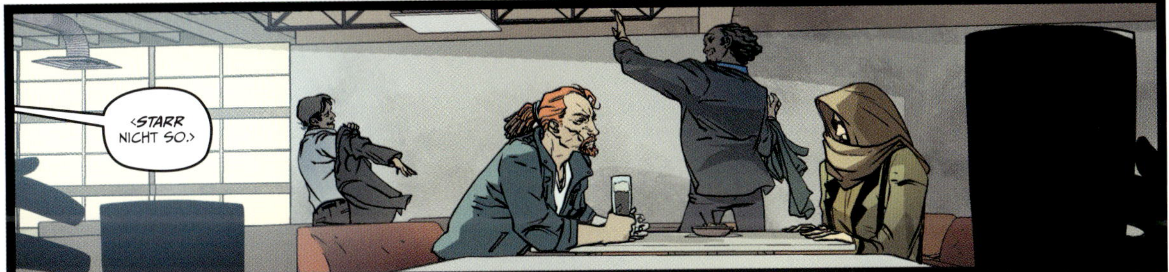
‹STARR NICHT SO.›

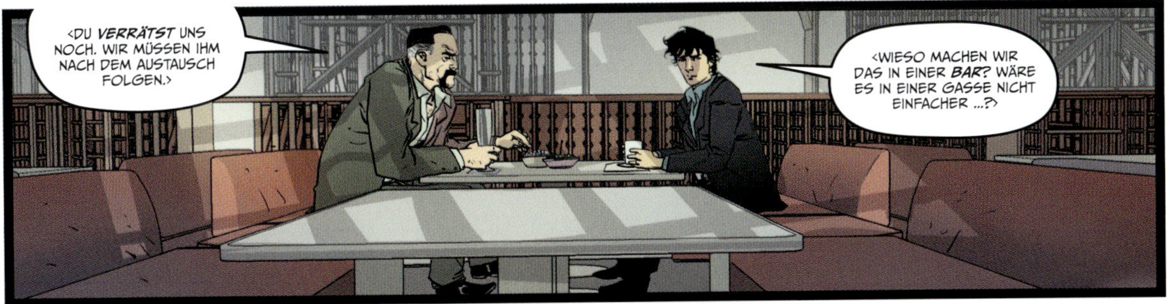
‹DU VERRÄTST UNS NOCH. WIR MÜSSEN IHM NACH DEM AUSTAUSCH FOLGEN.›
‹WIESO MACHEN WIR DAS IN EINER BAR? WÄRE ES IN EINER GASSE NICHT EINFACHER ...?›

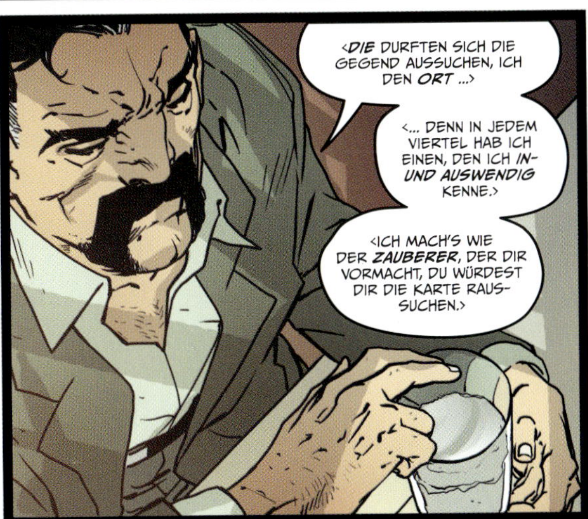
‹DIE DURFTEN SICH DIE GEGEND AUSSUCHEN, ICH DEN ORT ...›
‹... DENN IN JEDEM VIERTEL HAB ICH EINEN, DEN ICH IN- UND AUSWENDIG KENNE.›
‹ICH MACH'S WIE DER ZAUBERER, DER DIR VORMACHT, DU WÜRDEST DIR DIE KARTE RAUS-SUCHEN.›

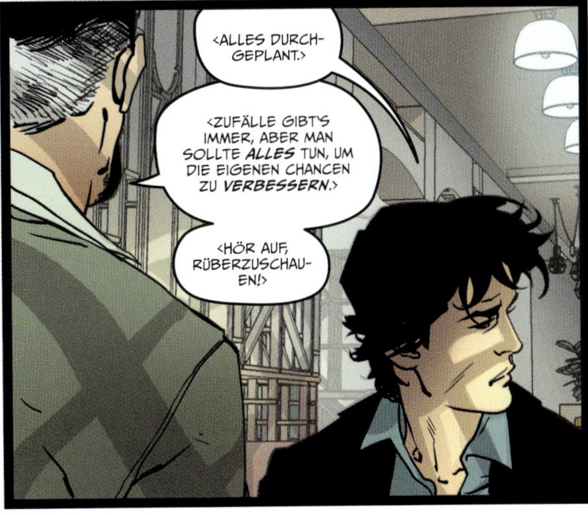
‹ALLES DURCH-GEPLANT.›
‹ZUFÄLLE GIBT'S IMMER, ABER MAN SOLLTE ALLES TUN, UM DIE EIGENEN CHANCEN ZU VERBESSERN.›
‹HÖR AUF, RÜBERZUSCHAU-EN!›

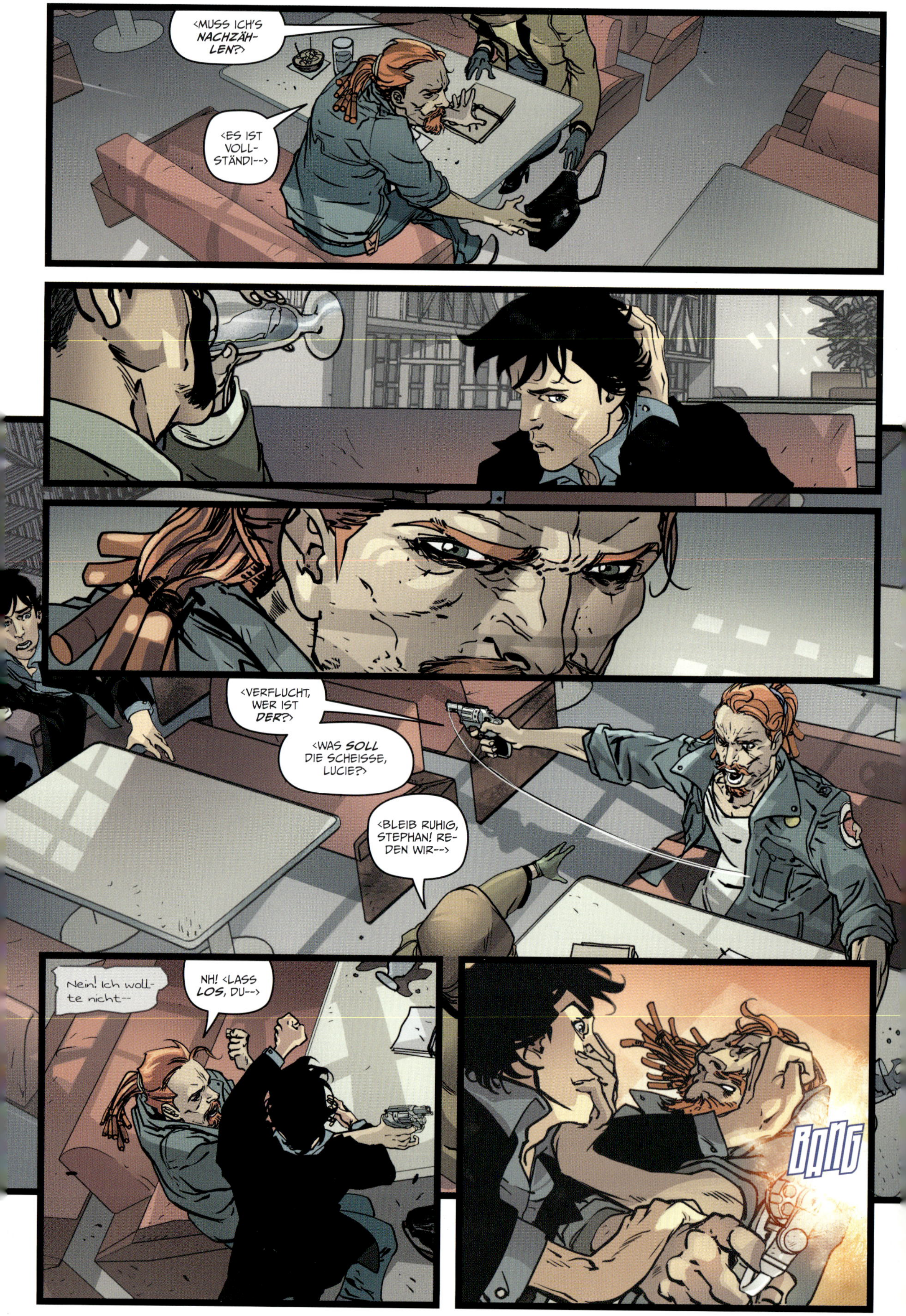

<MUSS ICH'S NACHZÄHLEN?>
<ES IST VOLLSTÄNDI-->
<VERFLUCHT, WER IST DER?>
<WAS SOLL DIE SCHEISSE, LUCIE?>
<BLEIB RUHIG, STEPHAN! REDEN WIR-->

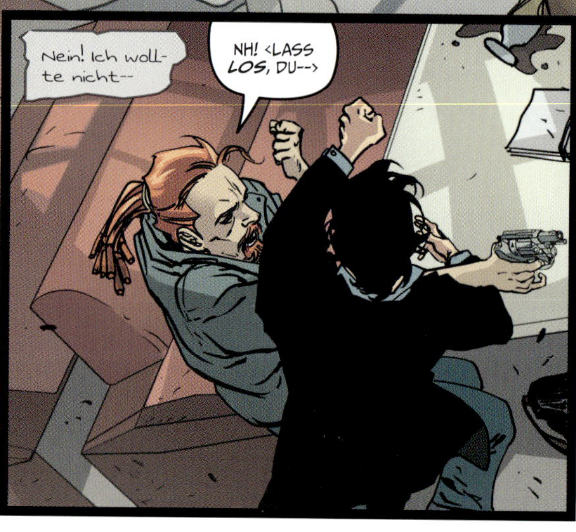
Nein! Ich wollte nicht--
NH! <LASS LOS, DU-->

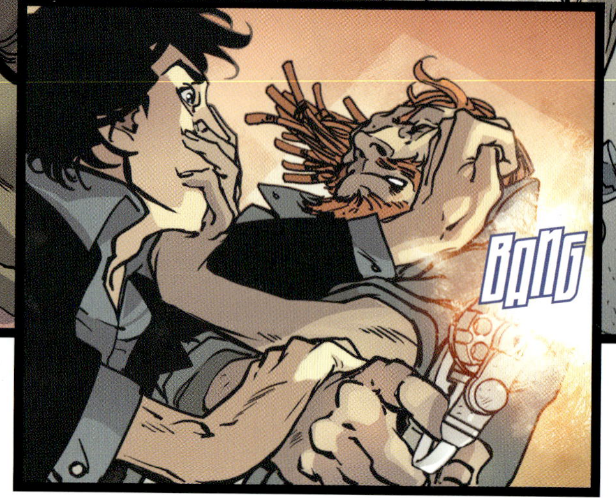
BANG

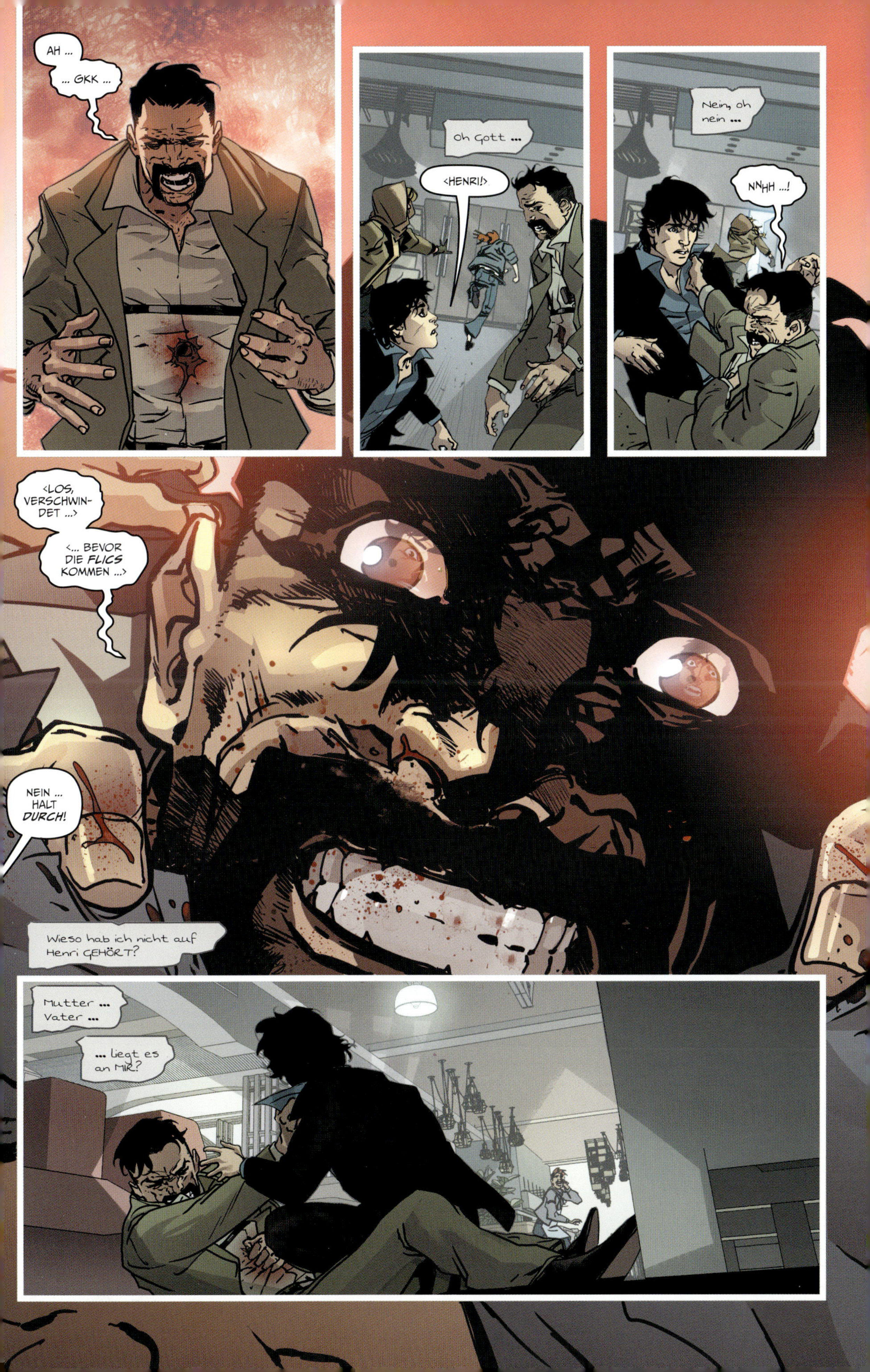

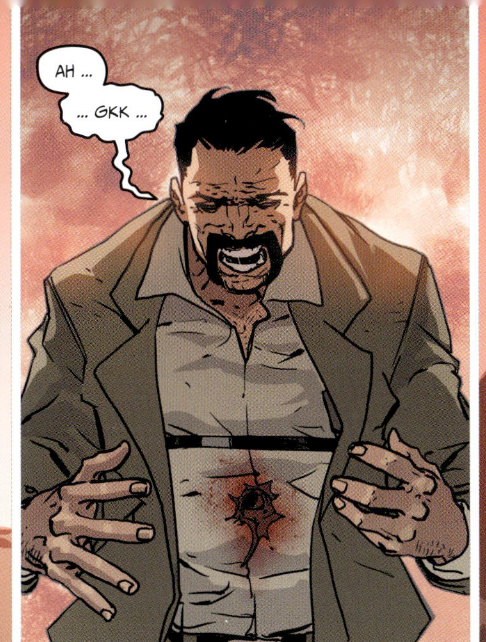
AH ...
... GKK ...

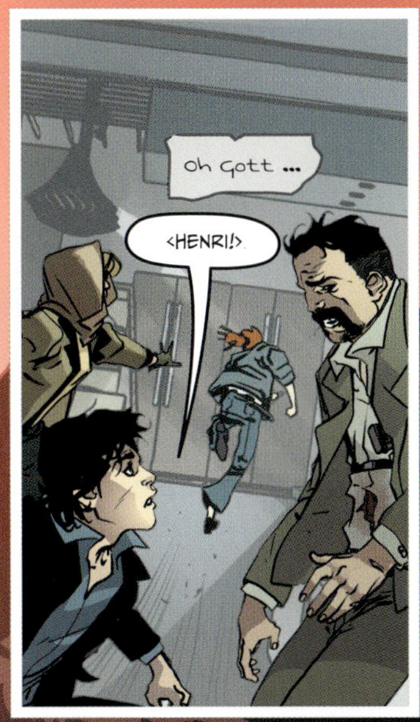
Oh Gott ...
<HENRI!>

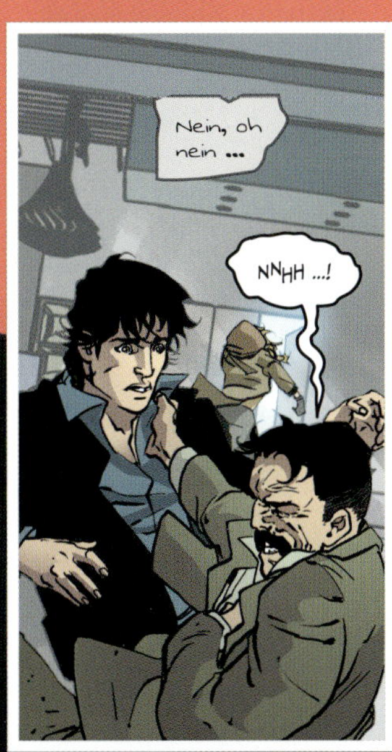
Nein, oh nein ...
NNHH ...!

<LOS, VERSCHWIN-DET ...>
<... BEVOR DIE *FLICS* KOMMEN ...>
NEIN ... HALT *DURCH!*
Wieso hab ich nicht auf Henri GEHÖRT?

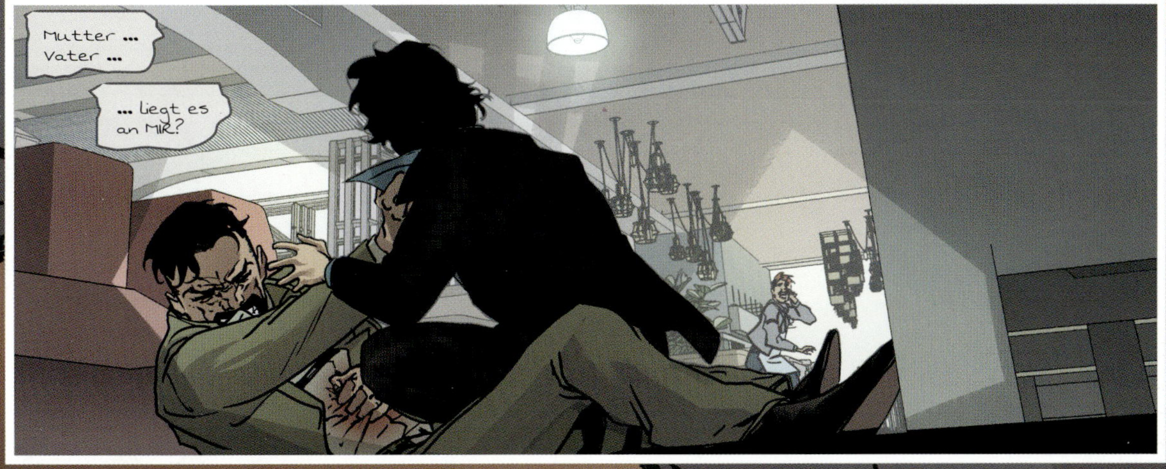
Mutter ... Vater ...
... liegt es an MIR?

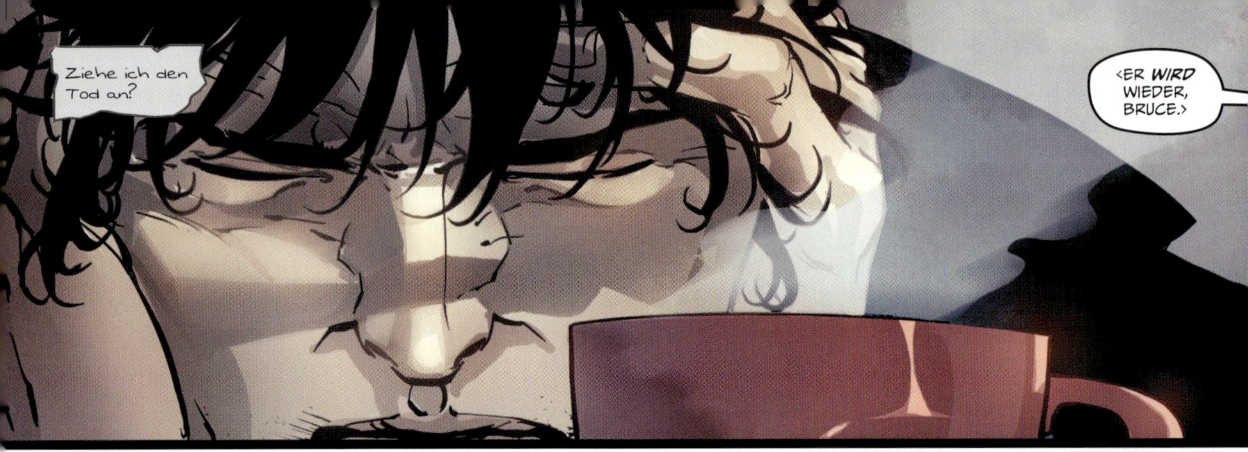
Ziehe ich den Tod an?
<ER *WIRD* WIEDER, BRUCE.>

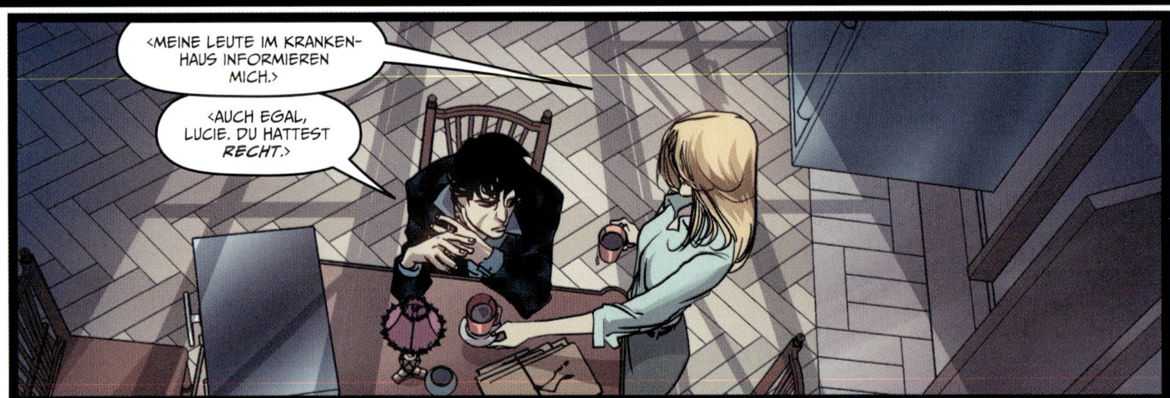
<MEINE LEUTE IM KRANKENHAUS INFORMIEREN MICH.>
<AUCH EGAL, LUCIE. DU HATTEST *RECHT*.>

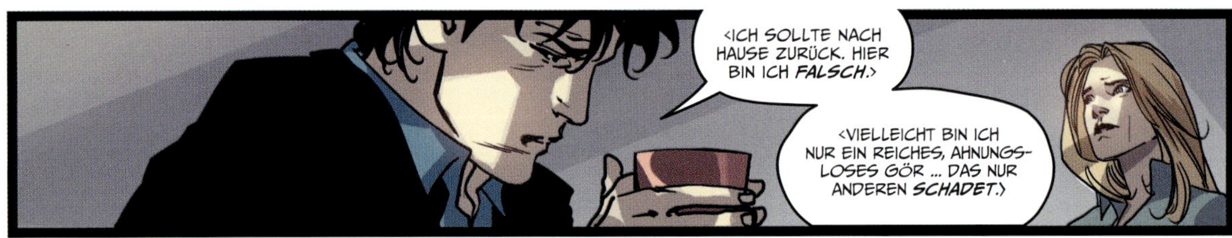
<ICH SOLLTE NACH HAUSE ZURÜCK. HIER BIN ICH *FALSCH*.>
<VIELLEICHT BIN ICH NUR EIN REICHES, AHNUNGSLOSES GÖR ... DAS NUR ANDEREN *SCHADET*.>

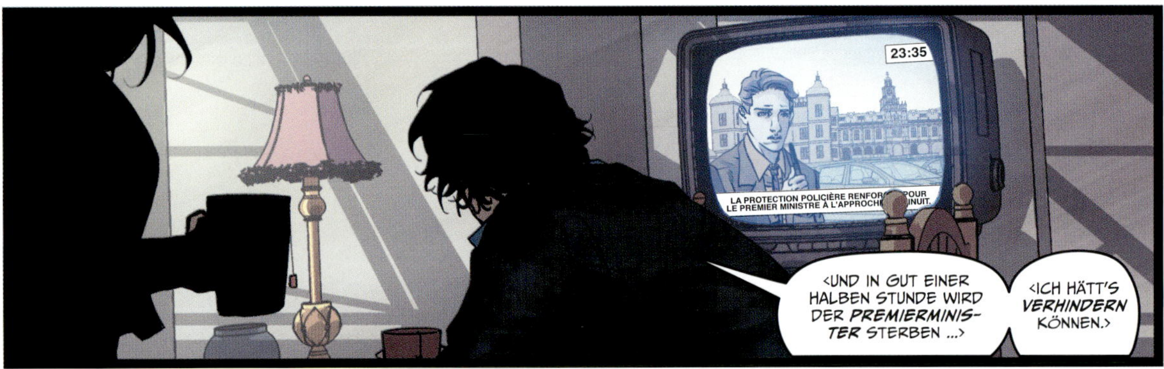
23:35
<UND IN GUT EINER HALBEN STUNDE WIRD DER *PREMIERMINISTER* STERBEN ...>
<ICH HÄTT'S *VERHINDERN* KÖNNEN.>

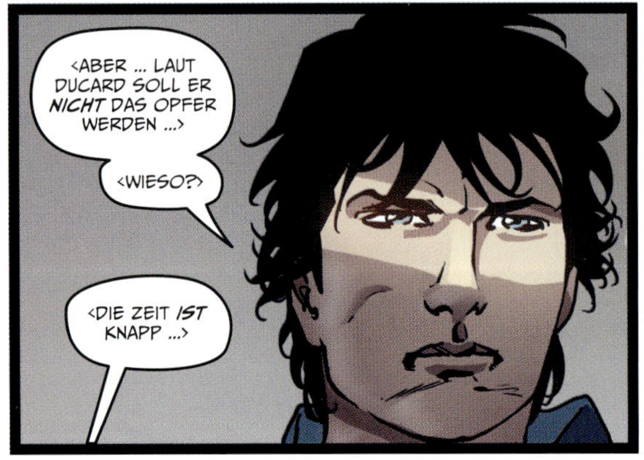
<ABER ... LAUT DUCARD SOLL ER *NICHT* DAS OPFER WERDEN ...>
<WIESO?>
<DIE ZEIT *IST* KNAPP ...>

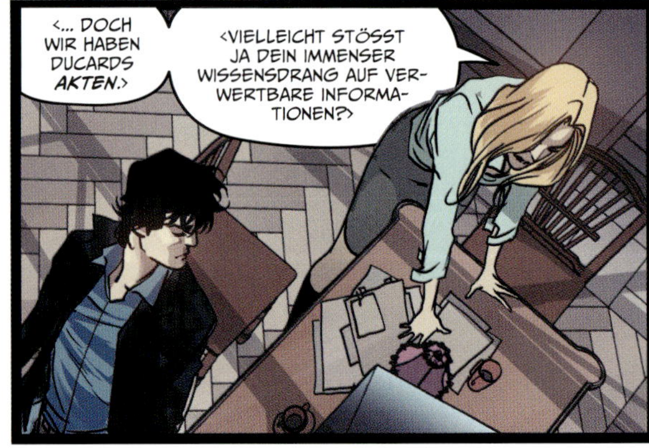
<... DOCH WIR HABEN DUCARDS *AKTEN*.>
<VIELLEICHT STÖSST JA DEIN IMMENSER WISSENSDRANG AUF VERWERTBARE INFORMATIONEN?>

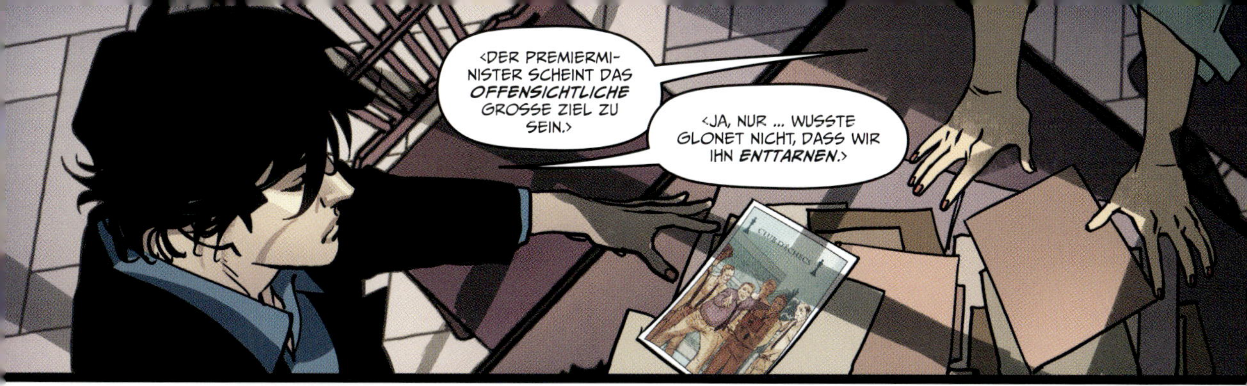
‹DER PREMIERMI-NISTER SCHEINT DAS OFFENSICHTLICHE GROSSE ZIEL ZU SEIN.›
‹JA, NUR ... WUSSTE GLONET NICHT, DASS WIR IHN ENTTARNEN.›

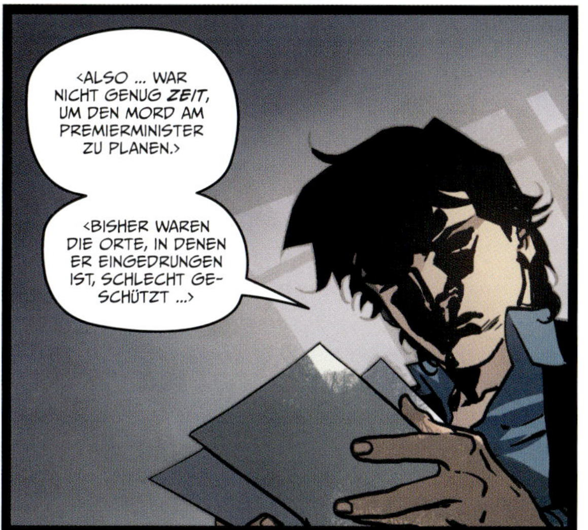
‹ALSO ... WAR NICHT GENUG ZEIT, UM DEN MORD AM PREMIERMINISTER ZU PLANEN.›
‹BISHER WAREN DIE ORTE, IN DENEN ER EINGEDRUNGEN IST, SCHLECHT GE-SCHÜTZT ...›

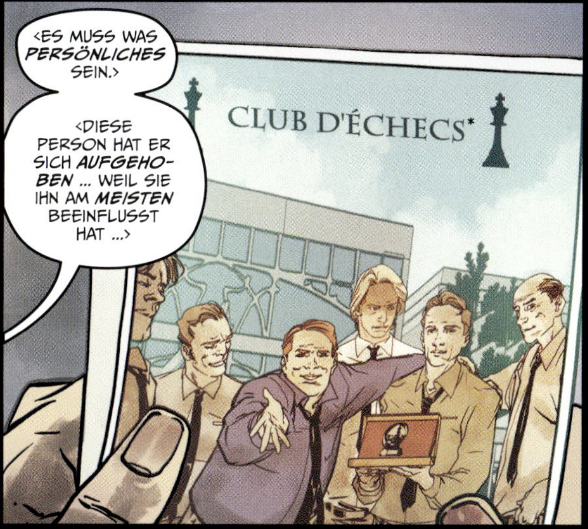
‹ES MUSS WAS PERSÖNLICHES SEIN.›
‹DIESE PERSON HAT ER SICH AUFGEHO-BEN ... WEIL SIE IHN AM MEISTEN BEEINFLUSST HAT ...›
CLUB D'ÉCHECS*

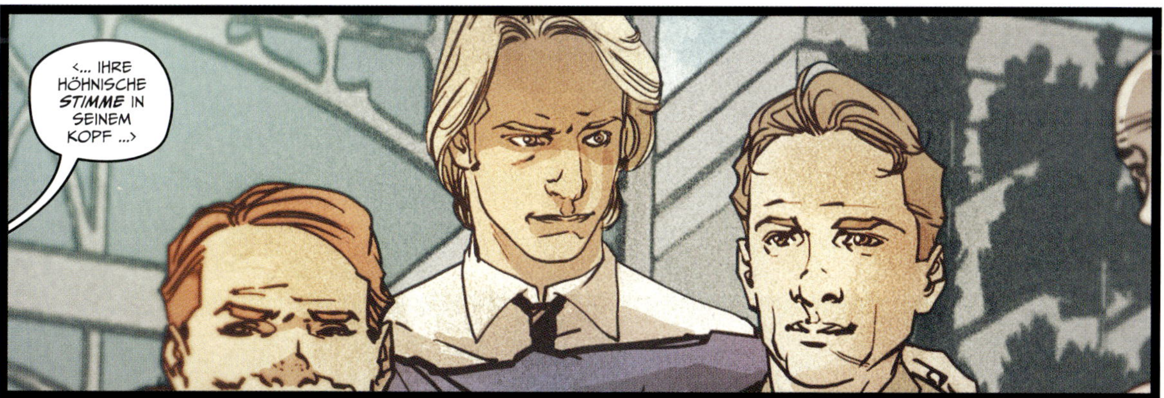
‹... IHRE HÖHNISCHE STIMME IN SEINEM KOPF ...›

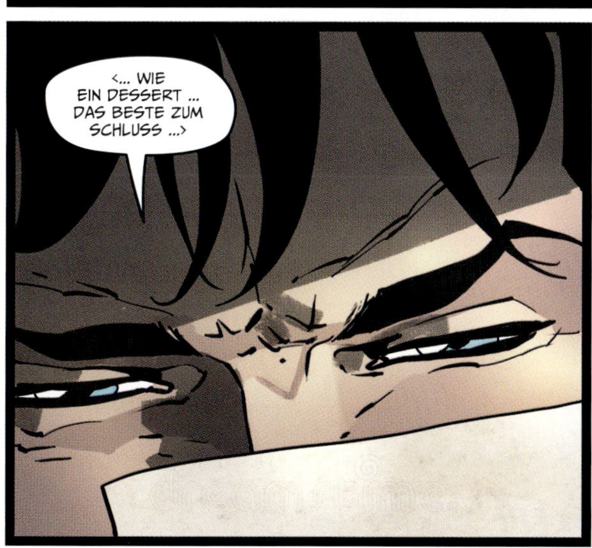
‹... WIE EIN DESSERT ... DAS BESTE ZUM SCHLUSS ...›

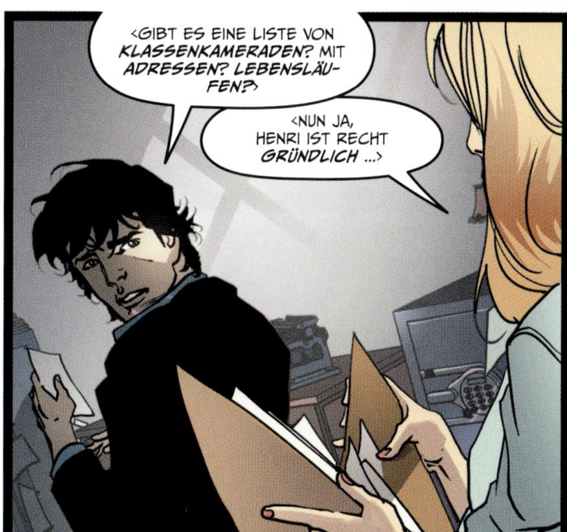
‹GIBT ES EINE LISTE VON KLASSENKAMERADEN? MIT ADRESSEN? LEBENSLÄU-FEN?›
‹NUN JA, HENRI IST RECHT GRÜNDLICH ...›

* SCHACH-CLUB

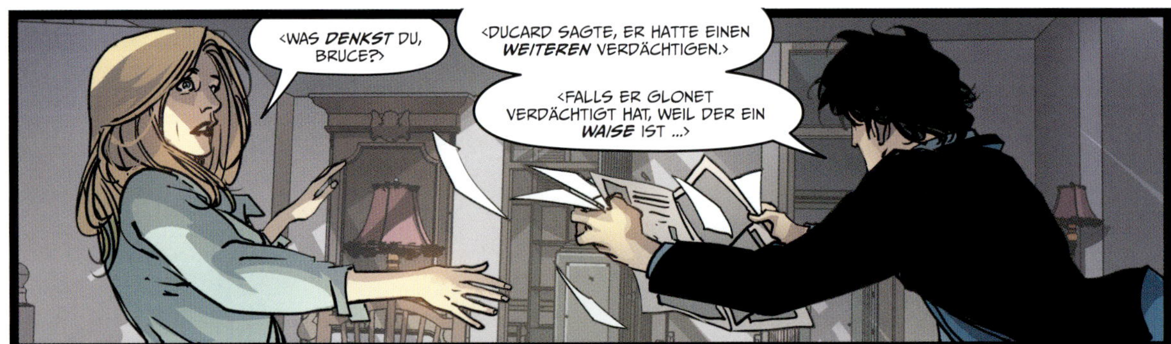

<WAS **DENKST** DU, BRUCE?>
<DUCARD SAGTE, ER HATTE EINEN **WEITEREN** VERDÄCHTIGEN.>
<FALLS ER GLONET VERDÄCHTIGT HAT, WEIL DER EIN **WAISE** IST ...>

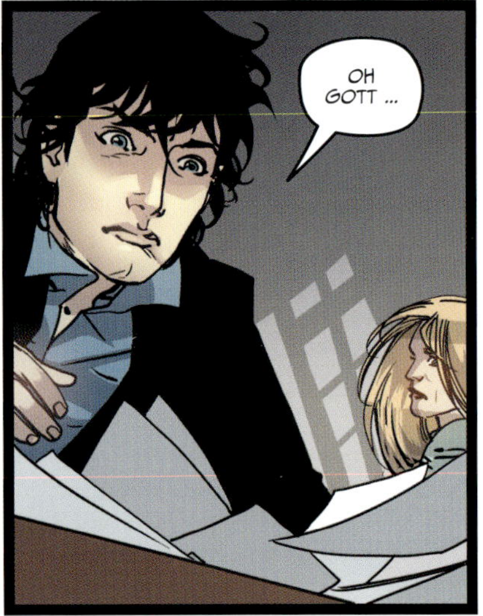

OH GOTT ...

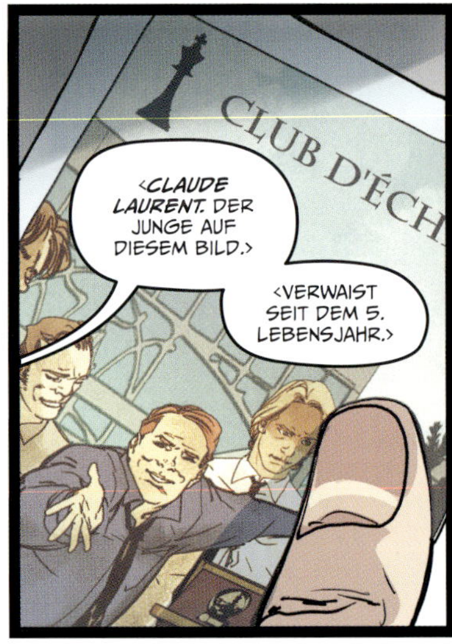

CLUB D'ÉCHECS
<**CLAUDE LAURENT.** DER JUNGE AUF DIESEM BILD.>
<VERWAIST SEIT DEM 5. LEBENSJAHR.>

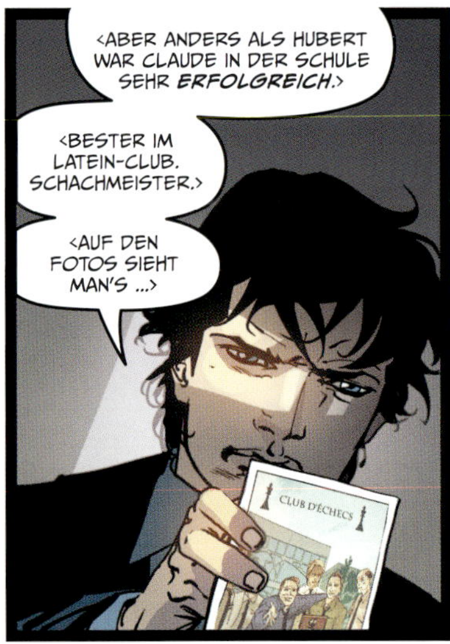

<ABER ANDERS ALS HUBERT WAR CLAUDE IN DER SCHULE SEHR **ERFOLGREICH.**>
<BESTER IM LATEIN-CLUB. SCHACHMEISTER.>
<AUF DEN FOTOS SIEHT MAN'S ...>
CLUB D'ÉCHECS

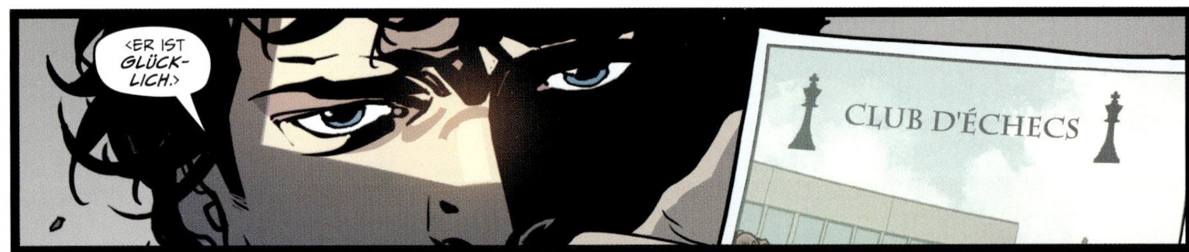

<ER IST **GLÜCK-LICH.**>
CLUB D'ÉCHECS

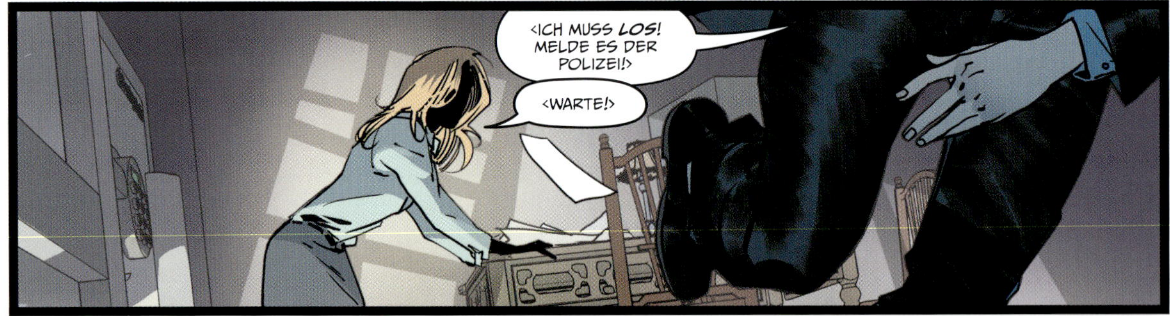

<ICH MUSS **LOS!** MELDE ES DER POLIZEI!>
<WARTE!>

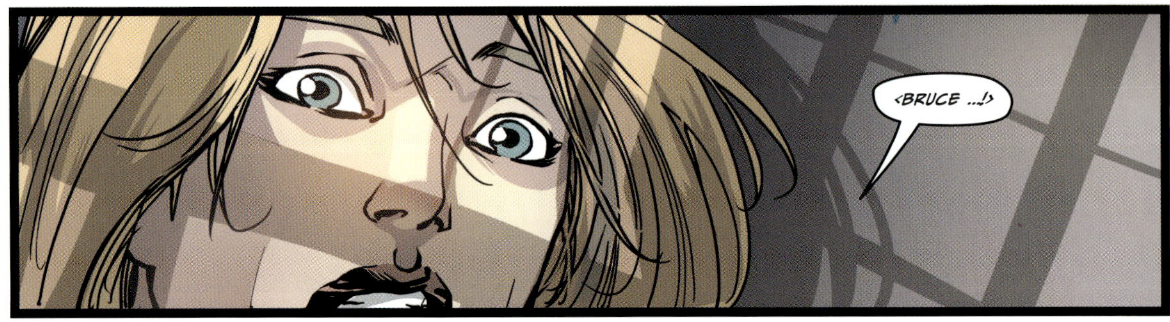

<**BRUCE ...!**>

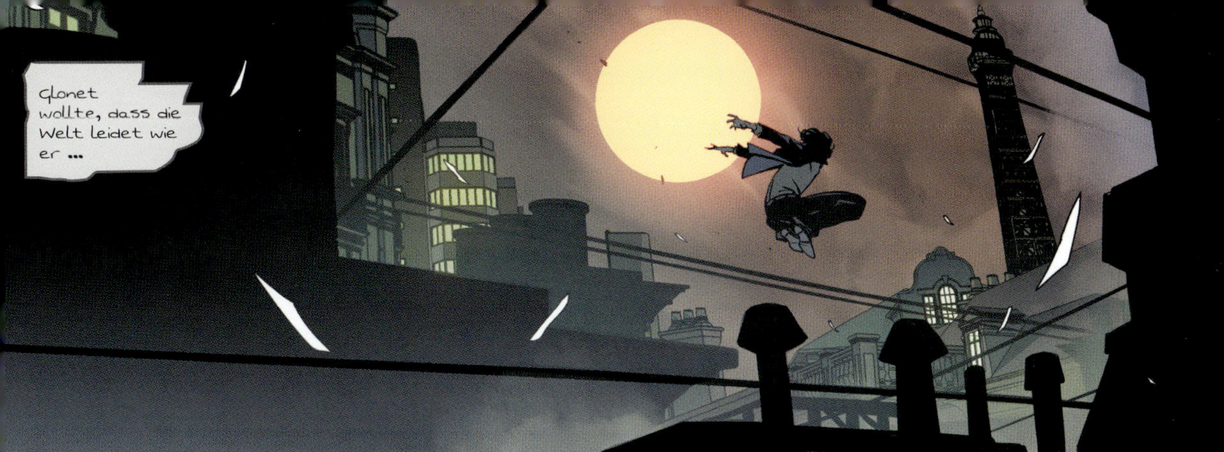
Glonet wollte, dass die Welt leidet wie er ...

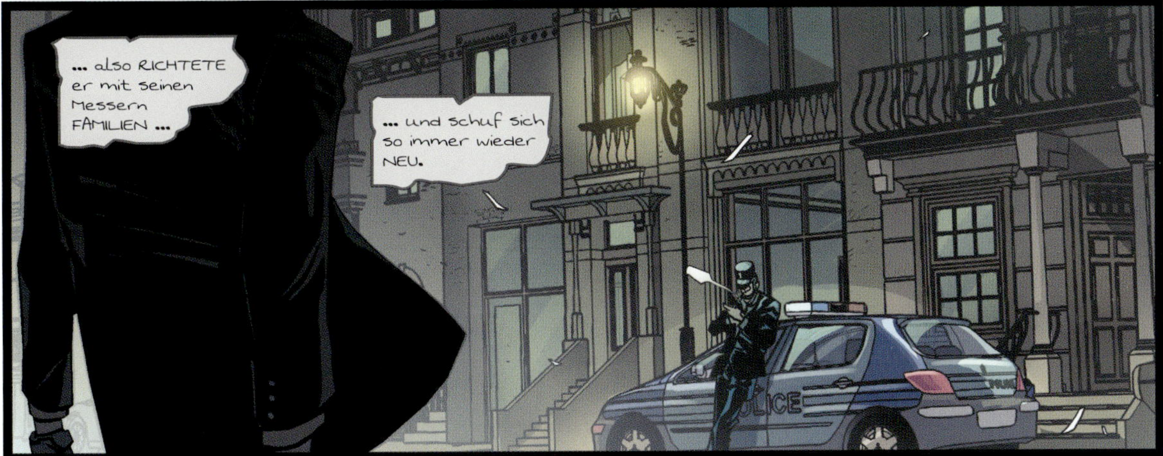
... also RICHTETE er mit seinen Messern FAMILIEN ...
... und schuf sich so immer wieder NEU.
POLICE

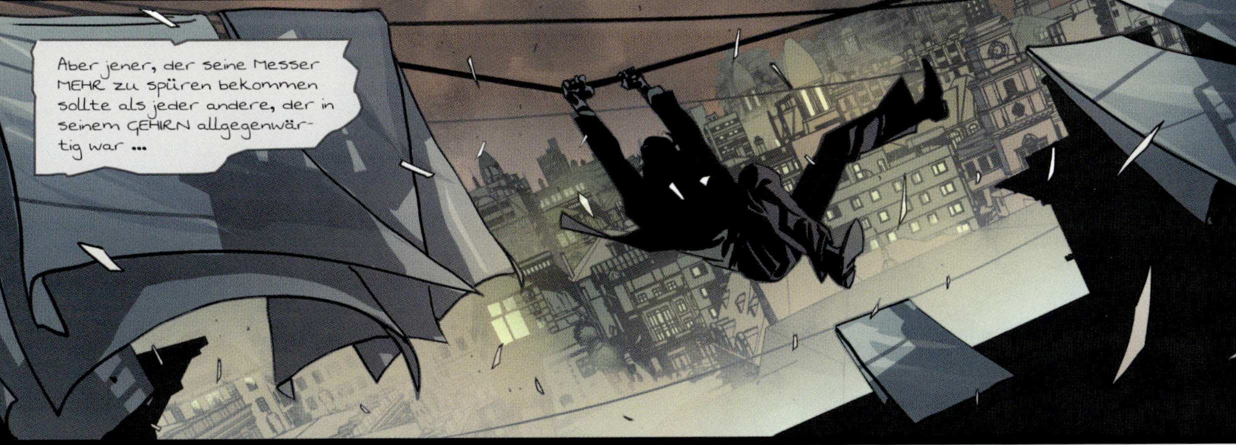
Aber jener, der seine Messer MEHR zu spüren bekommen sollte als jeder andere, der in seinem GEHIRN allgegenwärtig war ...

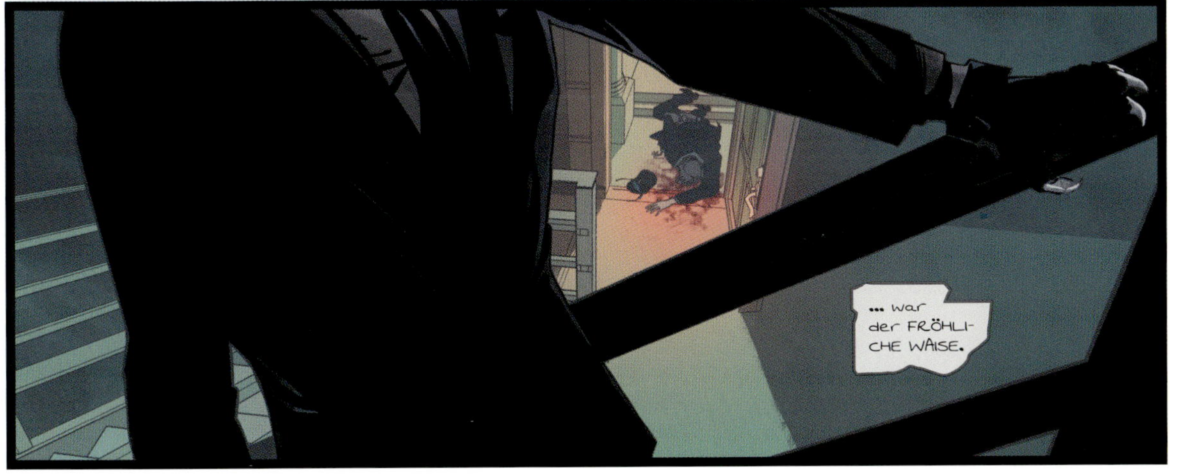
... war der FRÖHLICHE WAISE.

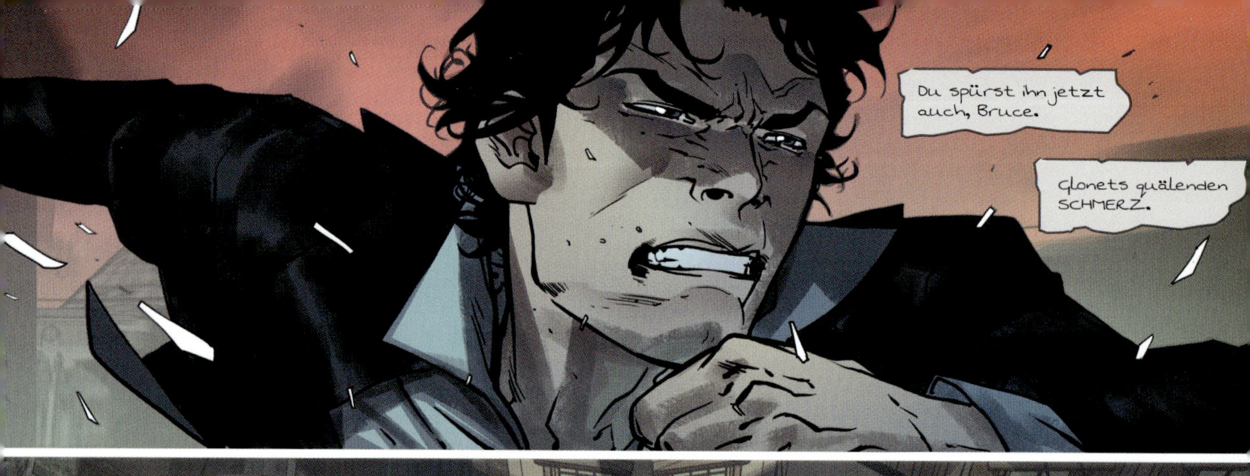
Du spürst ihn jetzt auch, Bruce.
Glonets quälenden SCHMERZ.

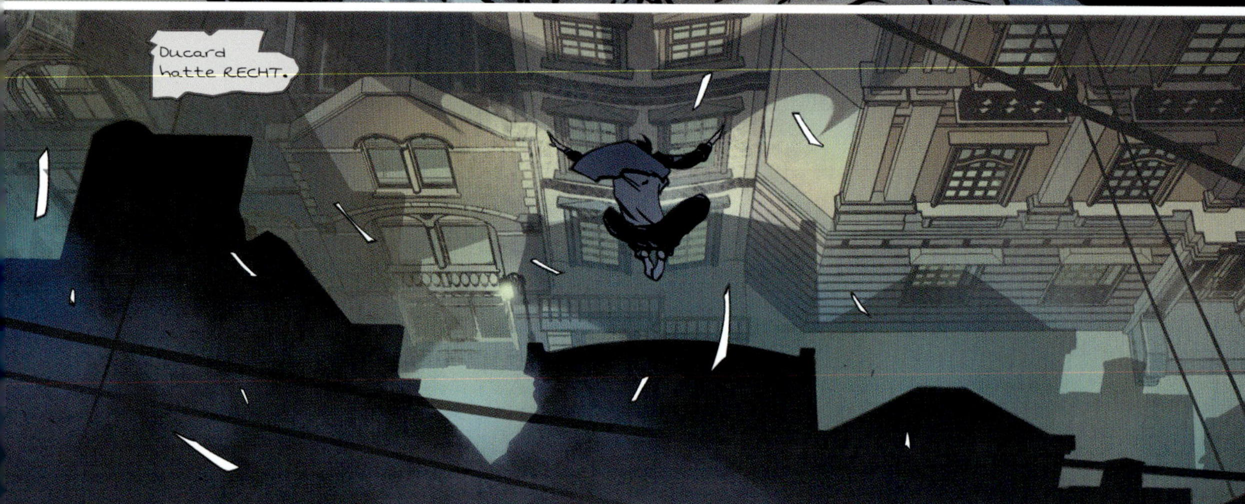
Ducard hatte RECHT.

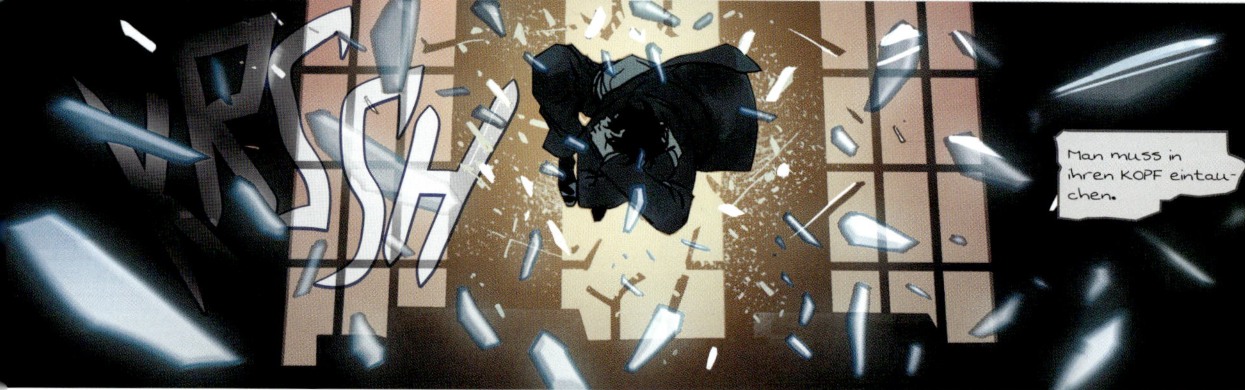
VRSSH
Man muss in ihren KOPF eintau-chen.

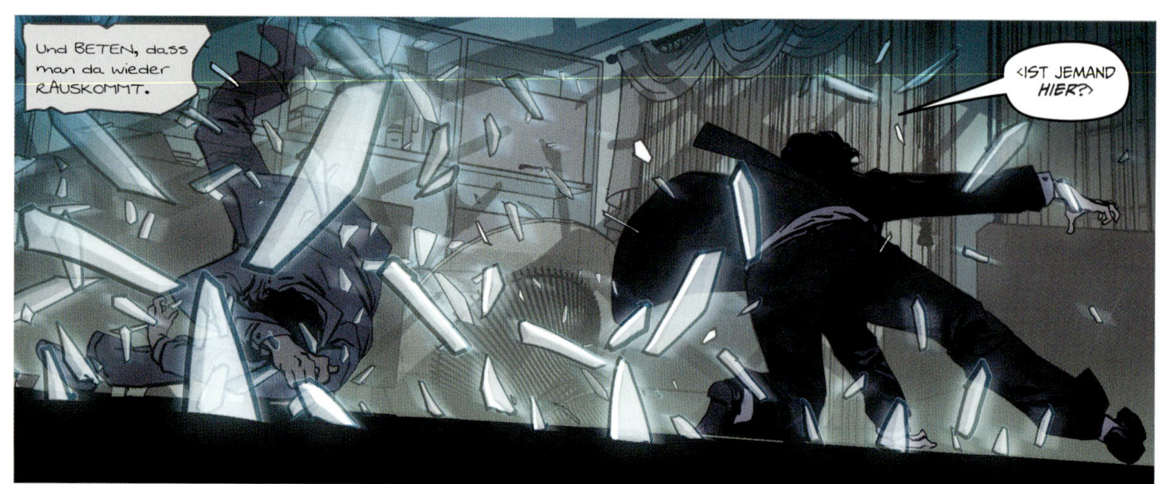
Und BETEN, dass man da wieder RAUSKOMMT.
<IST JEMAND HIER?>

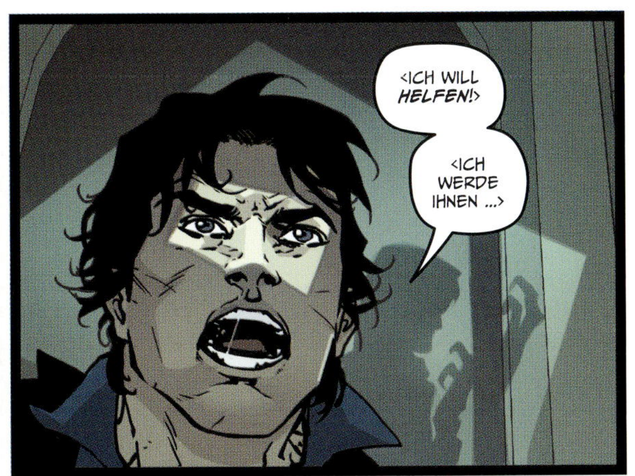
<ICH WILL *HELFEN!*>
<ICH WERDE IHNEN ...>

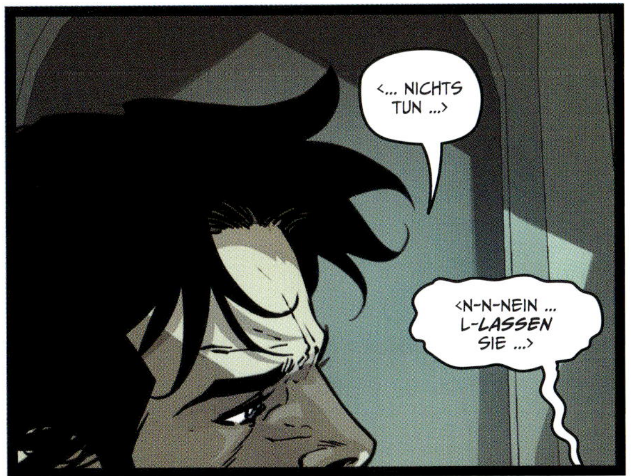
<... NICHTS TUN ...>
<N-N-NEIN ... L-*LASSEN* SIE ...>

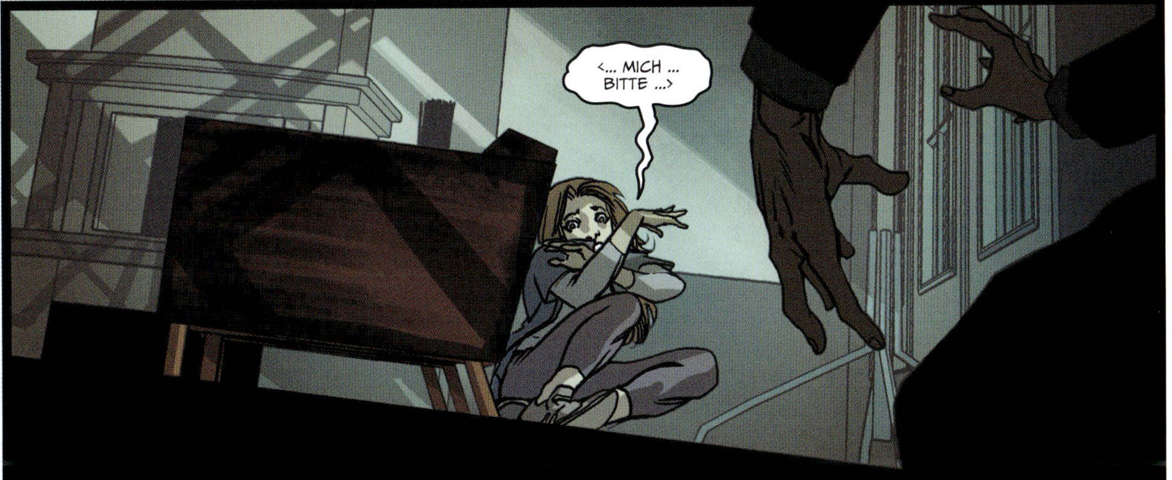
<... MICH ... BITTE ...>

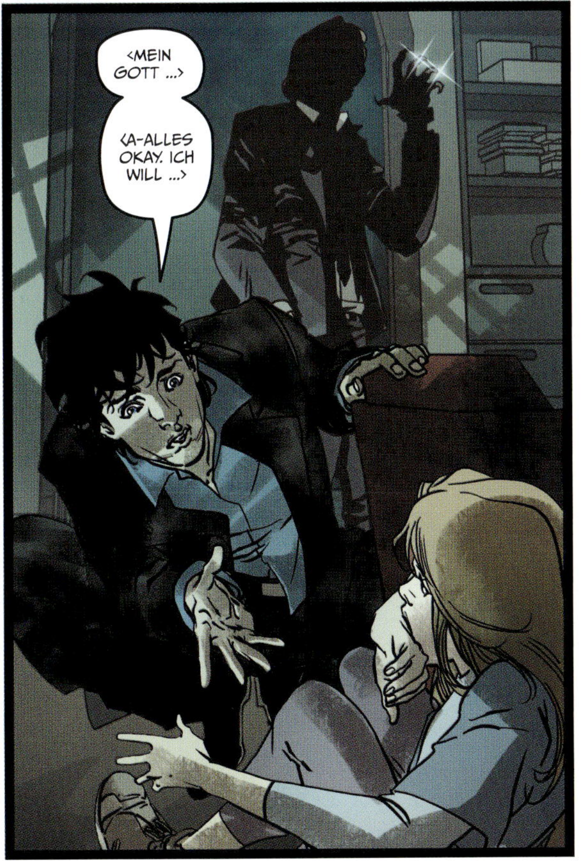
<MEIN GOTT ...>
<A-ALLES OKAY. ICH WILL ...>

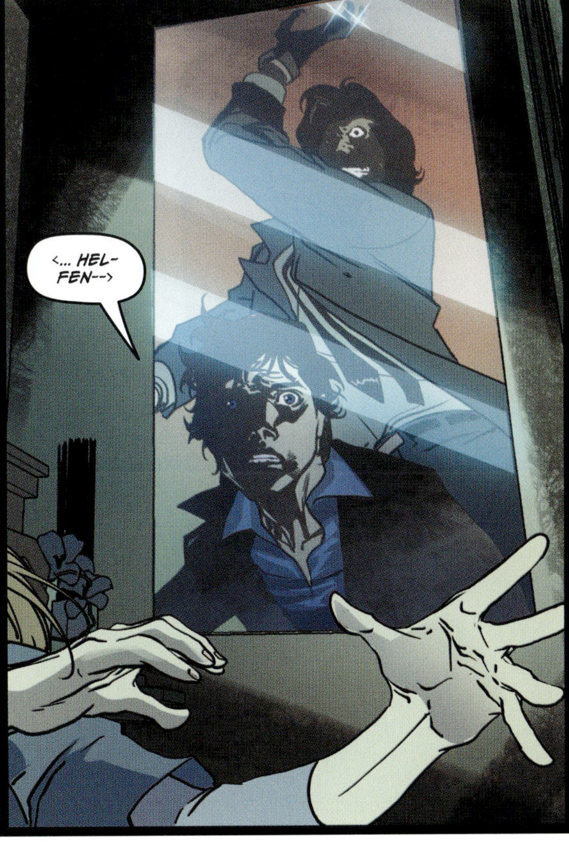
<... *HEL-FEN--*>

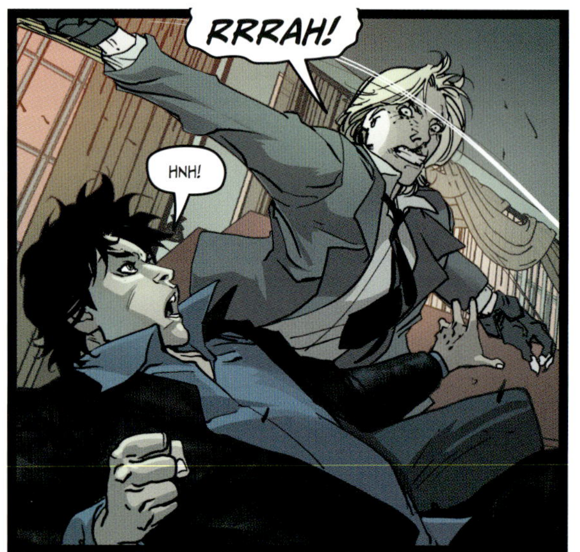
RRRAH!
HNH!
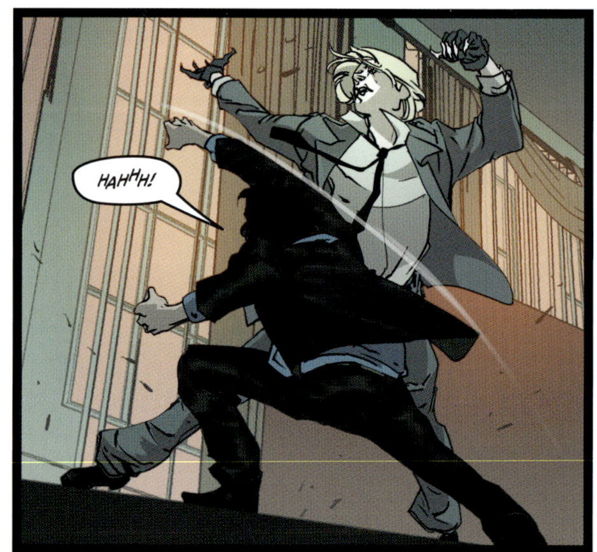
HAHHH!
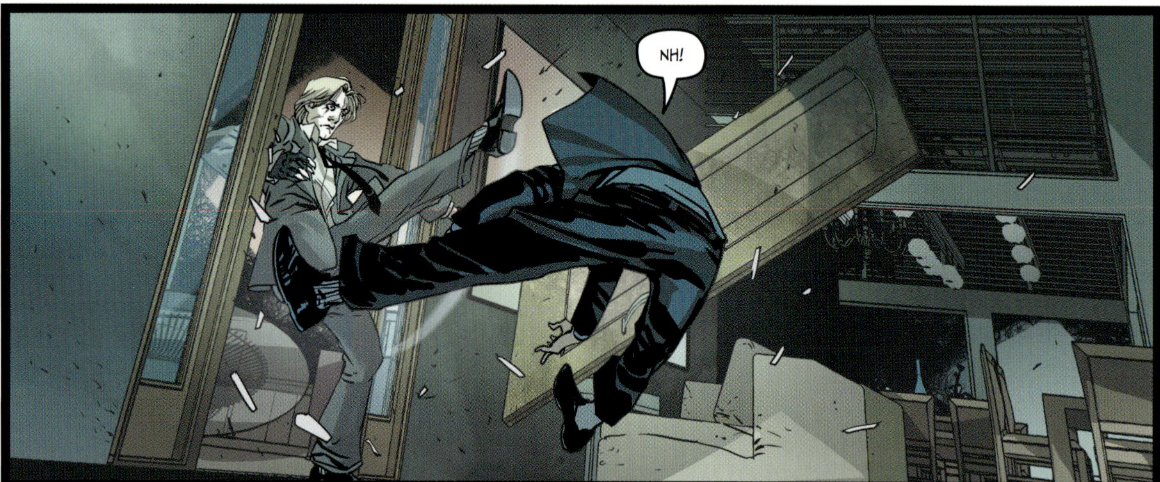
NH!
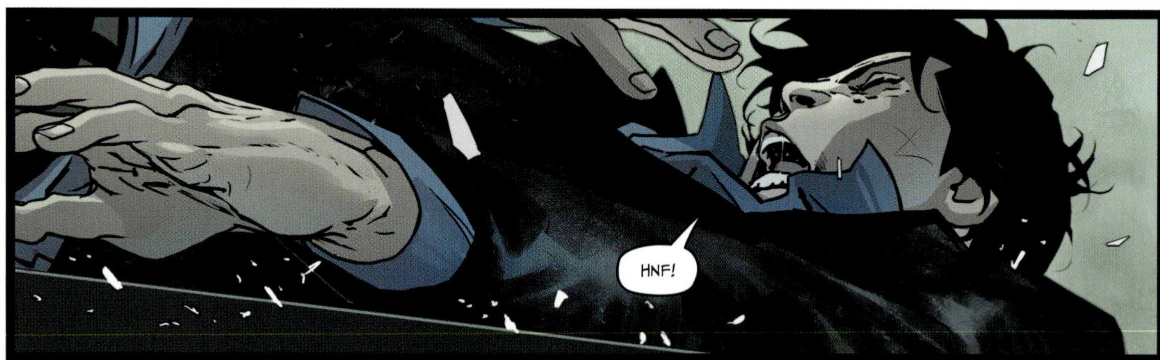
HNF!
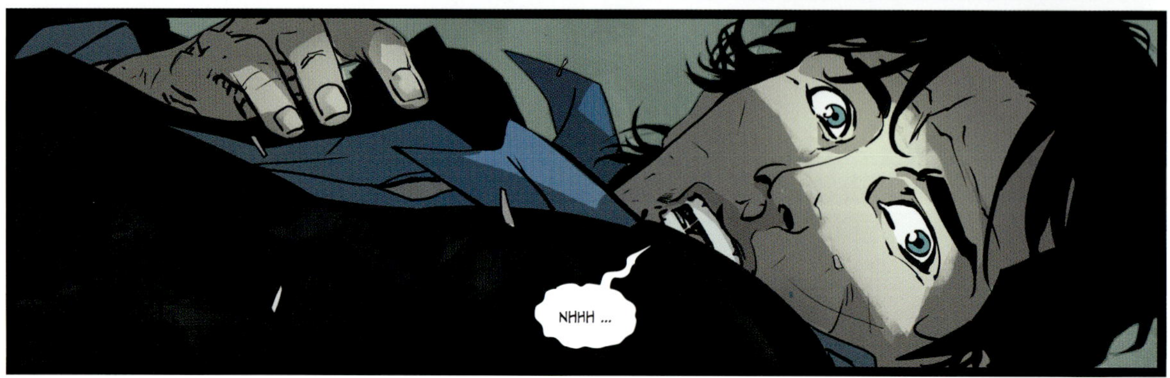
NHHH ...

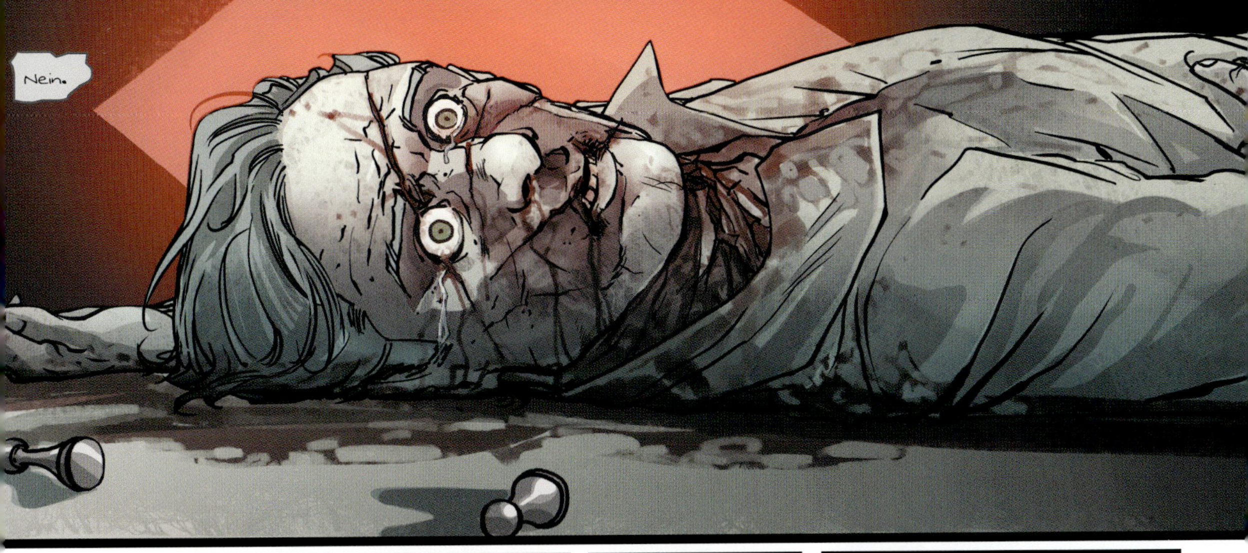
Nein.

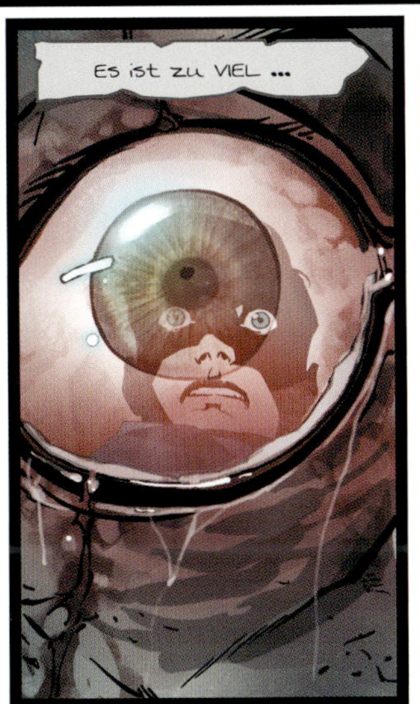
Es ist zu VIEL ...

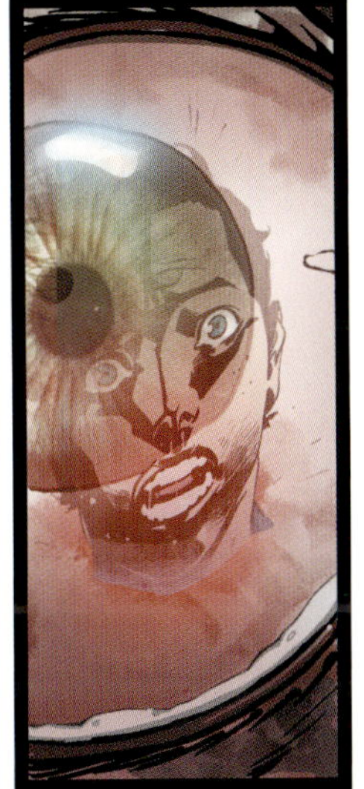

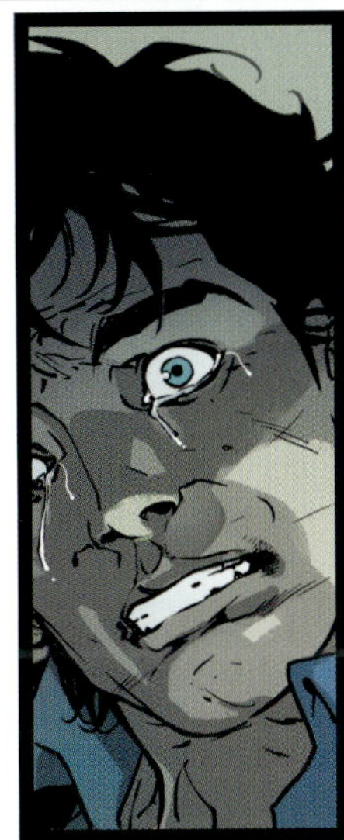

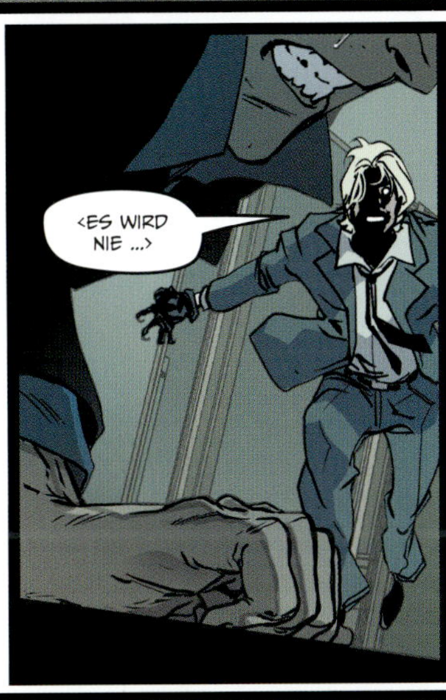
<ES WIRD NIE ...>

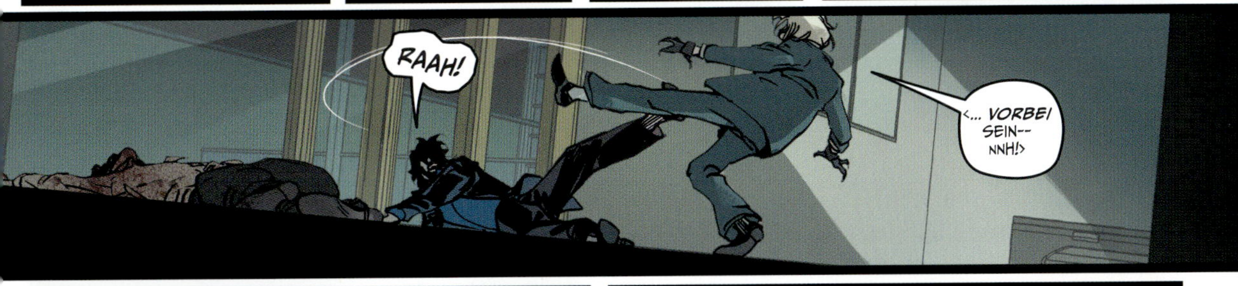
RAAH!
<... VORBEI SEIN-- NNH!>

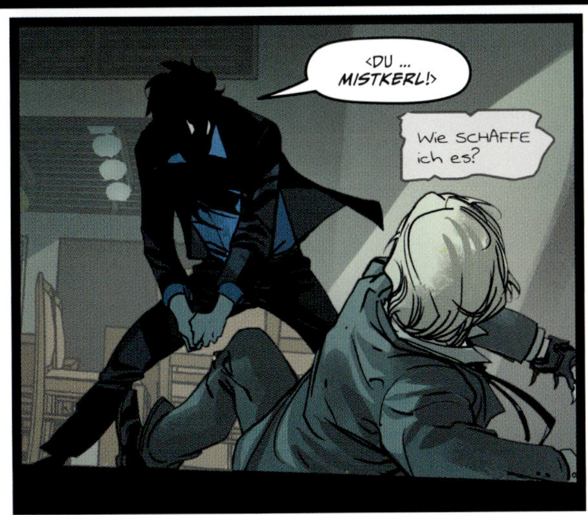
<DU ... MISTKERL!>
Wie SCHAFFE ich es?

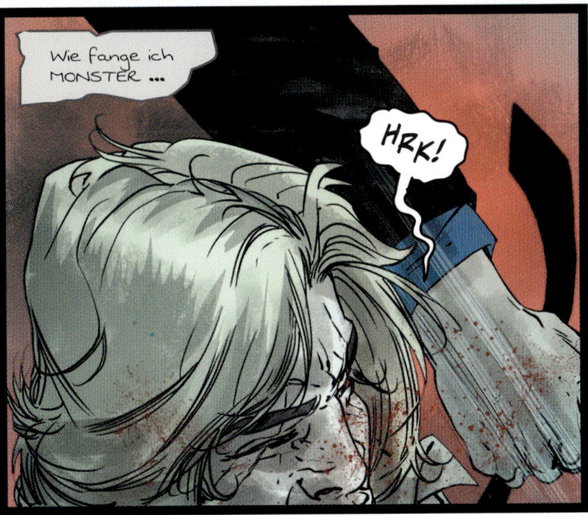
Wie fange ich MONSTER ...
HRK!

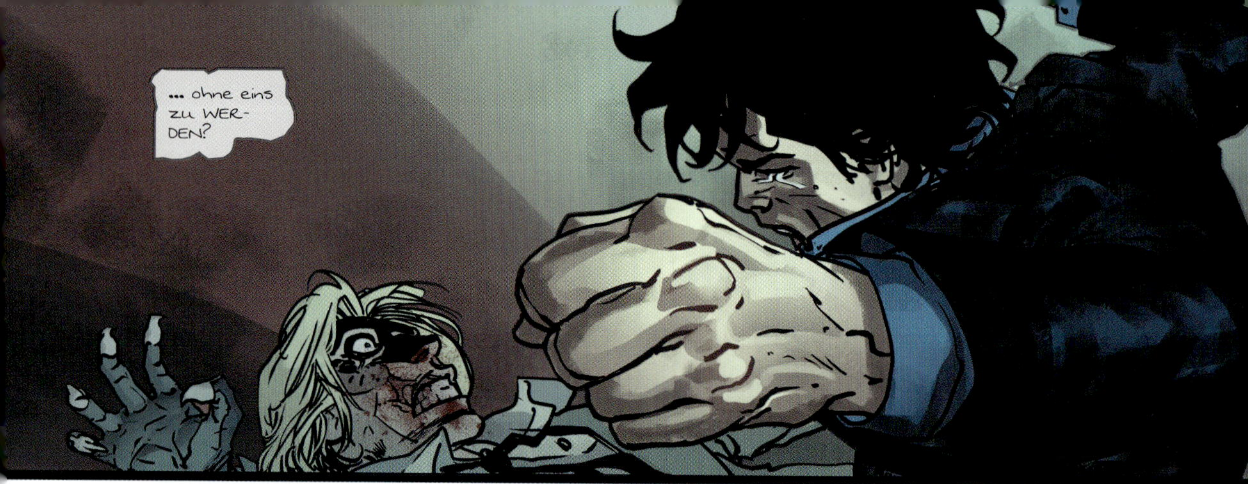
... ohne eins zu WERDEN?

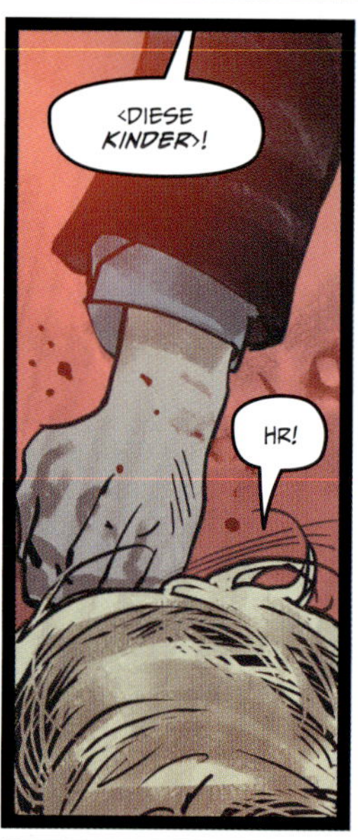
<DIESE KINDER>!
HR!

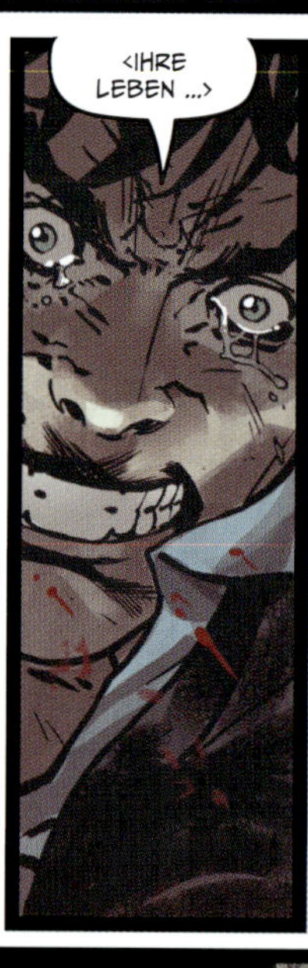
<IHRE LEBEN ...>

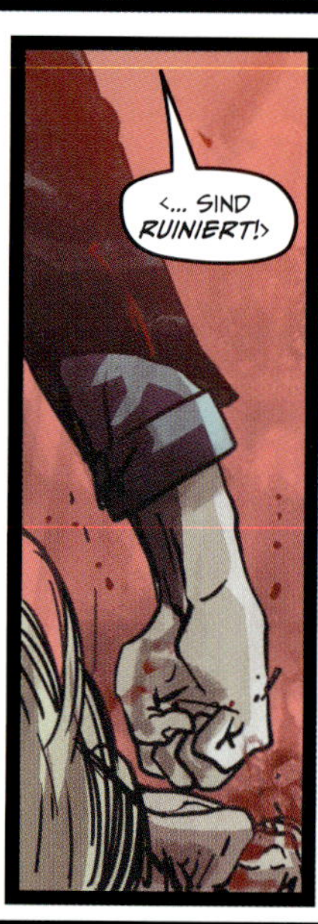
<... SIND RUINIERT!>

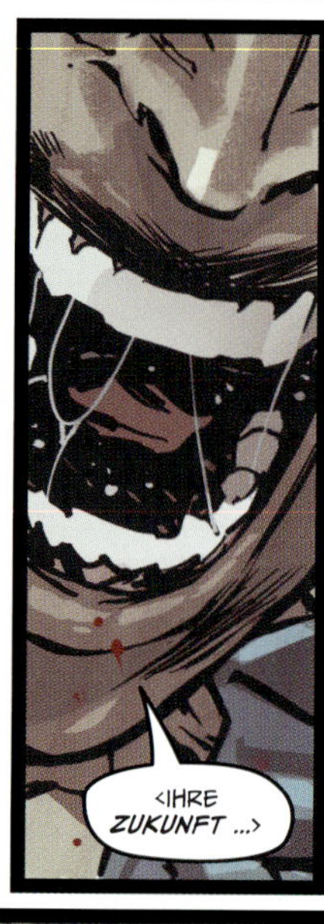
<IHRE ZUKUNFT ...>

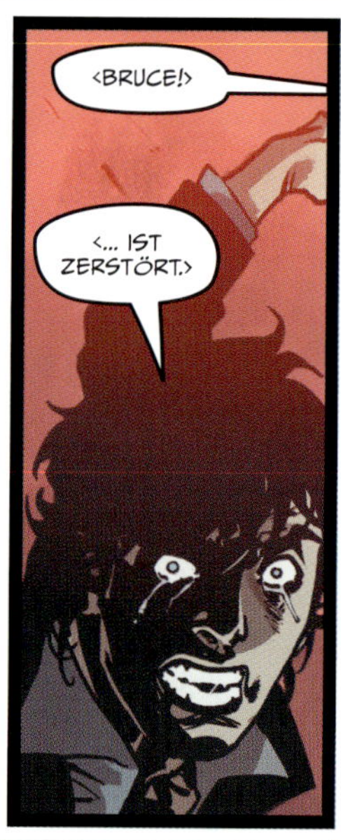
<BRUCE!>
<... IST ZERSTÖRT.>

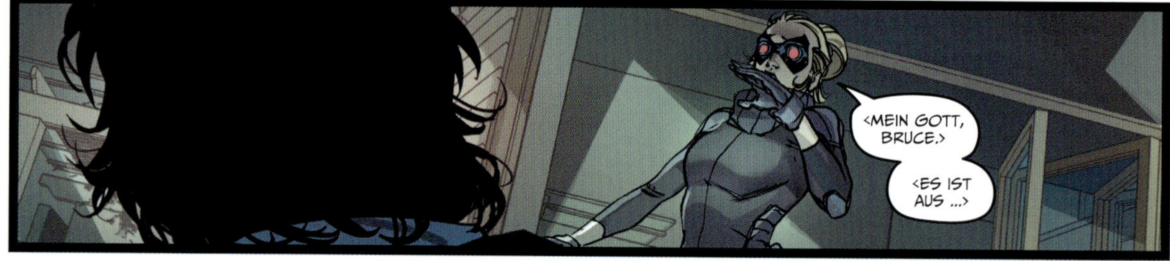
<MEIN GOTT, BRUCE.>
<ES IST AUS ...>

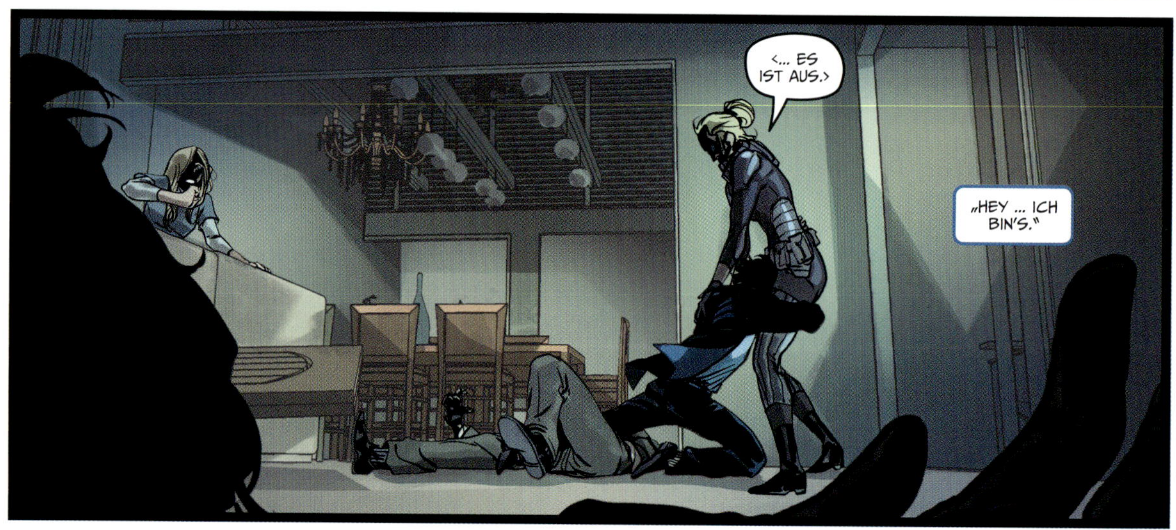
<... ES IST AUS.>
„HEY ... ICH BIN'S."

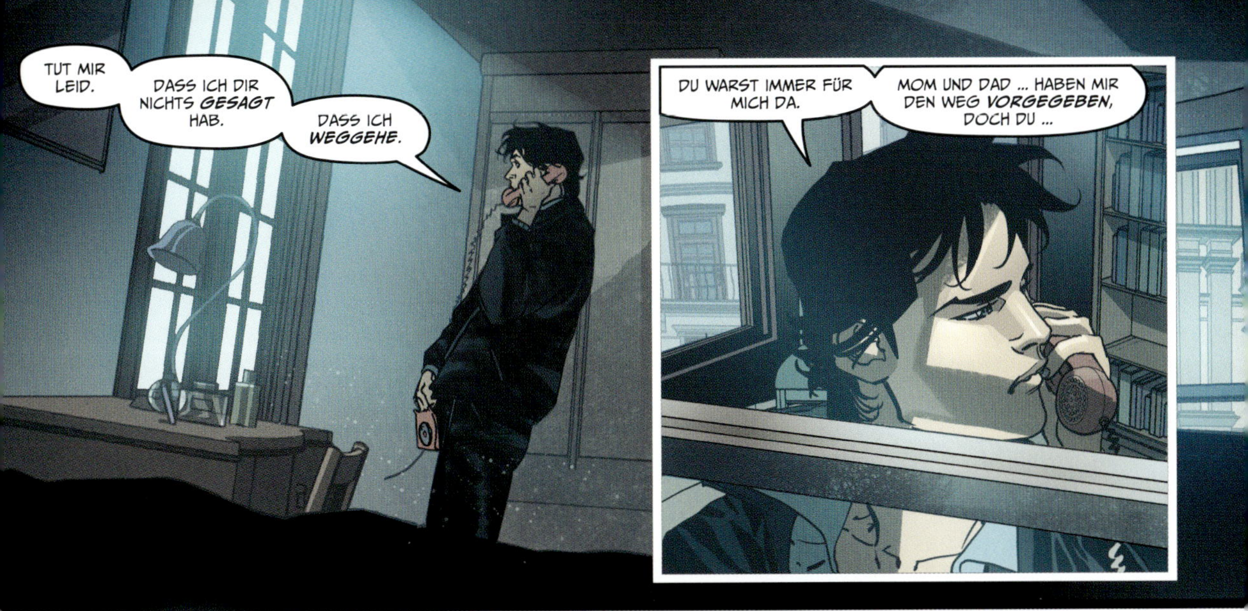
TUT MIR LEID.
DASS ICH DIR NICHTS GESAGT HAB.
DASS ICH WEGGEHE.
DU WARST IMMER FÜR MICH DA.
MOM UND DAD ... HABEN MIR DEN WEG VORGEGEBEN, DOCH DU ...

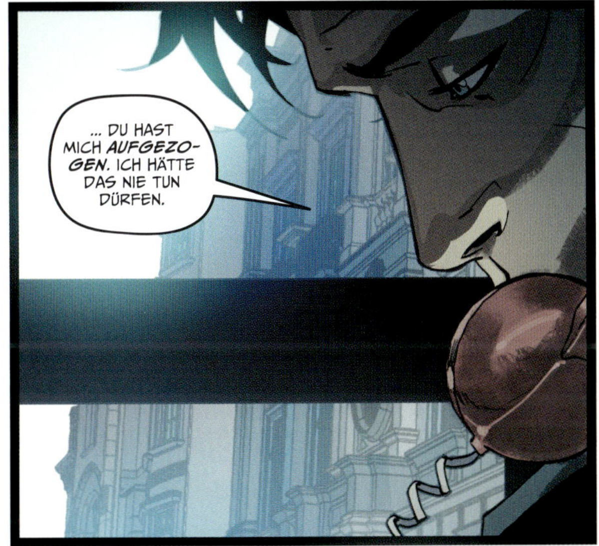
... DU HAST MICH AUFGEZOGEN. ICH HÄTTE DAS NIE TUN DÜRFEN.

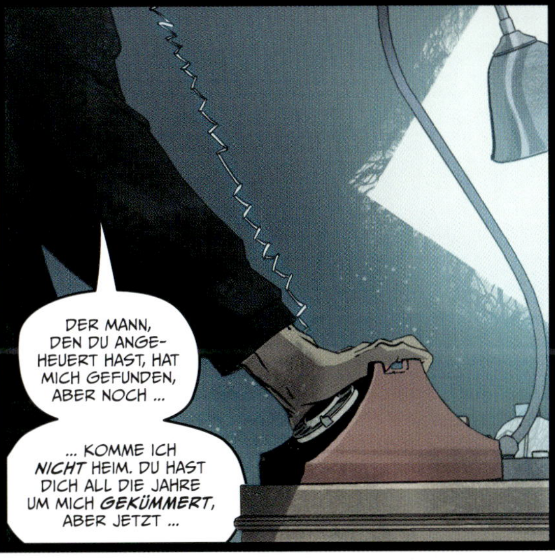
DER MANN, DEN DU ANGEHEUERT HAST, HAT MICH GEFUNDEN, ABER NOCH ...
... KOMME ICH NICHT HEIM. DU HAST DICH ALL DIE JAHRE UM MICH GEKÜMMERT, ABER JETZT ...

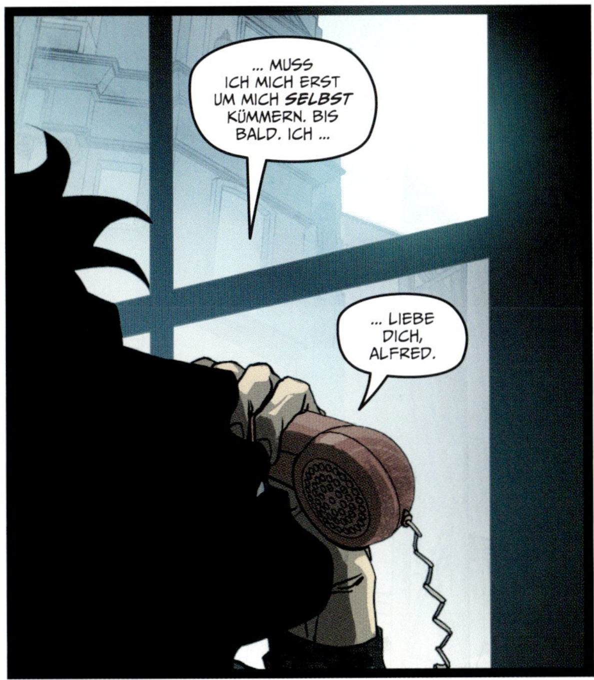
... MUSS ICH MICH ERST UM MICH SELBST KÜMMERN. BIS BALD. ICH ...
... LIEBE DICH, ALFRED.

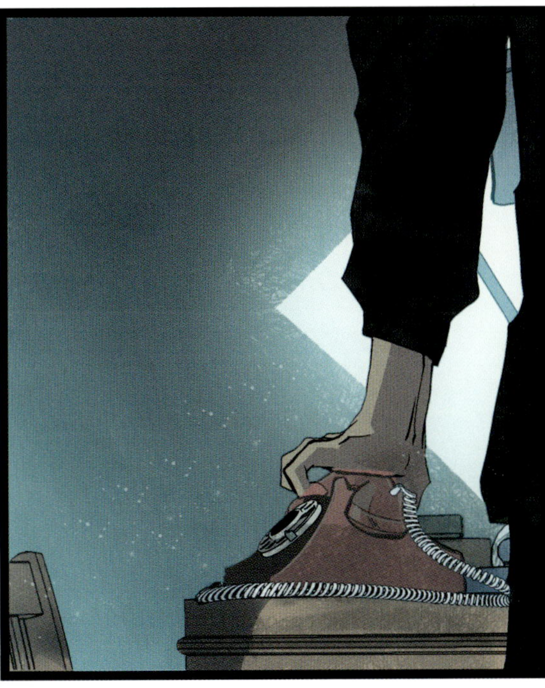

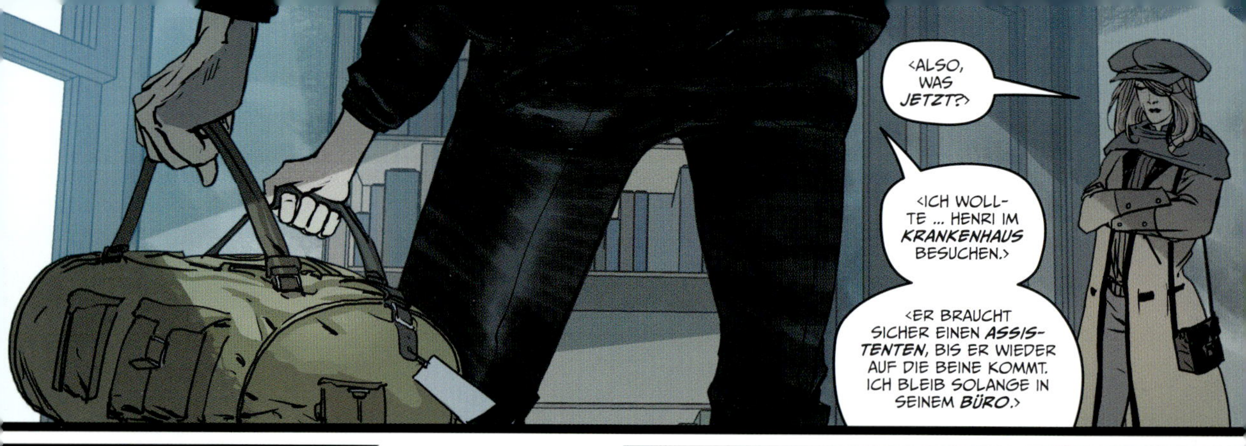

<ALSO, WAS *JETZT*?>
<ICH WOLLTE ... HENRI IM *KRANKENHAUS* BESUCHEN.>
<ER BRAUCHT SICHER EINEN *ASSISTENTEN*, BIS ER WIEDER AUF DIE BEINE KOMMT. ICH BLEIB SOLANGE IN SEINEM *BÜRO*.>

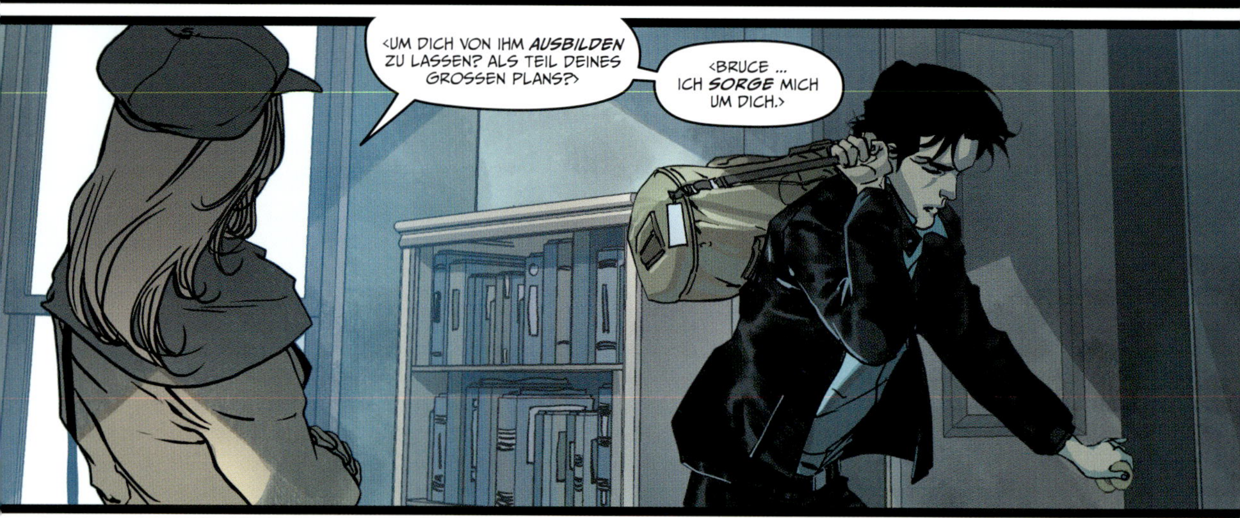

<UM DICH VON IHM *AUSBILDEN* ZU LASSEN? ALS TEIL DEINES GROSSEN PLANS?>
<BRUCE ... ICH *SORGE* MICH UM DICH.>

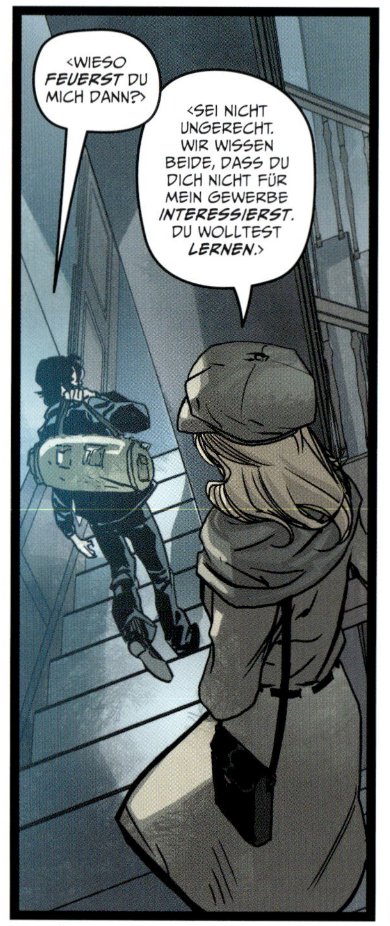

<WIESO *FEUERST* DU MICH DANN?>
<SEI NICHT UNGERECHT. WIR WISSEN BEIDE, DASS DU DICH NICHT FÜR MEIN GEWERBE *INTERESSIERST*. DU WOLLTEST *LERNEN*.>

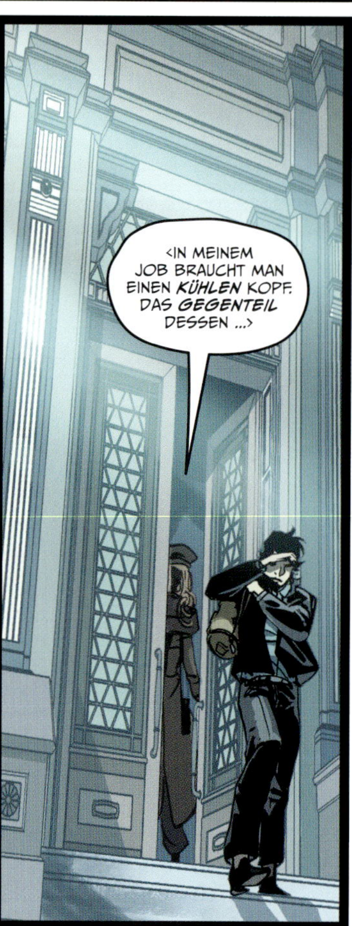

<IN MEINEM JOB BRAUCHT MAN EINEN *KÜHLEN* KOPF. DAS *GEGENTEIL* DESSEN ...>

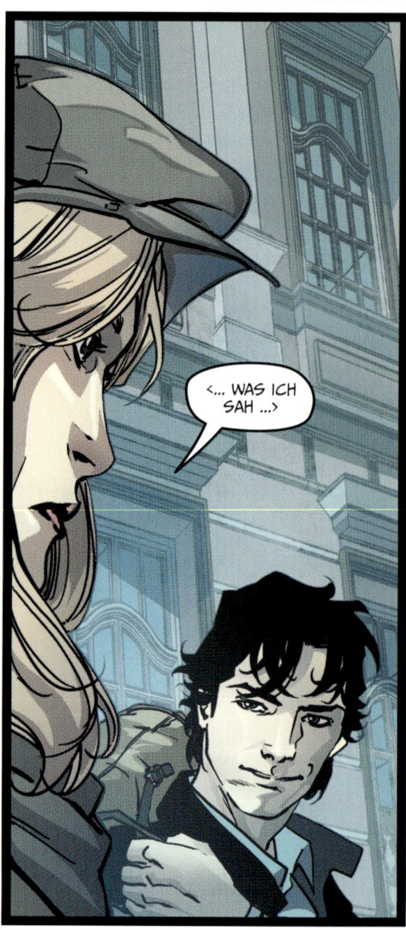

<... WAS ICH SAH ...>

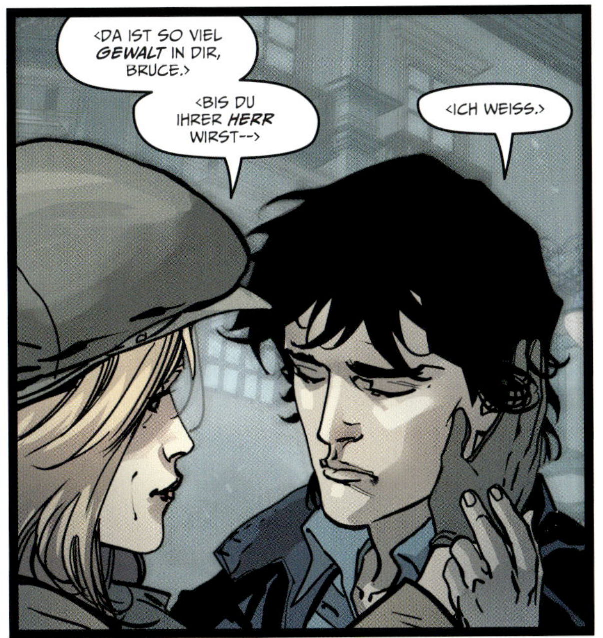
<DA IST SO VIEL **GEWALT** IN DIR, BRUCE.>
<BIS DU IHRER **HERR** WIRST-->
<ICH WEISS.>

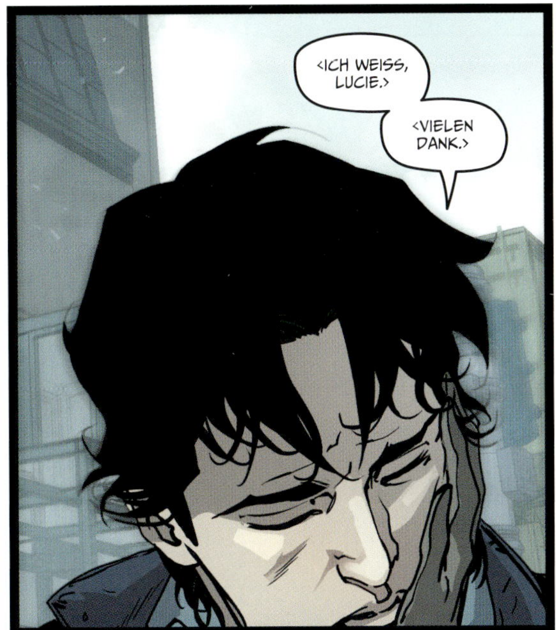
<ICH WEISS, LUCIE.>
<VIELEN DANK.>

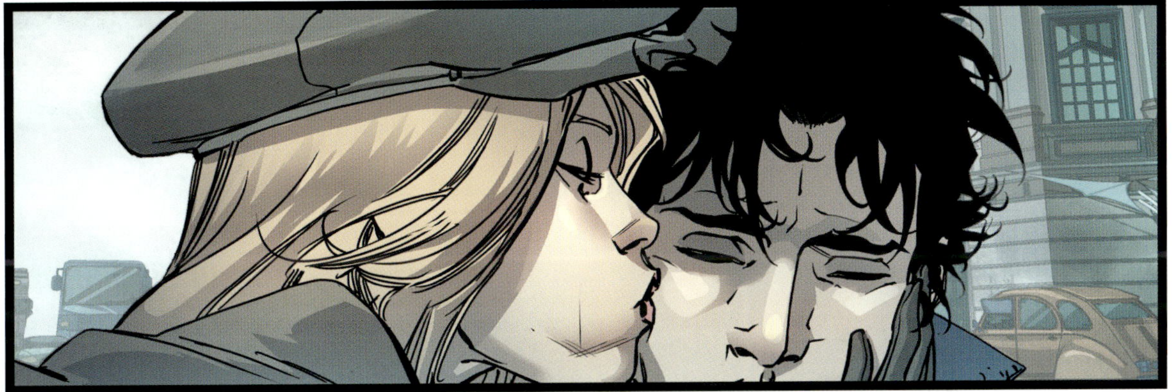

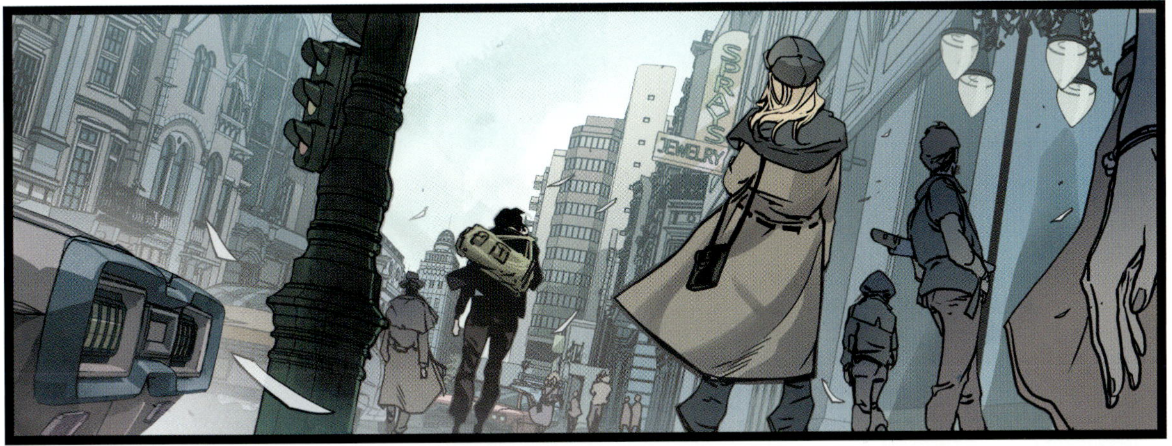
JEWELRY

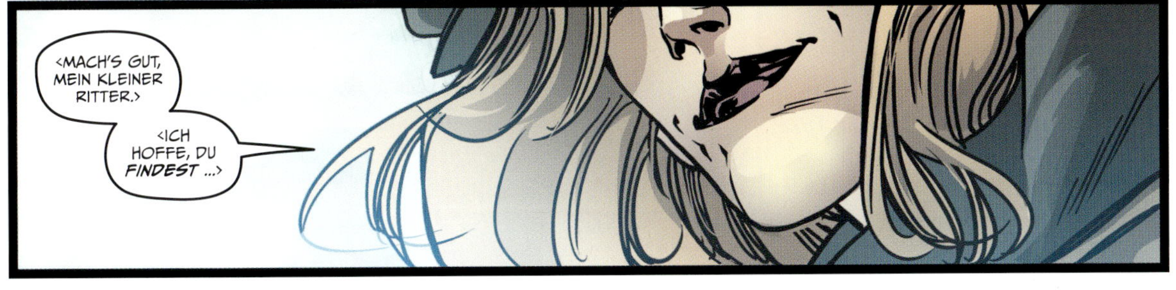
<MACH'S GUT, MEIN KLEINER RITTER.>
<ICH HOFFE, DU **FINDEST** ...>

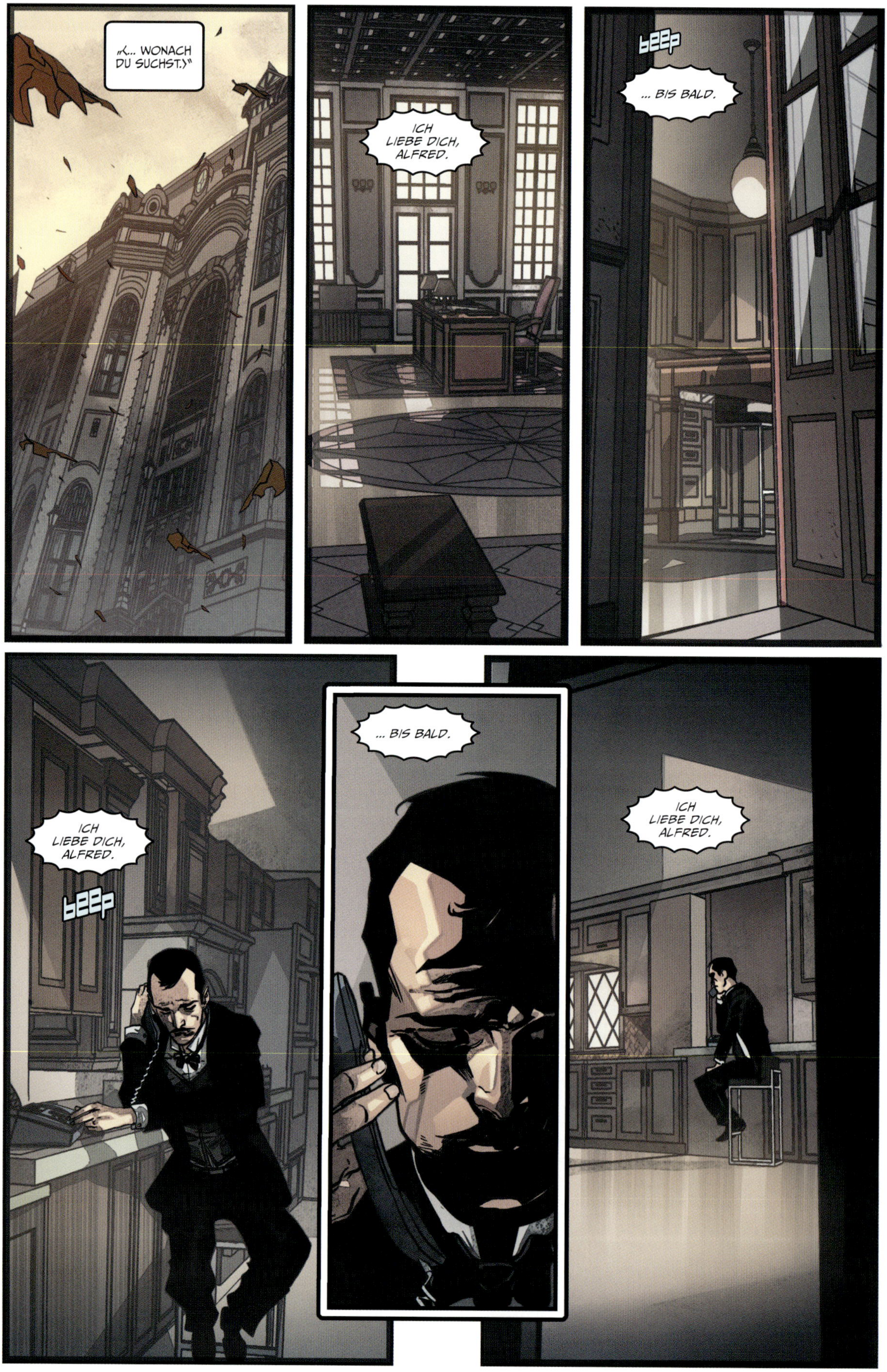

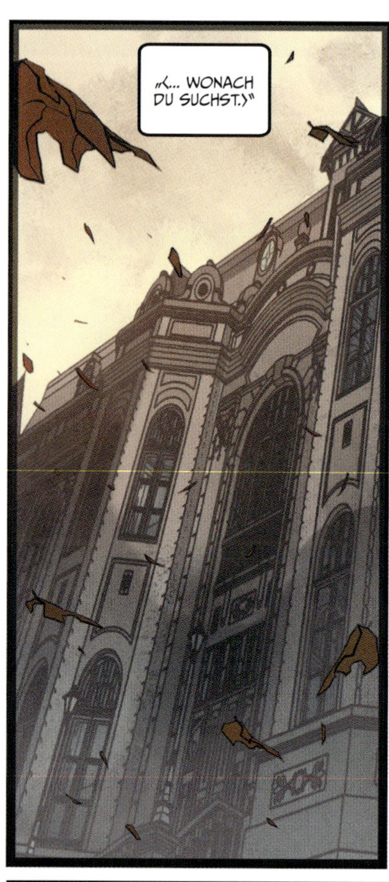

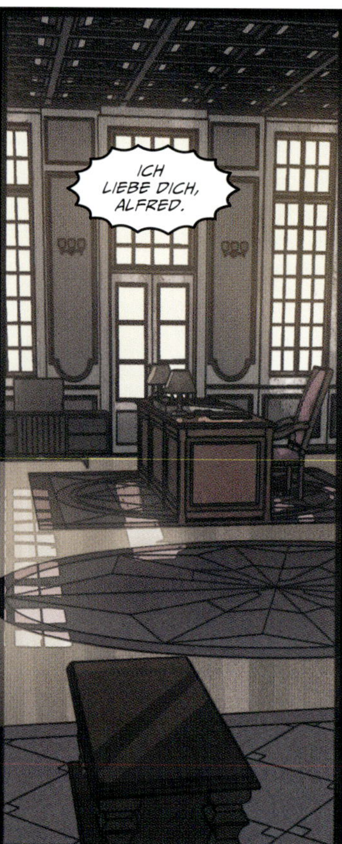

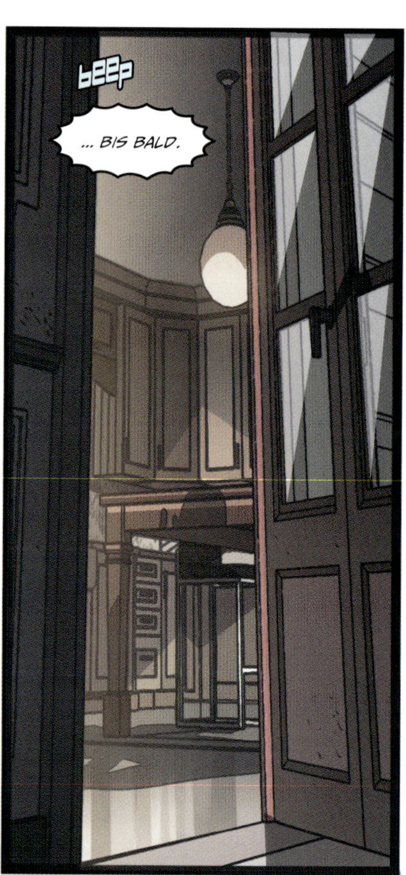

ICH
LIEBE DICH,
ALFRED.

BEEP

... BIS BALD.

ICH
LIEBE DICH,
ALFRED.

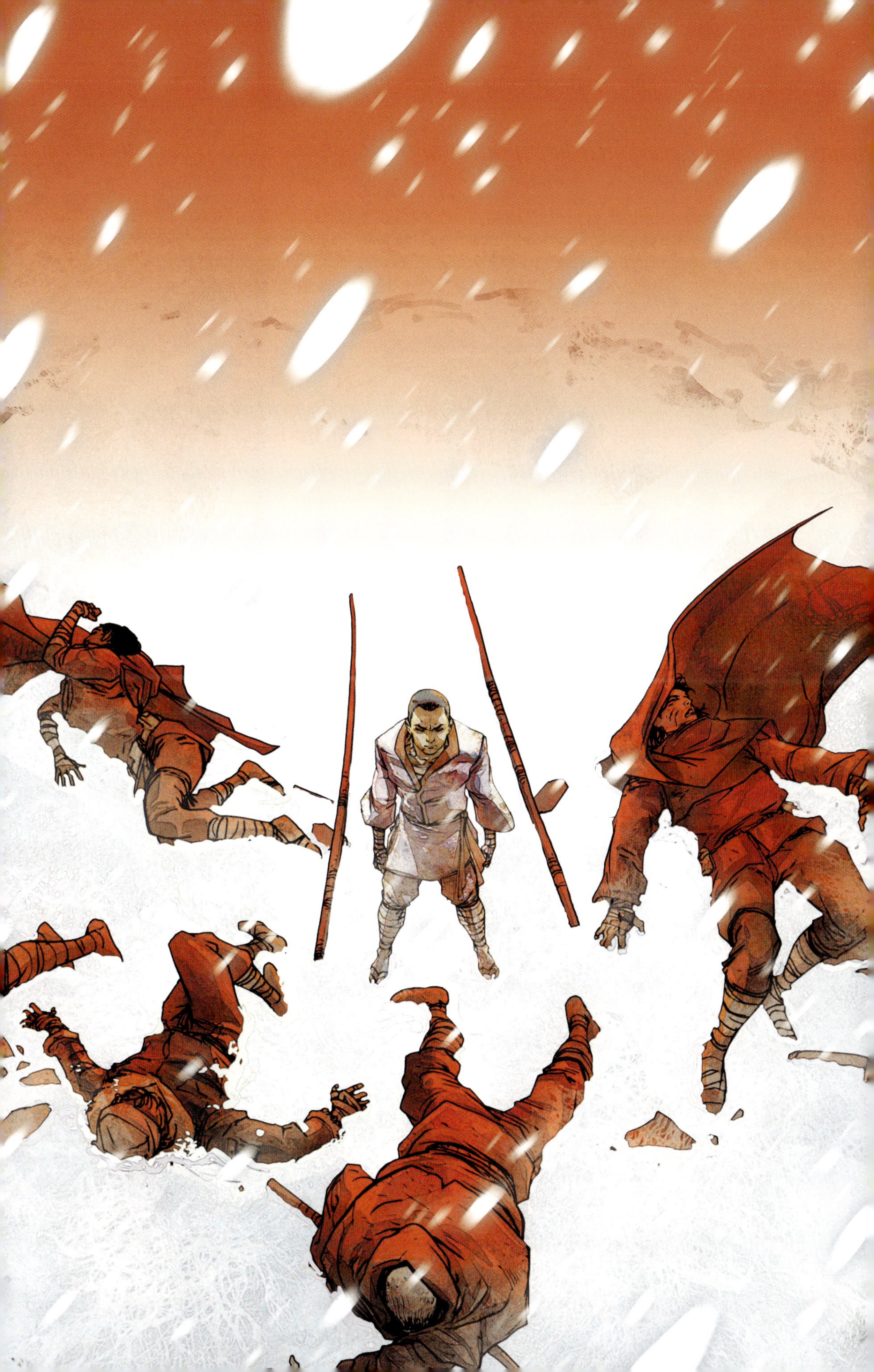

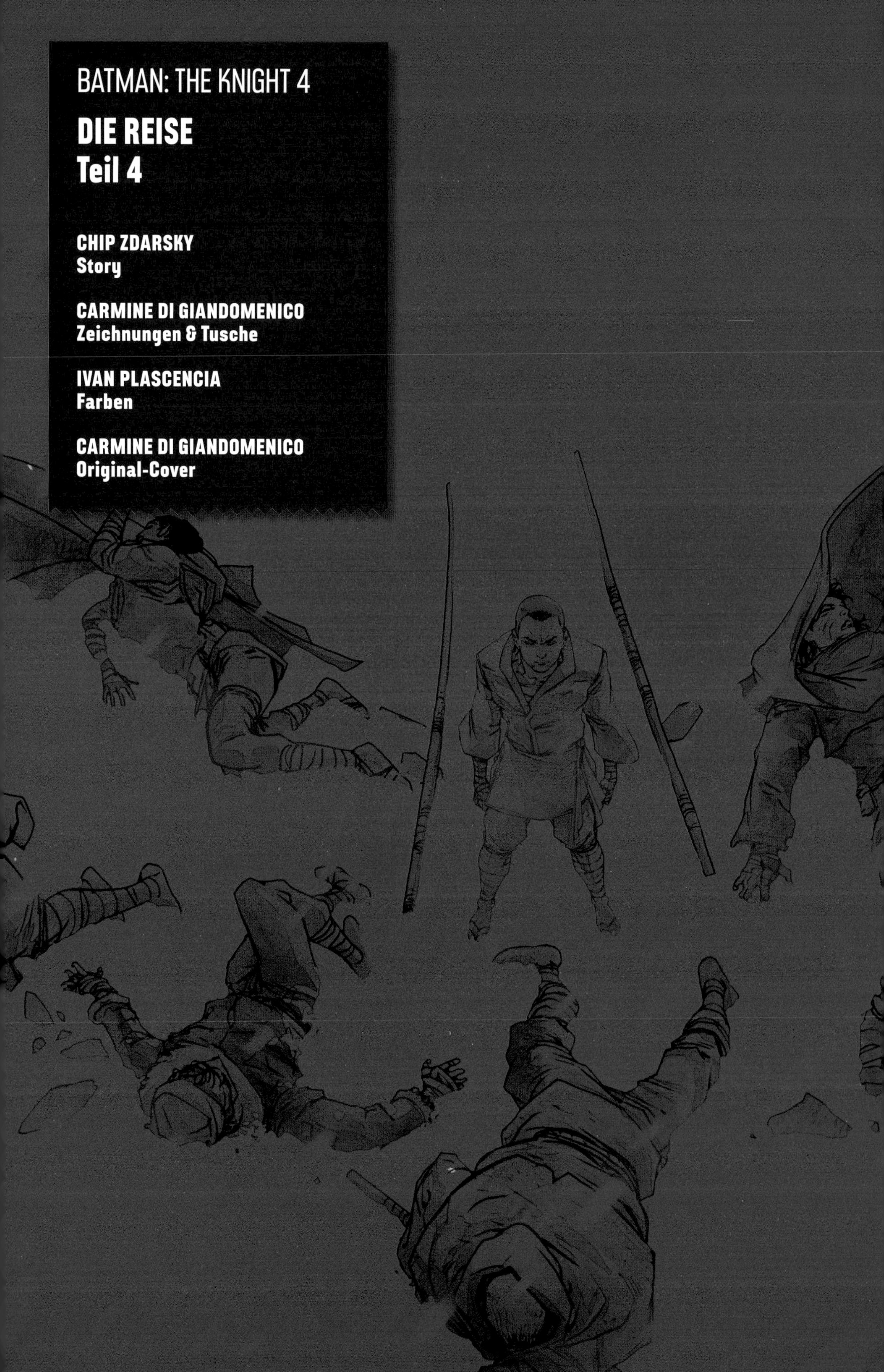
BATMAN: THE KNIGHT 4
DIE REISE
Teil 4
CHIP ZDARSKY
Story
CARMINE DI GIANDOMENICO
Zeichnungen & Tusche
IVAN PLASCENCIA
Farben
CARMINE DI GIANDOMENICO
Original-Cover

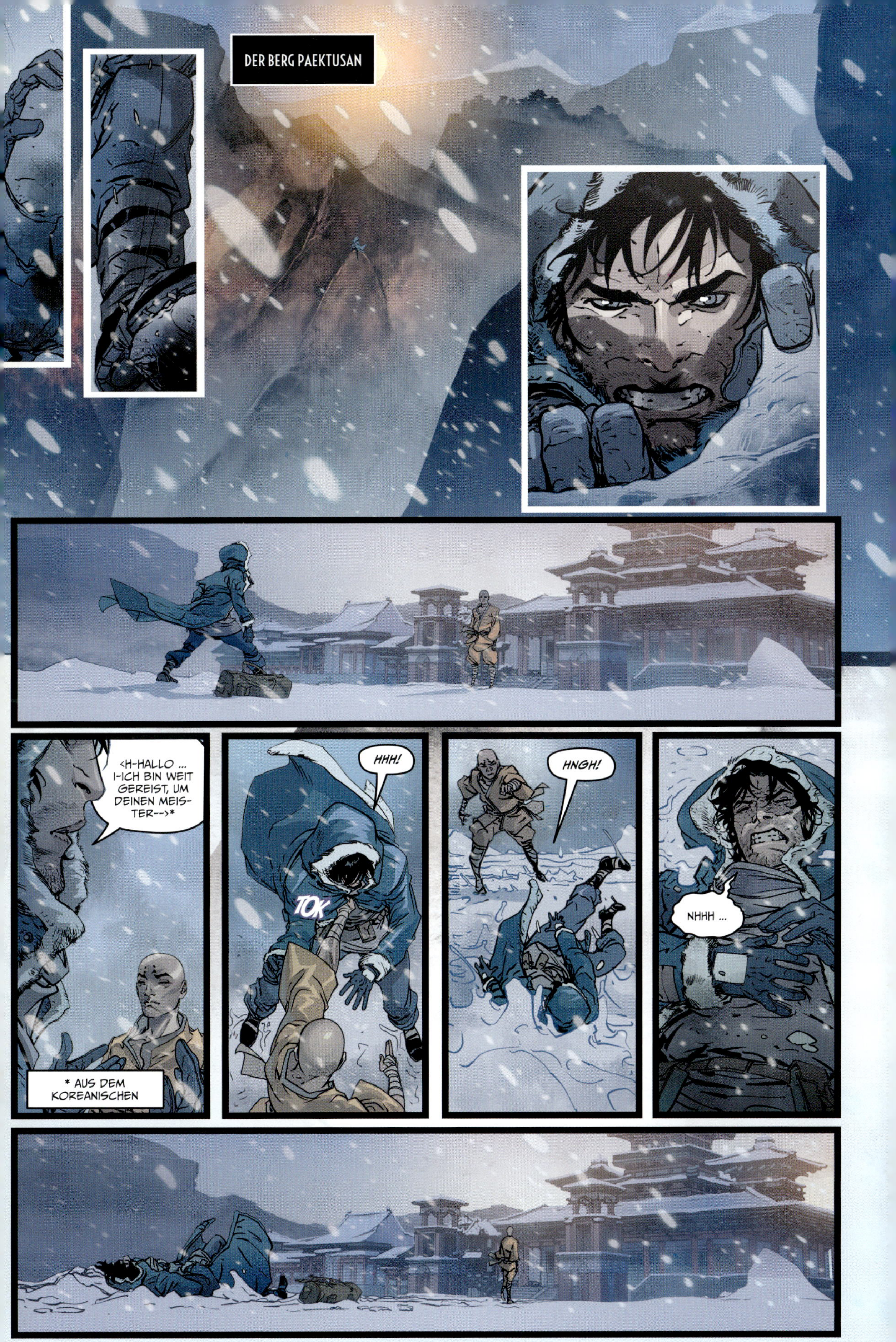

DER BERG PAEKTUSAN

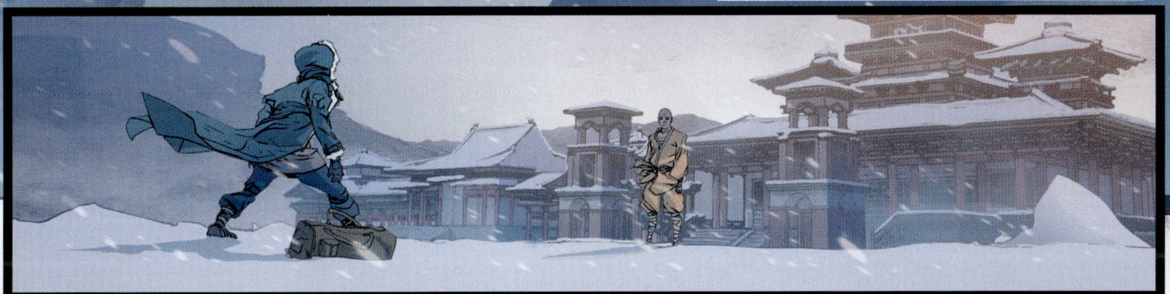

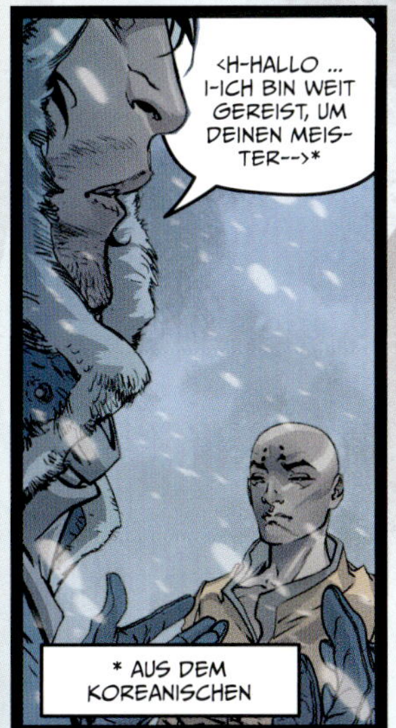

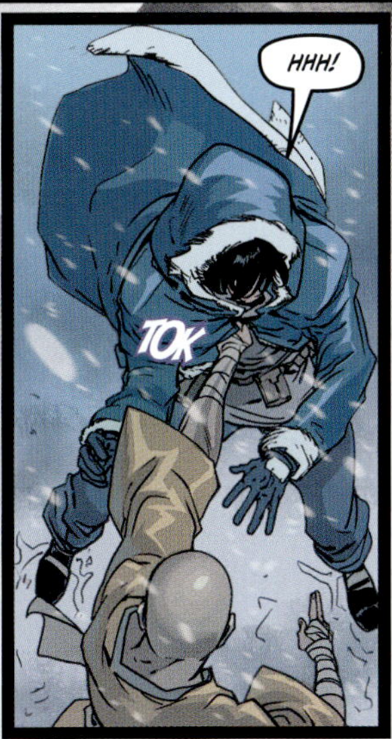

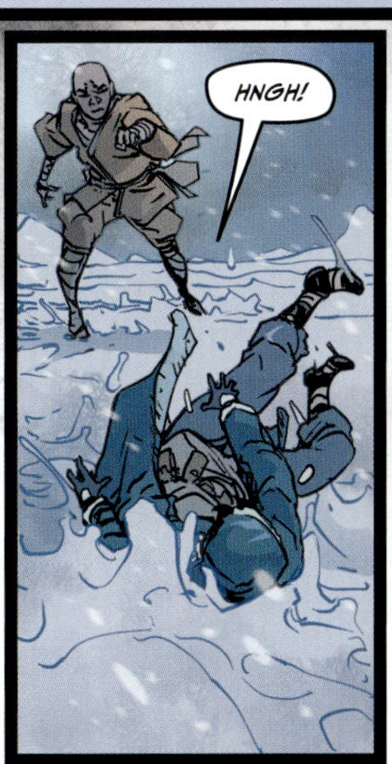

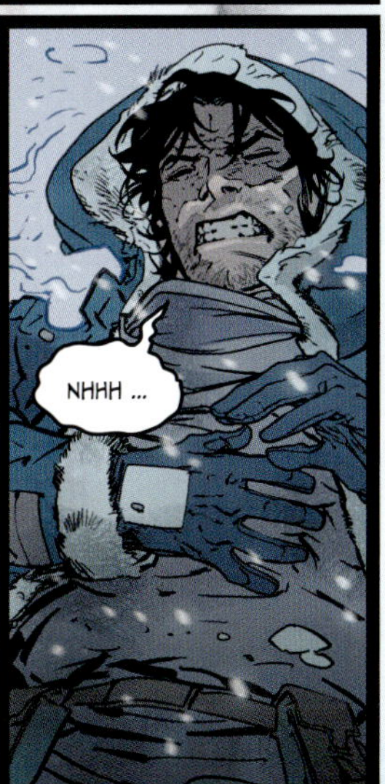

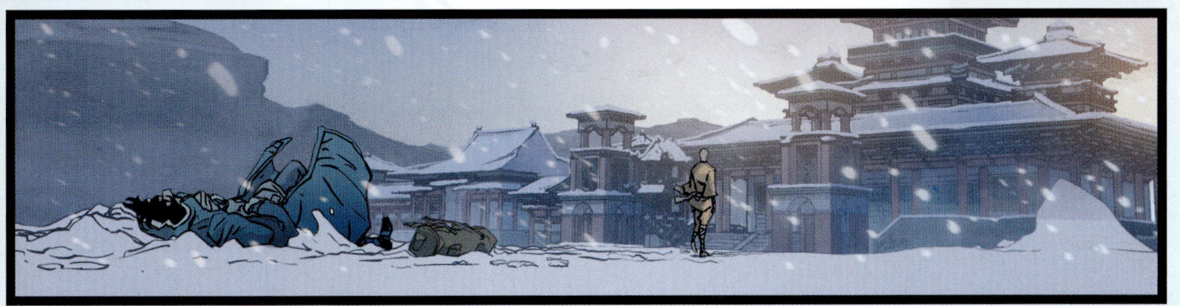

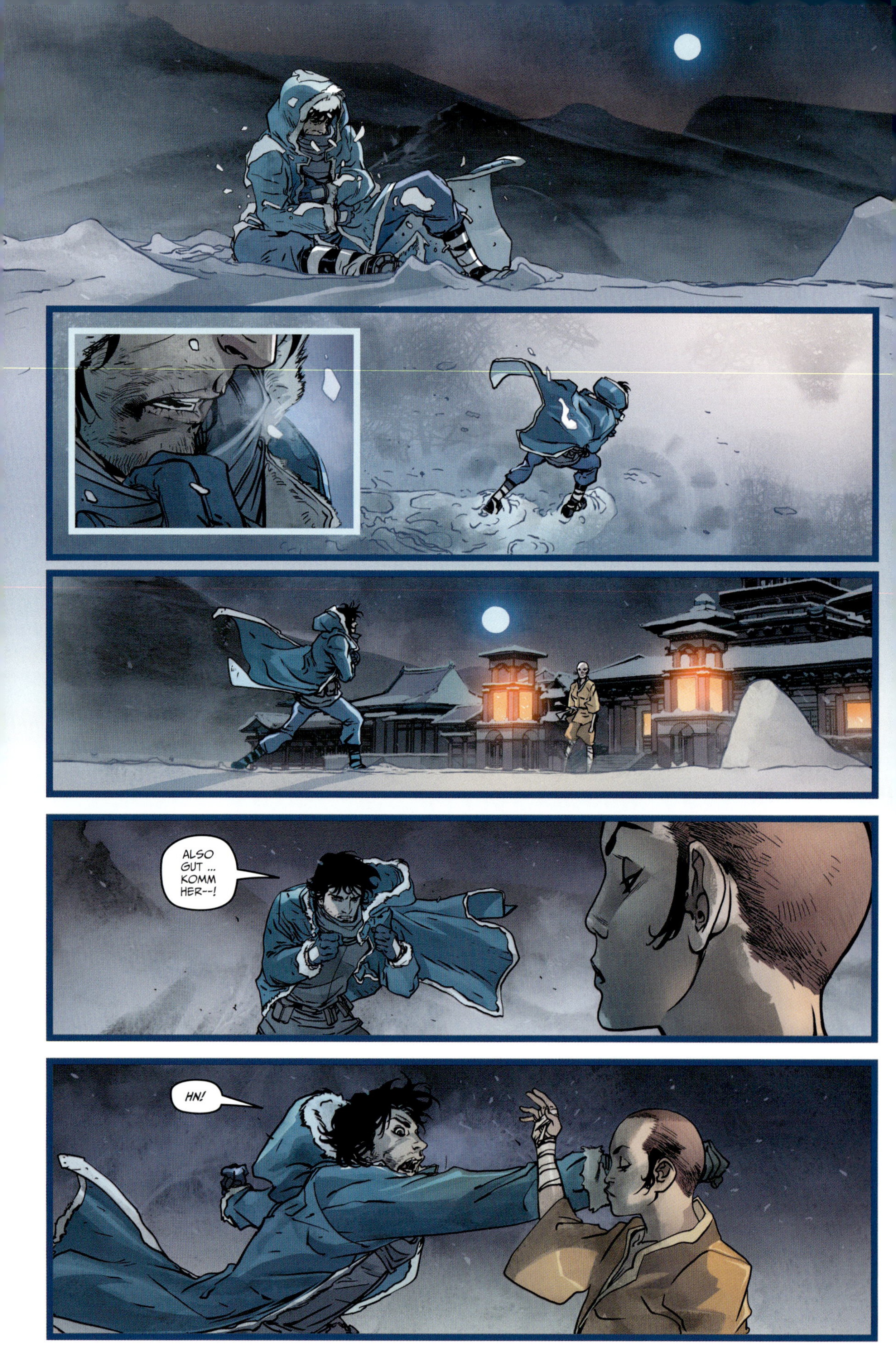

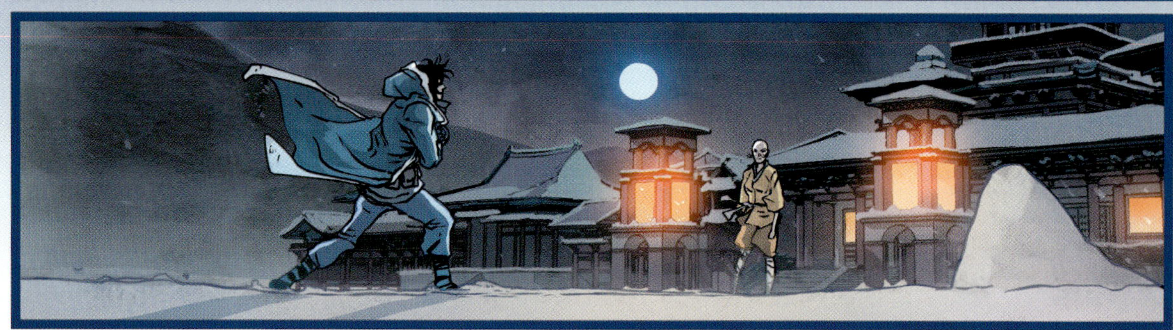

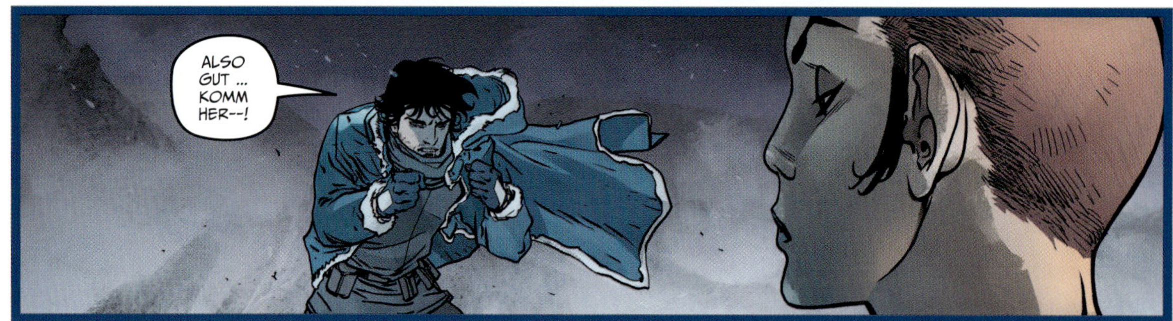
ALSO GUT ... KOMM HER--!

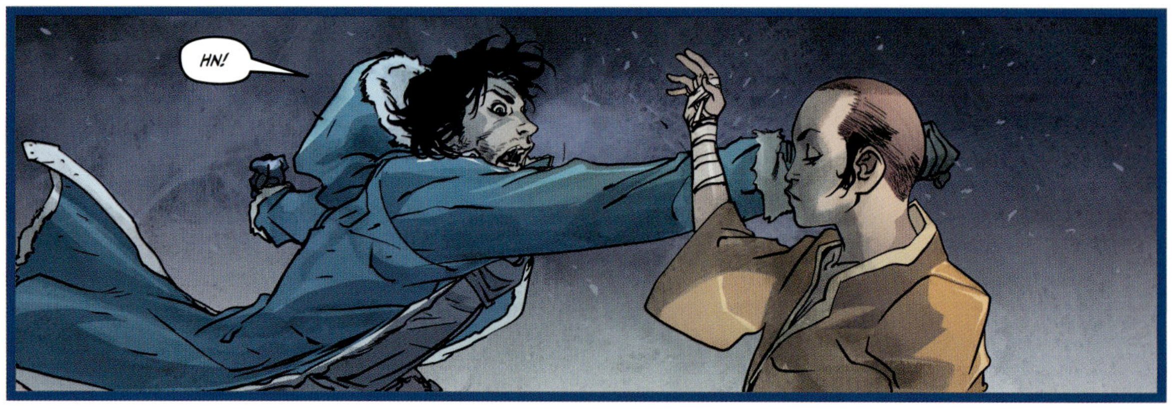
HN!

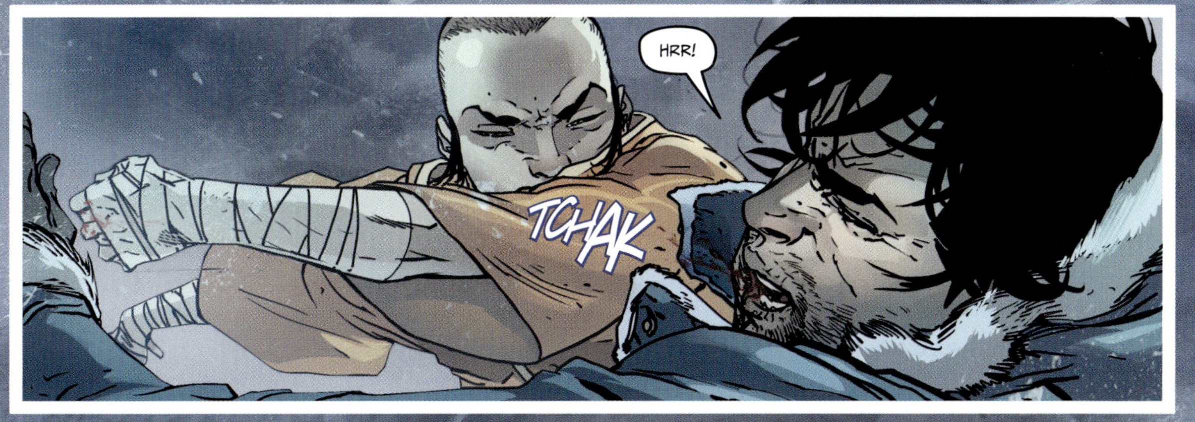
HRR!
TCHAK

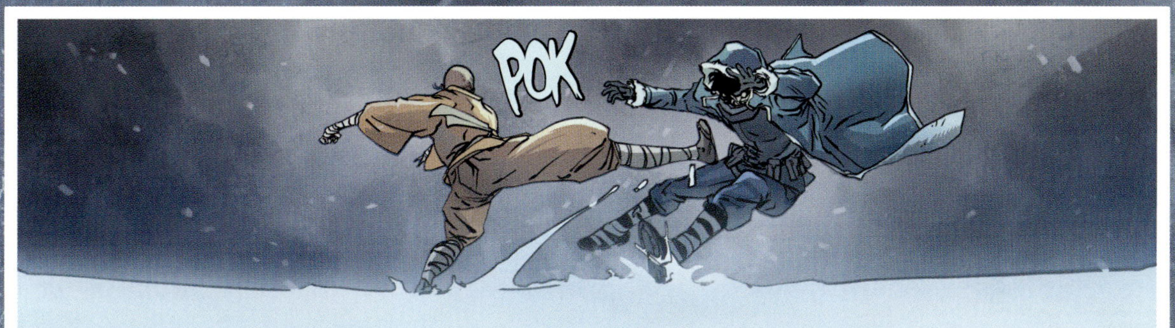
POK

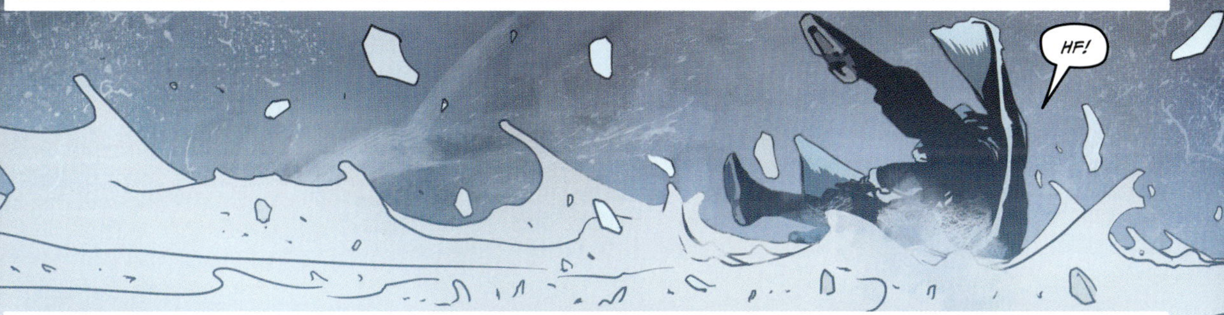
HF!

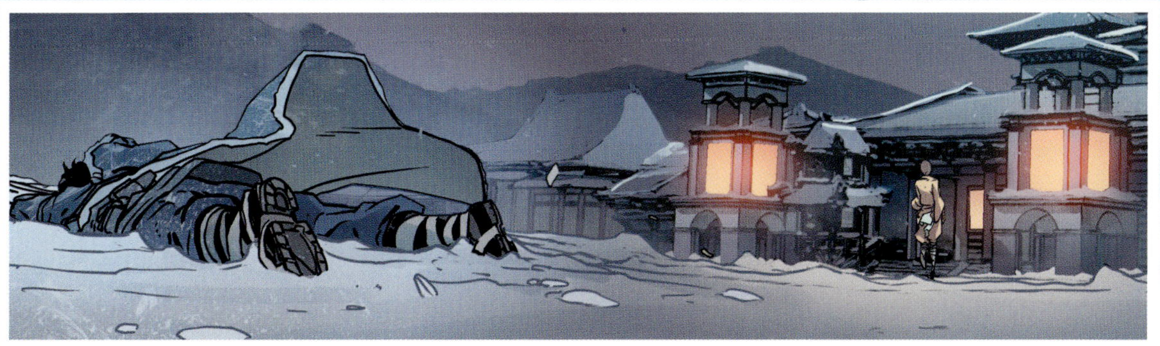

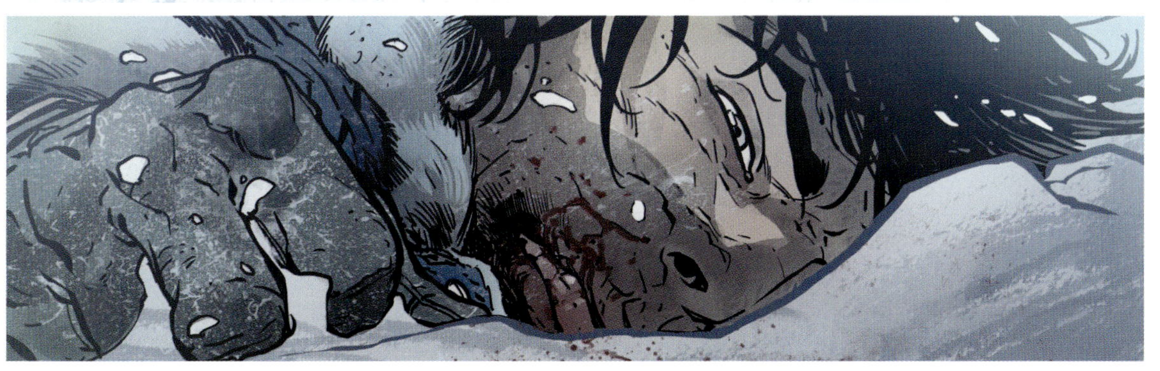

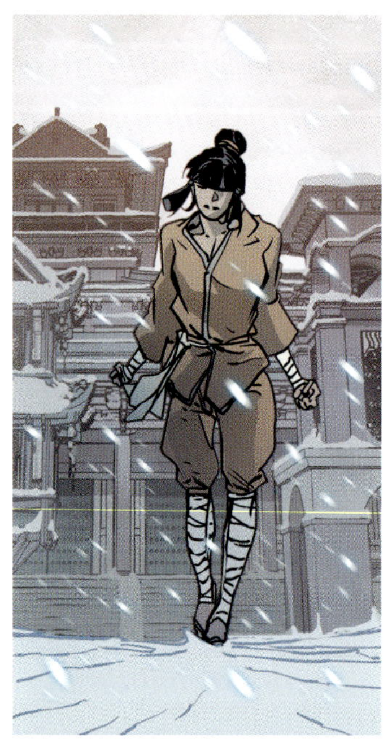
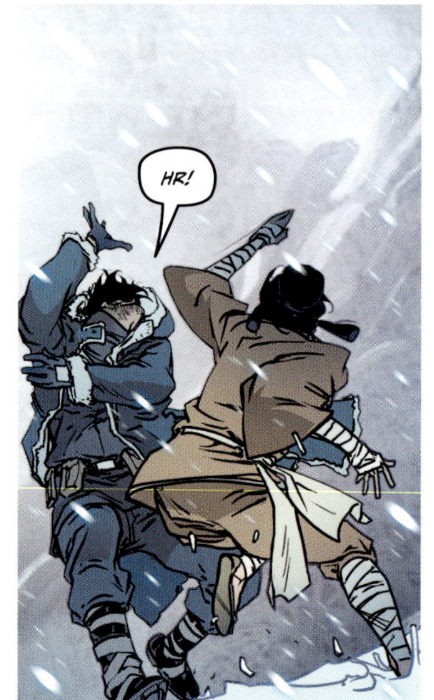
HR!
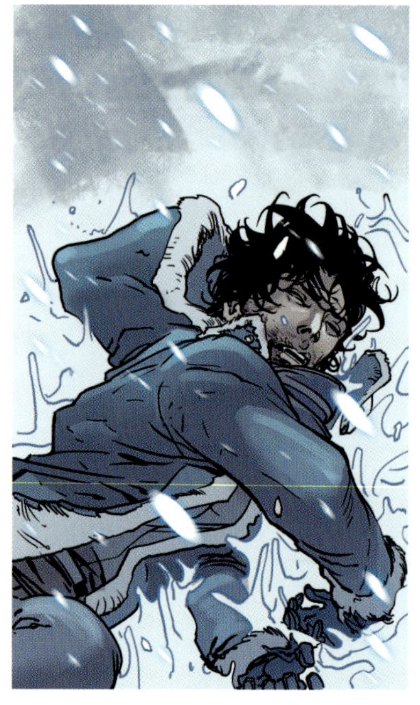
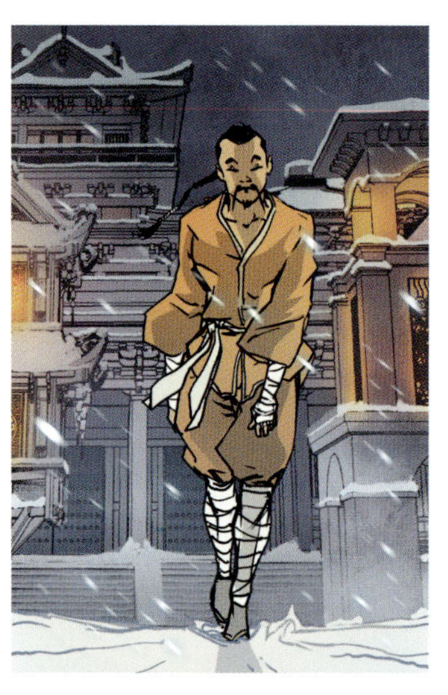
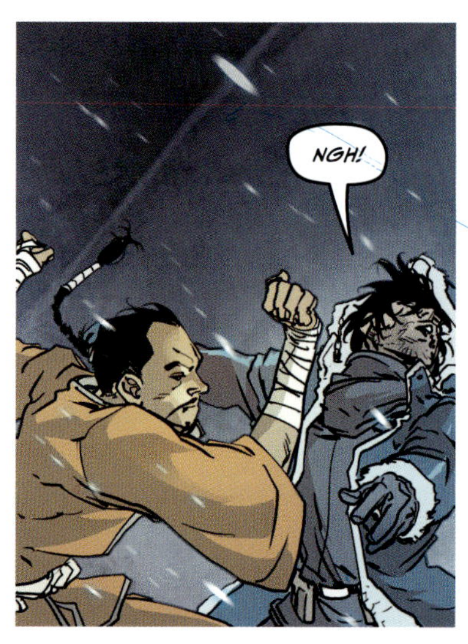
NGH!
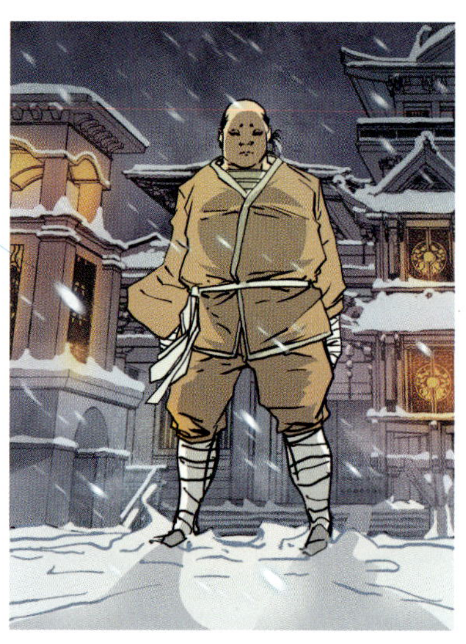
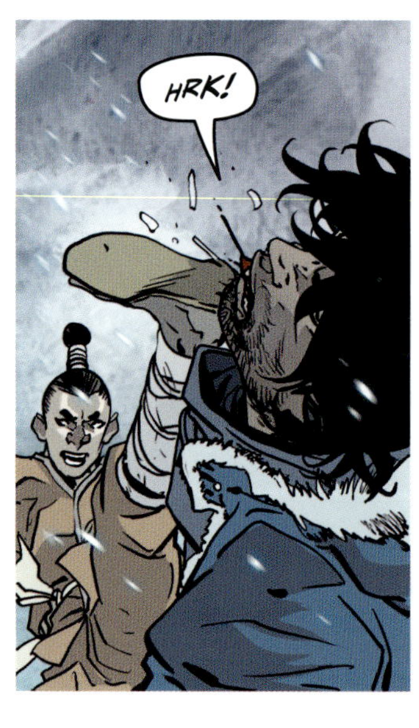
HRK!
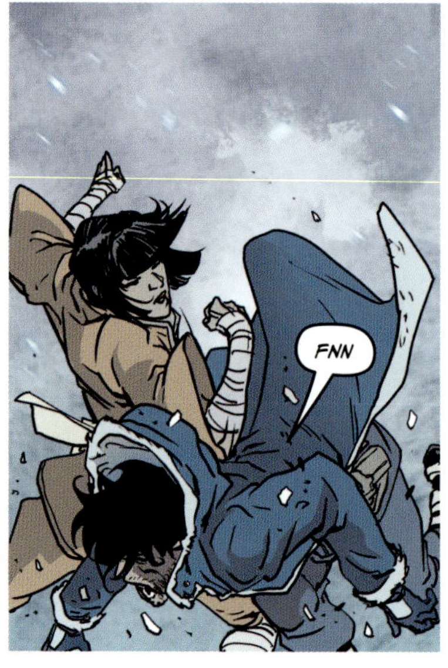
FNN
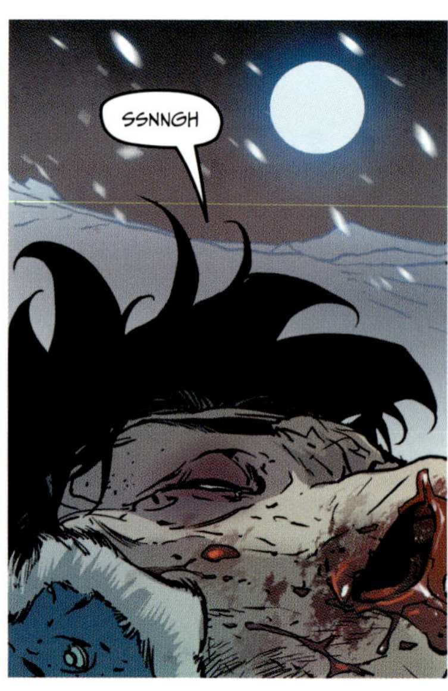
SSNNGH

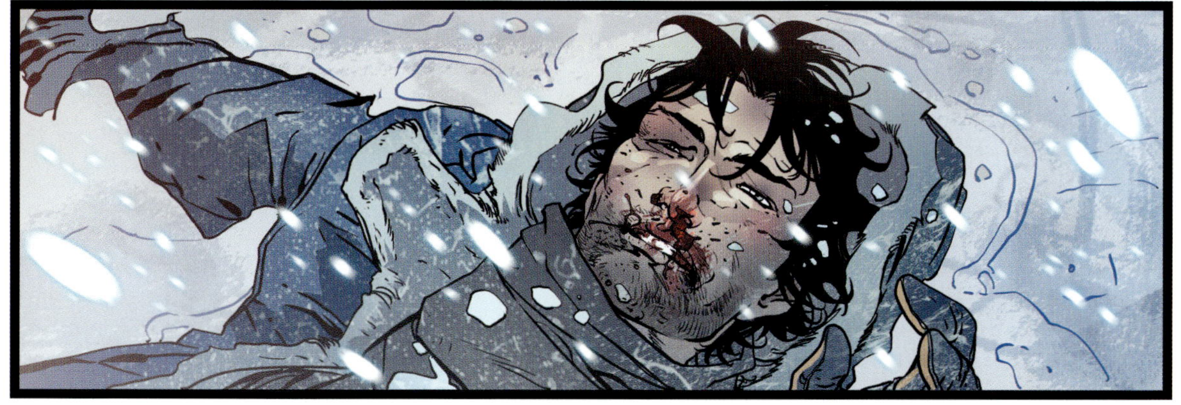
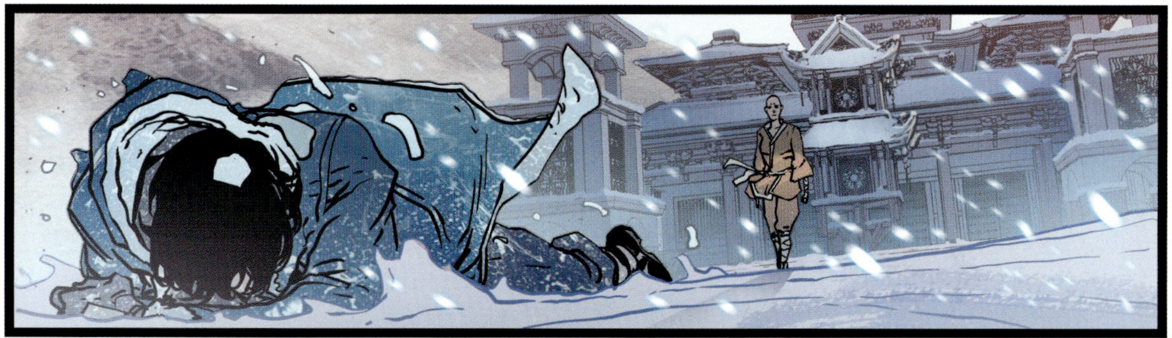
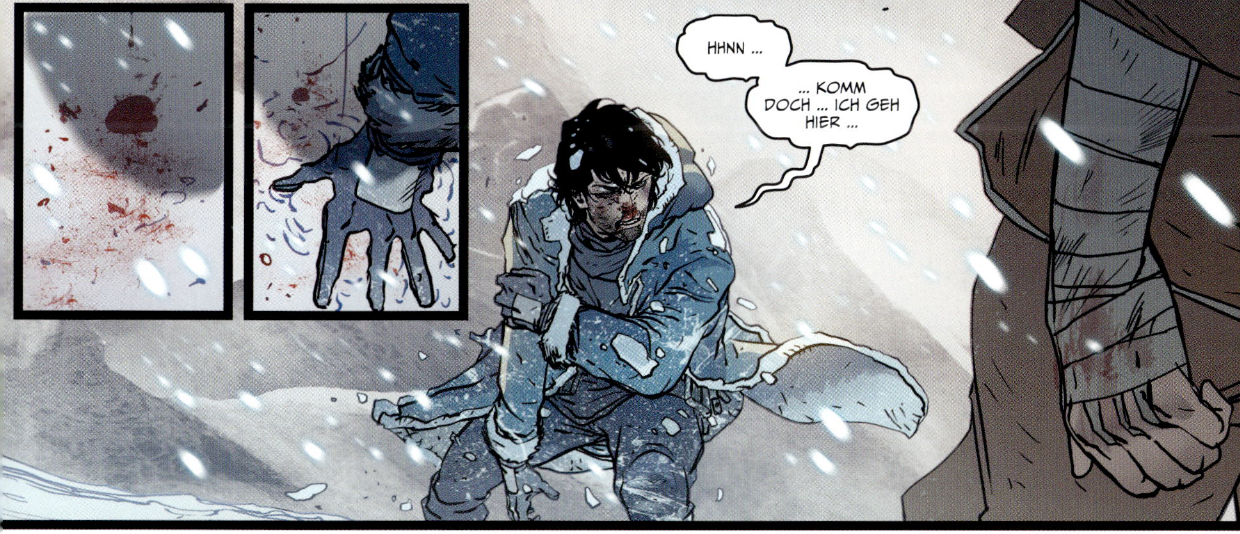
HHNN ...
... KOMM DOCH ... ICH GEH HIER ...
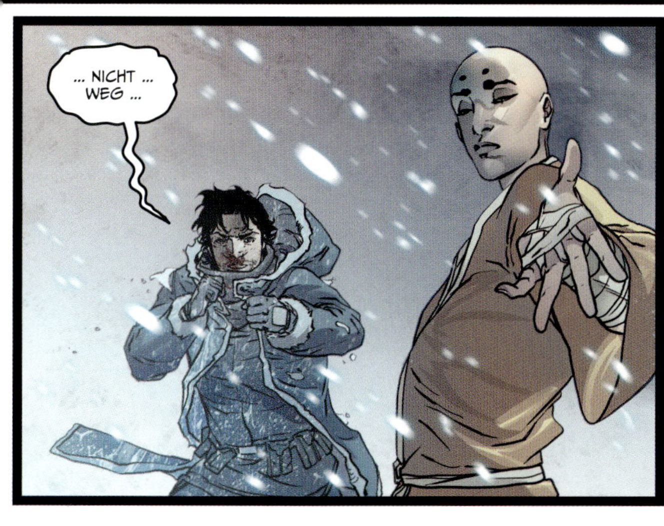
... NICHT ... WEG ...
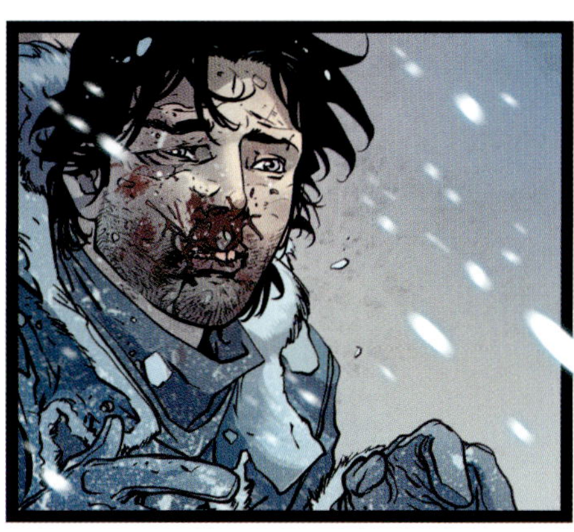

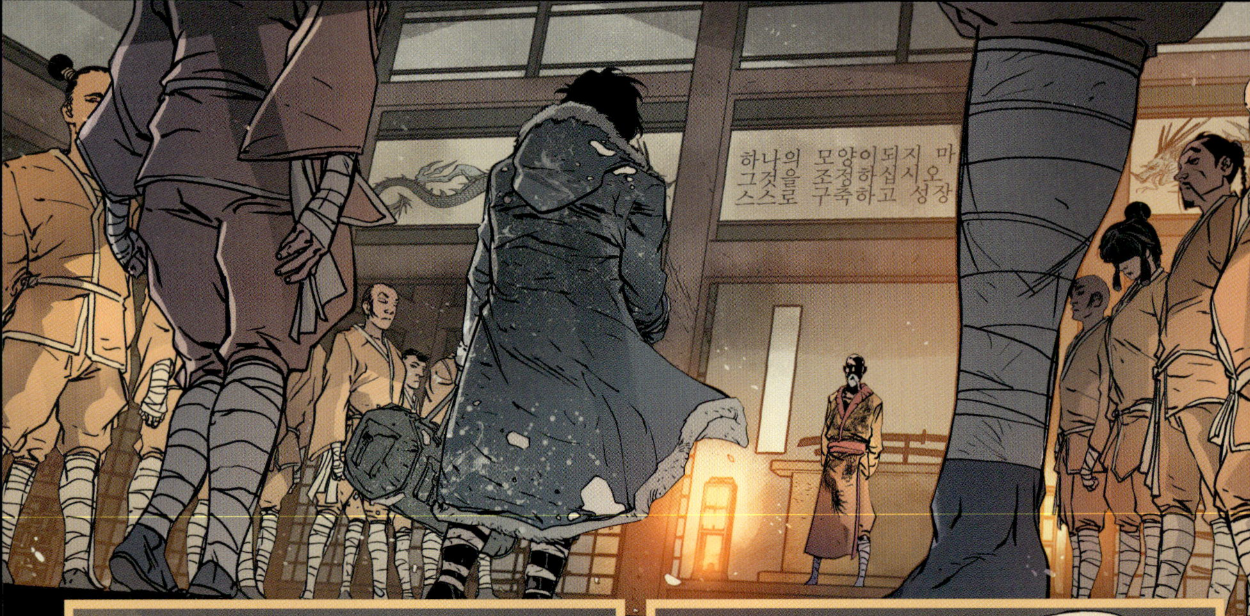
하나의 모양이되지 마
그것을 조정하십시오
스스로 구축하고 성장

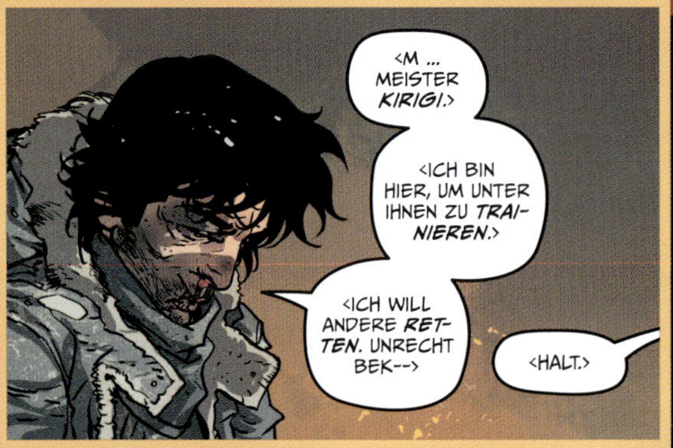
<M ... MEISTER KIRIGI.>
<ICH BIN HIER, UM UNTER IHNEN ZU TRAINIEREN.>
<ICH WILL ANDERE RETTEN. UNRECHT BEK-->
<HALT.>

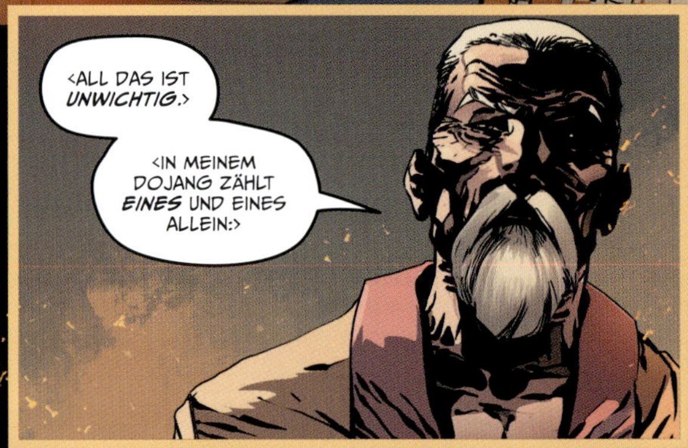
<ALL DAS IST UNWICHTIG.>
<IN MEINEM DOJANG ZÄHLT EINES UND EINES ALLEIN:>

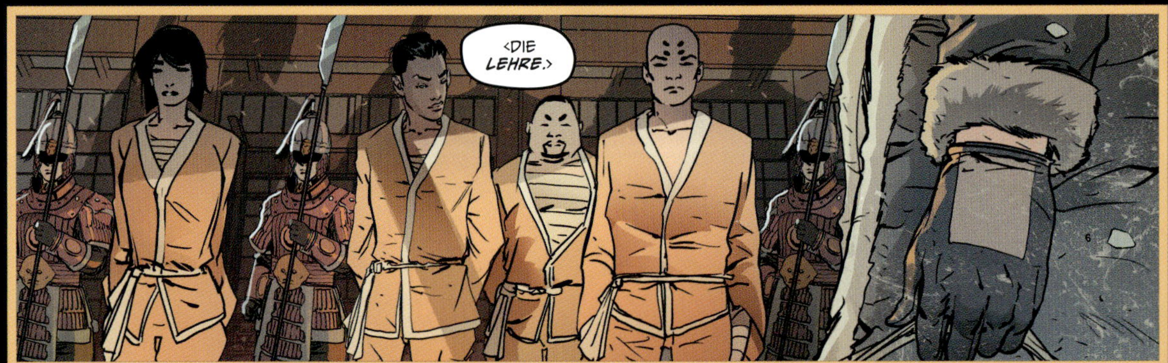
<DIE LEHRE.>

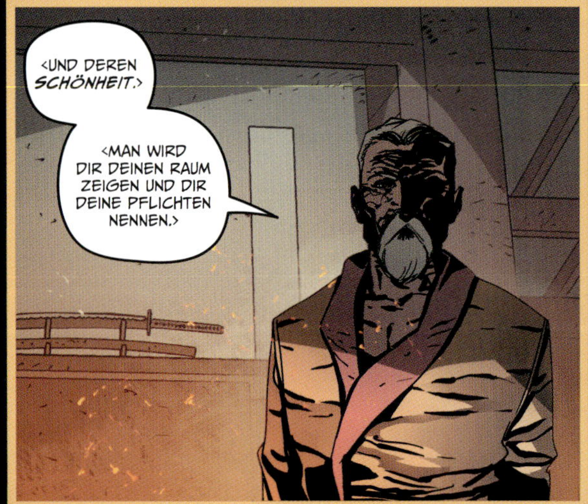
<UND DEREN SCHÖNHEIT.>
<MAN WIRD DIR DEINEN RAUM ZEIGEN UND DIR DEINE PFLICHTEN NENNEN.>

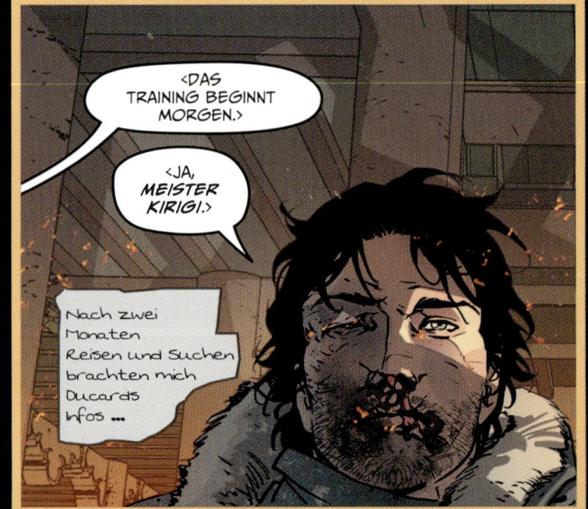
<DAS TRAINING BEGINNT MORGEN.>
<JA, MEISTER KIRIGI.>
Nach zwei Monaten Reisen und Suchen brachten mich Ducards Infos ...

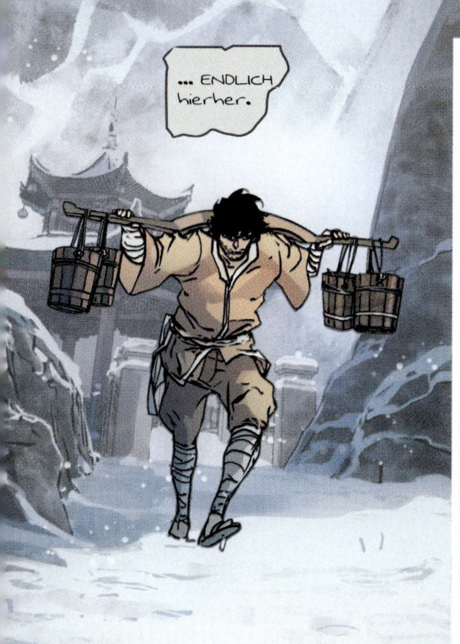

... ENDLICH hierher.

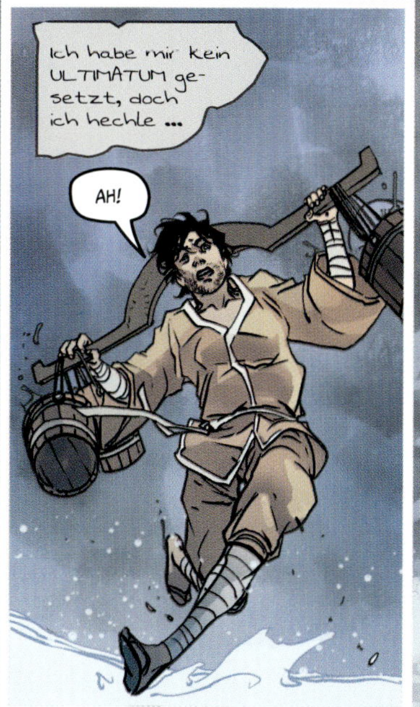

Ich habe mir kein ULTIMATUM gesetzt, doch ich hechle ...
AH!

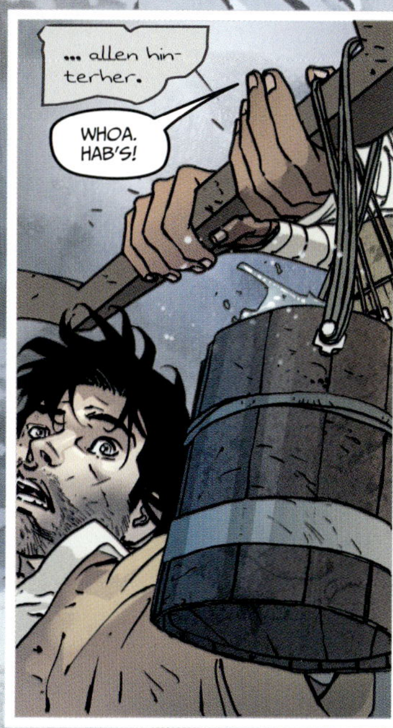

... allen hinterher.
WHOA. HAB'S!

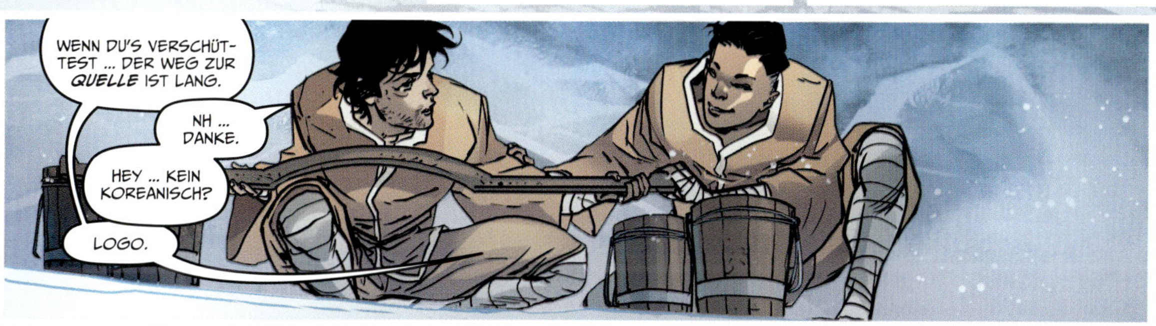

WENN DU'S VERSCHÜTTEST ... DER WEG ZUR QUELLE IST LANG.
NH ... DANKE.
HEY ... KEIN KOREANISCH?
LOGO.

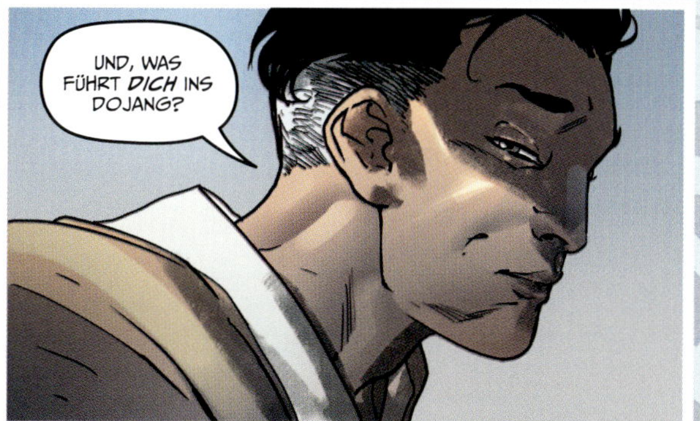

UND, WAS FÜHRT DICH INS DOJANG?

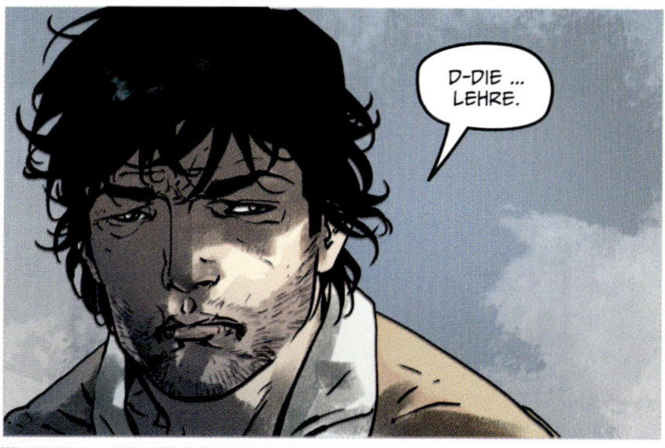

D-DIE ... LEHRE.

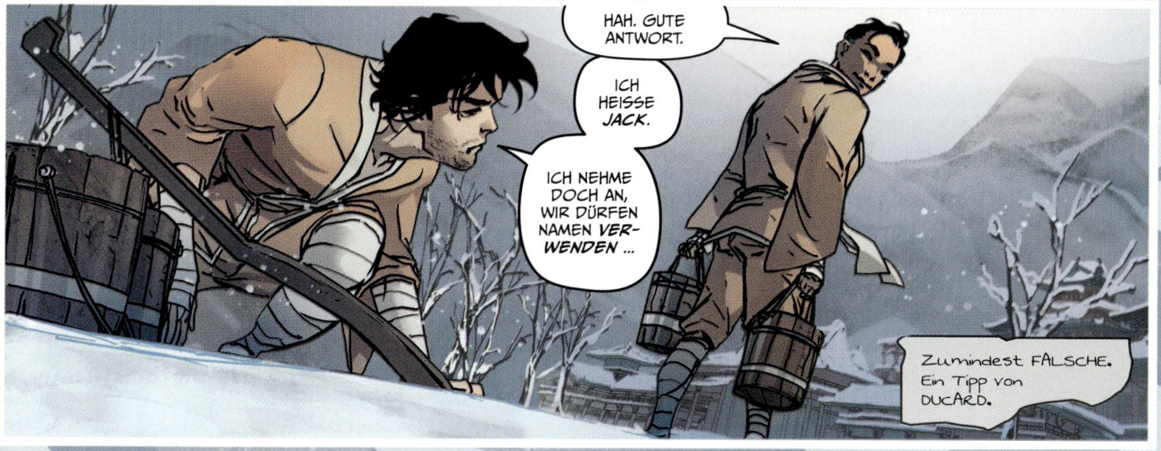

HAH. GUTE ANTWORT.
ICH HEISSE JACK.
ICH NEHME DOCH AN, WIR DÜRFEN NAMEN VERWENDEN ...
Zumindest FALSCHE. Ein Tipp von DUCARD.

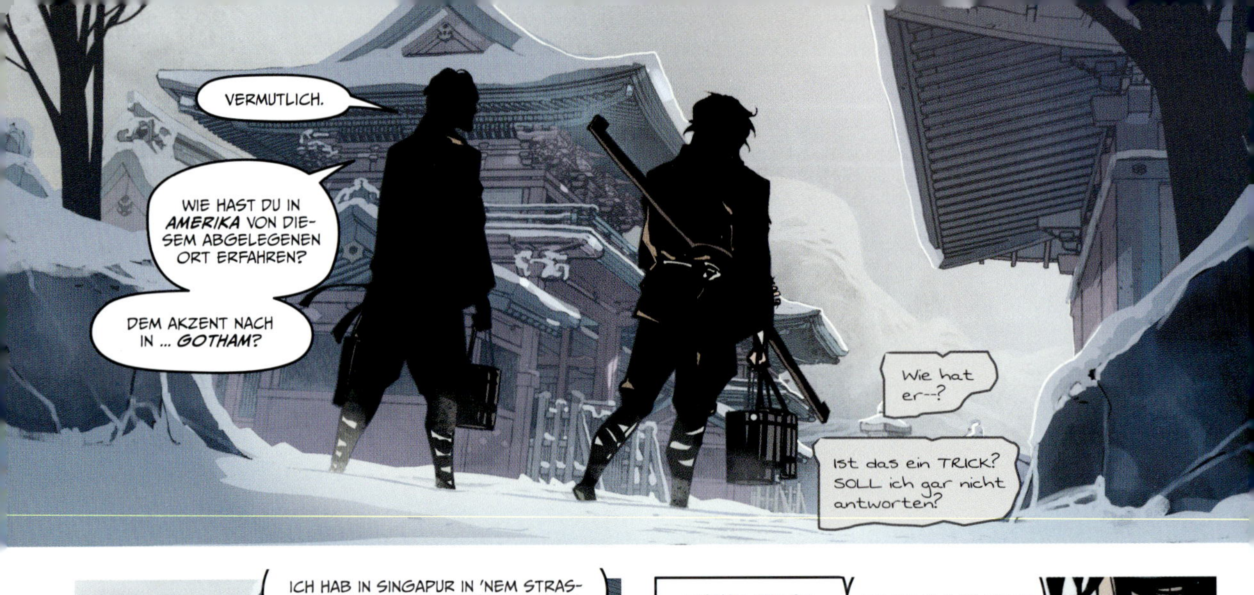
VERMUTLICH.
WIE HAST DU IN AMERIKA VON DIESEM ABGELEGENEN ORT ERFAHREN?
DEM AKZENT NACH IN ... GOTHAM?
Wie hat er--?
Ist das ein TRICK? SOLL ich gar nicht antworten?

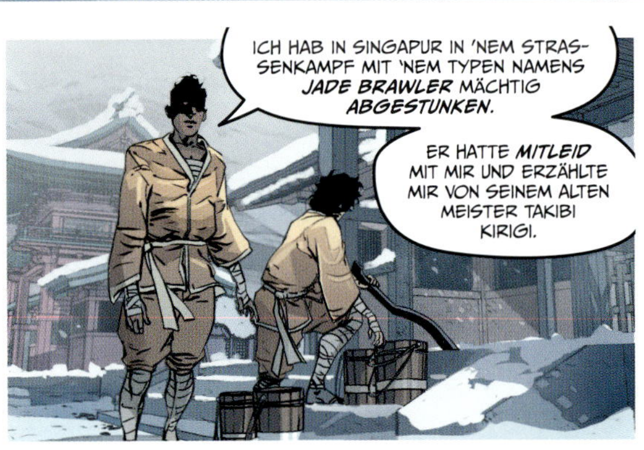
ICH HAB IN SINGAPUR IN 'NEM STRASSENKAMPF MIT 'NEM TYPEN NAMENS JADE BRAWLER MÄCHTIG ABGESTUNKEN.
ER HATTE MITLEID MIT MIR UND ERZÄHLTE MIR VON SEINEM ALTEN MEISTER TAKIBI KIRIGI.

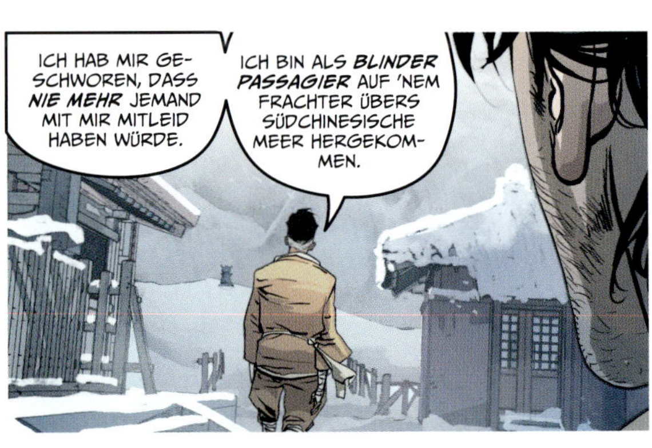
ICH HAB MIR GESCHWOREN, DASS NIE MEHR JEMAND MIT MIR MITLEID HABEN WÜRDE.
ICH BIN ALS BLINDER PASSAGIER AUF 'NEM FRACHTER ÜBERS SÜDCHINESISCHE MEER HERGEKOMMEN.

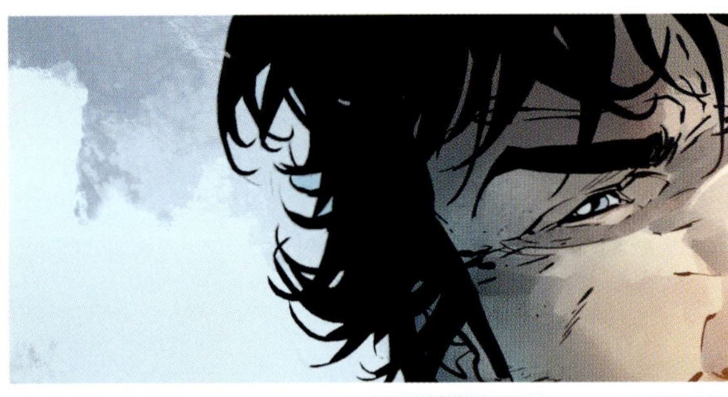

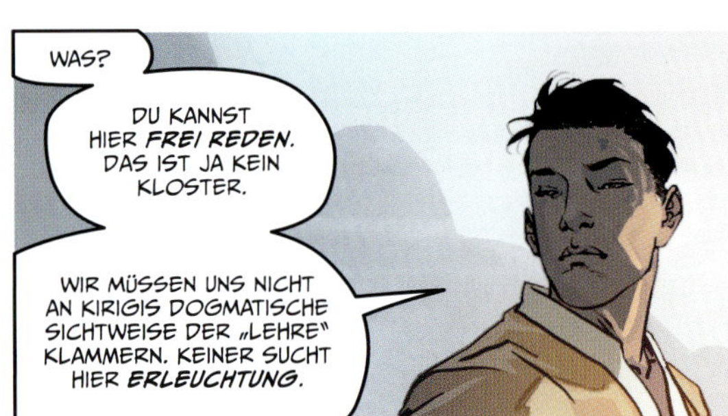
WAS?
DU KANNST HIER FREI REDEN. DAS IST JA KEIN KLOSTER.
WIR MÜSSEN UNS NICHT AN KIRIGIS DOGMATISCHE SICHTWEISE DER „LEHRE" KLAMMERN. KEINER SUCHT HIER ERLEUCHTUNG.

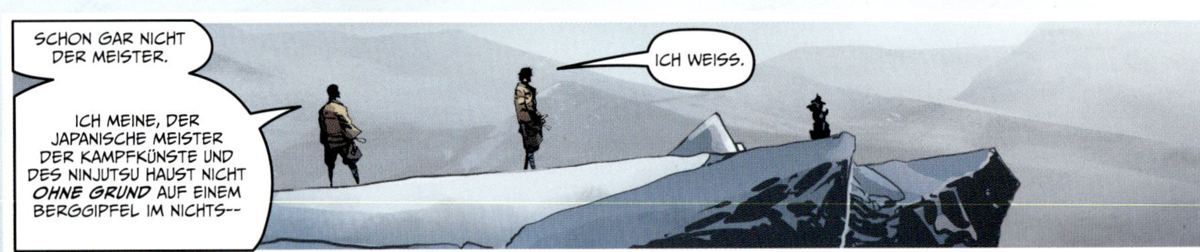
SCHON GAR NICHT DER MEISTER.
ICH MEINE, DER JAPANISCHE MEISTER DER KAMPFKÜNSTE UND DES NINJUTSU HAUST NICHT OHNE GRUND AUF EINEM BERGGIPFEL IM NICHTS--
ICH WEISS.

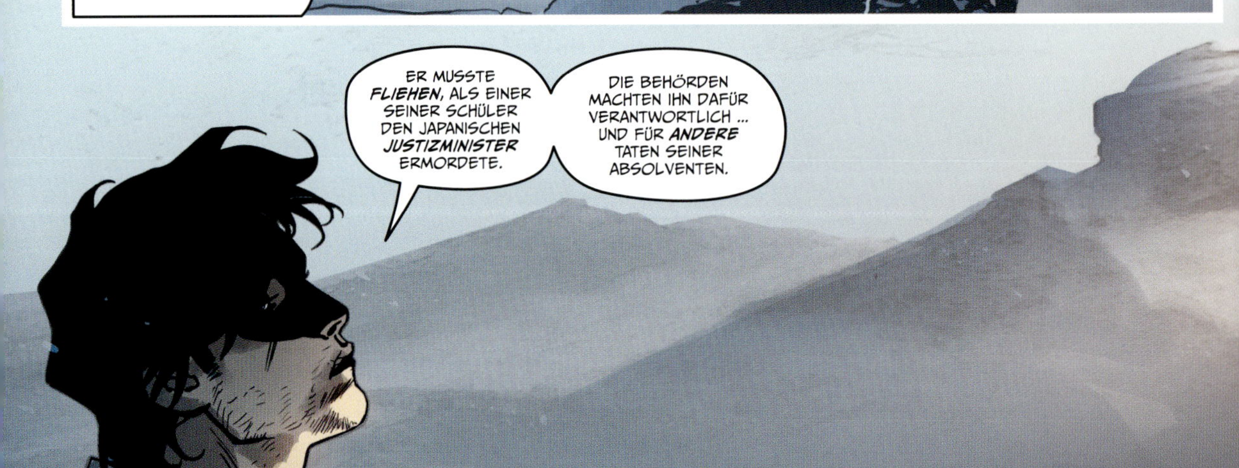
ER MUSSTE FLIEHEN, ALS EINER SEINER SCHÜLER DEN JAPANISCHEN JUSTIZMINISTER ERMORDETE.
DIE BEHÖRDEN MACHTEN IHN DAFÜR VERANTWORTLICH ... UND FÜR ANDERE TATEN SEINER ABSOLVENTEN.

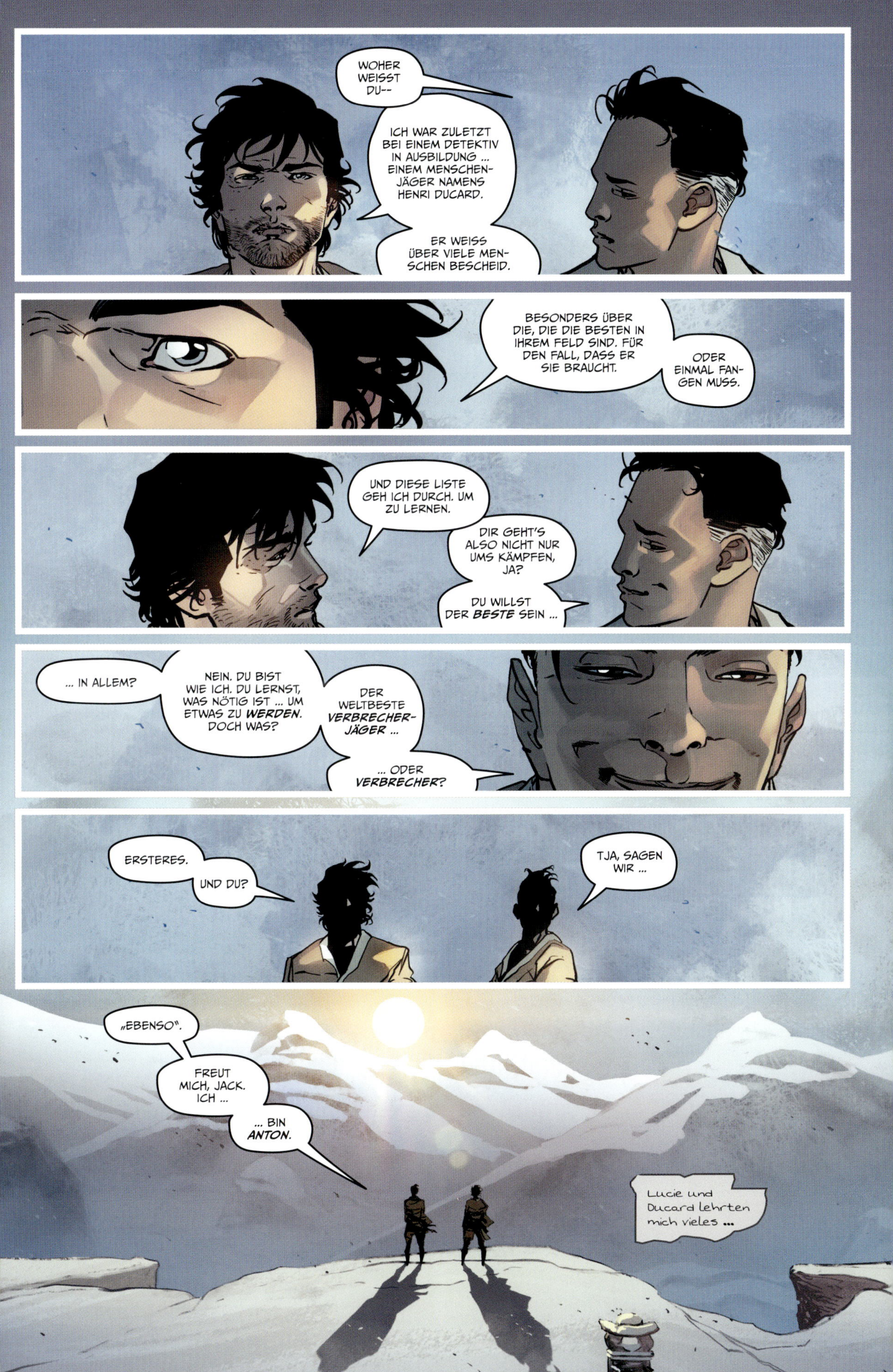
WOHER WEISST DU--
ICH WAR ZULETZT BEI EINEM DETEKTIV IN AUSBILDUNG ... EINEM MENSCHENJÄGER NAMENS HENRI DUCARD.
ER WEISS ÜBER VIELE MENSCHEN BESCHEID.
BESONDERS ÜBER DIE, DIE DIE BESTEN IN IHREM FELD SIND. FÜR DEN FALL, DASS ER SIE BRAUCHT.
ODER EINMAL FANGEN MUSS.
UND DIESE LISTE GEH ICH DURCH. UM ZU LERNEN.
DIR GEHT'S ALSO NICHT NUR UMS KÄMPFEN, JA?
DU WILLST DER BESTE SEIN ...
... IN ALLEM?
NEIN. DU BIST WIE ICH. DU LERNST, WAS NÖTIG IST ... UM ETWAS ZU WERDEN. DOCH WAS?
DER WELTBESTE VERBRECHERJÄGER ...
... ODER VERBRECHER?
ERSTERES.
UND DU?
TJA, SAGEN WIR ...
„EBENSO".
FREUT MICH, JACK. ICH ...
... BIN ANTON.
Lucie und Ducard lehrten mich vieles ...

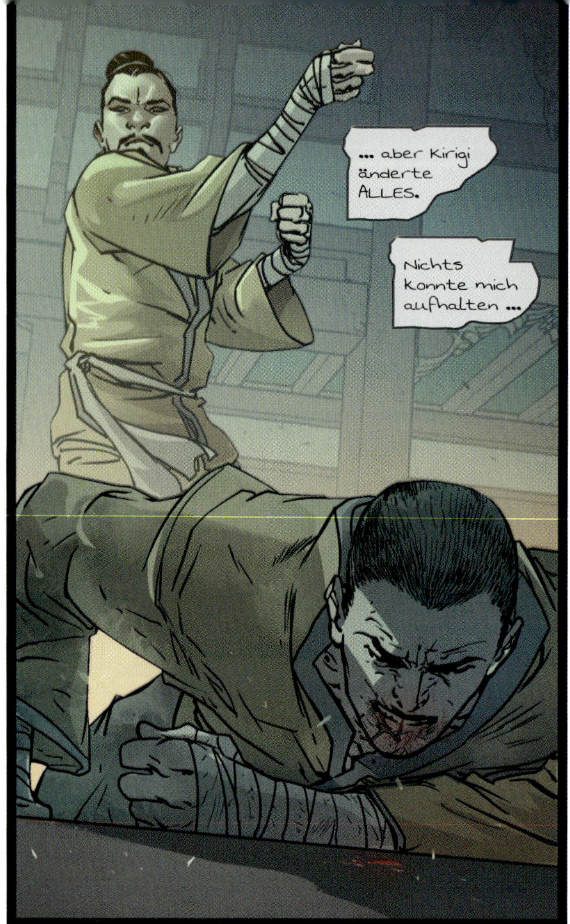
... aber Kirigi änderte ALLES.
Nichts konnte mich aufhalten ...

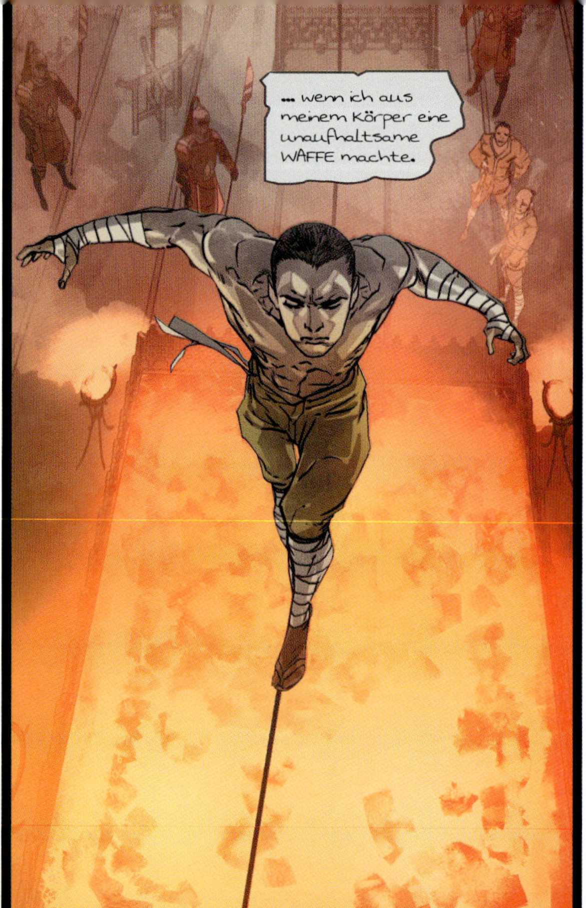
... wenn ich aus meinem Körper eine unaufhaltsame WAFFE machte.

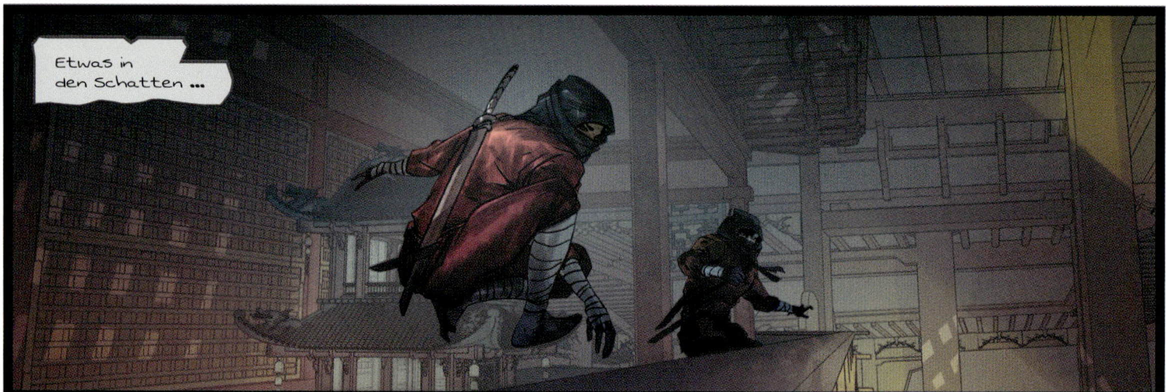
Etwas in den Schatten ...

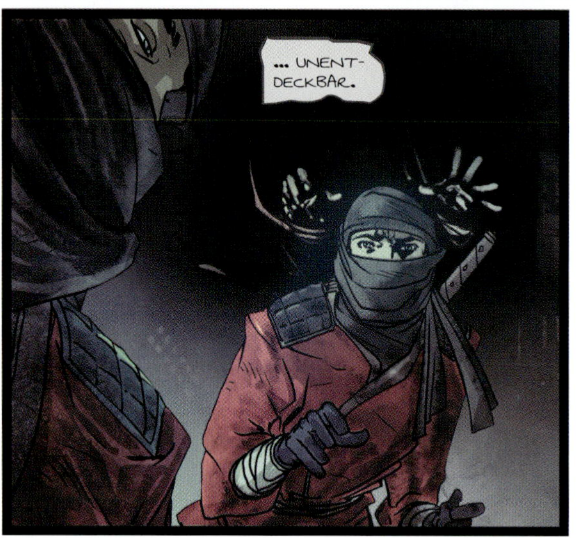
... UNENT-DECKBAR.

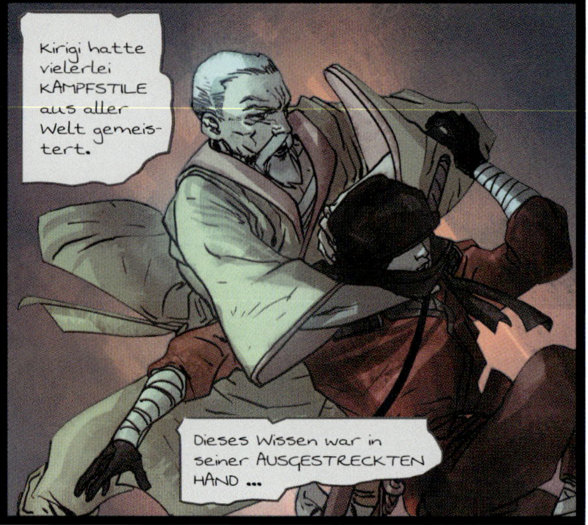
Kirigi hatte vielerlei KAMPFSTILE aus aller Welt gemeis-tert.
Dieses Wissen war in seiner AUSGESTRECKTEN HAND ...

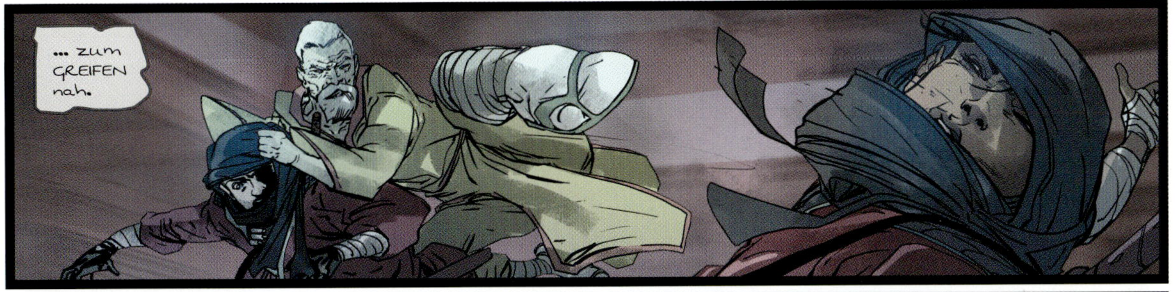
... zum GREIFEN nah.

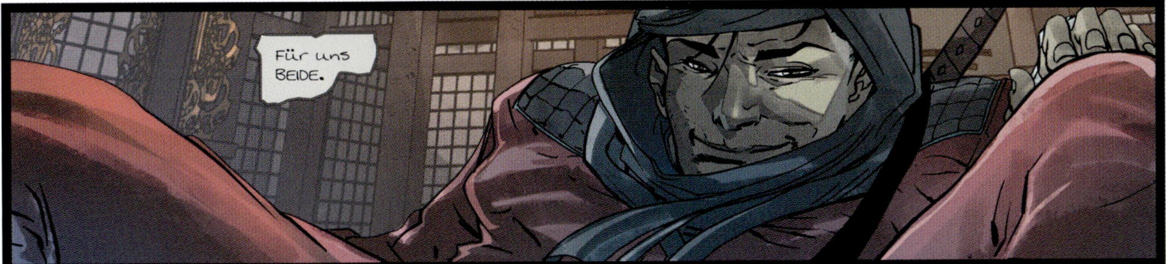
Für uns BEIDE.

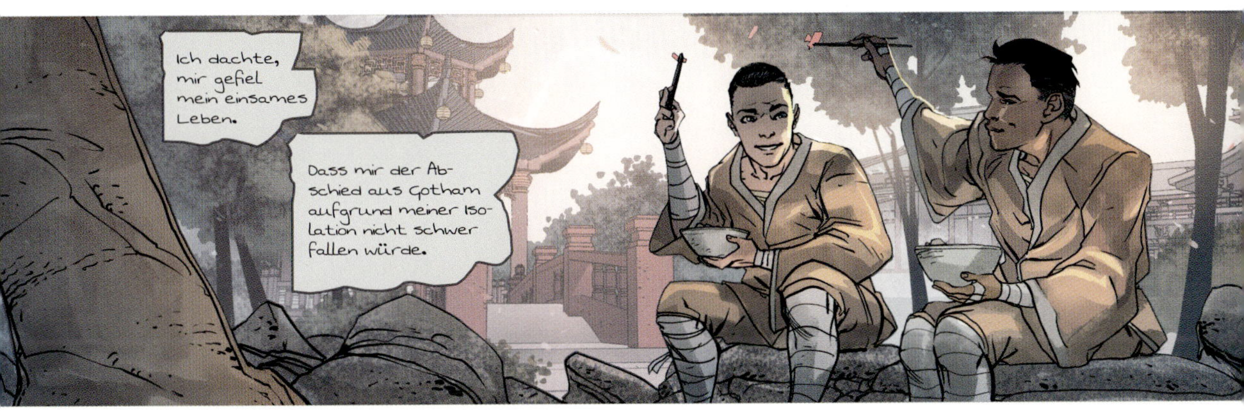
Ich dachte, mir gefiel mein einsames Leben.
Dass mir der Abschied aus Gotham aufgrund meiner Isolation nicht schwer fallen würde.

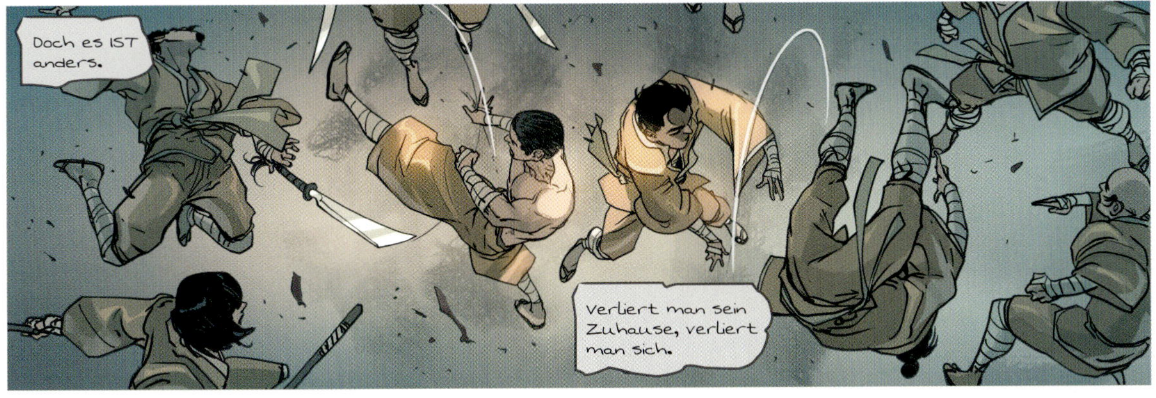
Doch es IST anders.
Verliert man sein Zuhause, verliert man sich.

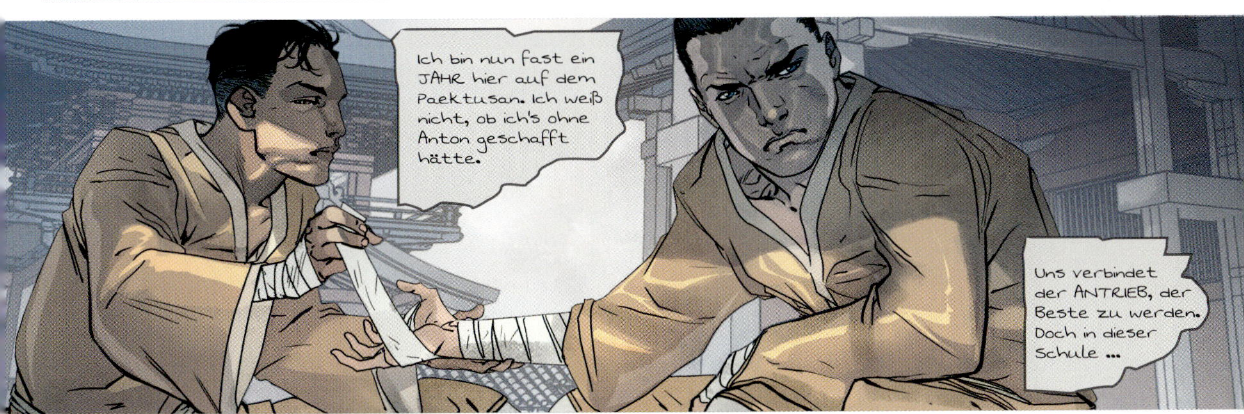
Ich bin nun fast ein JAHR hier auf dem Paektusan. Ich weiß nicht, ob ich's ohne Anton geschafft hätte.
Uns verbindet der ANTRIEB, der Beste zu werden. Doch in dieser Schule ...

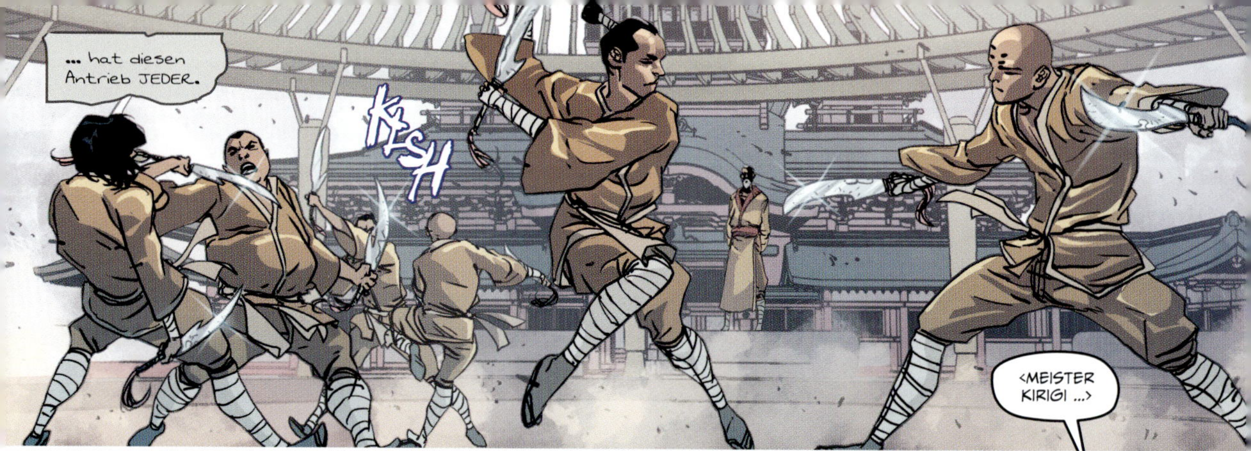
... hat diesen Antrieb JEDER.
KLSH
<MEISTER KIRIGI ...>

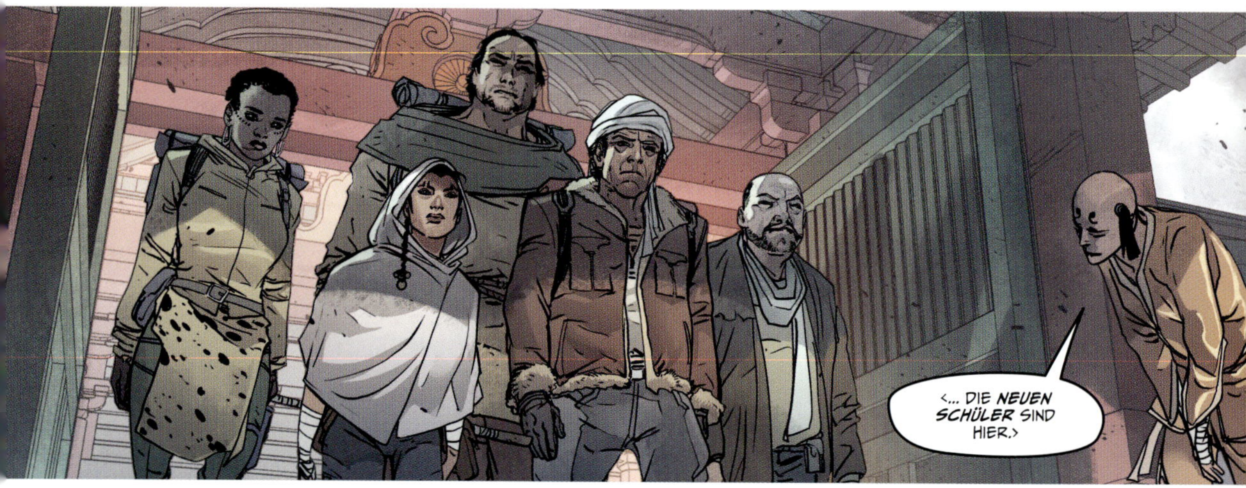
<... DIE NEUEN SCHÜLER SIND HIER.>

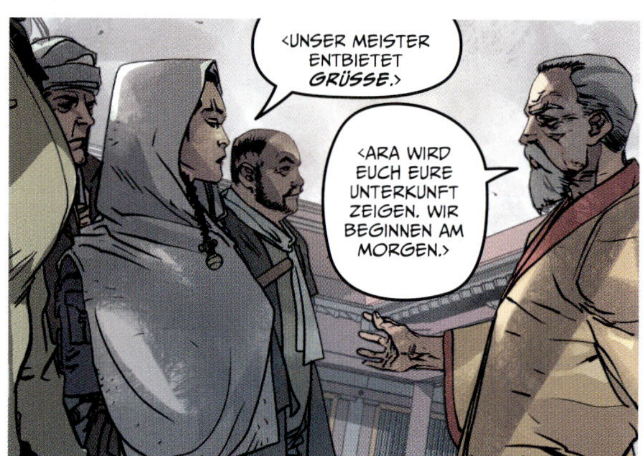
<UNSER MEISTER ENTBIETET GRÜSSE.>
<ARA WIRD EUCH EURE UNTERKUNFT ZEIGEN. WIR BEGINNEN AM MORGEN.>

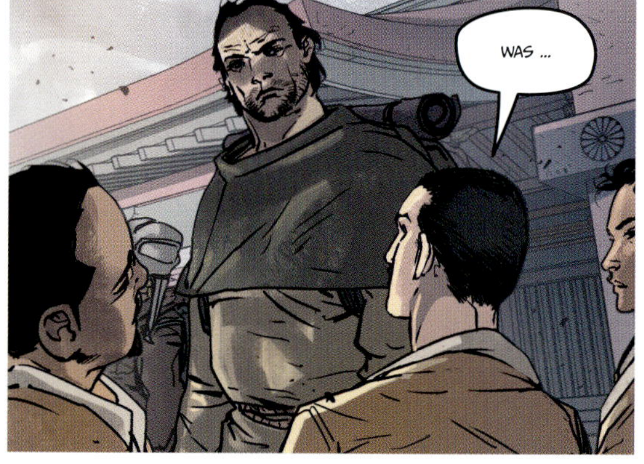
WAS ...

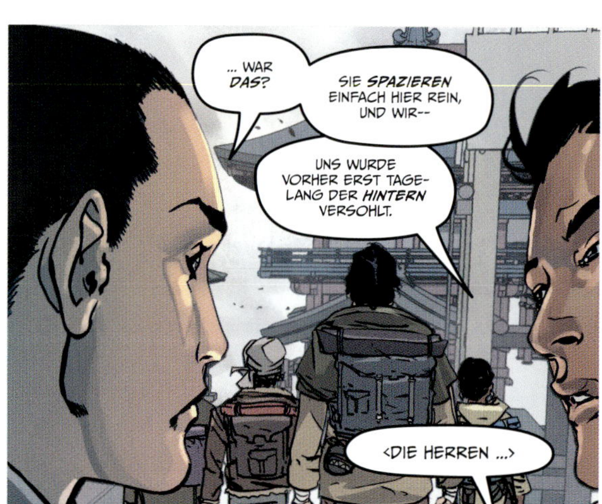
... WAR DAS?
SIE SPAZIEREN EINFACH HIER REIN, UND WIR--
UNS WURDE VORHER ERST TAGE-LANG DER HINTERN VERSOHLT.
<DIE HERREN ...>

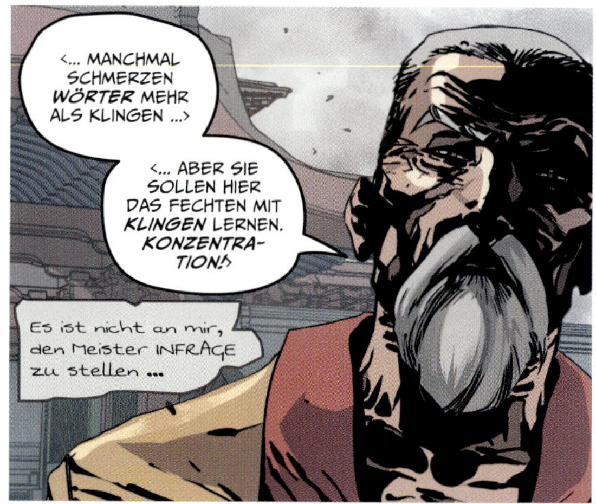
<... MANCHMAL SCHMERZEN WÖRTER MEHR ALS KLINGEN ...>
<... ABER SIE SOLLEN HIER DAS FECHTEN MIT KLINGEN LERNEN. KONZENTRATION!>
Es ist nicht an mir, den Meister INFRAGE zu stellen ...

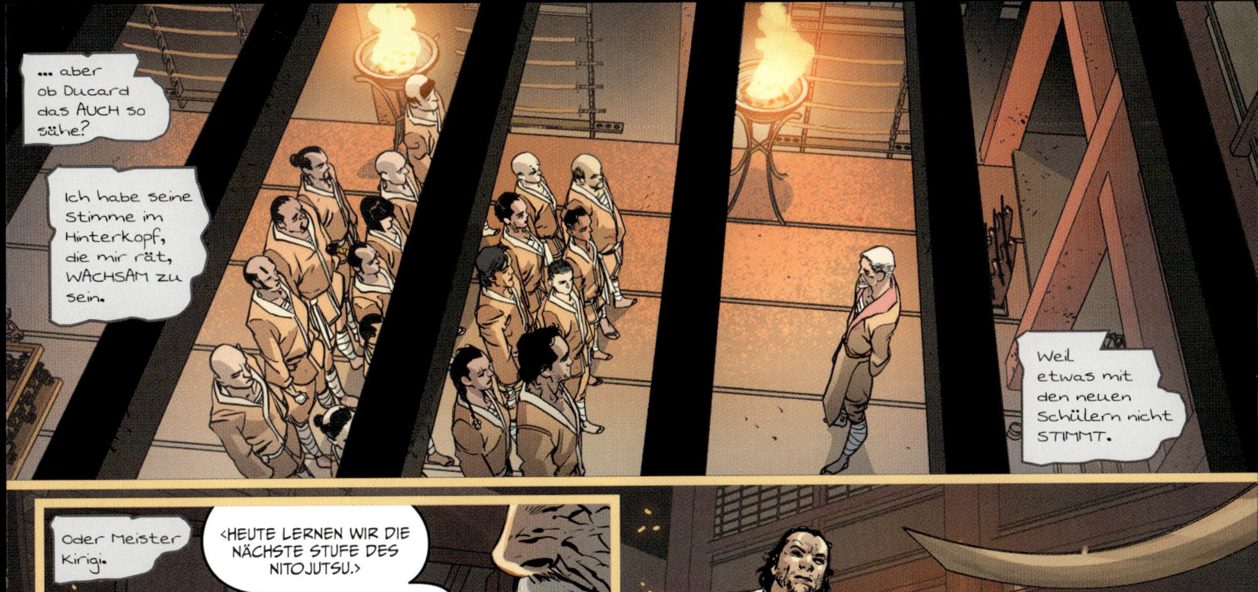

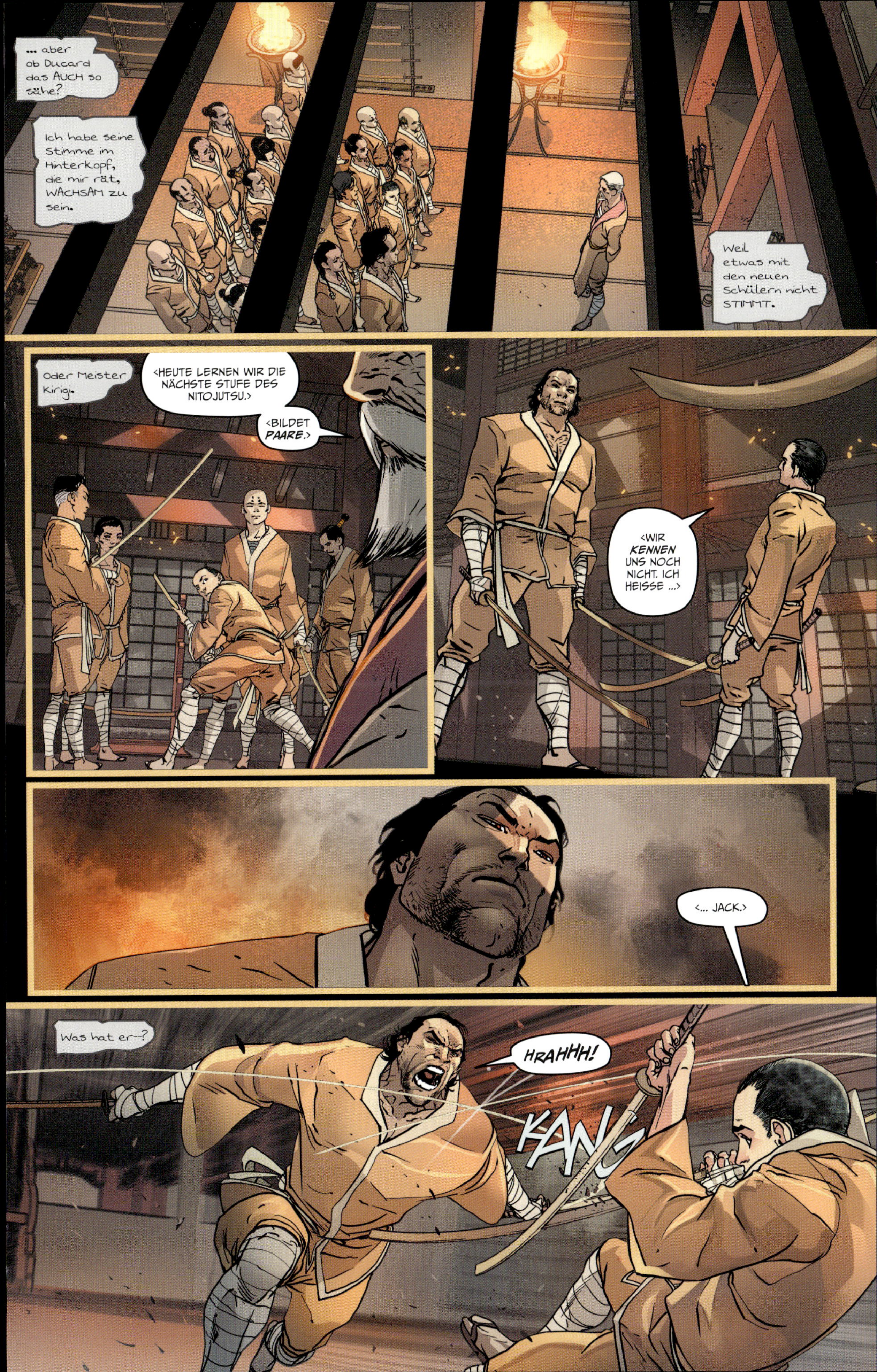

Oder Meister Kirigi.

<HEUTE LERNEN WIR DIE NÄCHSTE STUFE DES NITOJUTSU.>

<BILDET ***PAARE.***>

<WIR ***KENNEN*** UNS NOCH NICHT. ICH HEISSE ...>

<... JACK.>

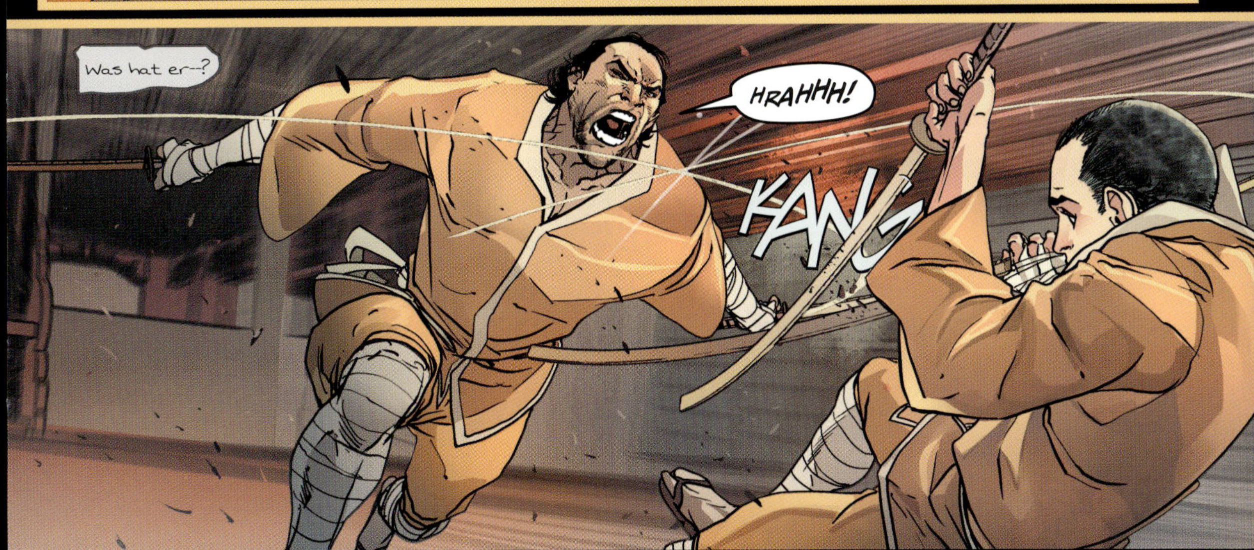

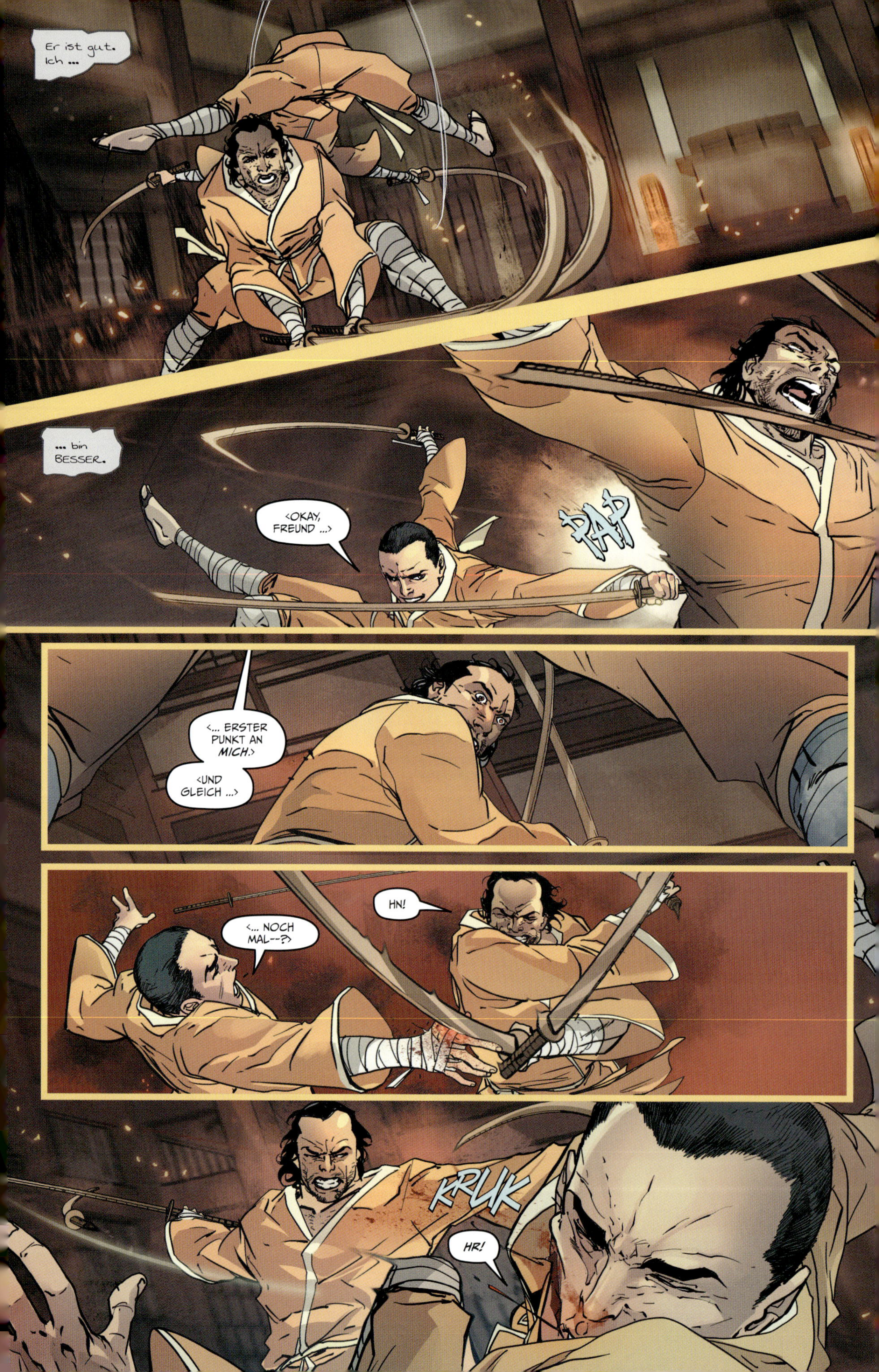
Er ist gut. Ich ...
... bin BESSER.
<OKAY, FREUND ...>
RAP
<... ERSTER PUNKT AN *MICH*.>
<UND GLEICH ...>
<... NOCH MAL--?>
HN!
KRUK
HR!

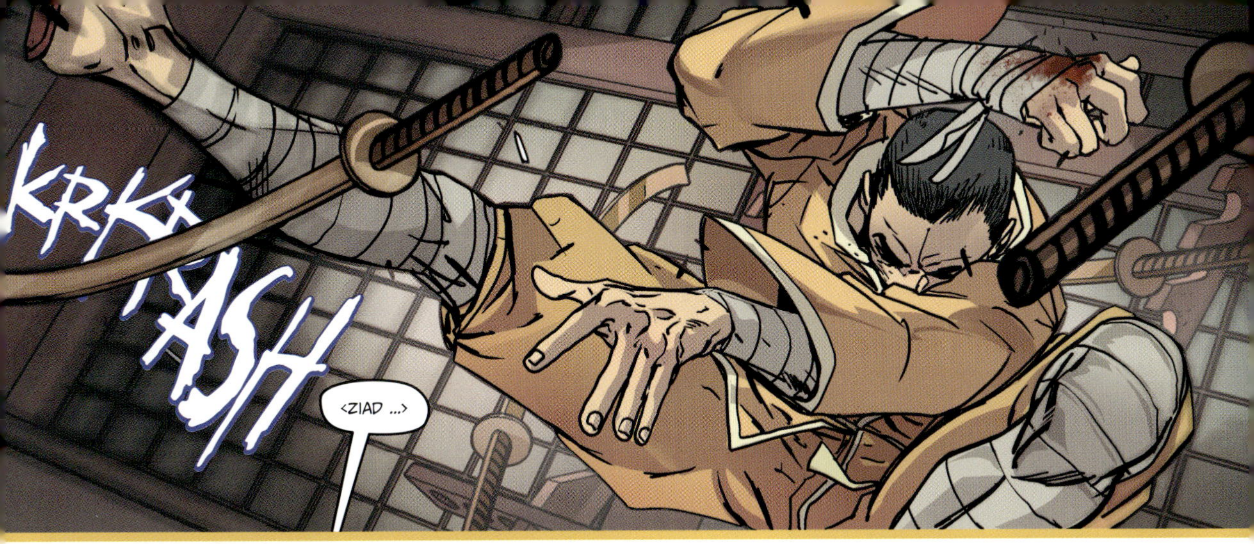
KRKKRASH
<ZIAD ...>

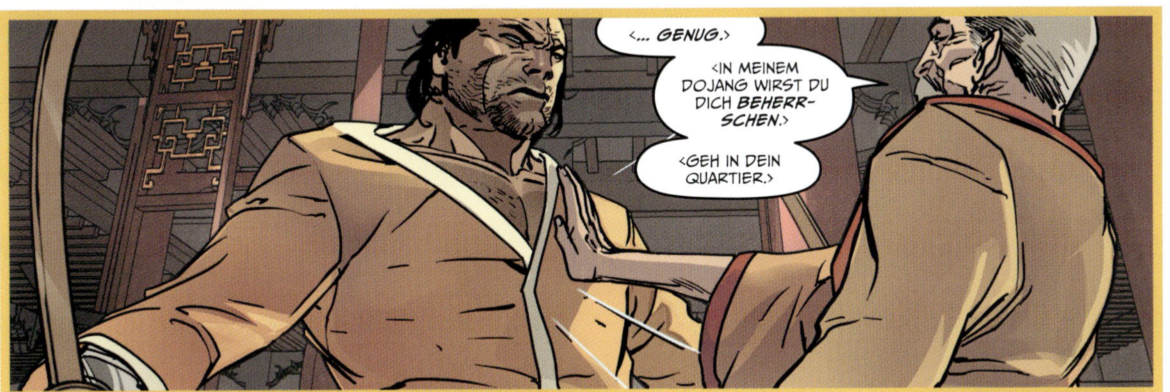
<... GENUG.>
<IN MEINEM DOJANG WIRST DU DICH BEHERRSCHEN.>
<GEH IN DEIN QUARTIER.>

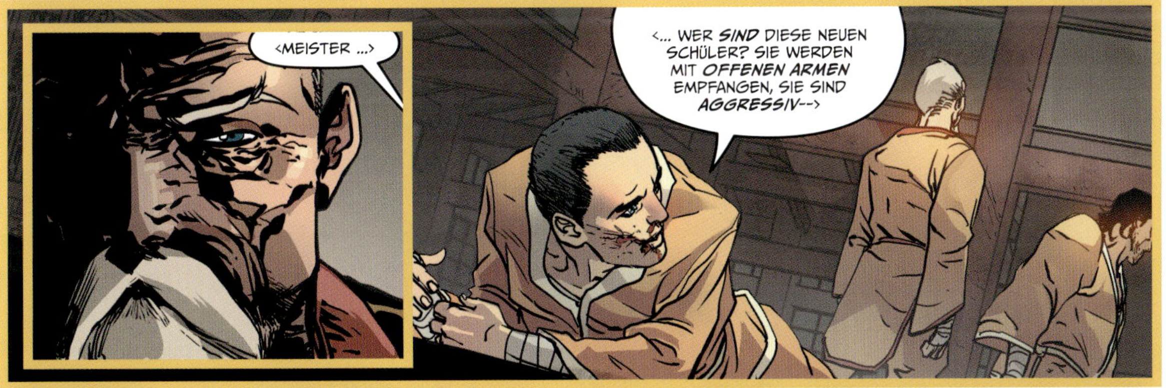
<MEISTER ...>
<... WER SIND DIESE NEUEN SCHÜLER? SIE WERDEN MIT OFFENEN ARMEN EMPFANGEN, SIE SIND AGGRESSIV-->

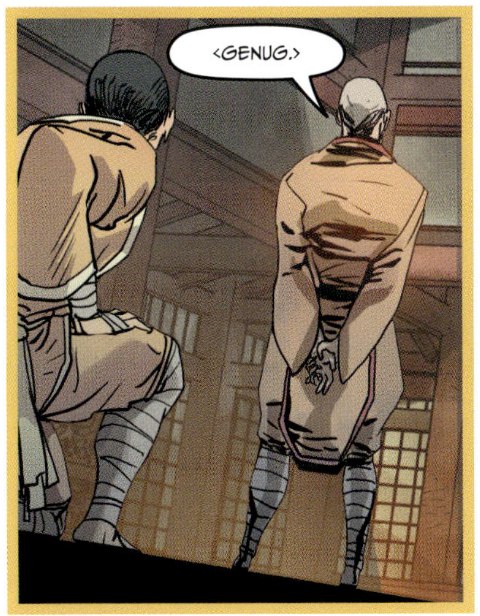
<GENUG.>

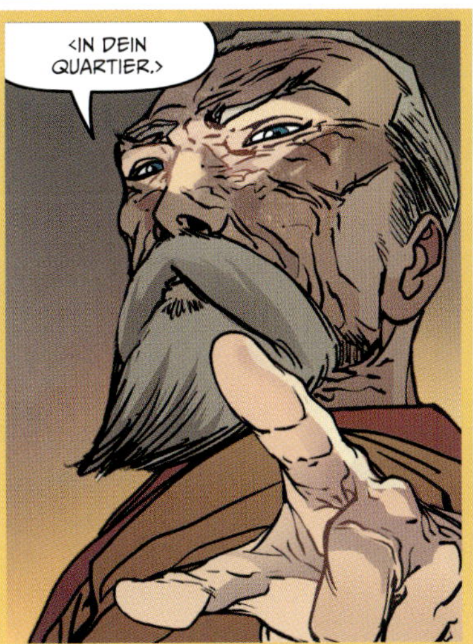
<IN DEIN QUARTIER.>

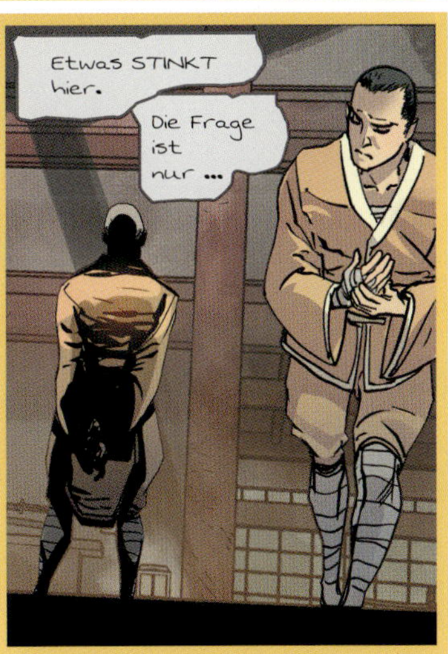
Etwas STINKT hier.
Die Frage ist nur ...

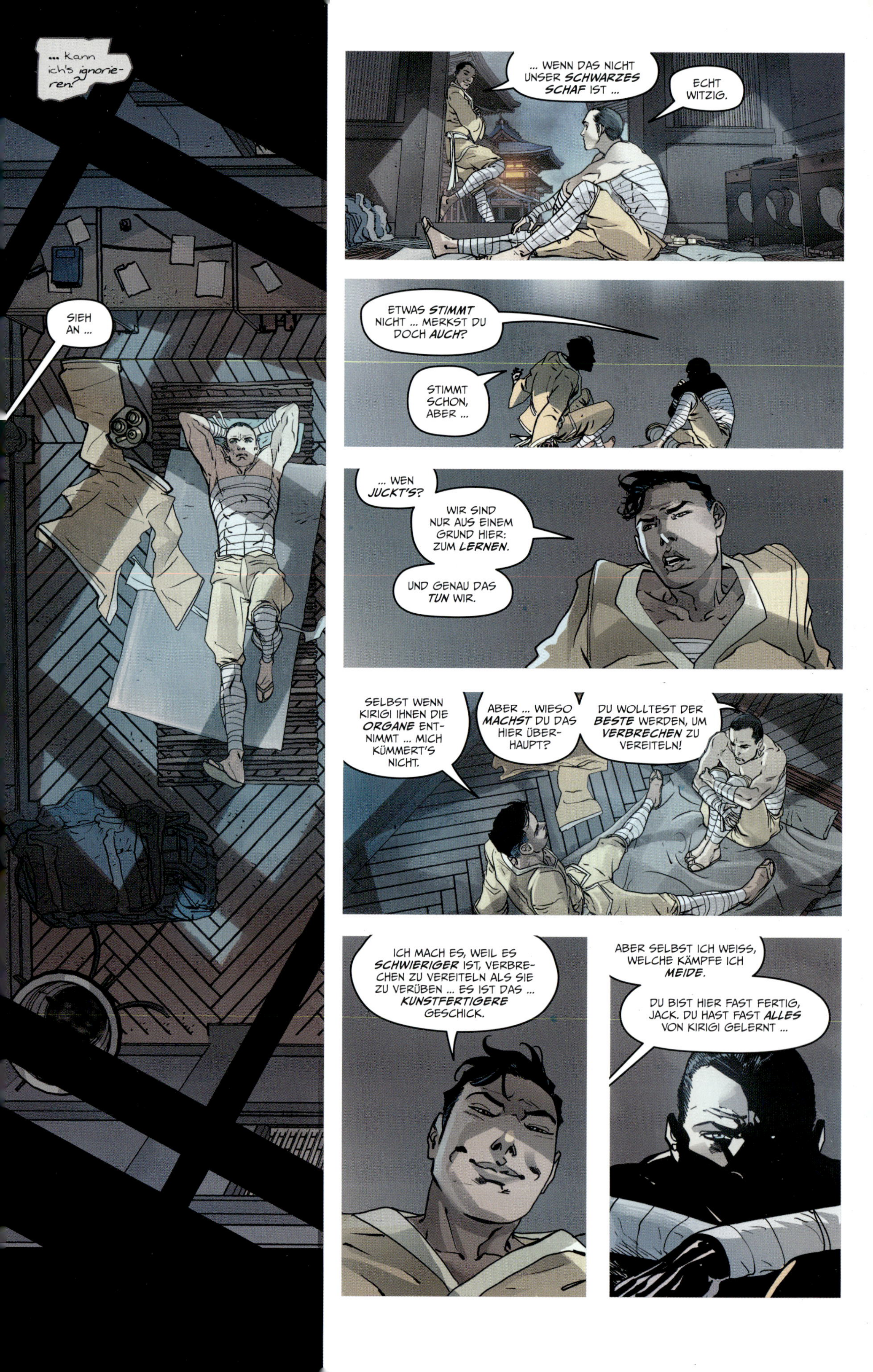

... kann ich's ignorieren?

SIEH AN ...

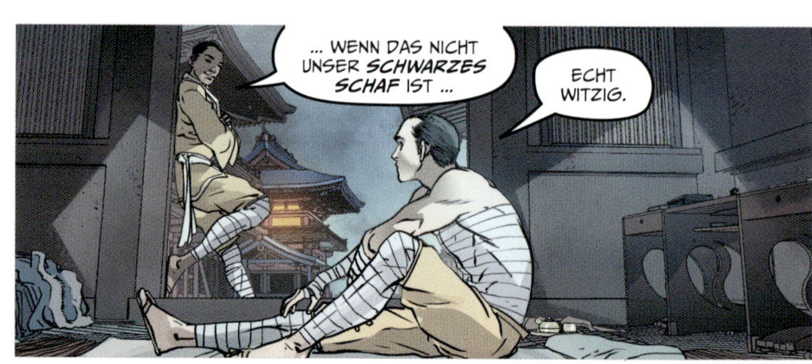

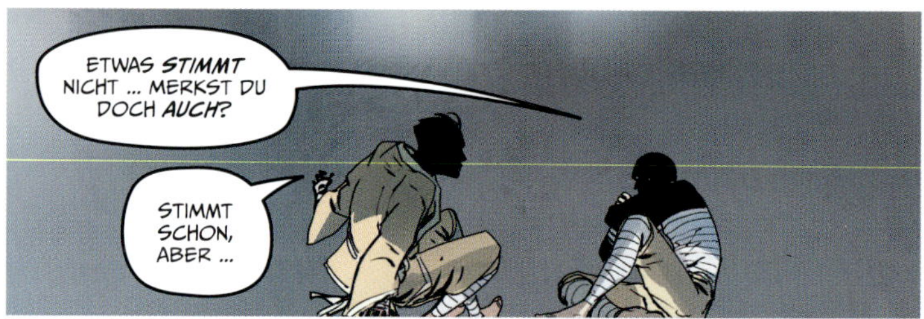

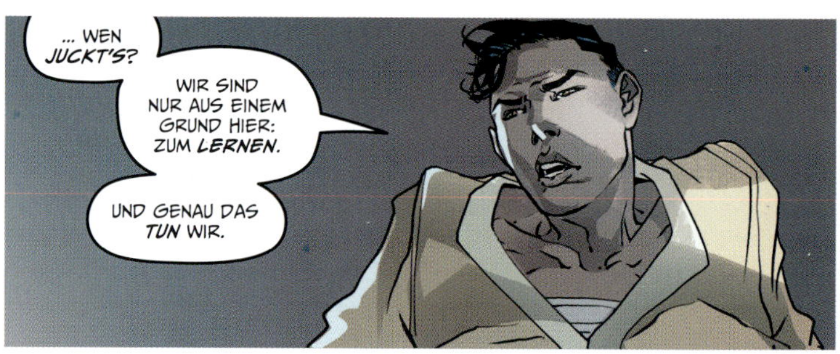

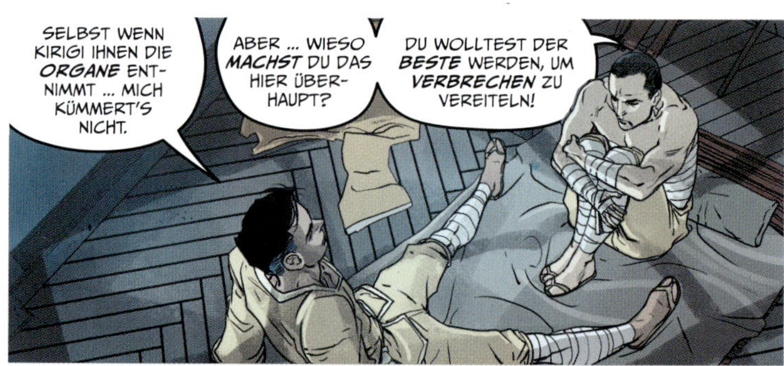

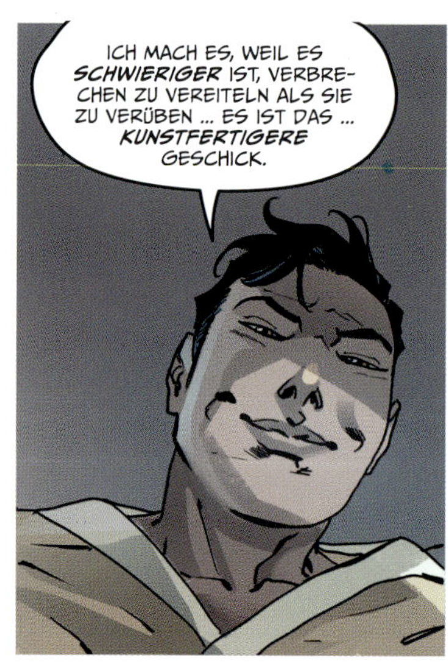

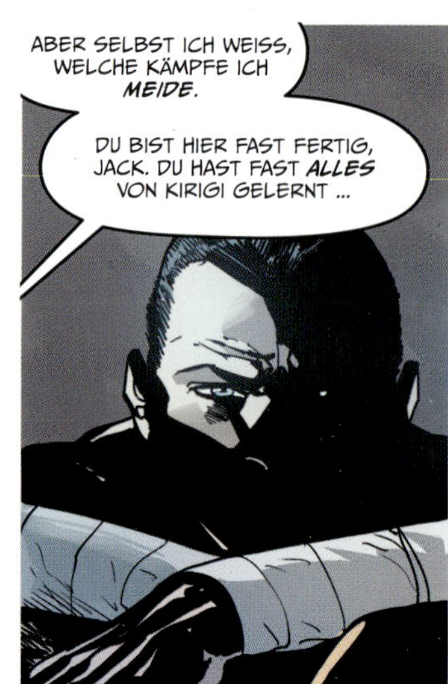

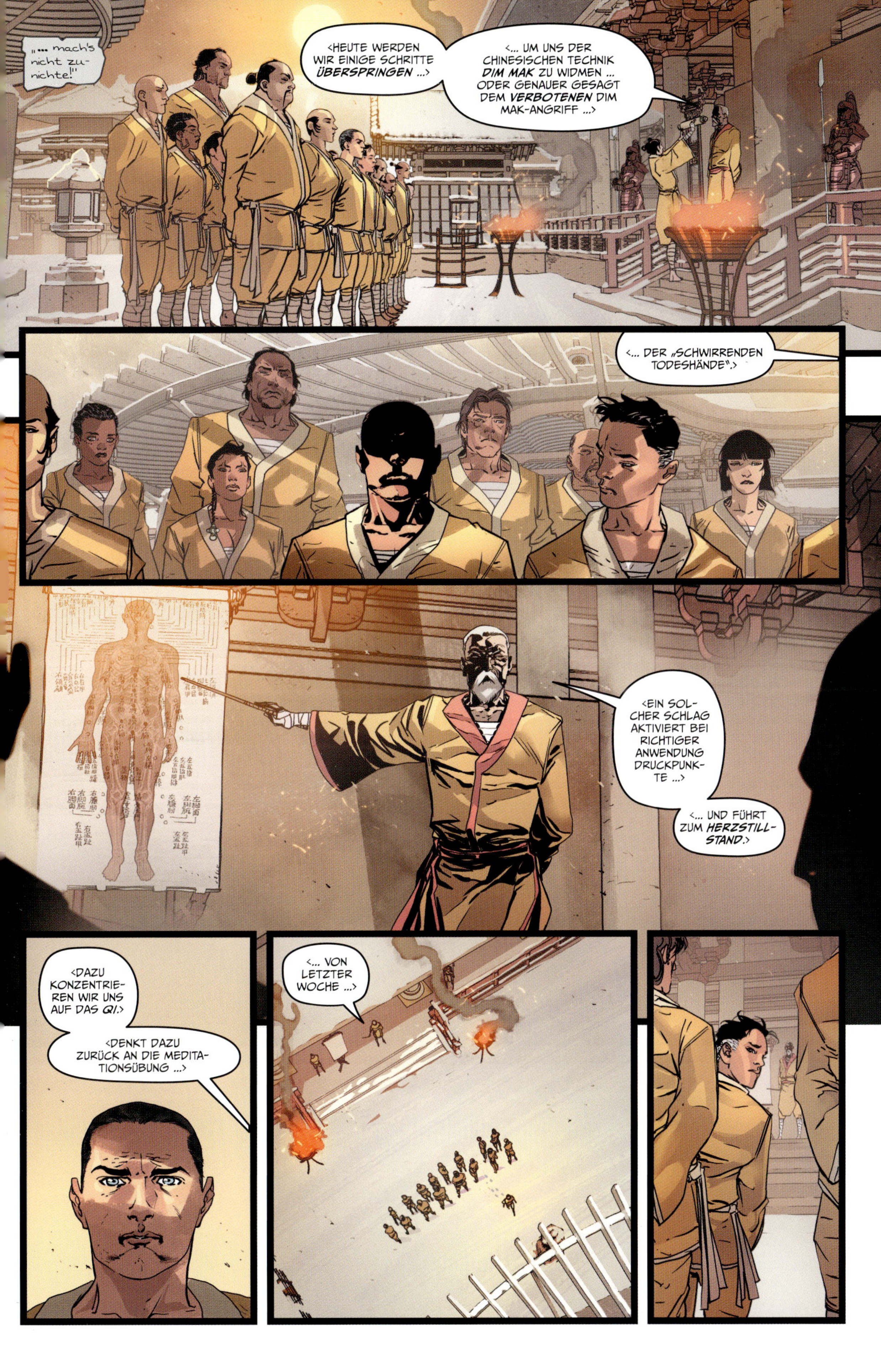
„... mach's nicht zunichte!"
<HEUTE WERDEN WIR EINIGE SCHRITTE ÜBERSPRINGEN ...>
<... UM UNS DER CHINESISCHEN TECHNIK DIM MAK ZU WIDMEN ... ODER GENAUER GESAGT DEM VERBOTENEN DIM MAK-ANGRIFF ...>
<... DER „SCHWIRRENDEN TODESHÄNDE".>
<EIN SOLCHER SCHLAG AKTIVIERT BEI RICHTIGER ANWENDUNG DRUCKPUNKTE ...>
<... UND FÜHRT ZUM HERZSTILLSTAND.>
<DAZU KONZENTRIEREN WIR UNS AUF DAS QI.>
<DENKT DAZU ZURÜCK AN DIE MEDITATIONSÜBUNG ...>
<... VON LETZTER WOCHE ...>

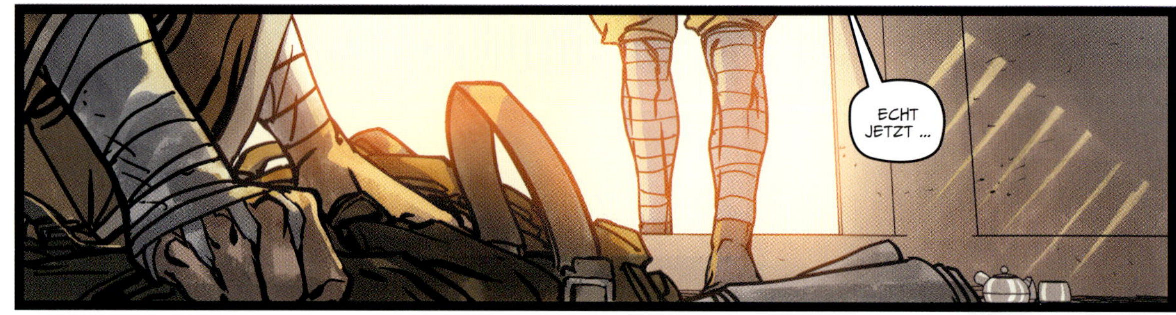
ECHT JETZT ...

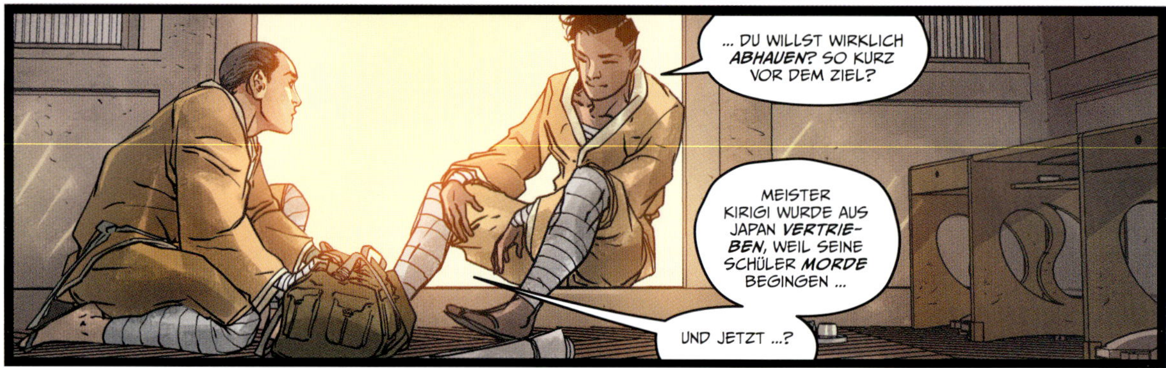
... DU WILLST WIRKLICH ***ABHAUEN***? SO KURZ VOR DEM ZIEL?
MEISTER KIRIGI WURDE AUS JAPAN ***VERTRIEBEN***, WEIL SEINE SCHÜLER ***MORDE*** BEGINGEN ...
UND JETZT ...?

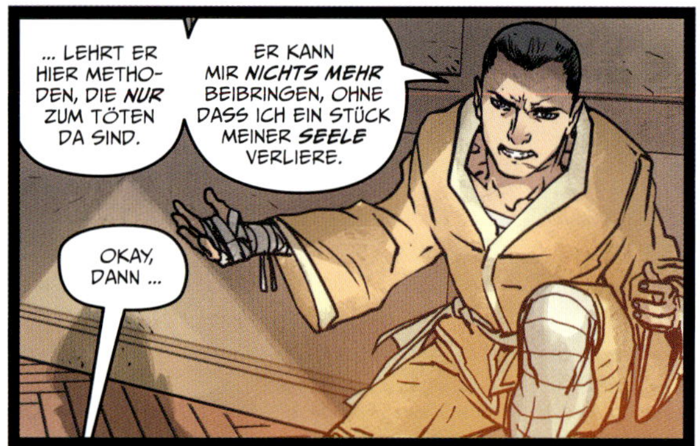
... LEHRT ER HIER METHODEN, DIE ***NUR*** ZUM TÖTEN DA SIND.
ER KANN MIR ***NICHTS MEHR*** BEIBRINGEN, OHNE DASS ICH EIN STÜCK MEINER ***SEELE*** VERLIERE.
OKAY, DANN ...

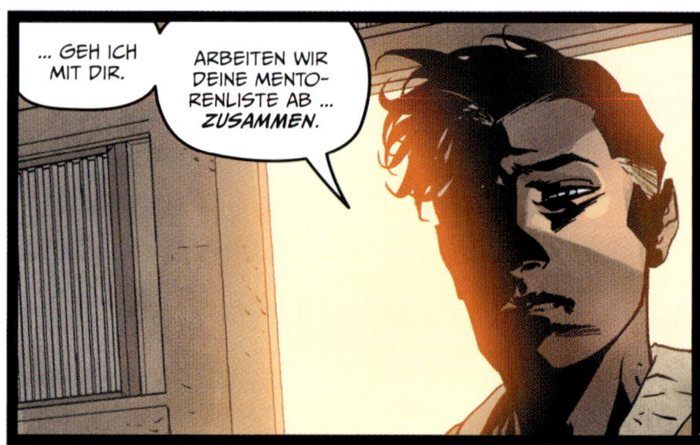
... GEH ICH MIT DIR.
ARBEITEN WIR DEINE MENTORENLISTE AB ... ***ZUSAMMEN***.

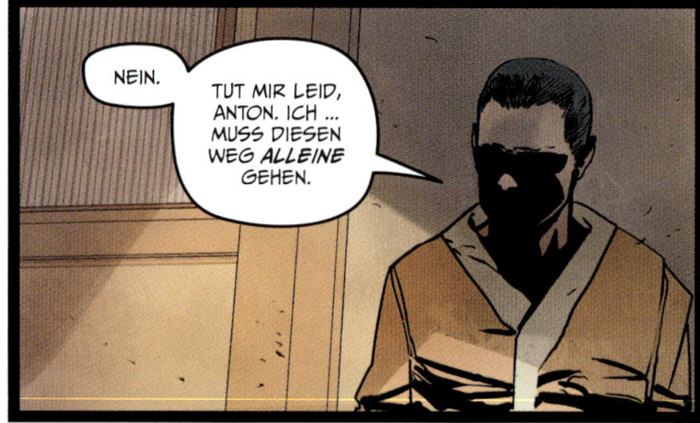
NEIN.
TUT MIR LEID, ANTON. ICH ... MUSS DIESEN WEG ***ALLEINE*** GEHEN.

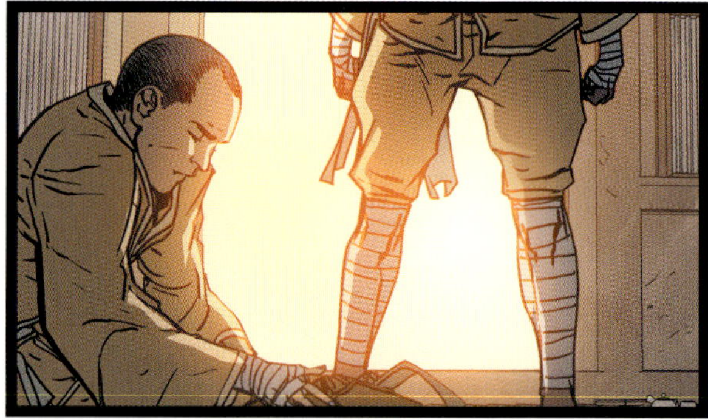

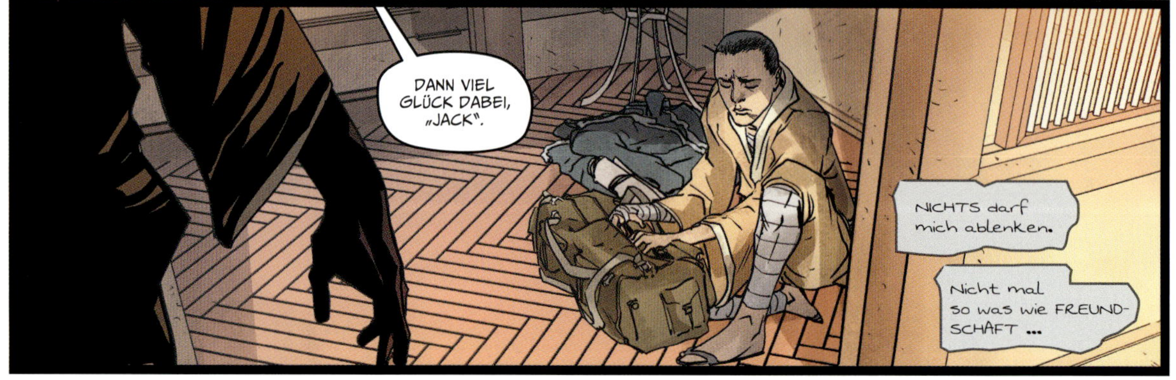
DANN VIEL GLÜCK DABEI, „JACK".
NICHTS darf mich ablenken.
Nicht mal so was wie FREUNDSCHAFT ...

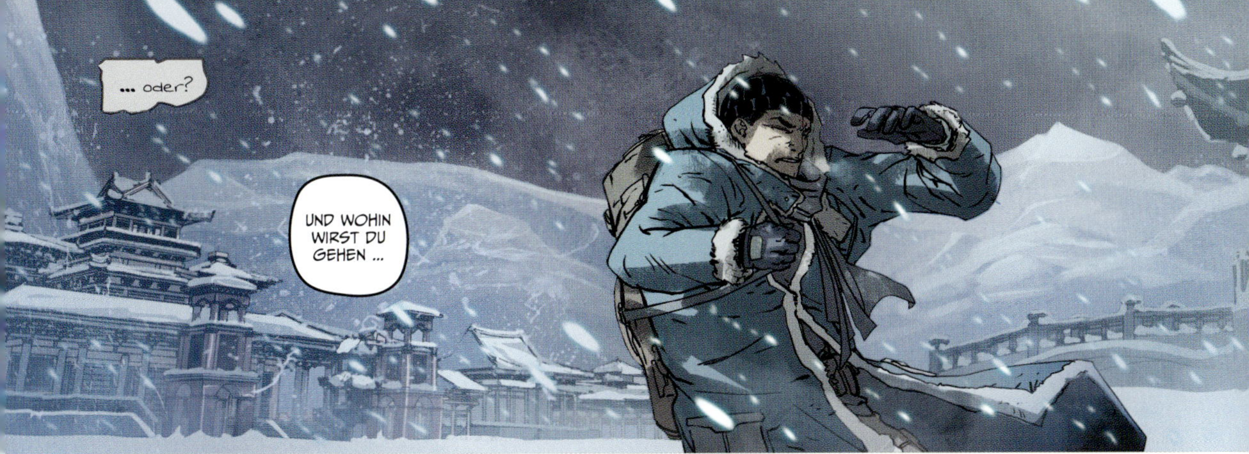
... oder?
UND WOHIN WIRST DU GEHEN ...

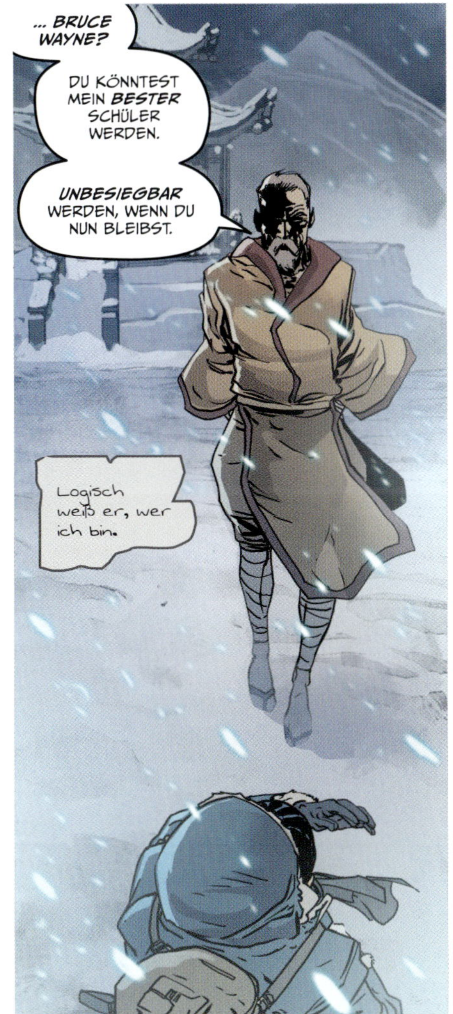
... BRUCE WAYNE?
DU KÖNNTEST MEIN BESTER SCHÜLER WERDEN.
UNBESIEGBAR WERDEN, WENN DU NUN BLEIBST.
Logisch weiß er, wer ich bin.

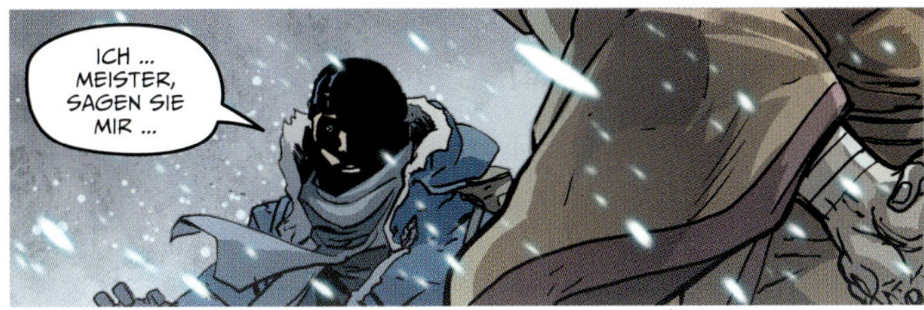
ICH ... MEISTER, SAGEN SIE MIR ...

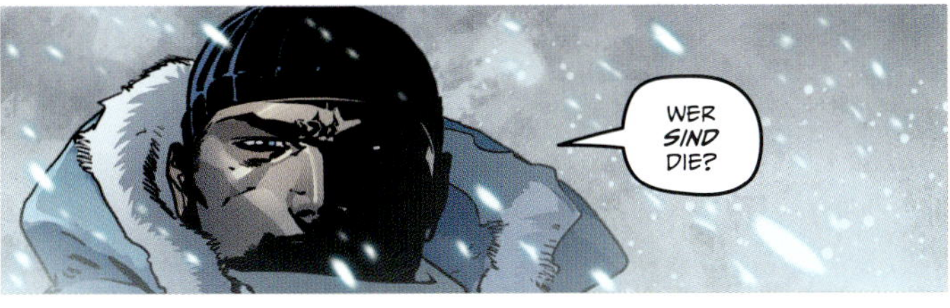
WER SIND DIE?

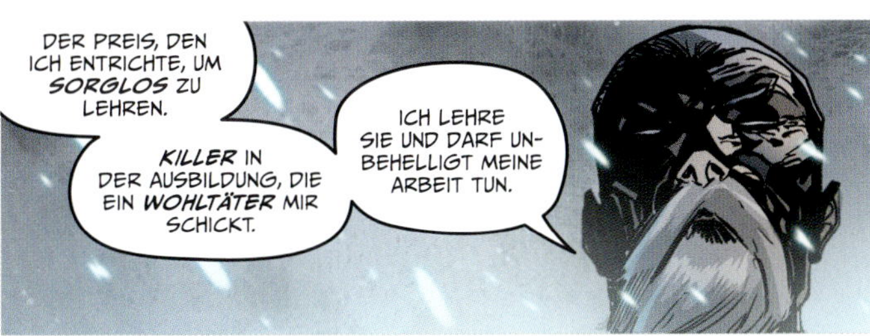
DER PREIS, DEN ICH ENTRICHTE, UM SORGLOS ZU LEHREN.
KILLER IN DER AUSBILDUNG, DIE EIN WOHLTÄTER MIR SCHICKT.
ICH LEHRE SIE UND DARF UNBEHELLIGT MEINE ARBEIT TUN.

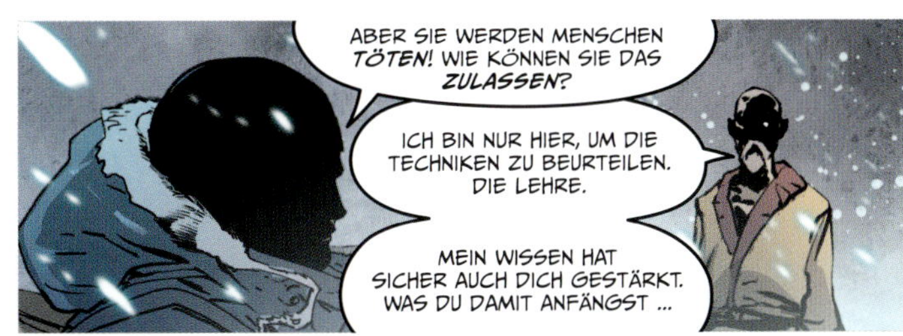
ABER SIE WERDEN MENSCHEN TÖTEN! WIE KÖNNEN SIE DAS ZULASSEN?
ICH BIN NUR HIER, UM DIE TECHNIKEN ZU BEURTEILEN. DIE LEHRE.
MEIN WISSEN HAT SICHER AUCH DICH GESTÄRKT. WAS DU DAMIT ANFÄNGST ...

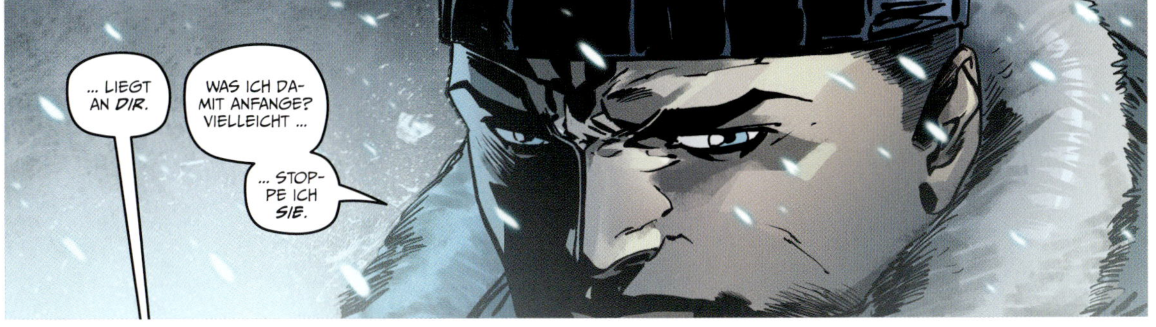
... LIEGT AN DIR.
WAS ICH DAMIT ANFANGE? VIELLEICHT ...
... STOPPE ICH SIE.

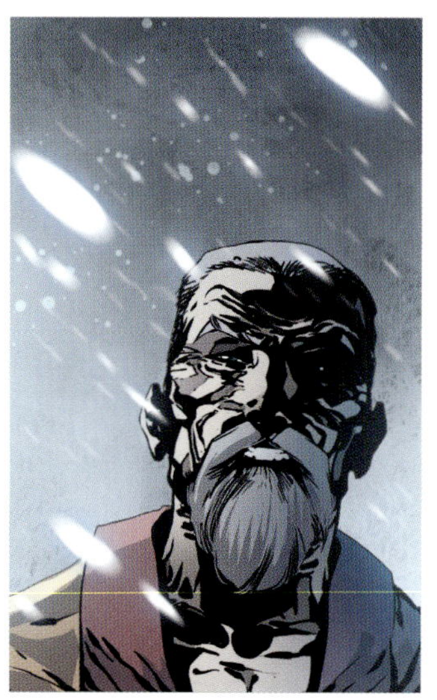

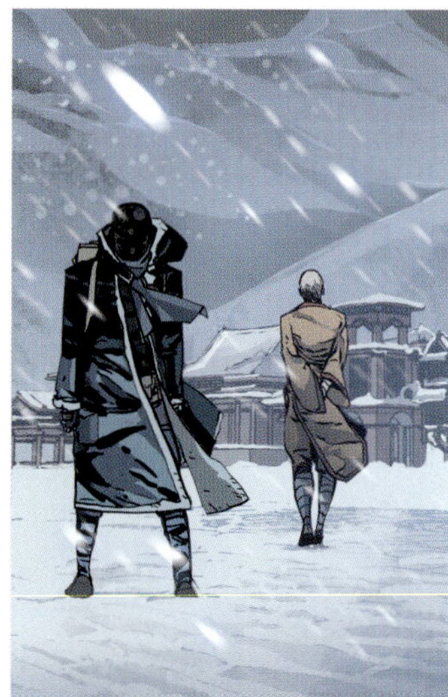

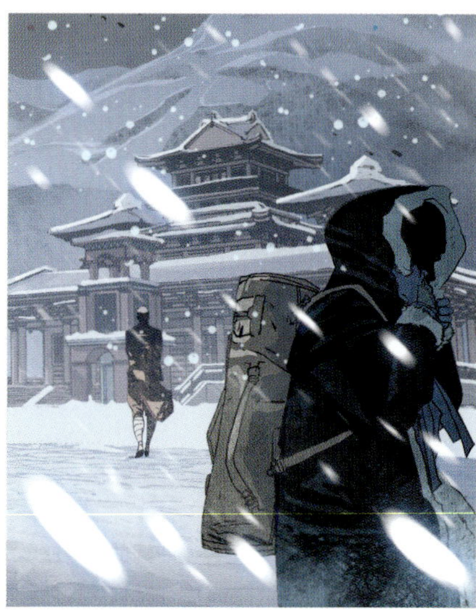

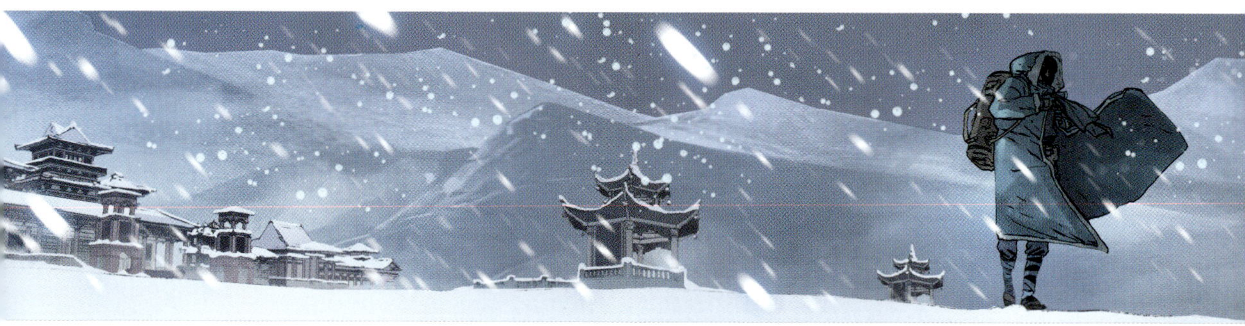

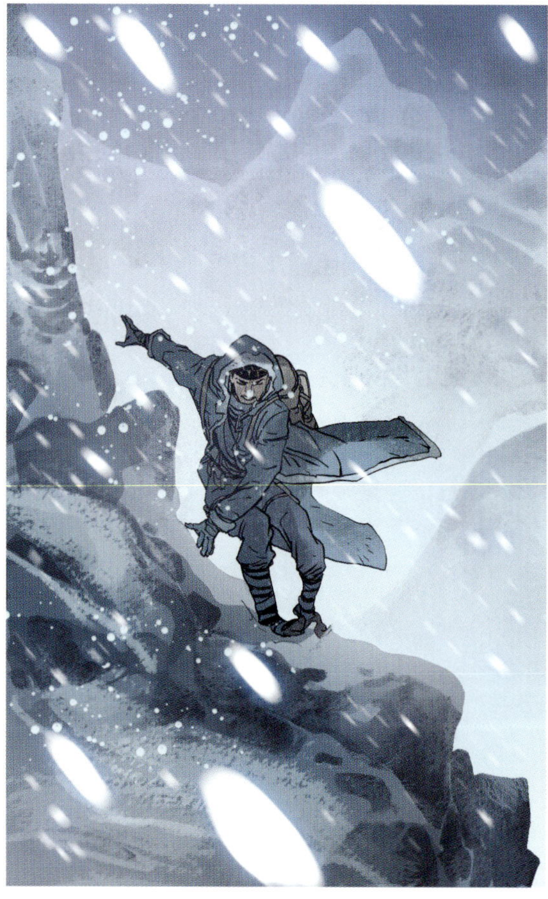

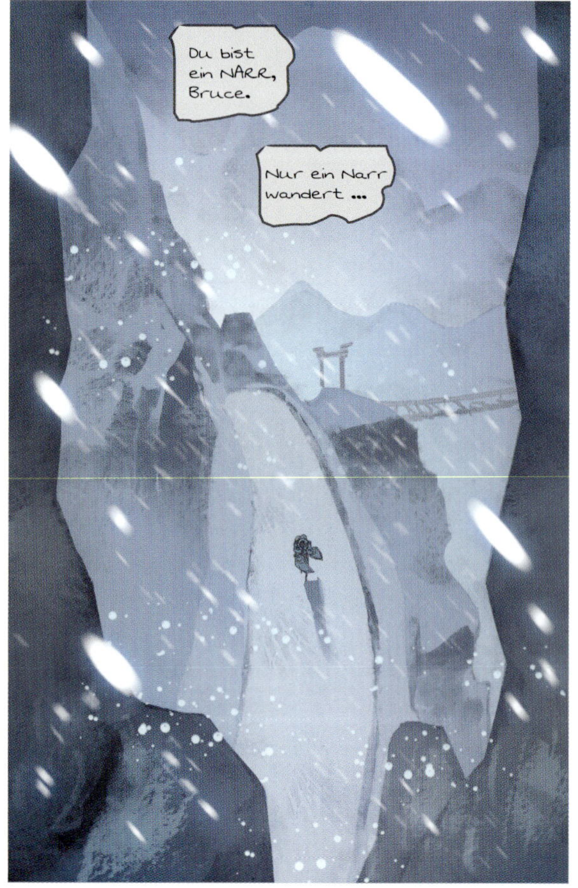

Du bist
ein NARR,
Bruce.
Nur ein Narr
wandert ...

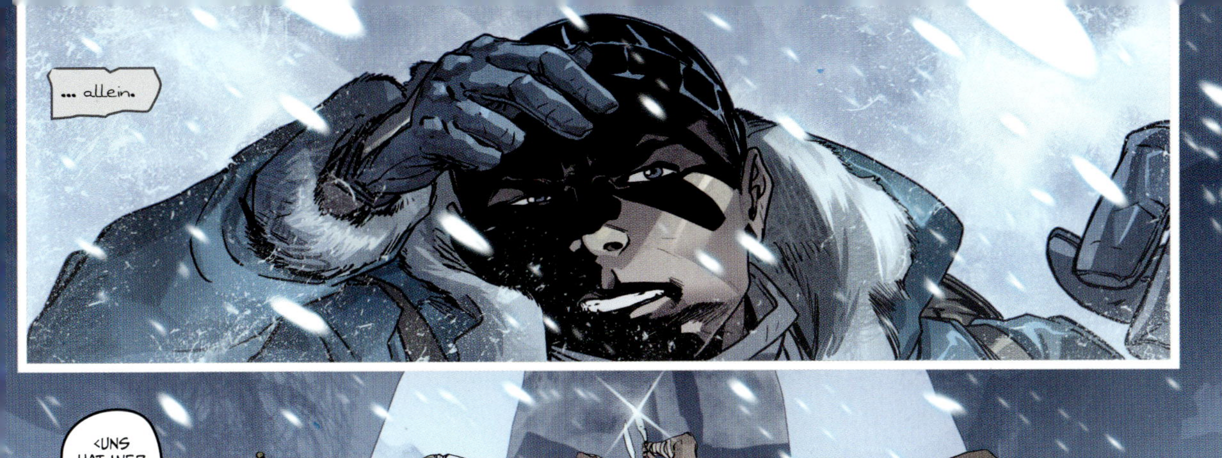

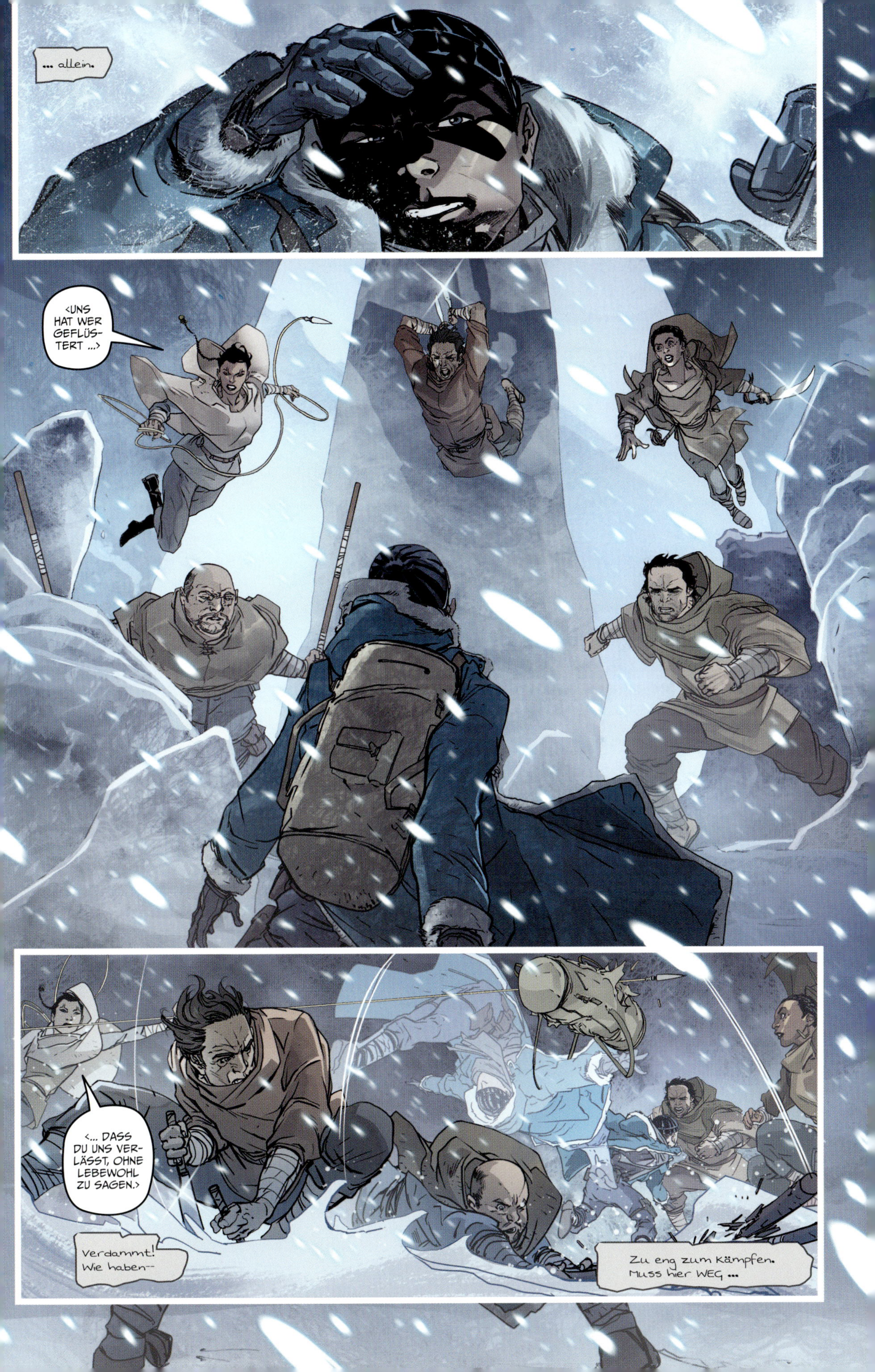

<UNS HAT WER GEFLÜSTERT ...>

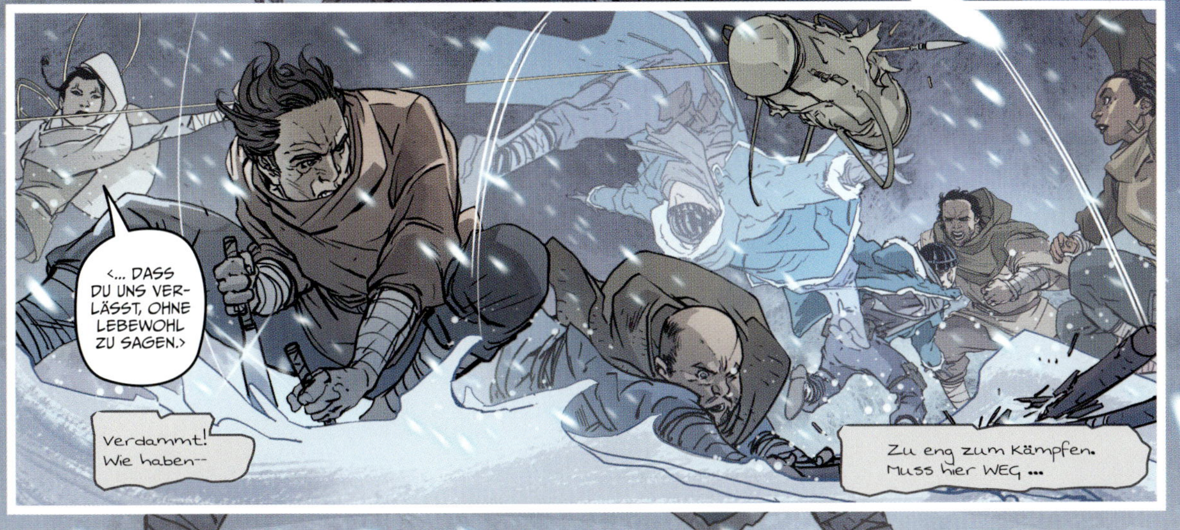

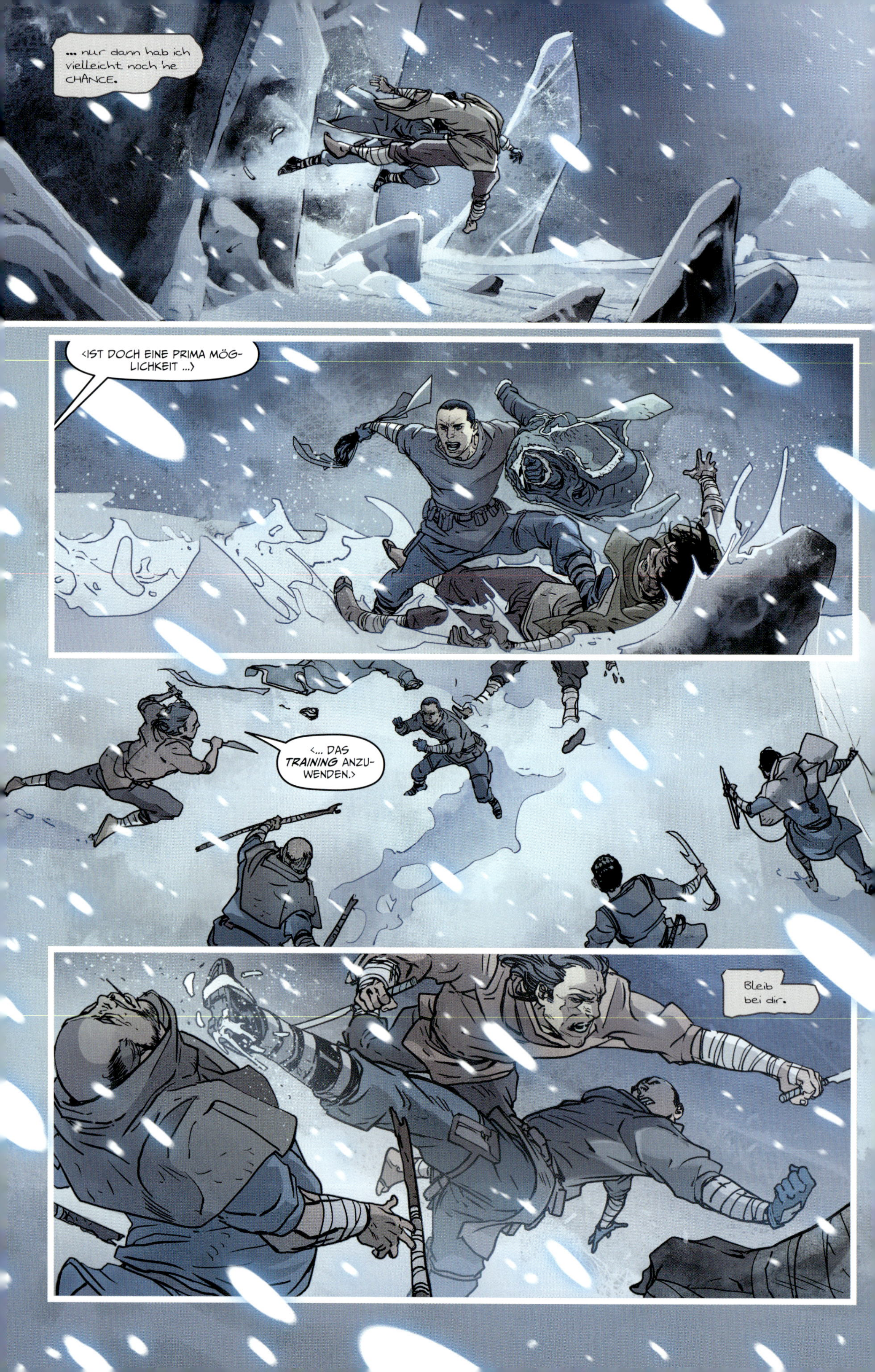

... nur dann hab ich vielleicht noch 'ne CHANCE.

<IST DOCH EINE PRIMA MÖGLICHKEIT ...>

<... DAS *TRAINING* ANZUWENDEN.>

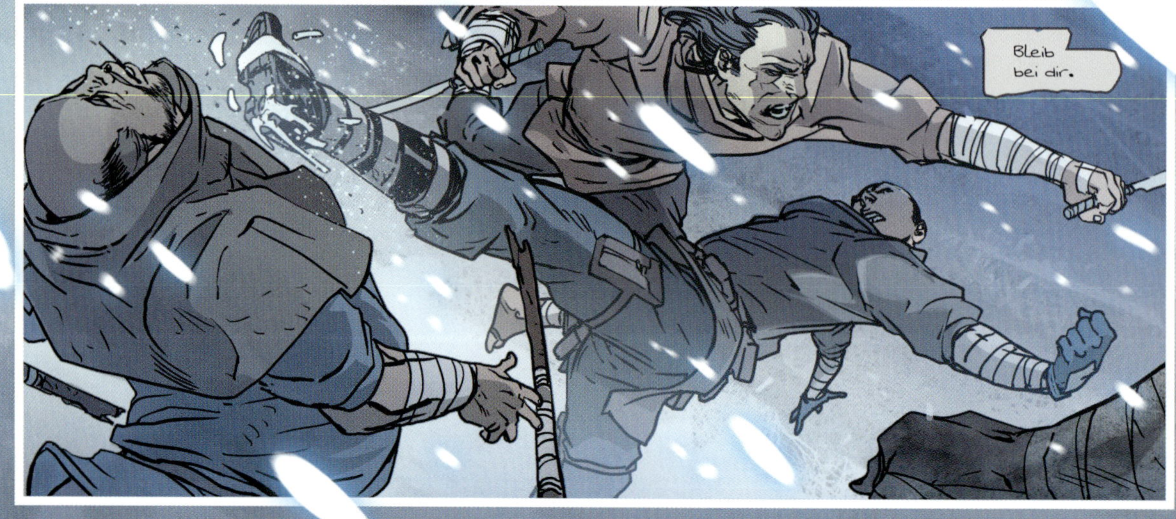

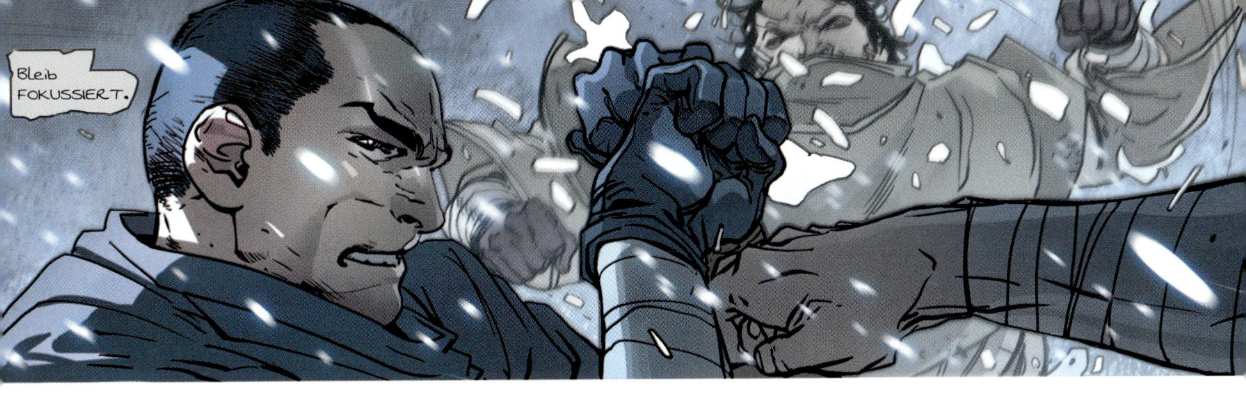
Bleib FOKUSSIERT.

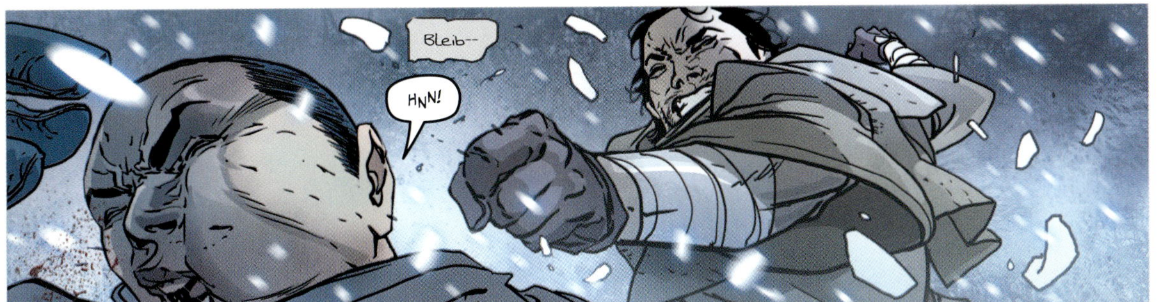
Bleib--
HNN!

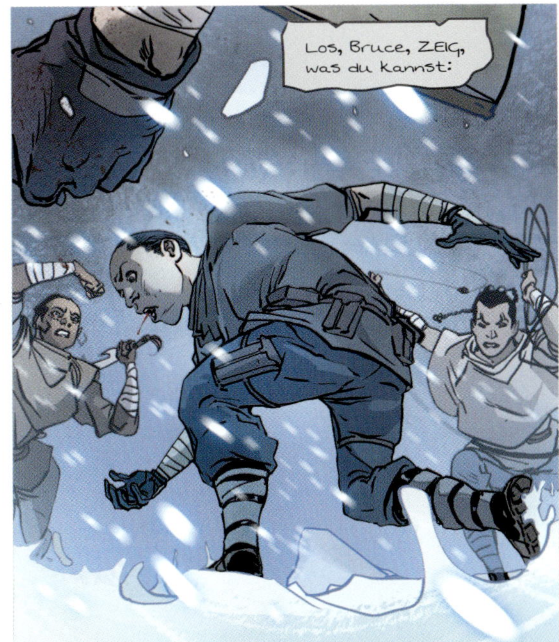
Los, Bruce, ZEIG, was du kannst:

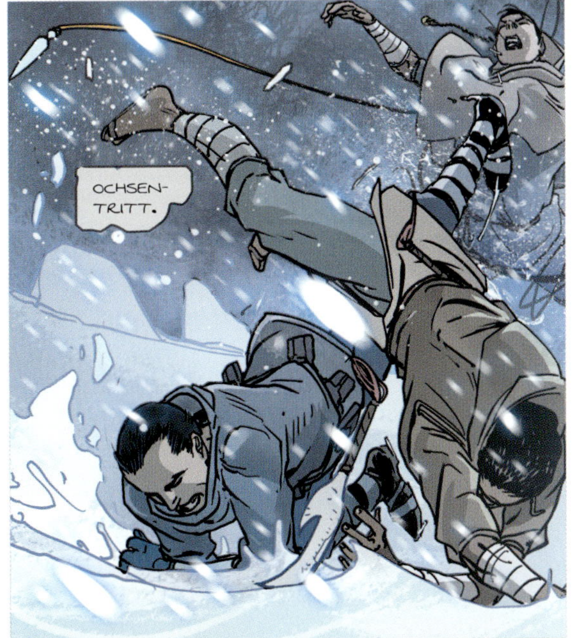
OCHSEN-
TRITT.

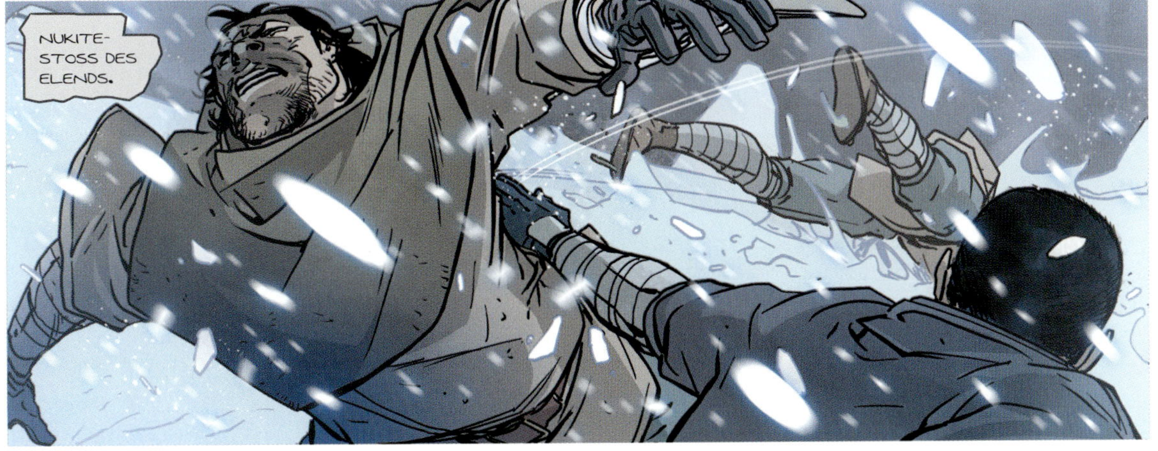
NUKITE-
STOSS DES
ELENDS.

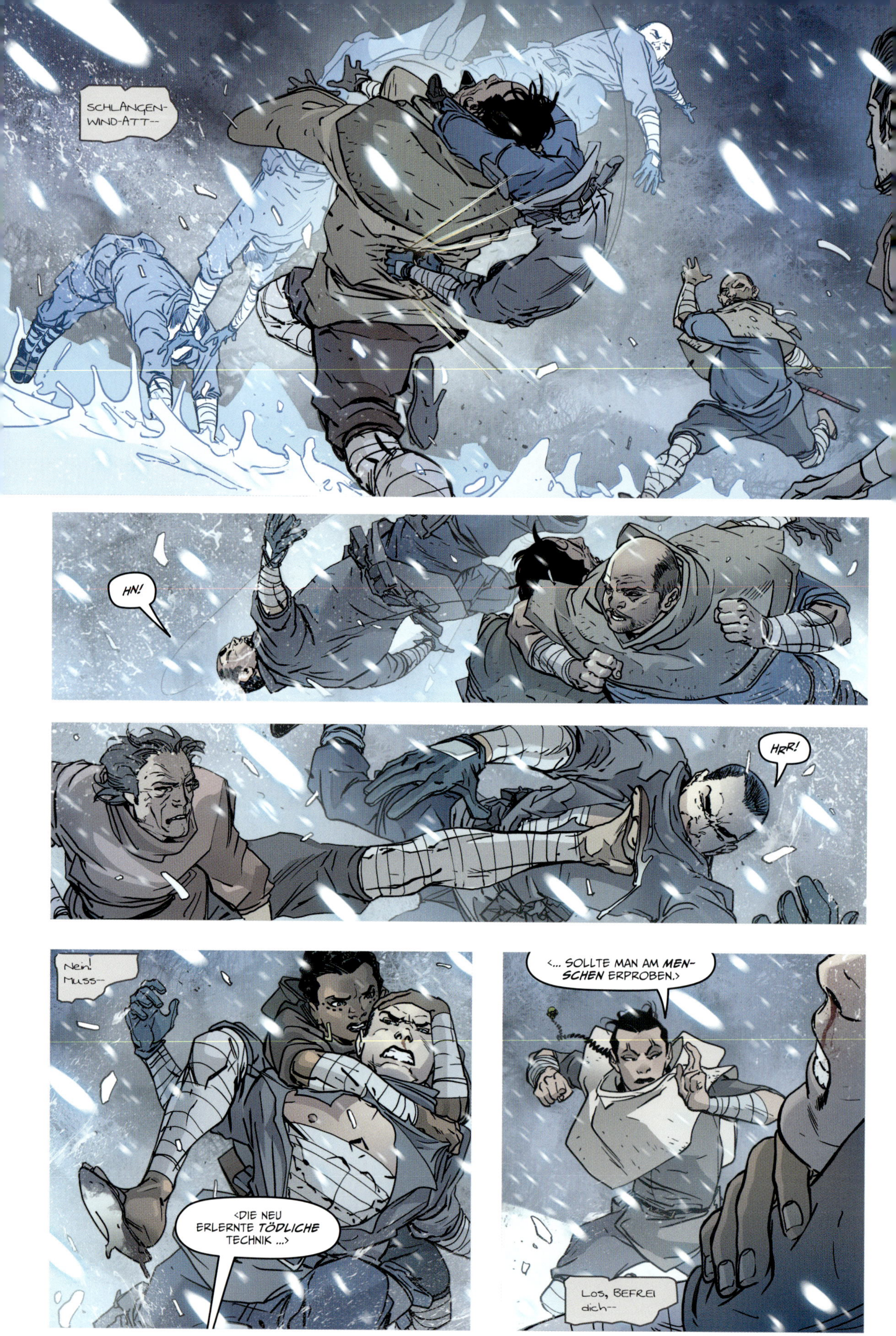

SCHLANGEN-WIND-ATT--

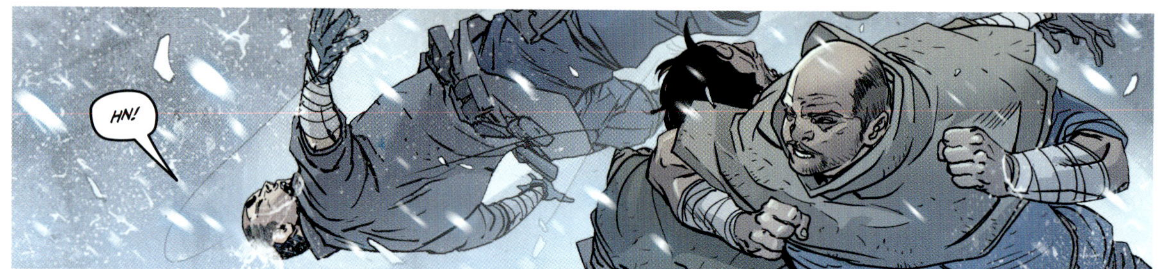
HN!

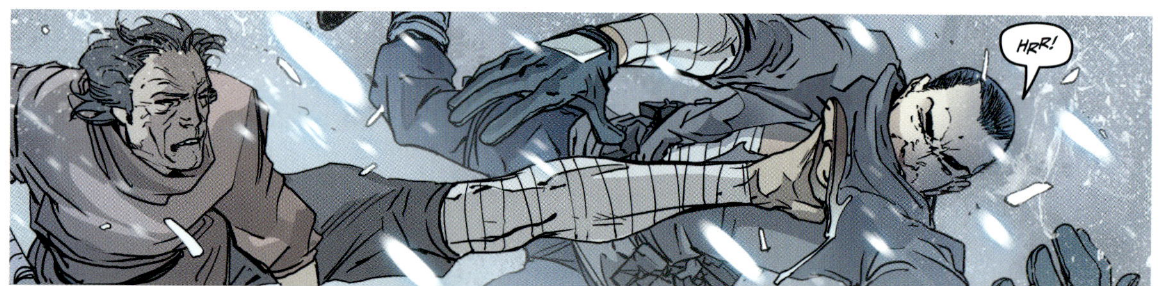
HRR!

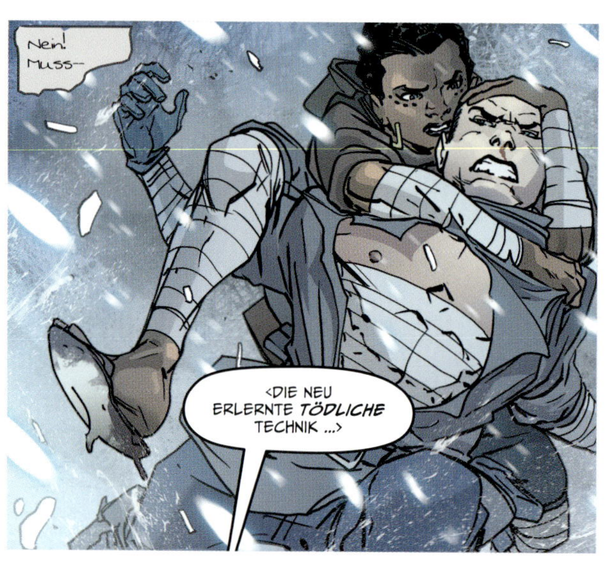
Nein! Muss--
<DIE NEU ERLERNTE TÖDLICHE TECHNIK ...>

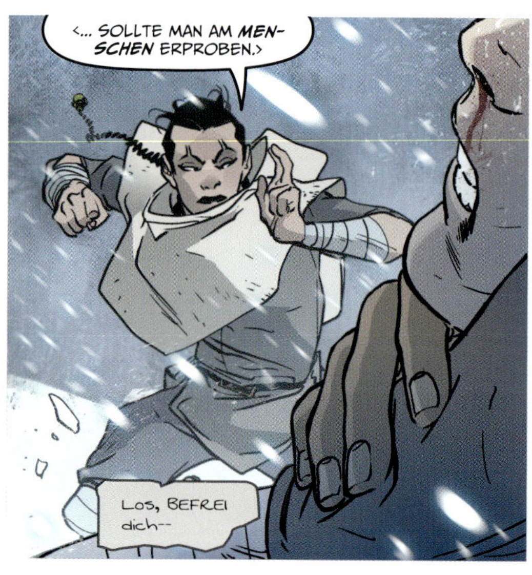
<... SOLLTE MAN AM MENSCHEN ERPROBEN.>
Los, BEFREI dich--

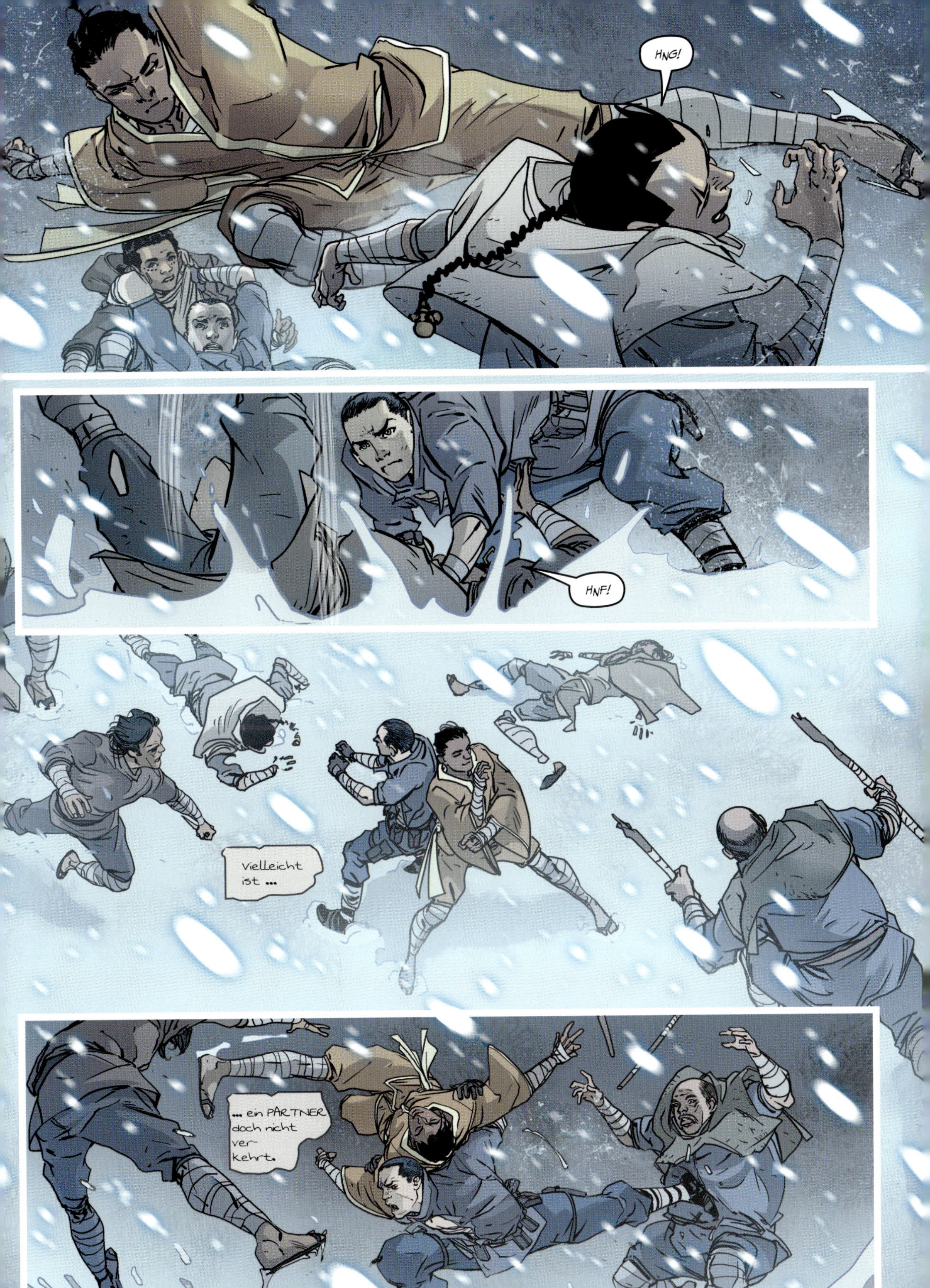
HNG!
HNF!
Vielleicht ist ...
... ein PARTNER doch nicht ver-kehrt.

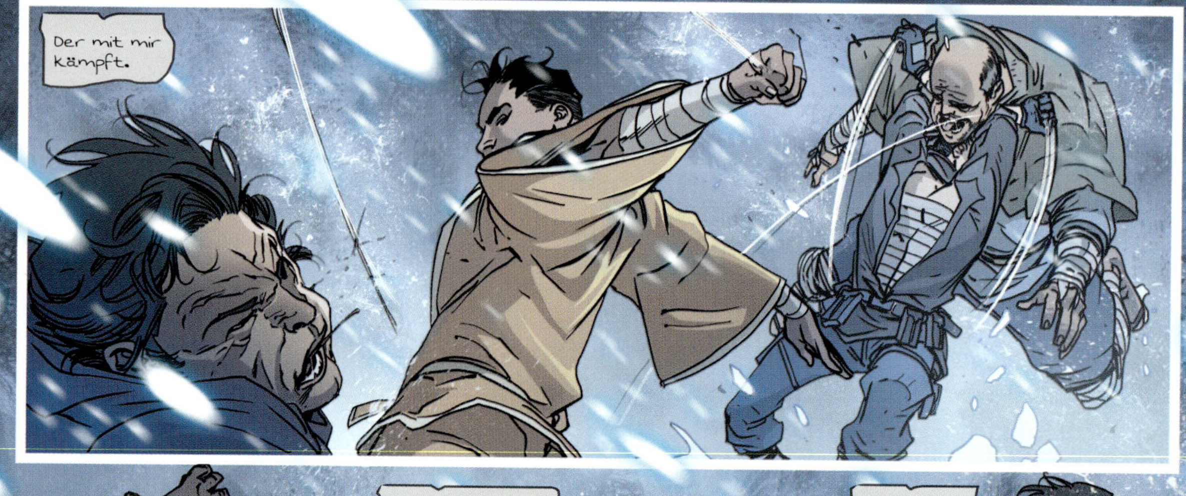
Der mit mir kämpft.

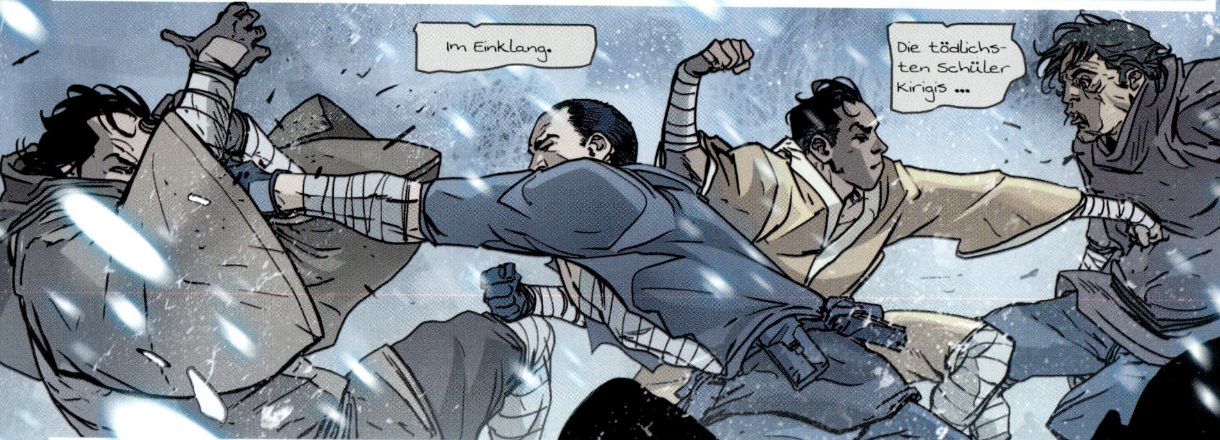
Im Einklang.
Die tödlichsten Schüler Kirigis ...

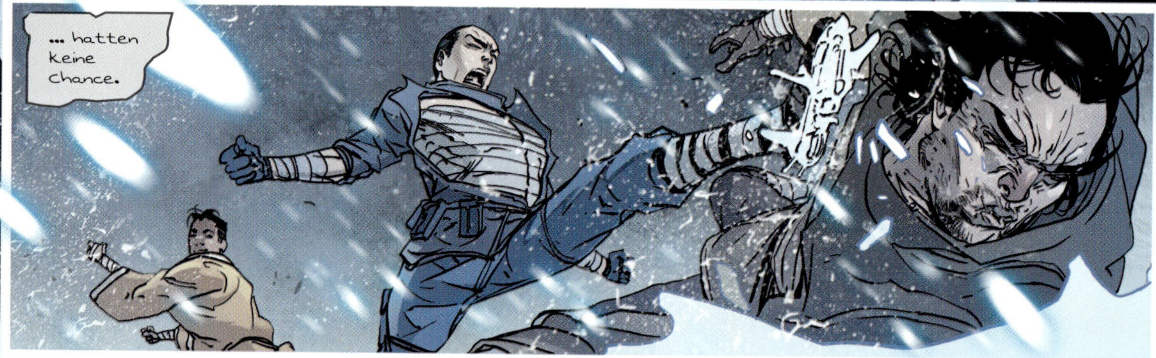
... hatten keine Chance.

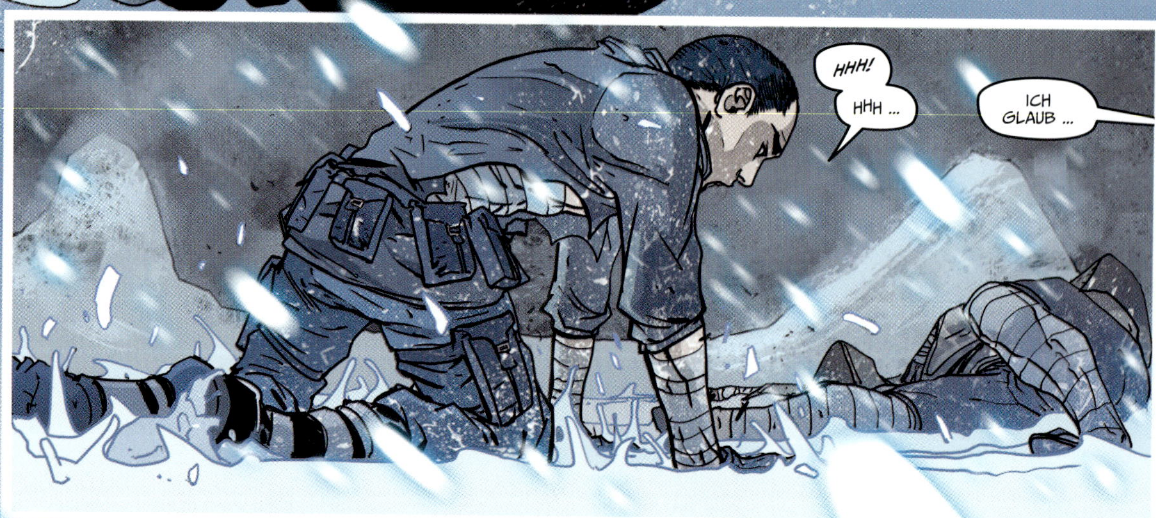
HHH! HHH ...
ICH GLAUB ...

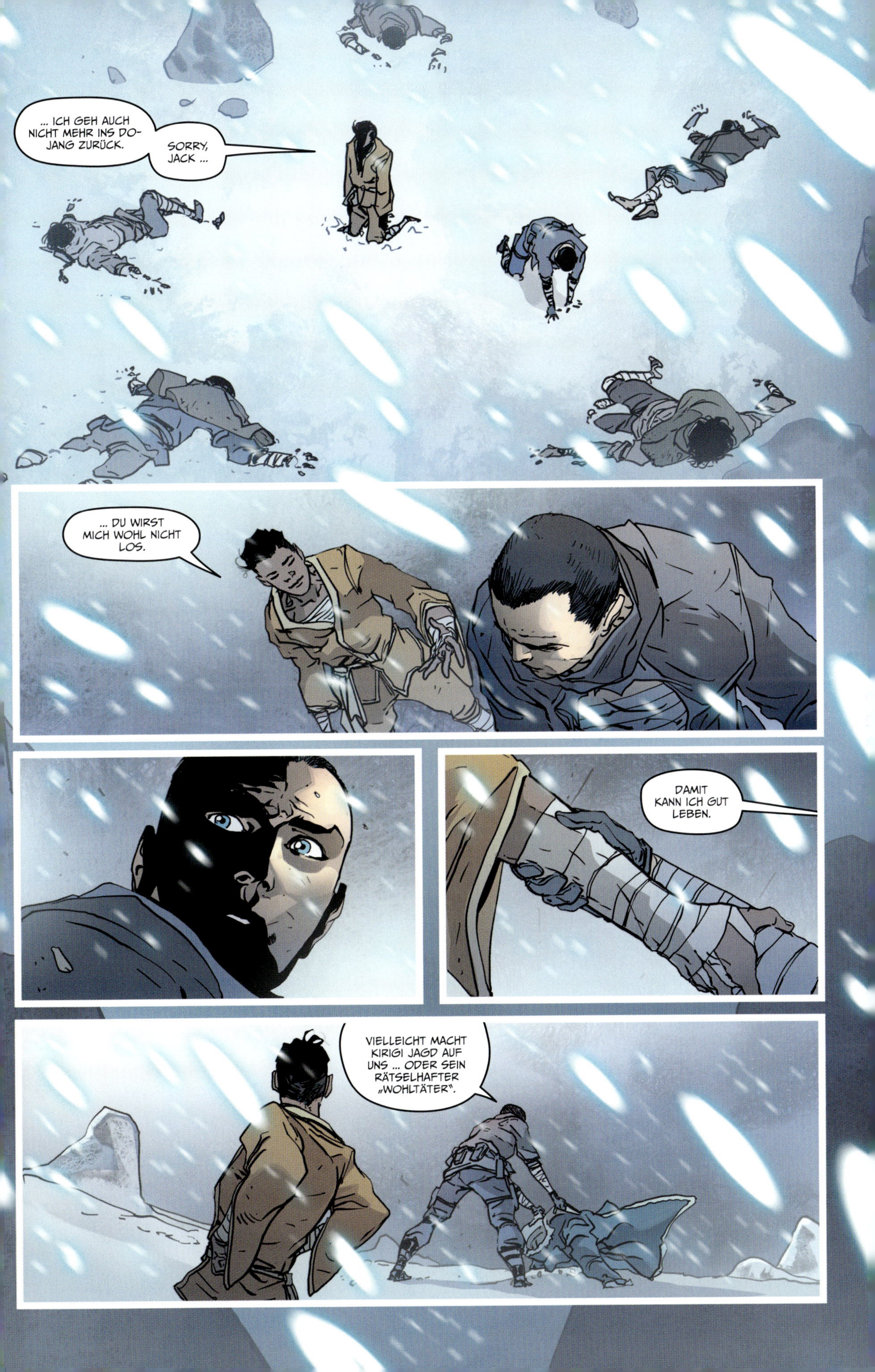

SORRY, JACK ...
... ICH GEH AUCH NICHT MEHR INS DO-JANG ZURÜCK.

... DU WIRST MICH WOHL NICHT LOS.

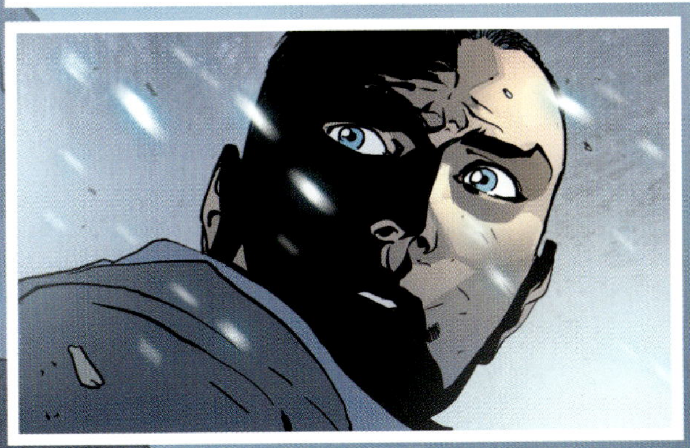

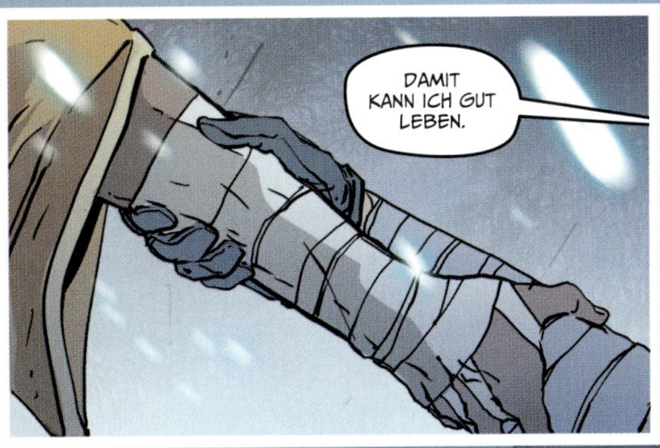

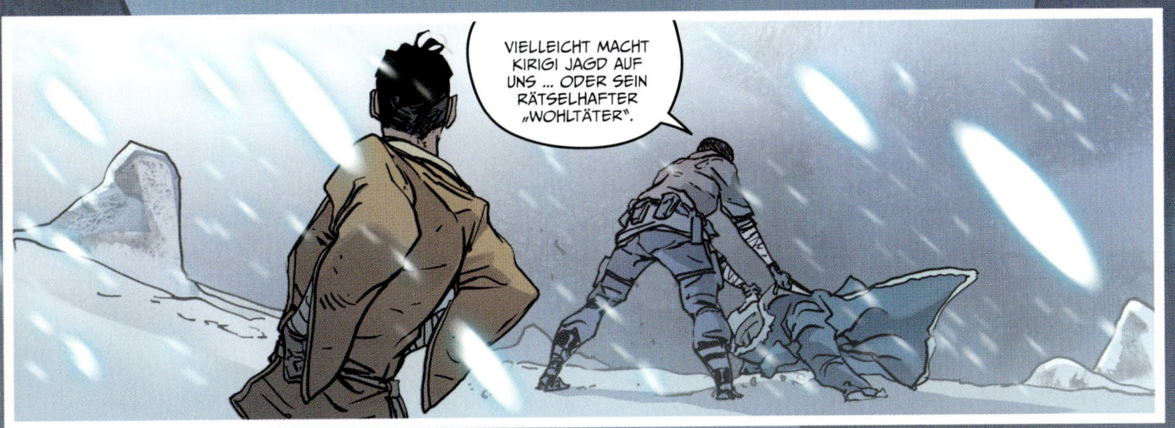

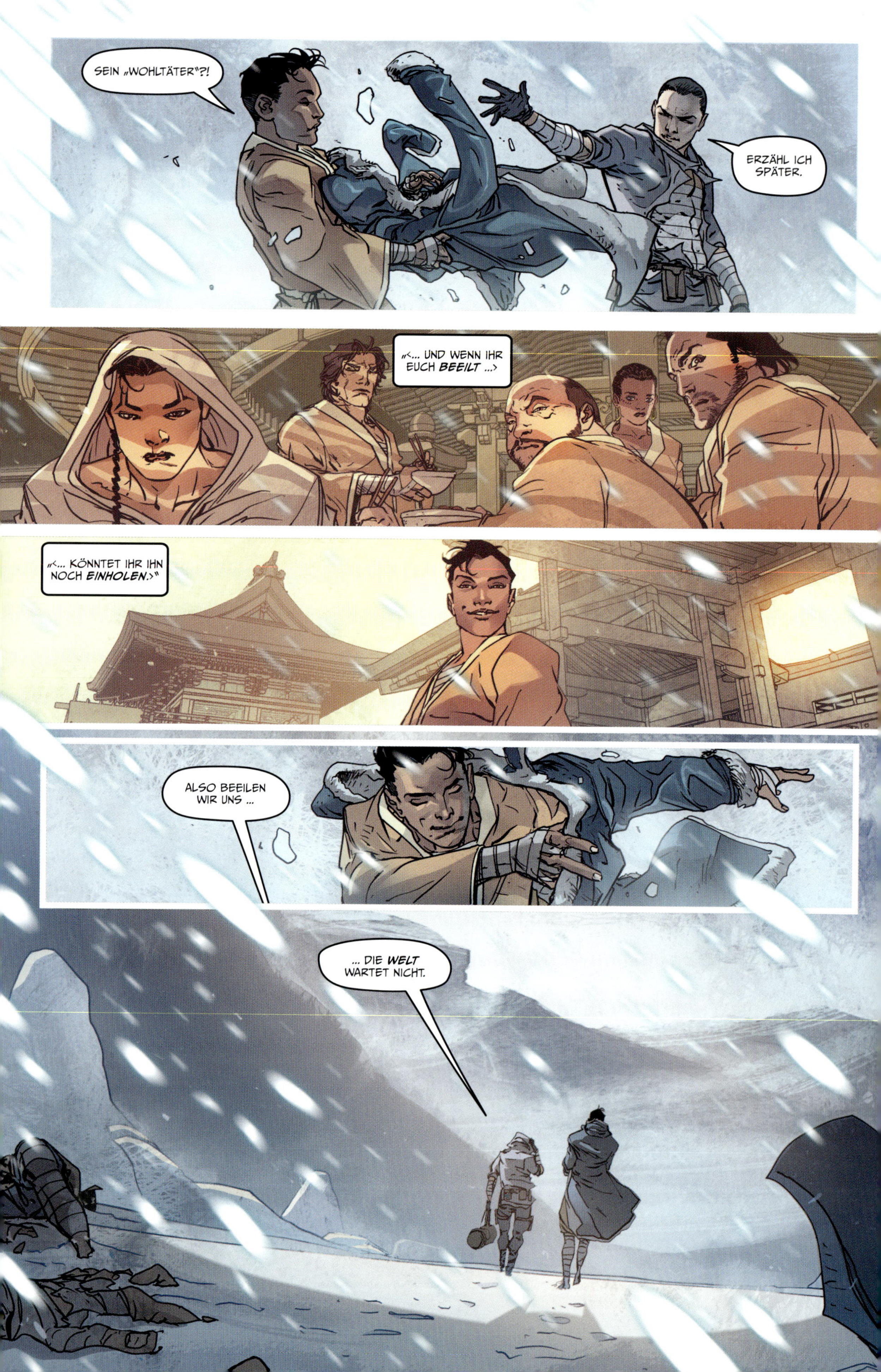
SEIN „WOHLTÄTER"?!
ERZÄHL ICH SPÄTER.
„<... UND WENN IHR EUCH BEEILT ...>
„<... KÖNNTET IHR IHN NOCH EINHOLEN.>"
ALSO BEEILEN WIR UNS ...
... DIE WELT WARTET NICHT.

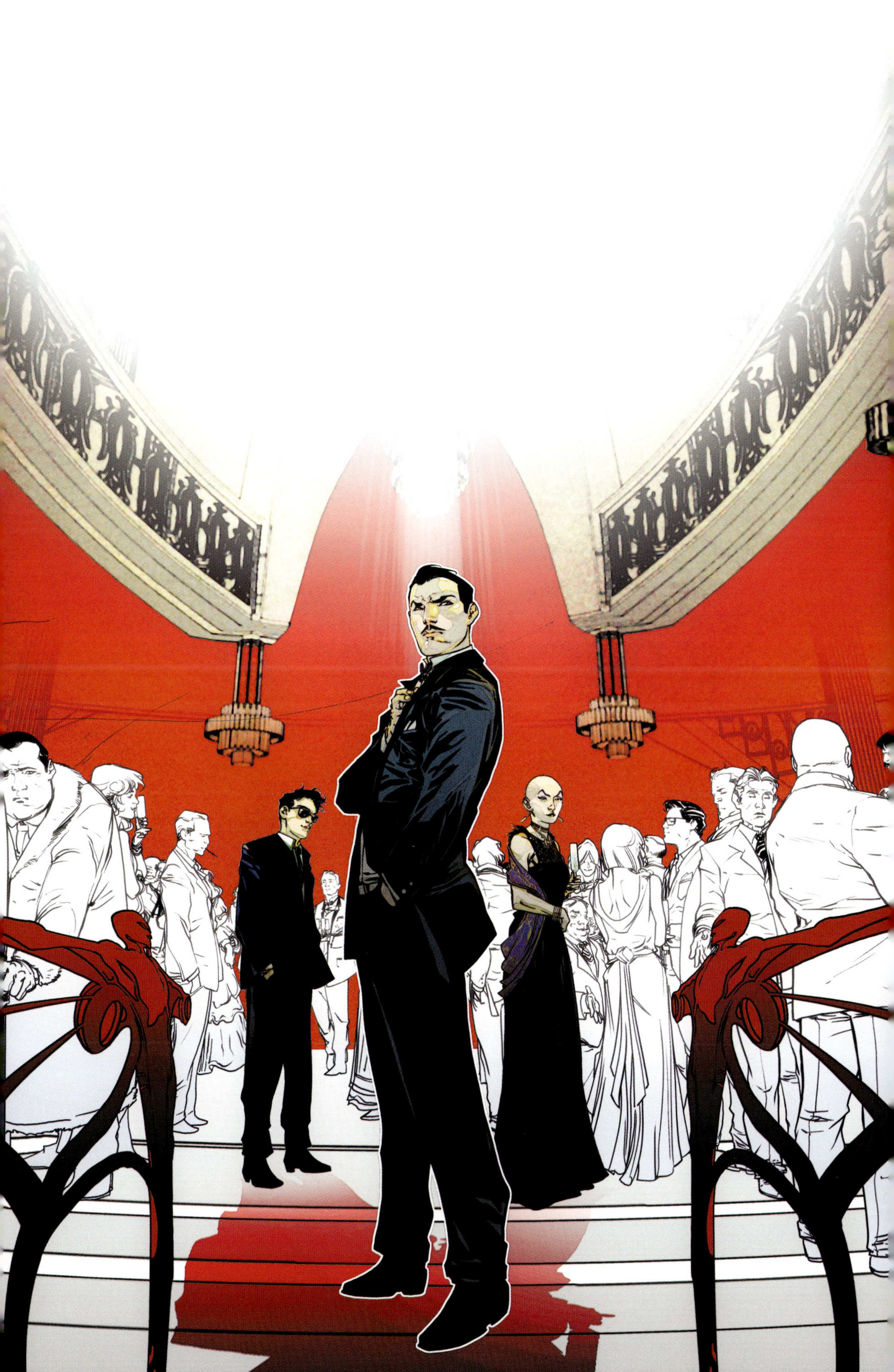

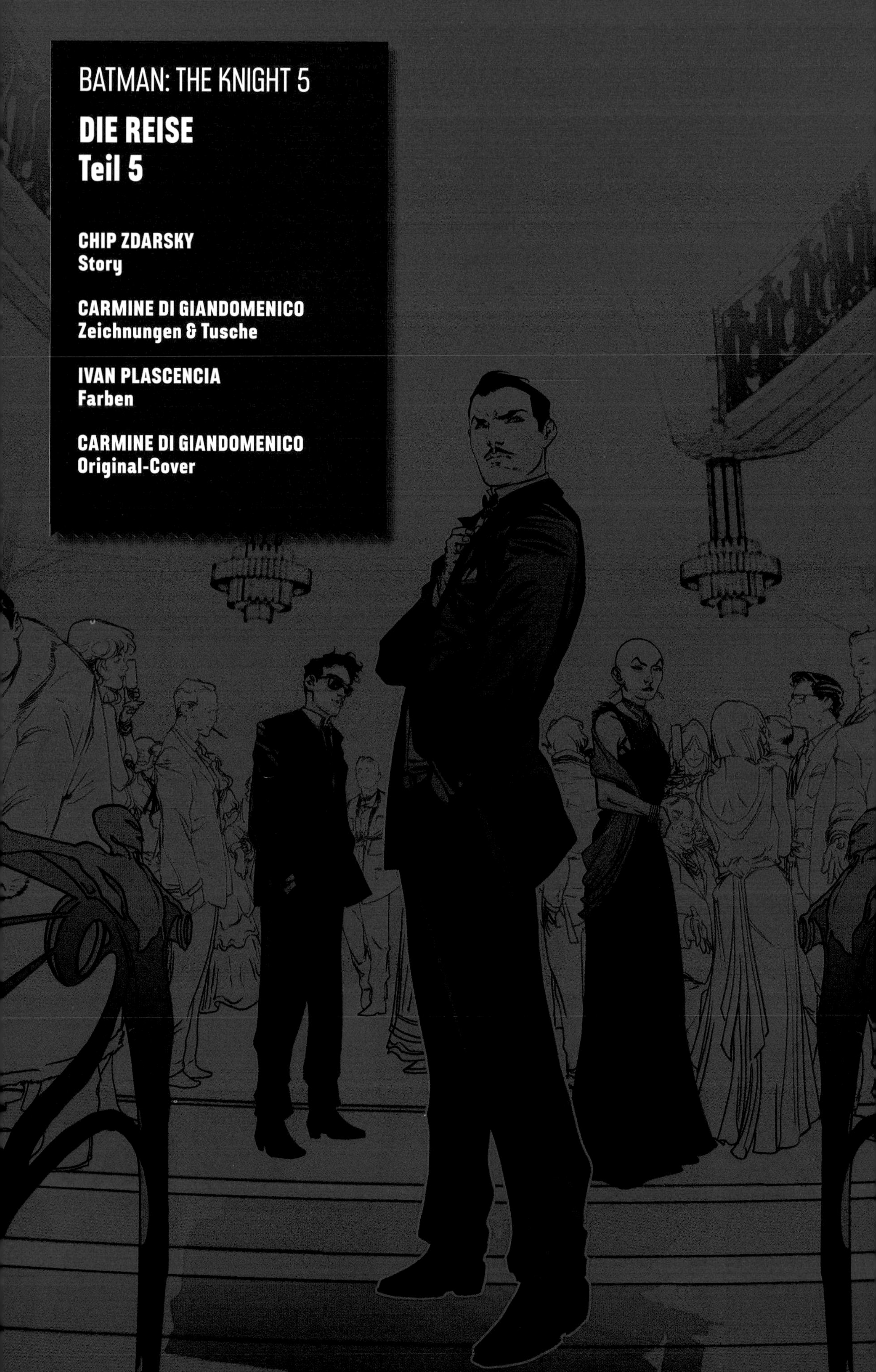
BATMAN: THE KNIGHT 5
DIE REISE
Teil 5
CHIP ZDARSKY
Story
CARMINE DI GIANDOMENICO
Zeichnungen & Tusche
IVAN PLASCENCIA
Farben
CARMINE DI GIANDOMENICO
Original-Cover

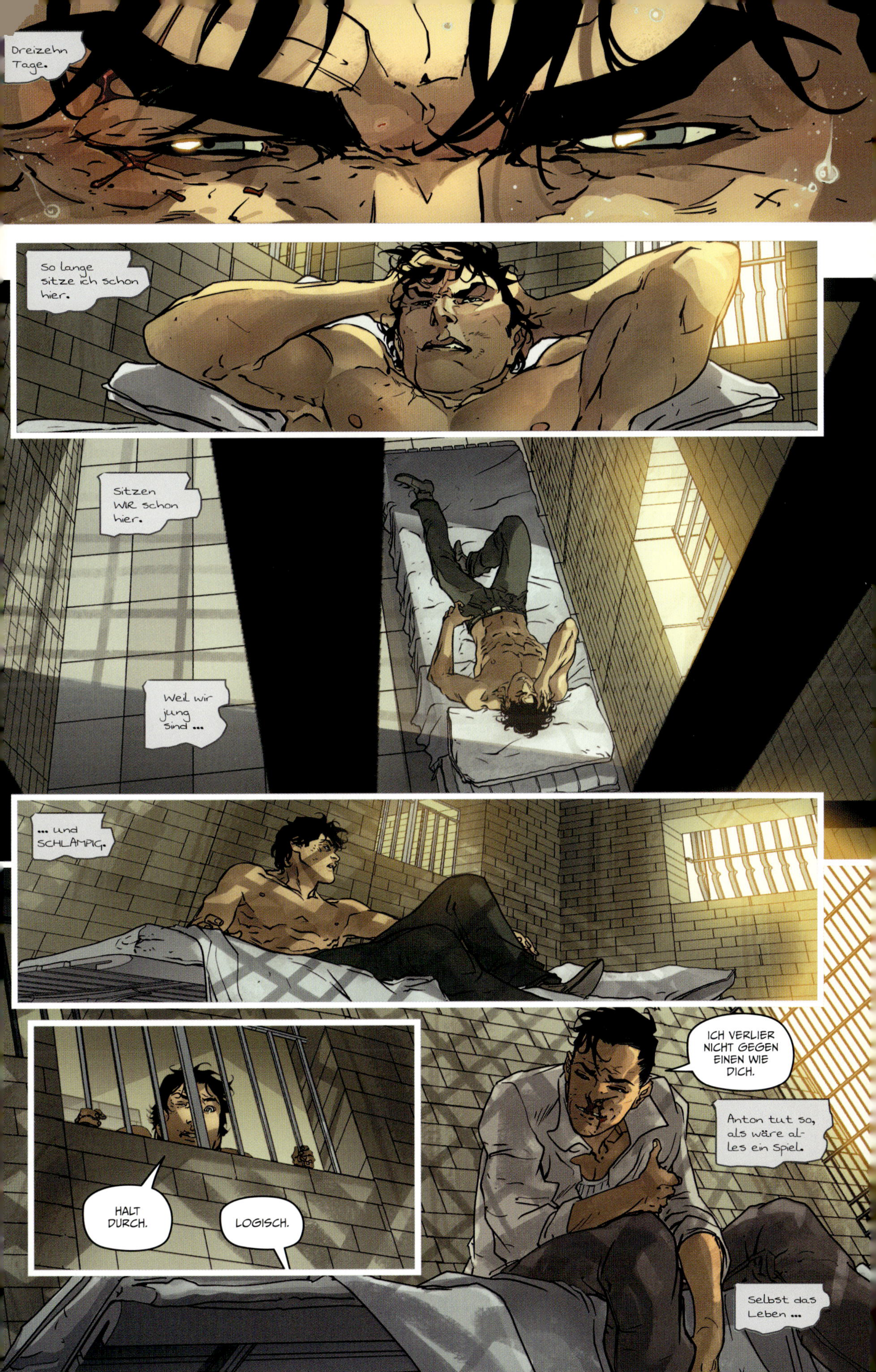
Dreizehn Tage.
So lange sitze ich schon hier.
Sitzen WIR schon hier.
Weil wir jung sind ...
... und SCHLAMPIG.
HALT DURCH.
LOGISCH.
ICH VERLIER NICHT GEGEN EINEN WIE DICH.
Anton tut so, als wäre alles ein Spiel.
Selbst das Leben ...

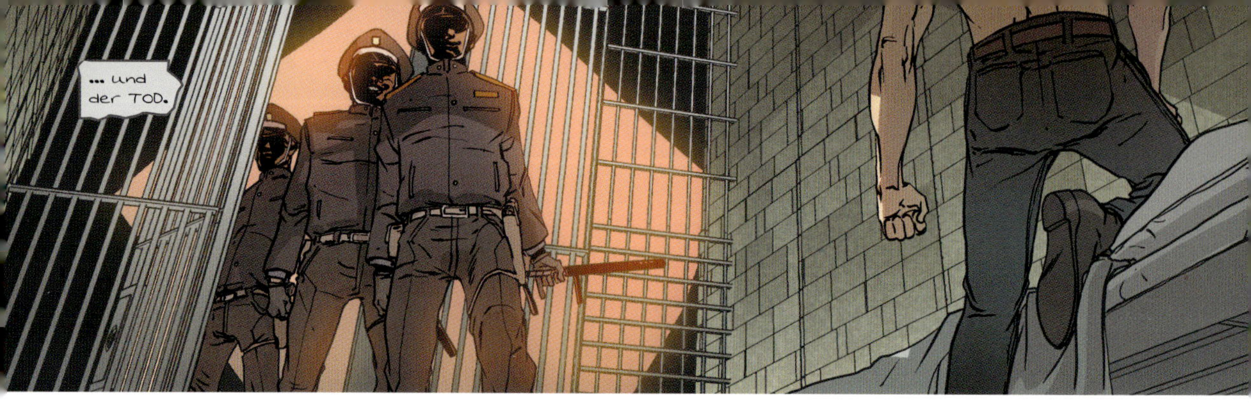
... und der TOD.

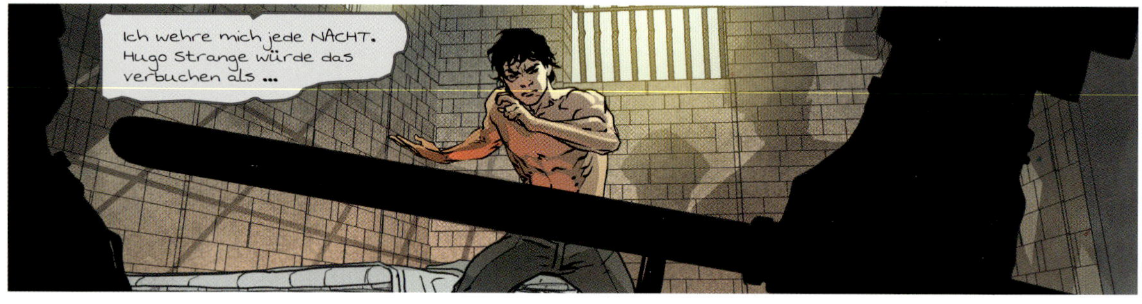
Ich wehre mich jede NACHT. Hugo Strange würde das verbuchen als ...

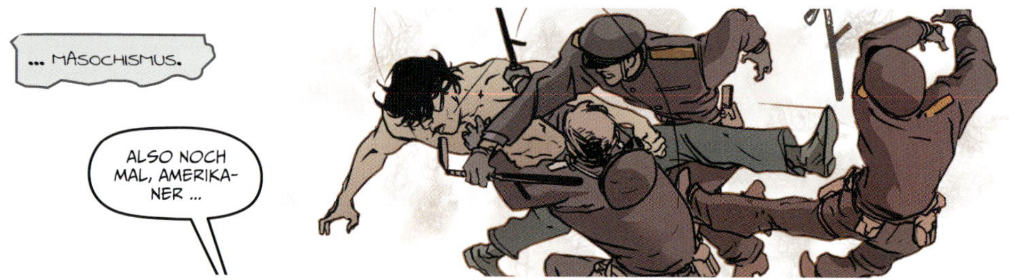
... MASOCHISMUS.
ALSO NOCH MAL, AMERIKANER ...

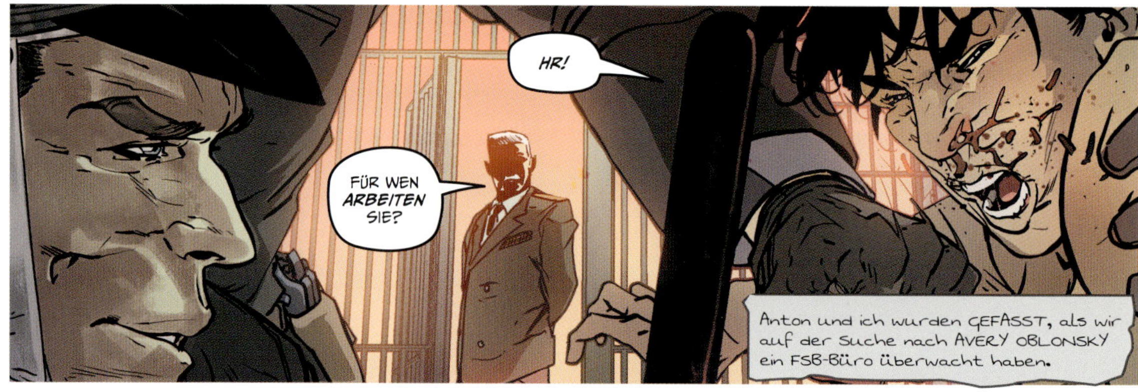
HR!
FÜR WEN ARBEITEN SIE?
Anton und ich wurden GEFASST, als wir auf der Suche nach AVERY OBLONSKY ein FSB-Büro überwacht haben.

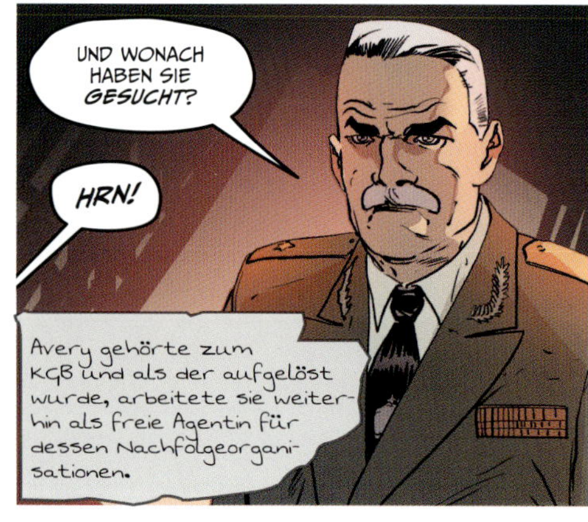
UND WONACH HABEN SIE GESUCHT?
HRN!
Avery gehörte zum KGB und als der aufgelöst wurde, arbeitete sie weiterhin als freie Agentin für dessen Nachfolgeorganisationen.

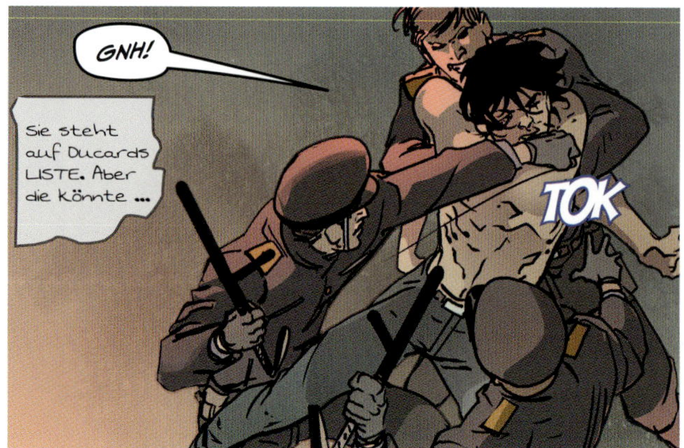
GNH!
Sie steht auf Ducards LISTE. Aber die könnte ...
TOK

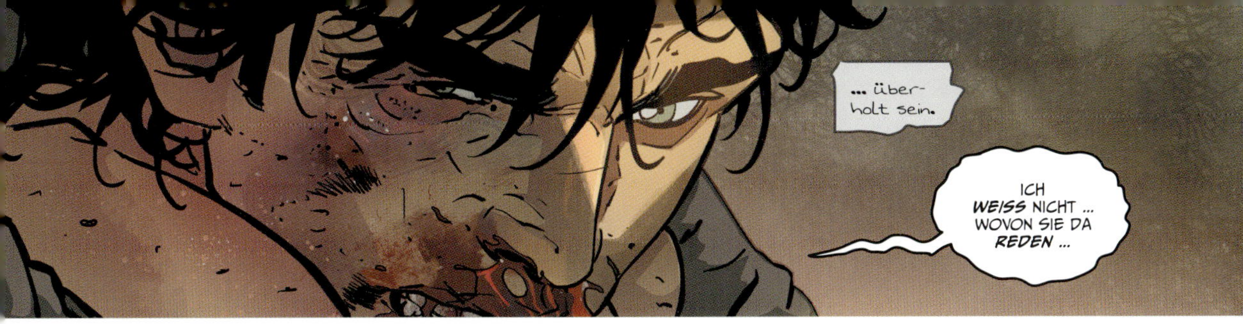
... über-
holt sein.
ICH WEISS NICHT ... WOVON SIE DA REDEN ...

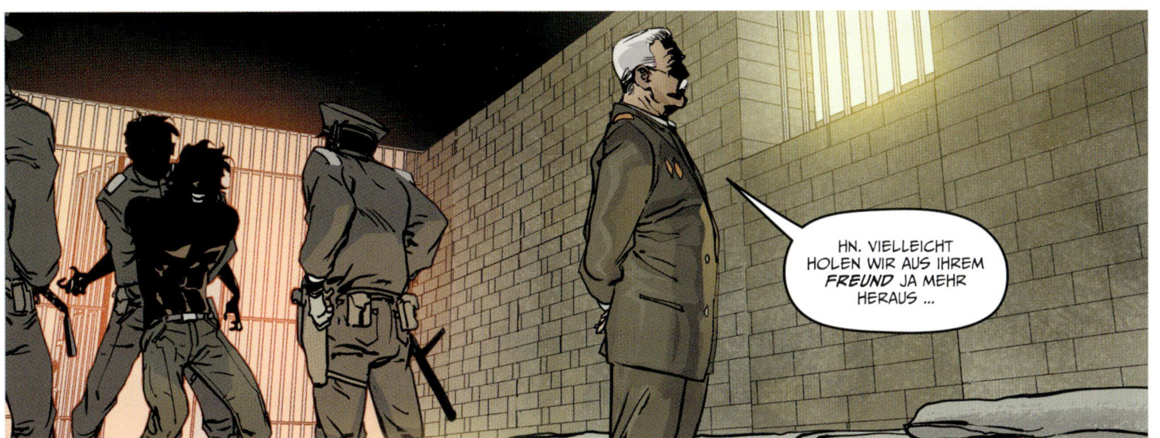
HN. VIELLEICHT HOLEN WIR AUS IHREM FREUND JA MEHR HERAUS ...

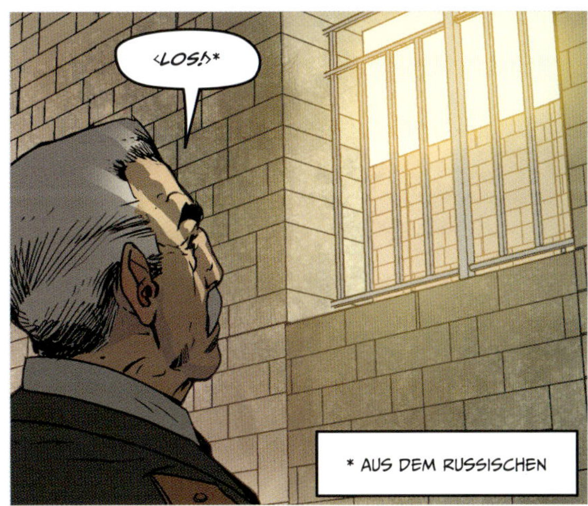
<LOS!>*
* AUS DEM RUSSISCHEN

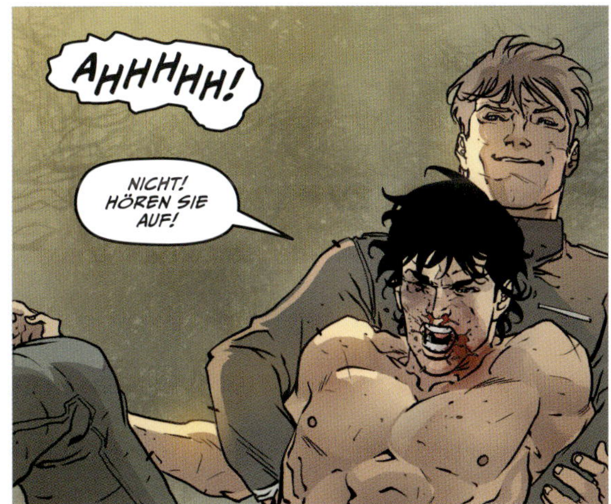
AHHHHH!
NICHT! HÖREN SIE AUF!

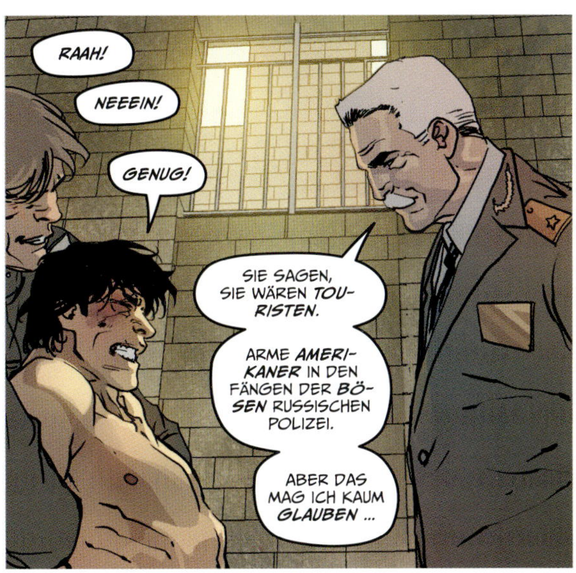
RAAH!
NEEEIN!
GENUG!
SIE SAGEN, SIE WÄREN TOURISTEN.
ARME AMERIKANER IN DEN FÄNGEN DER BÖSEN RUSSISCHEN POLIZEI.
ABER DAS MAG ICH KAUM GLAUBEN ...

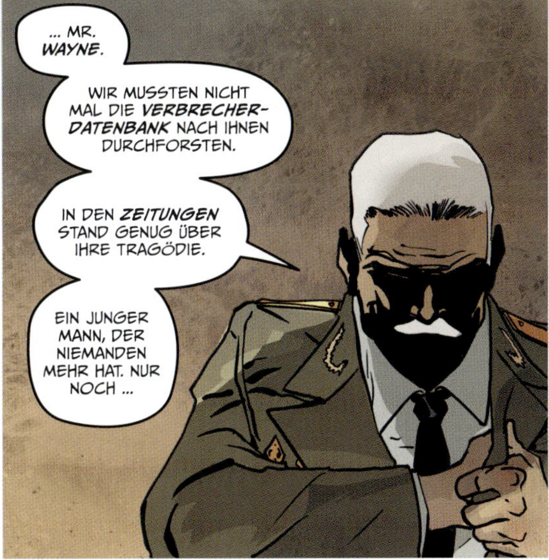
... MR. WAYNE.
WIR MUSSTEN NICHT MAL DIE VERBRECHER-DATENBANK NACH IHNEN DURCHFORSTEN.
IN DEN ZEITUNGEN STAND GENUG ÜBER IHRE TRAGÖDIE.
EIN JUNGER MANN, DER NIEMANDEN MEHR HAT. NUR NOCH ...

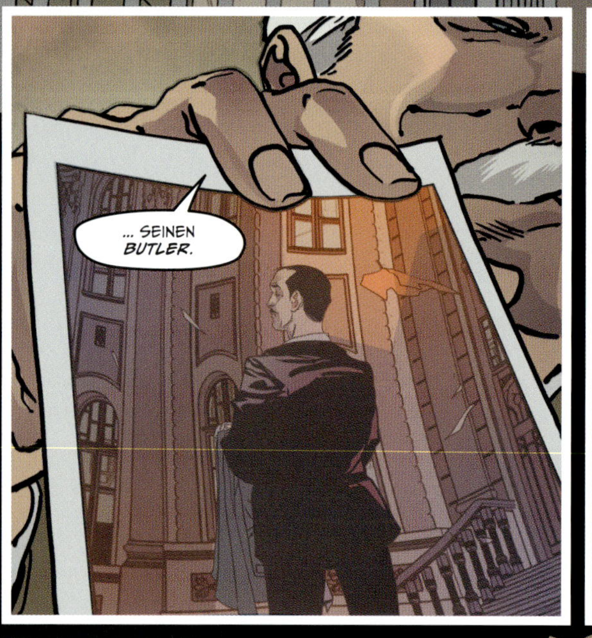
... SEINEN
BUTLER.

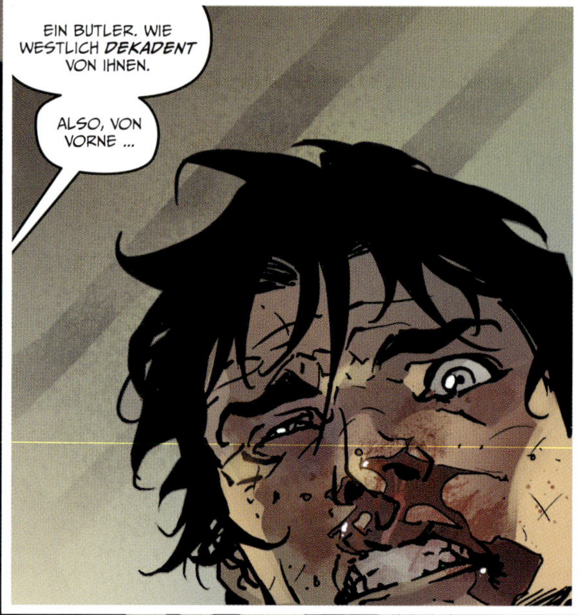
EIN BUTLER. WIE
WESTLICH DEKADENT
VON IHNEN.
ALSO, VON
VORNE ...

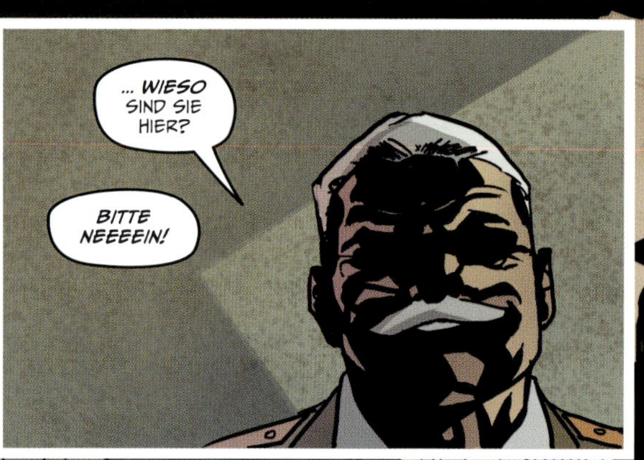
... WIESO
SIND SIE
HIER?
BITTE
NEEEEIN!

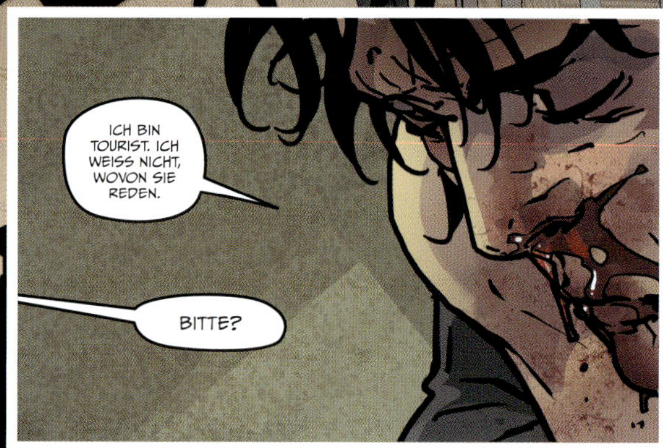
ICH BIN
TOURIST. ICH
WEISS NICHT,
WOVON SIE
REDEN.
BITTE?

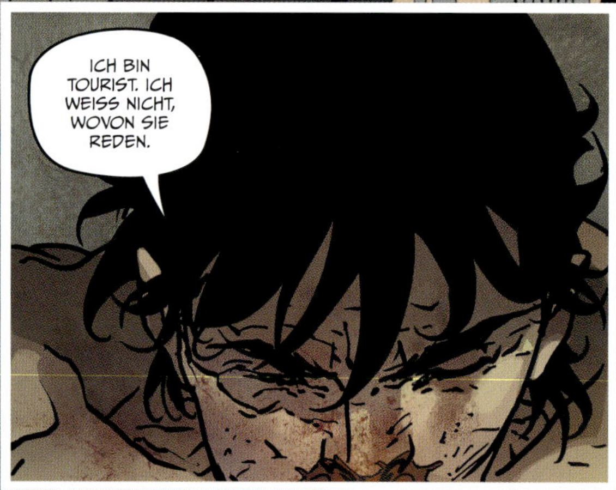
ICH BIN
TOURIST. ICH
WEISS NICHT,
WOVON SIE
REDEN.

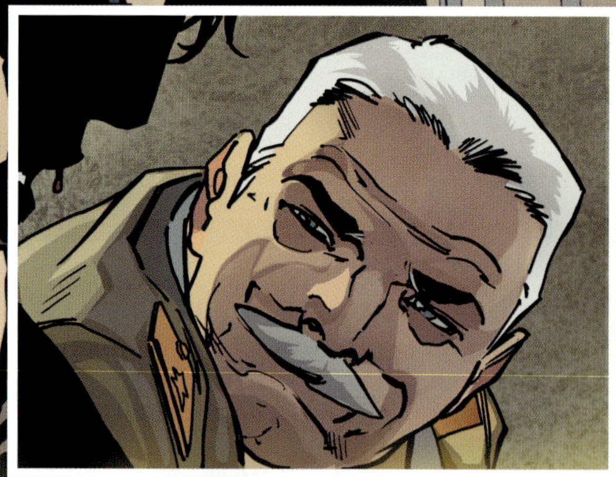

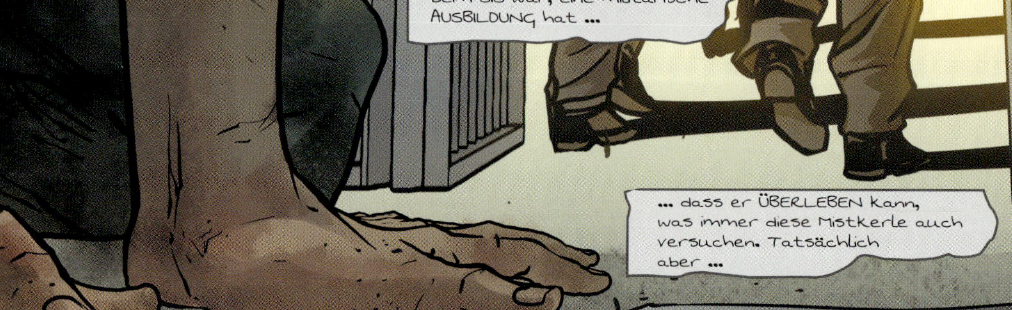
Ich red mir ein, dass Alfred
beim SIS war, eine militärische
AUSBILDUNG hat ...
... dass er ÜBERLEBEN kann,
was immer diese Mistkerle auch
versuchen. Tatsächlich
aber ...

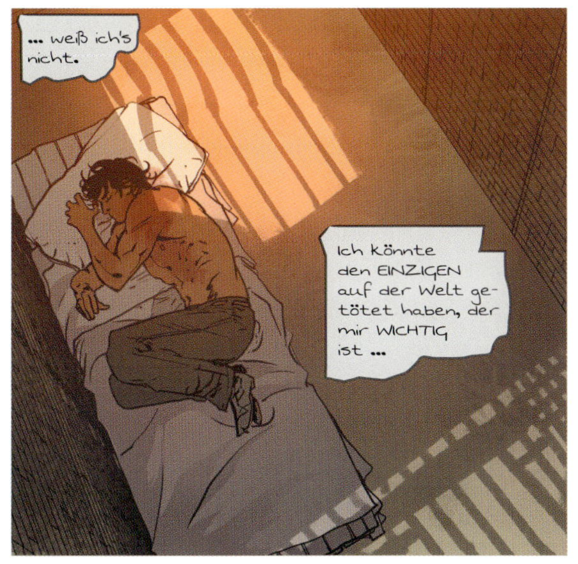
... weiß ich's nicht.
Ich könnte den EINZIGEN auf der Welt getötet haben, der mir WICHTIG ist ...

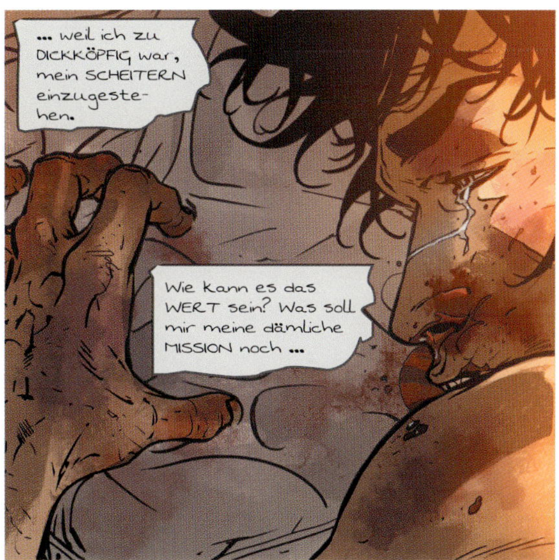
... weil ich zu DICKKÖPFIG war, mein SCHEITERN einzugestehen.
Wie kann es das WERT sein? Was soll mir meine dämliche MISSION noch ...

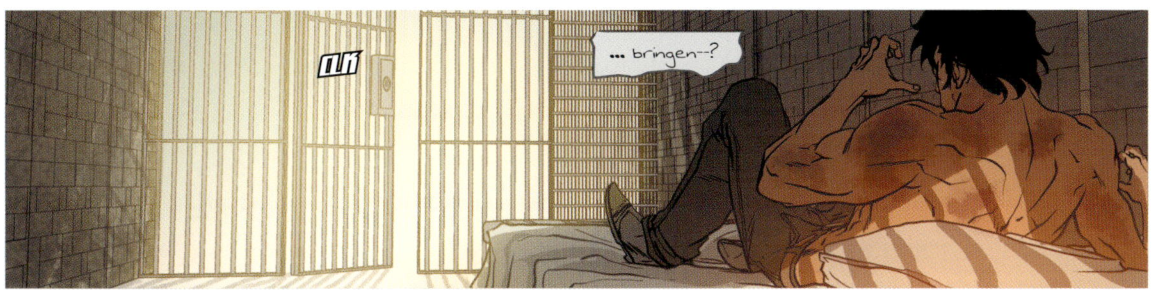
CLICK
... bringen--?

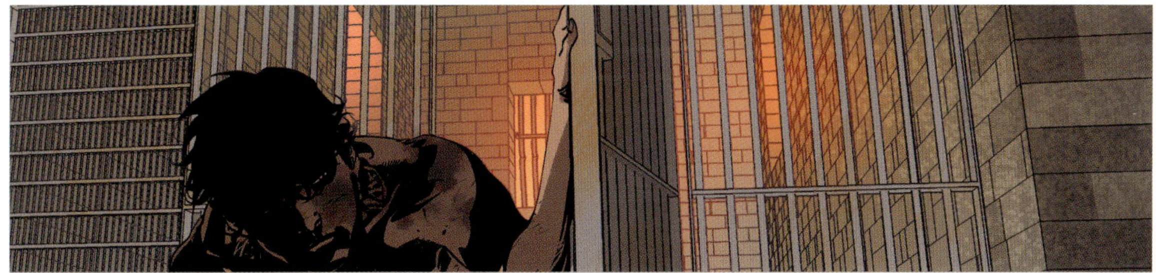

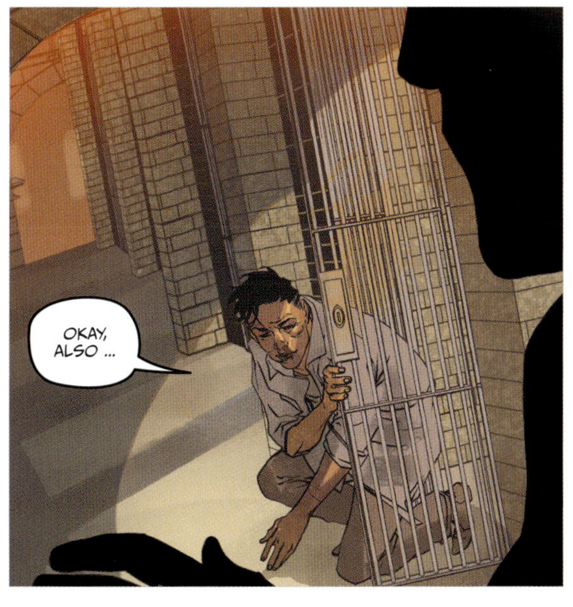
OKAY, ALSO ...

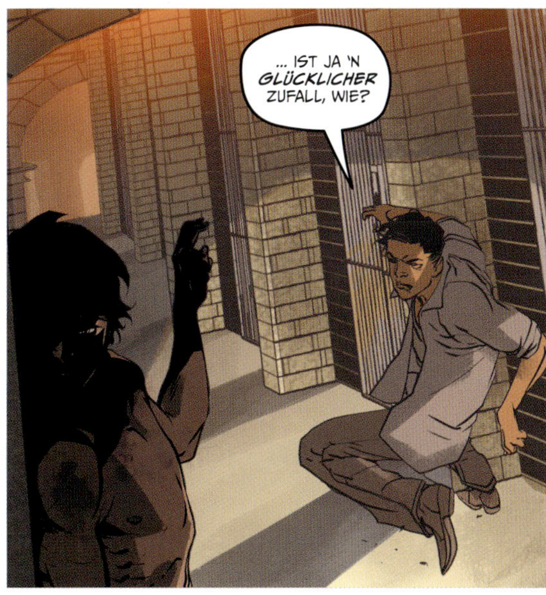
... IST JA 'N GLÜCKLICHER ZUFALL, WIE?

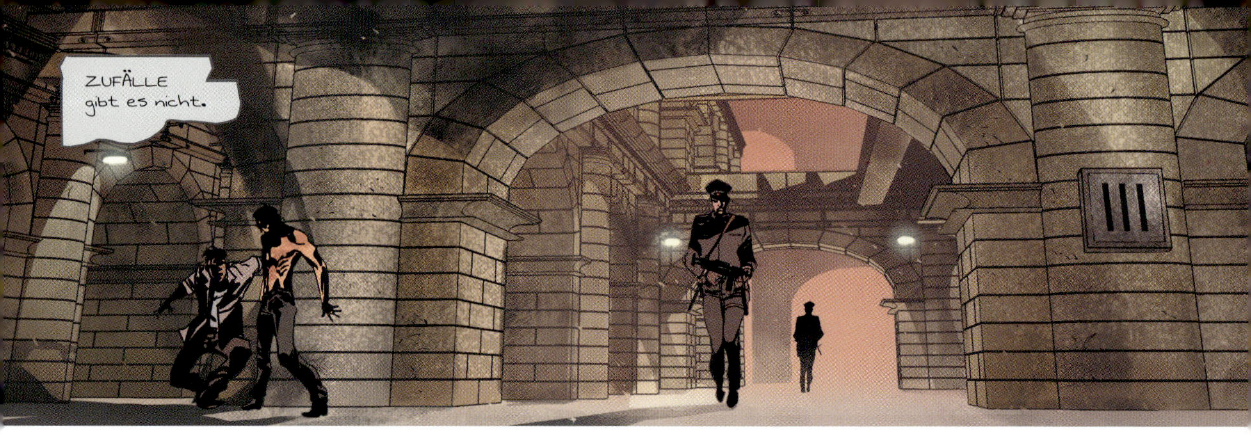
ZUFÄLLE
gibt es nicht.

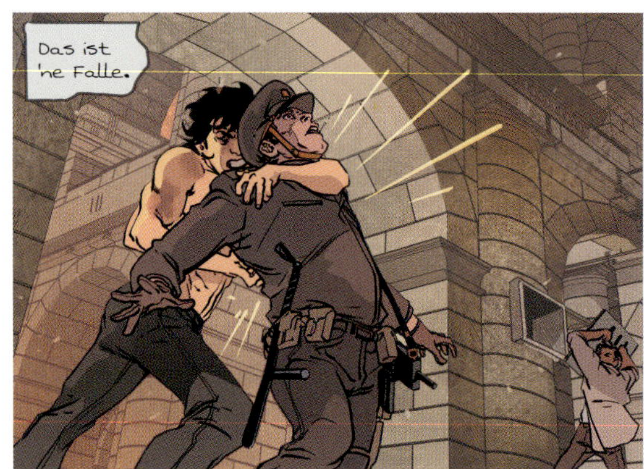
Das ist
'ne Falle.

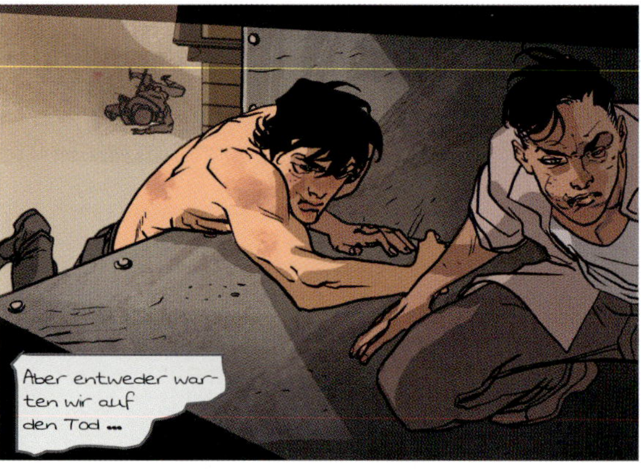
Aber entweder warten wir auf
den Tod ...

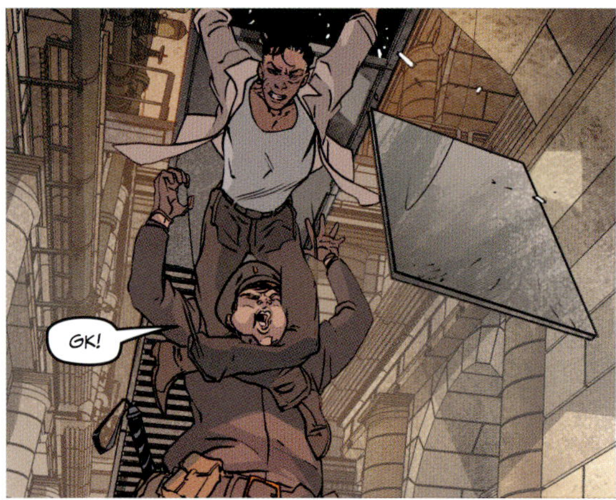
GK!

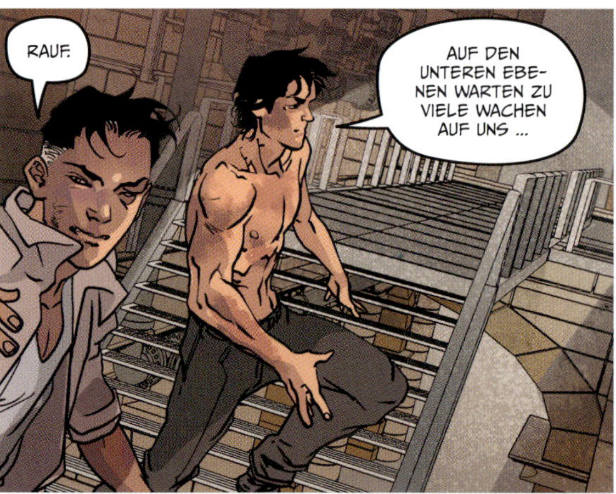
RAUF.
AUF DEN UNTEREN EBENEN WARTEN ZU VIELE WACHEN AUF UNS ...

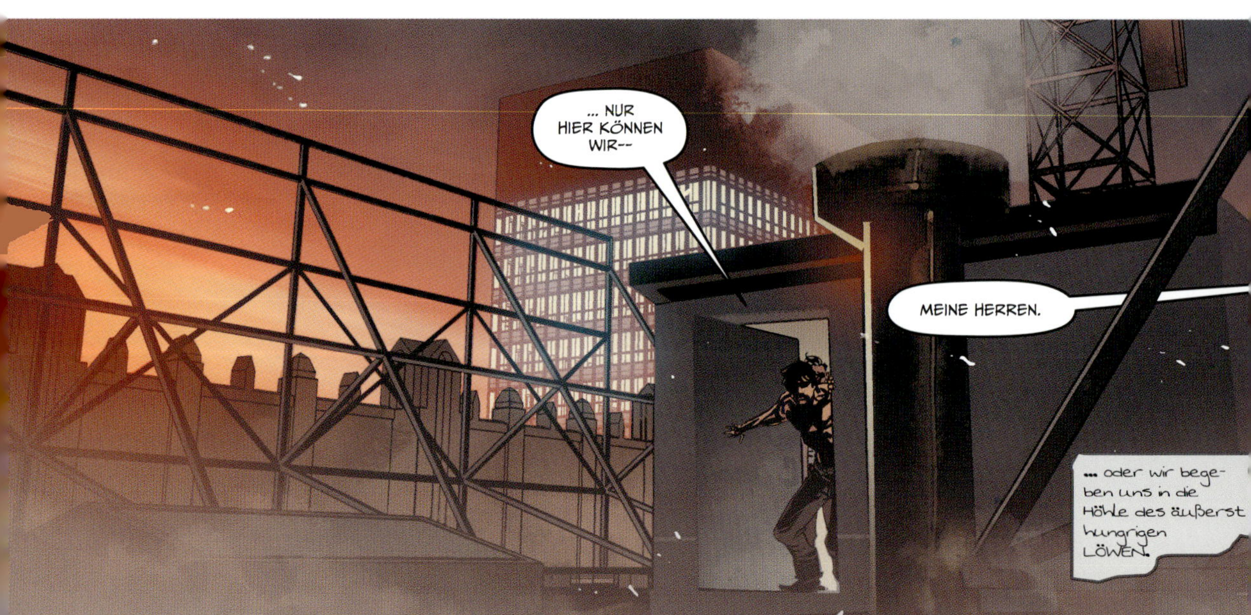
... NUR HIER KÖNNEN WIR--
MEINE HERREN.
... oder wir begeben uns in die Höhle des äußerst hungrigen LÖWEN.

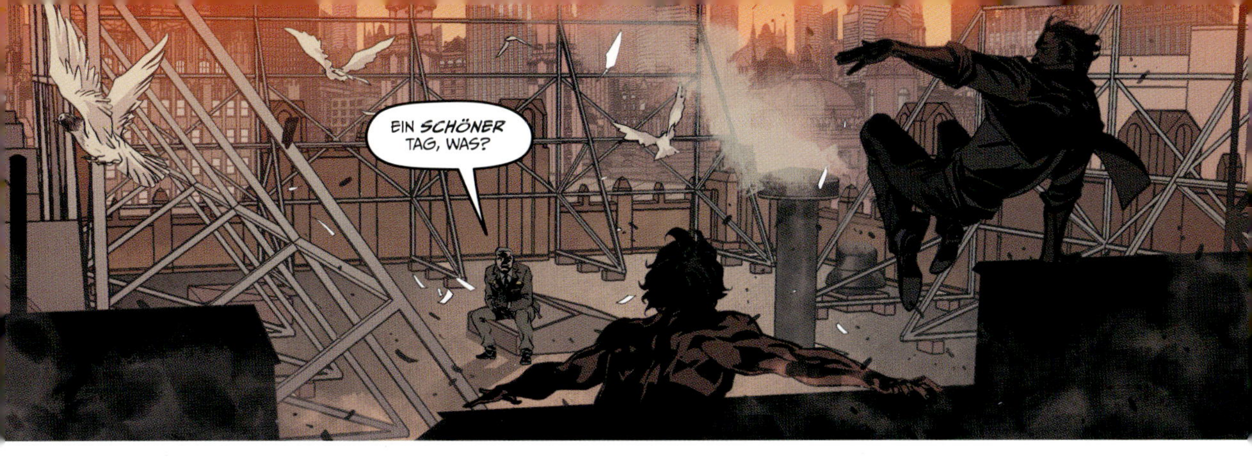
EIN SCHÖNER TAG, WAS?

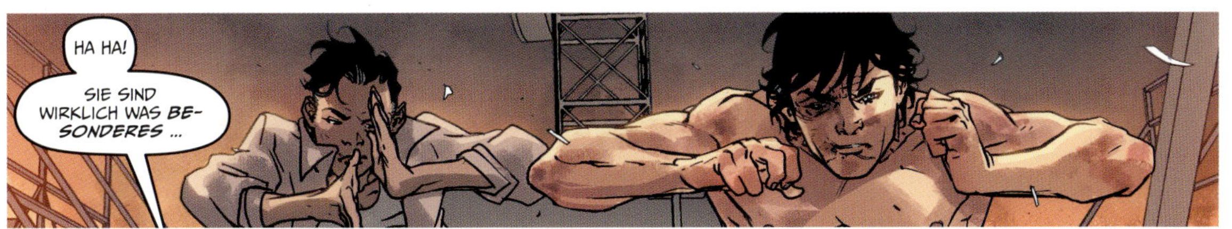
HA HA!
SIE SIND WIRKLICH WAS BE-SONDERES ...

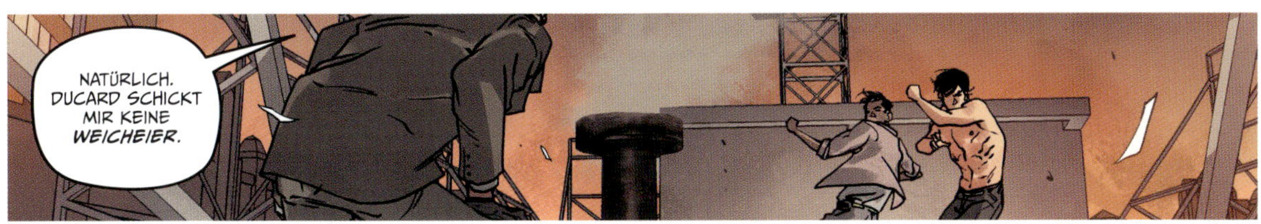
NATÜRLICH. DUCARD SCHICKT MIR KEINE WEICHEIER.

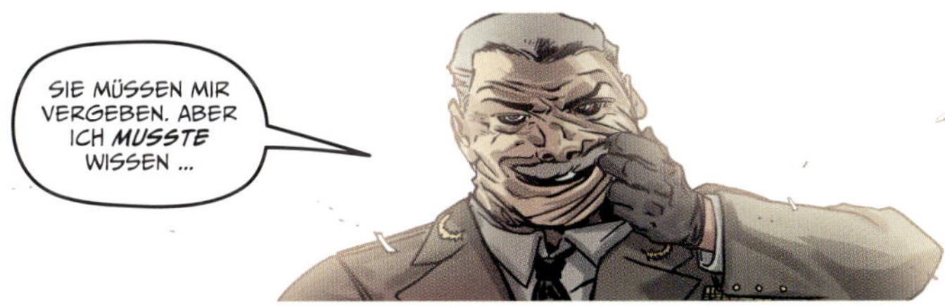
SIE MÜSSEN MIR VERGEBEN. ABER ICH MUSSTE WISSEN ...

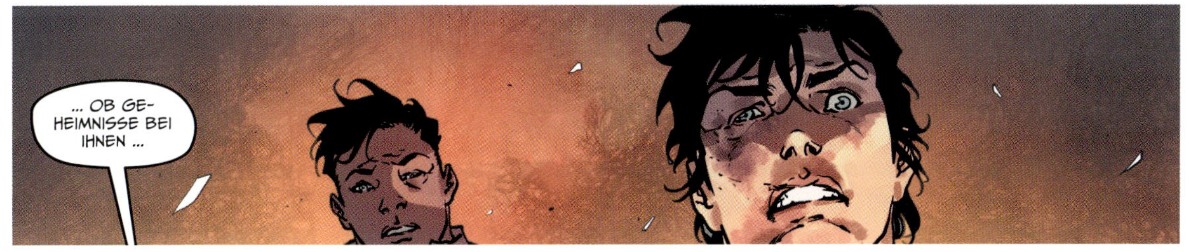
... OB GE-HEIMNISSE BEI IHNEN ...

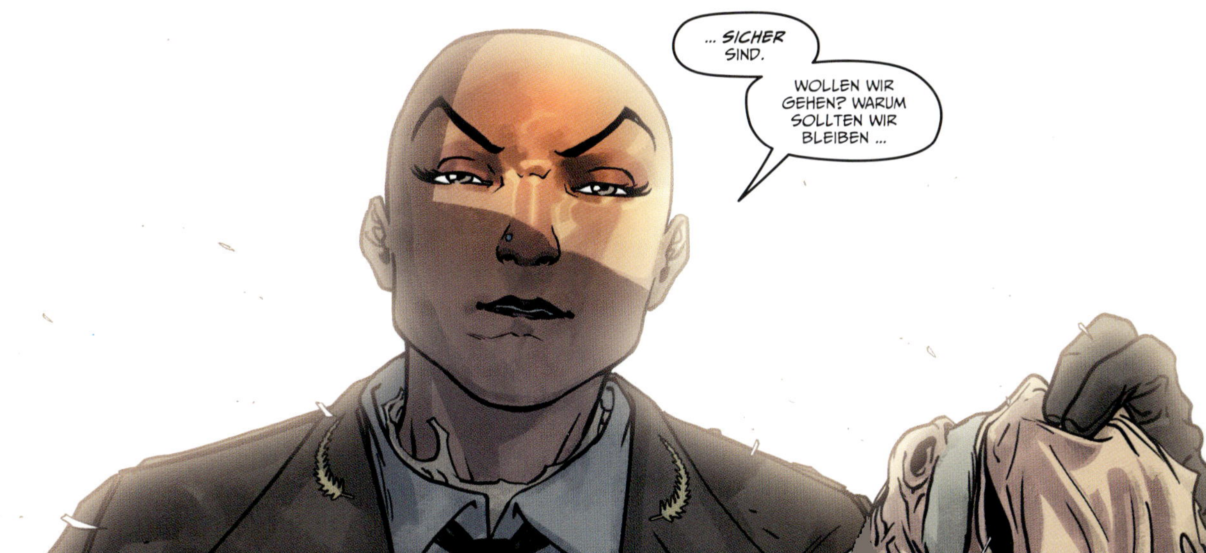
... SICHER SIND.
WOLLEN WIR GEHEN? WARUM SOLLTEN WIR BLEIBEN ...

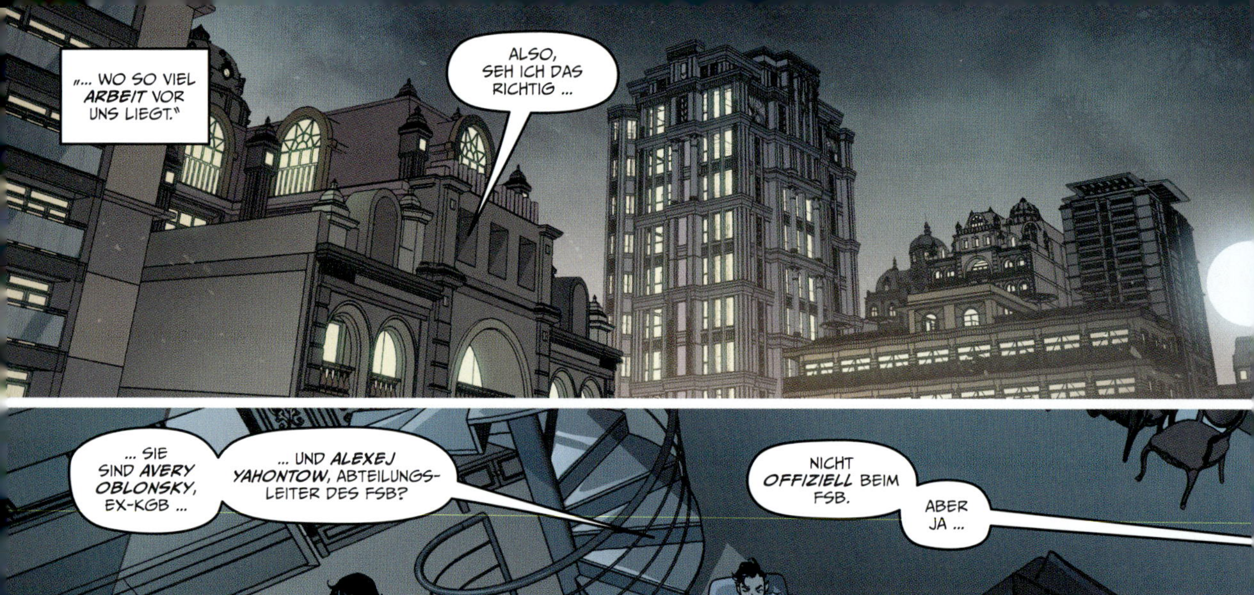
„... WO SO VIEL ARBEIT VOR UNS LIEGT."
ALSO, SEH ICH DAS RICHTIG ...

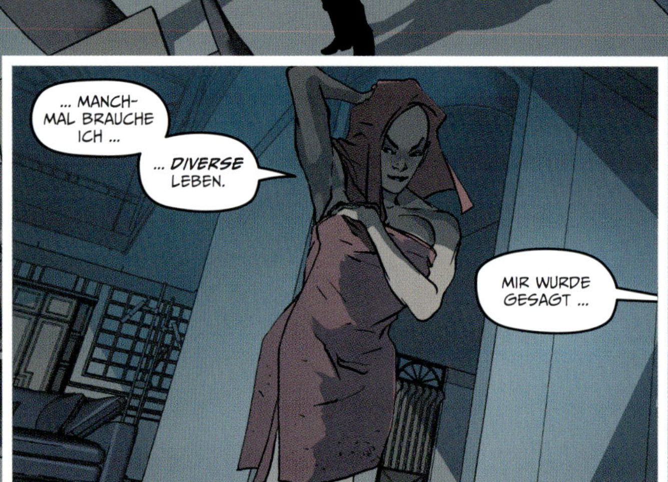
... SIE SIND AVERY OBLONSKY, EX-KGB ...
... UND ALEXEJ YAHONTOW, ABTEILUNGS-LEITER DES FSB?
NICHT OFFIZIELL BEIM FSB.
ABER JA ...
... MANCH-MAL BRAUCHE ICH ...
... DIVERSE LEBEN.
MIR WURDE GESAGT ...

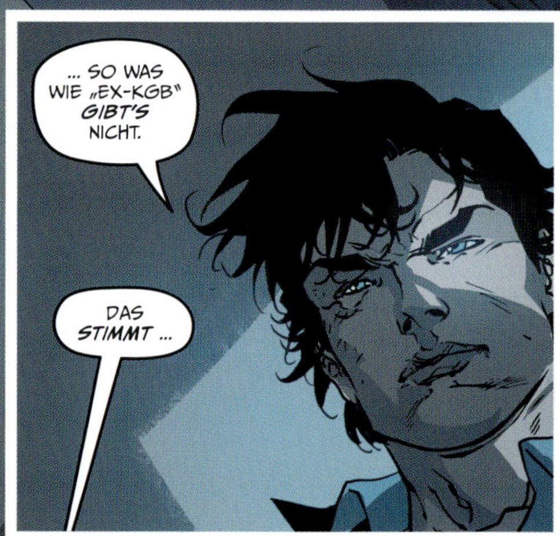
... SO WAS WIE „EX-KGB" GIBT'S NICHT.
DAS STIMMT ...

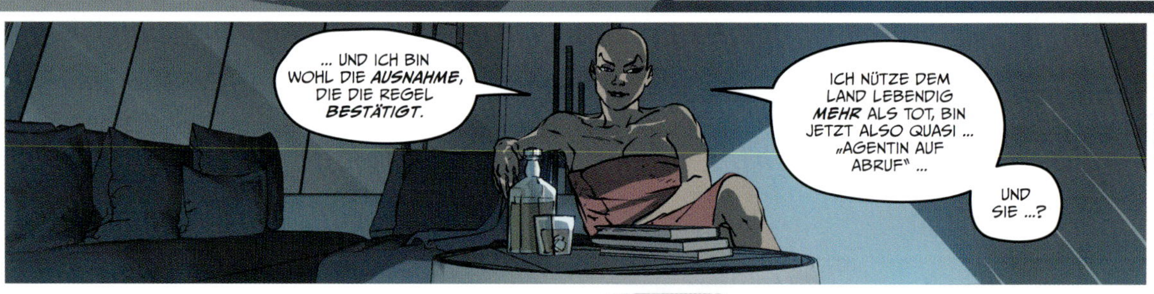
... UND ICH BIN WOHL DIE AUSNAHME, DIE DIE REGEL BESTÄTIGT.
ICH NÜTZE DEM LAND LEBENDIG MEHR ALS TOT, BIN JETZT ALSO QUASI ... „AGENTIN AUF ABRUF" ...
UND SIE ...?

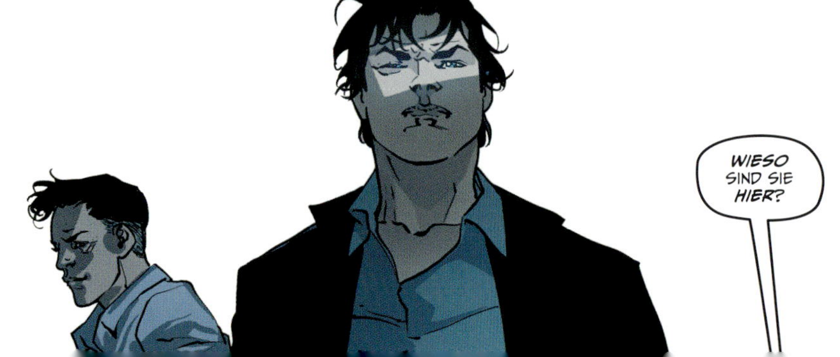
WIESO SIND SIE HIER?

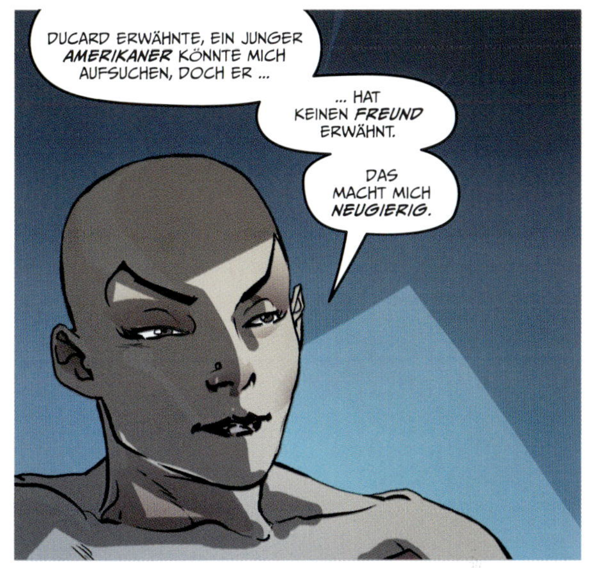
DUCARD ERWÄHNTE, EIN JUNGER AMERIKANER KÖNNTE MICH AUFSUCHEN, DOCH ER ...
... HAT KEINEN FREUND ERWÄHNT.
DAS MACHT MICH NEUGIERIG.

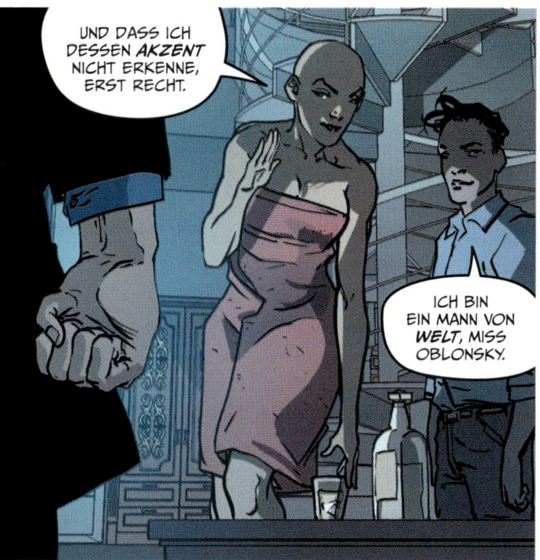
UND DASS ICH DESSEN AKZENT NICHT ERKENNE, ERST RECHT.
ICH BIN EIN MANN VON WELT, MISS OBLONSKY.

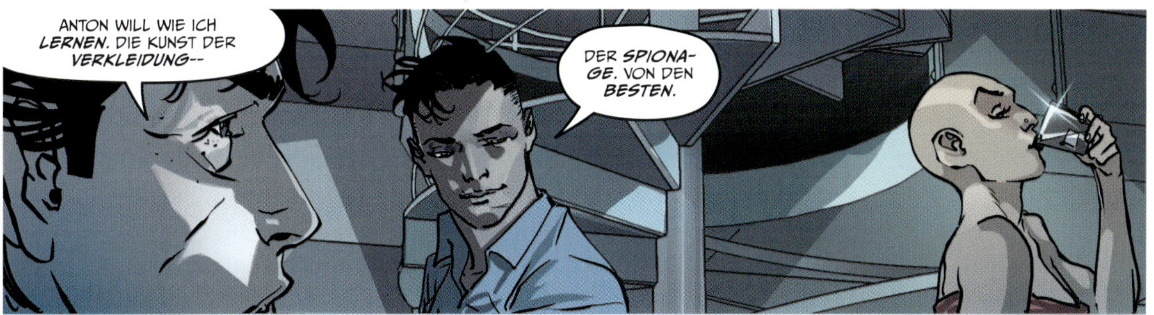
ANTON WILL WIE ICH LERNEN. DIE KUNST DER VERKLEIDUNG--
DER SPIONAGE. VON DEN BESTEN.

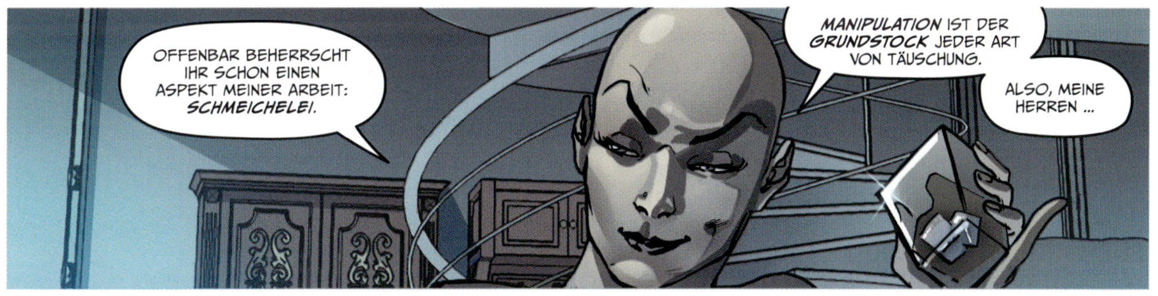
OFFENBAR BEHERRSCHT IHR SCHON EINEN ASPEKT MEINER ARBEIT: SCHMEICHELEI.
MANIPULATION IST DER GRUNDSTOCK JEDER ART VON TÄUSCHUNG.
ALSO, MEINE HERREN ...

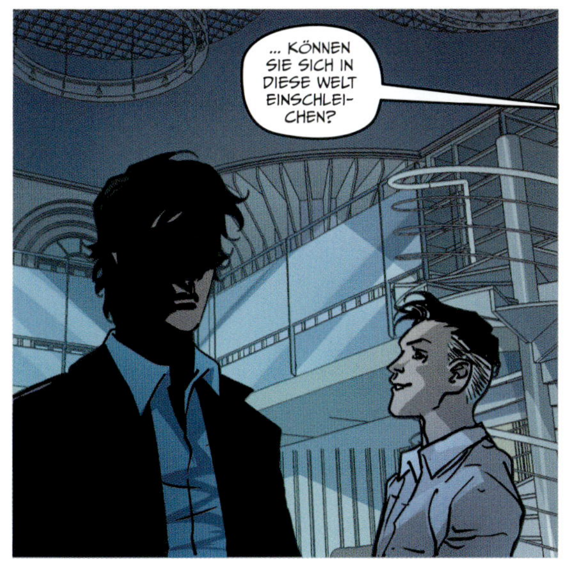
... KÖNNEN SIE SICH IN DIESE WELT EINSCHLEICHEN?

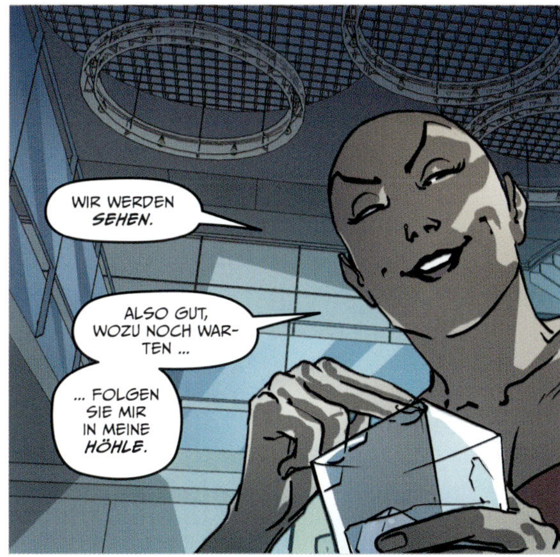
WIR WERDEN SEHEN.
ALSO GUT, WOZU NOCH WARTEN ...
... FOLGEN SIE MIR IN MEINE HÖHLE.

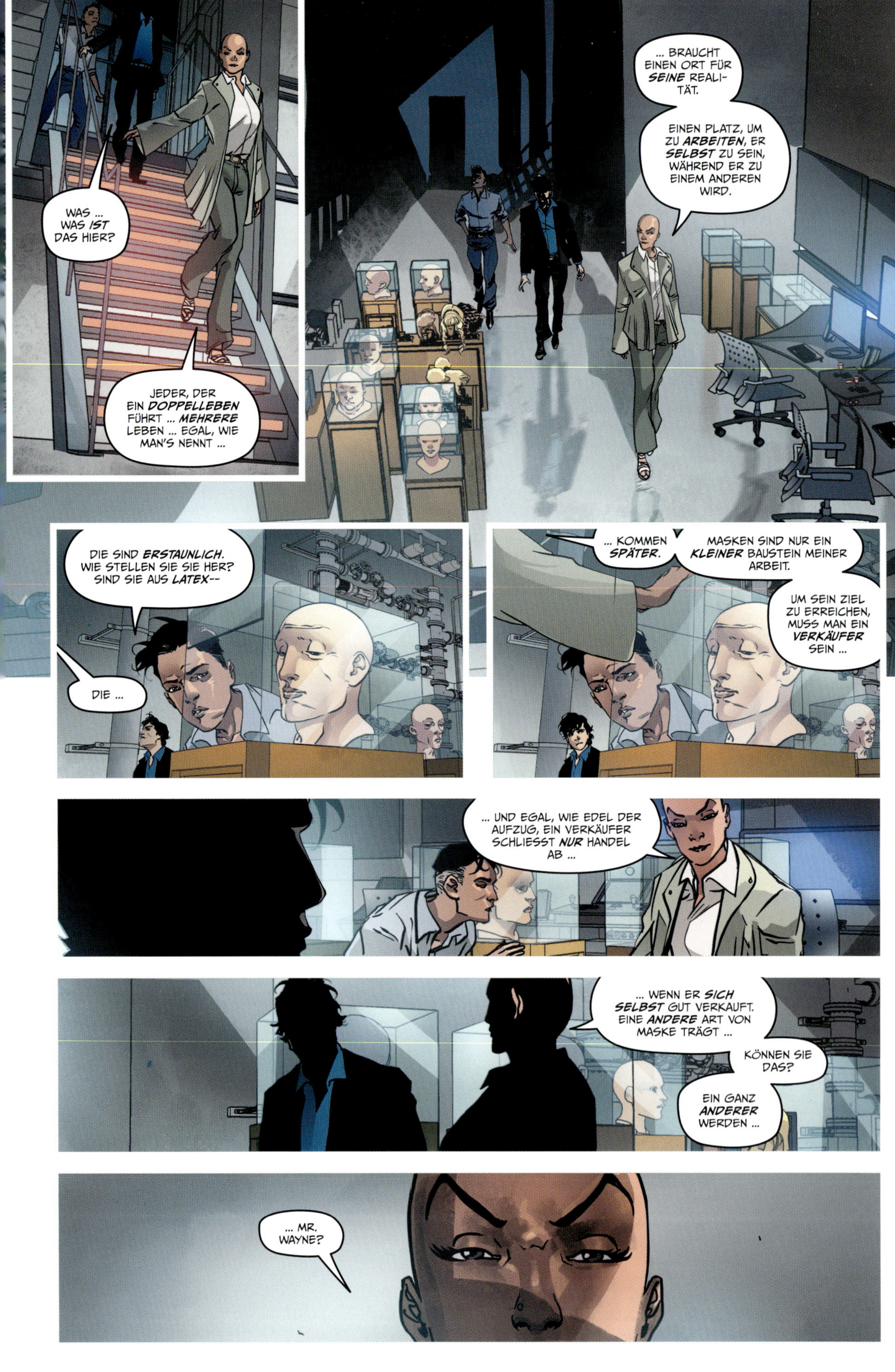
WAS ... WAS IST DAS HIER?
JEDER, DER EIN DOPPELLEBEN FÜHRT ... MEHRERE LEBEN ... EGAL, WIE MAN'S NENNT ...
... BRAUCHT EINEN ORT FÜR SEINE REALITÄT.
EINEN PLATZ, UM ZU ARBEITEN, ER SELBST ZU SEIN, WÄHREND ER ZU EINEM ANDEREN WIRD.
DIE SIND ERSTAUNLICH. WIE STELLEN SIE SIE HER? SIND SIE AUS LATEX--
DIE ...
... KOMMEN SPÄTER.
MASKEN SIND NUR EIN KLEINER BAUSTEIN MEINER ARBEIT.
UM SEIN ZIEL ZU ERREICHEN, MUSS MAN EIN VERKÄUFER SEIN ...
... UND EGAL, WIE EDEL DER AUFZUG, EIN VERKÄUFER SCHLIESST NUR HANDEL AB ...
... WENN ER SICH SELBST GUT VERKAUFT. EINE ANDERE ART VON MASKE TRÄGT ...
KÖNNEN SIE DAS?
EIN GANZ ANDERER WERDEN ...
... MR. WAYNE?

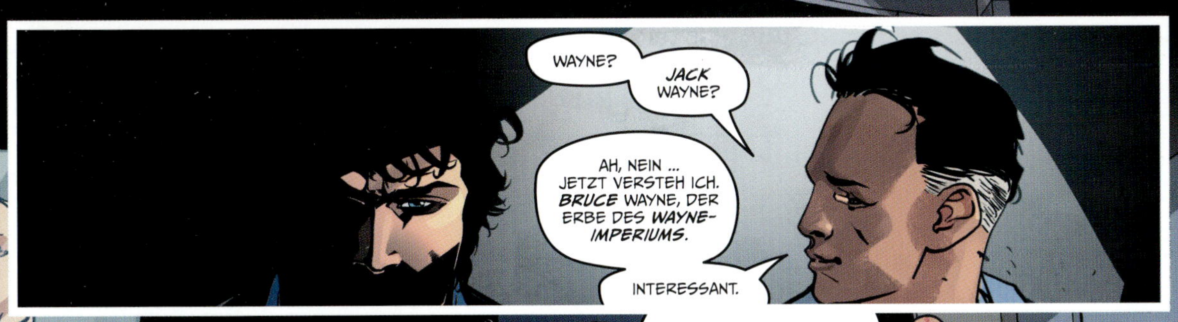
WAYNE?
JACK WAYNE?
AH, NEIN ... JETZT VERSTEH ICH. BRUCE WAYNE, DER ERBE DES WAYNE-IMPERIUMS.
INTERESSANT.

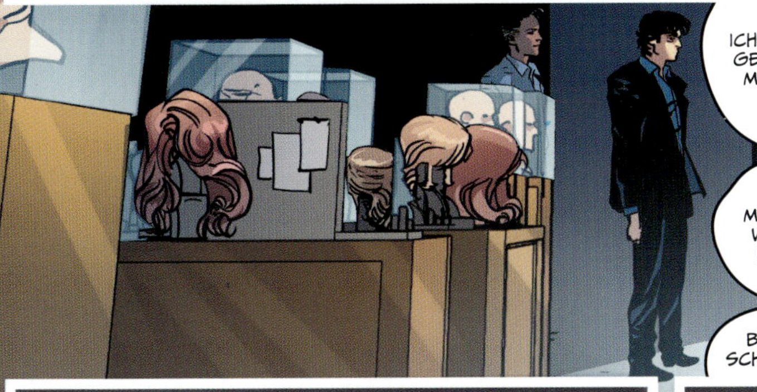
ICH HABE DIE ERFAHRUNG GEMACHT, DASS REICHE MENSCHEN IMMER NUR SIE SELBST SEIN KÖNNEN.
WENN MAN ALLES HAT, MUSS MAN NICHT SO TUN, ALS WÄRE MAN NETT, MUSS MAN NIE VORGEBEN, EIN ANDERER ZU SEIN.
BEVOR ICH SIE ZU MEINEM SCHÜLER MACHE, SAGEN SIE ...

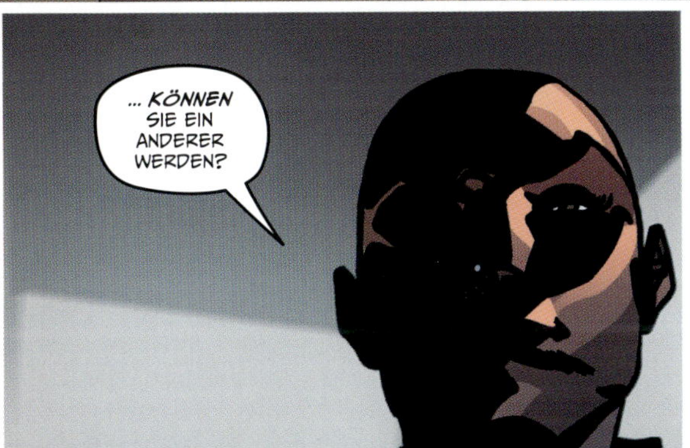
... KÖNNEN SIE EIN ANDERER WERDEN?

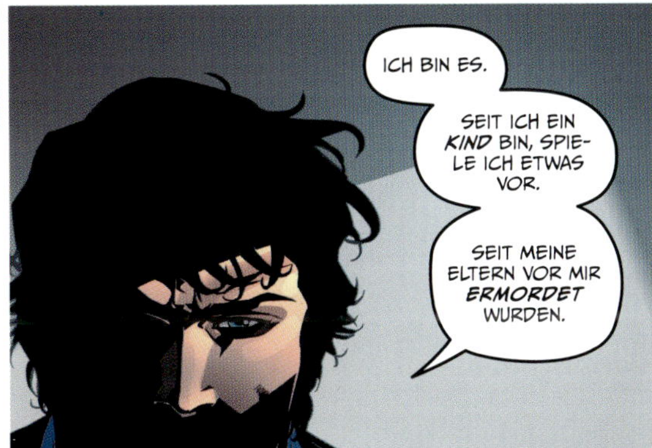
ICH BIN ES.
SEIT ICH EIN KIND BIN, SPIELE ICH ETWAS VOR.
SEIT MEINE ELTERN VOR MIR ERMORDET WURDEN.

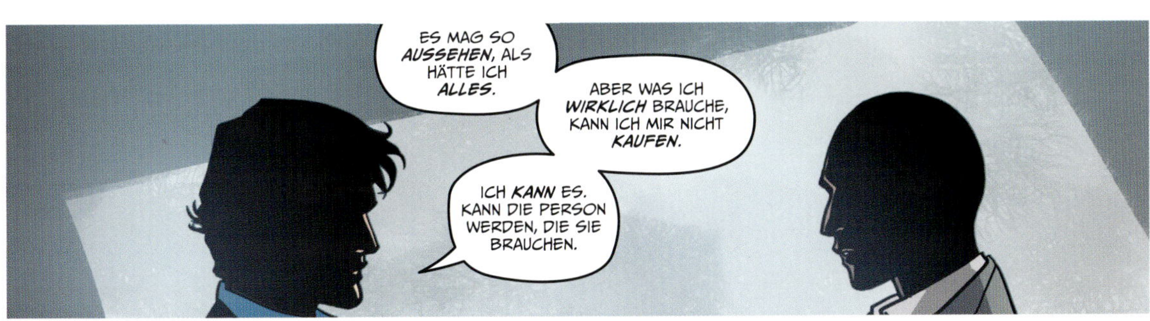
ES MAG SO AUSSEHEN, ALS HÄTTE ICH ALLES.
ABER WAS ICH WIRKLICH BRAUCHE, KANN ICH MIR NICHT KAUFEN.
ICH KANN ES. KANN DIE PERSON WERDEN, DIE SIE BRAUCHEN.

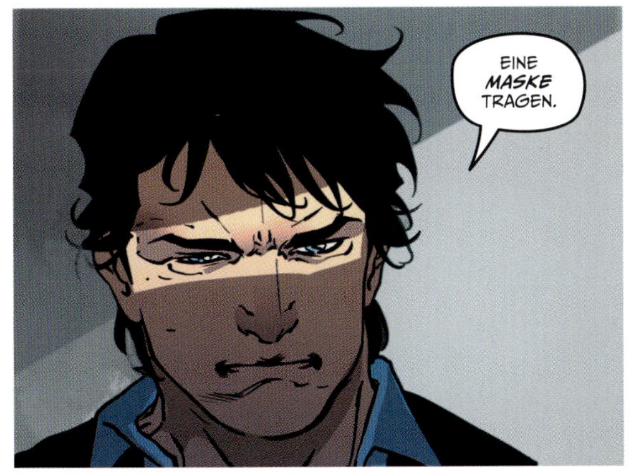
EINE MASKE TRAGEN.

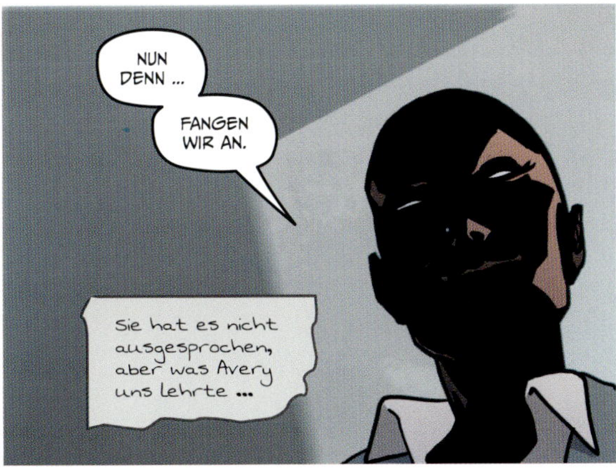
NUN DENN ...
FANGEN WIR AN.
Sie hat es nicht ausgesprochen, aber was Avery uns lehrte ...

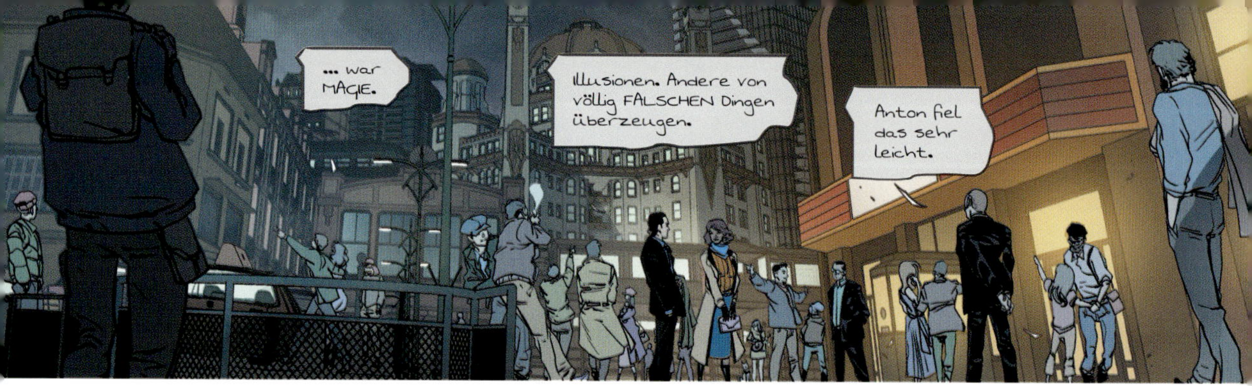
... war MAGIE.
Illusionen. Andere von völlig FALSCHEN Dingen überzeugen.
Anton fiel das sehr leicht.

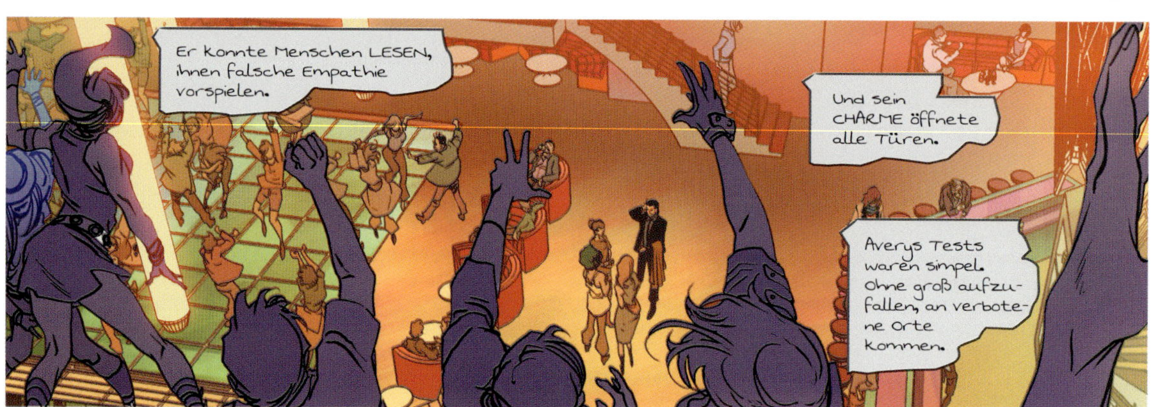
Er konnte Menschen LESEN, ihnen falsche Empathie vorspielen.
Und sein CHARME öffnete alle Türen.
Averys Tests waren simpel. Ohne groß aufzufallen, an verbotene Orte kommen.

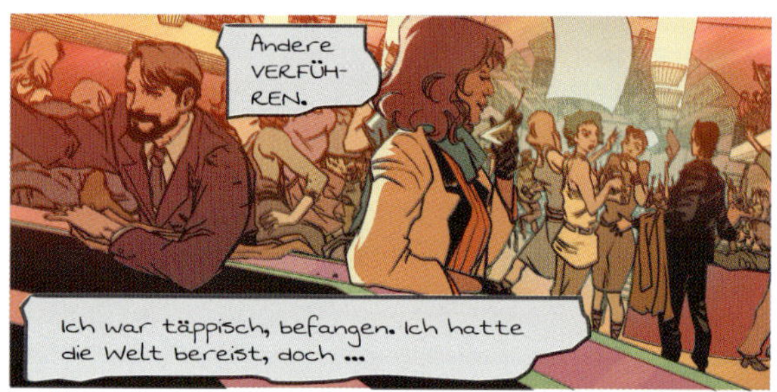
Andere VERFÜHREN.
Ich war täppisch, befangen. Ich hatte die Welt bereist, doch ...

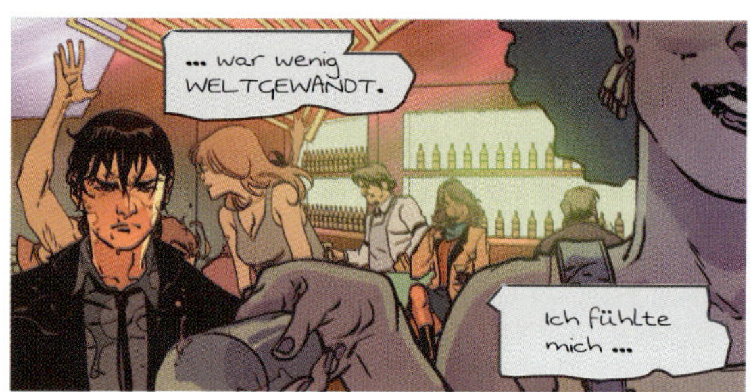
... war wenig WELTGEWANDT.
Ich fühlte mich ...

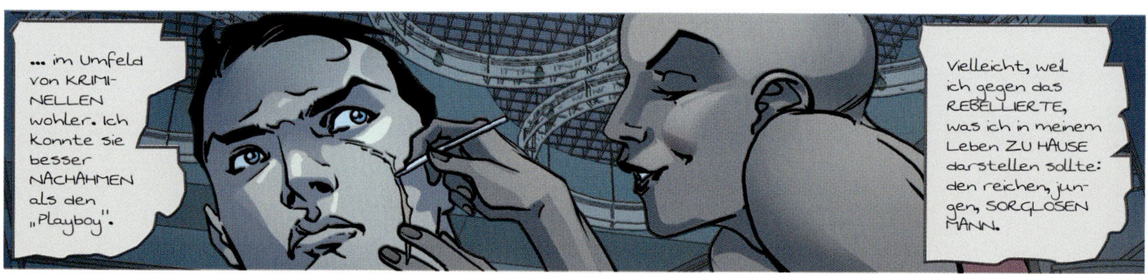
... im Umfeld von KRIMINELLEN wohler. Ich konnte sie besser NACHAHMEN als den „Playboy".
Vielleicht, weil ich gegen das REBELLIERTE, was ich in meinem Leben ZU HAUSE darstellen sollte: den reichen, jungen, SORGLOSEN MANN.

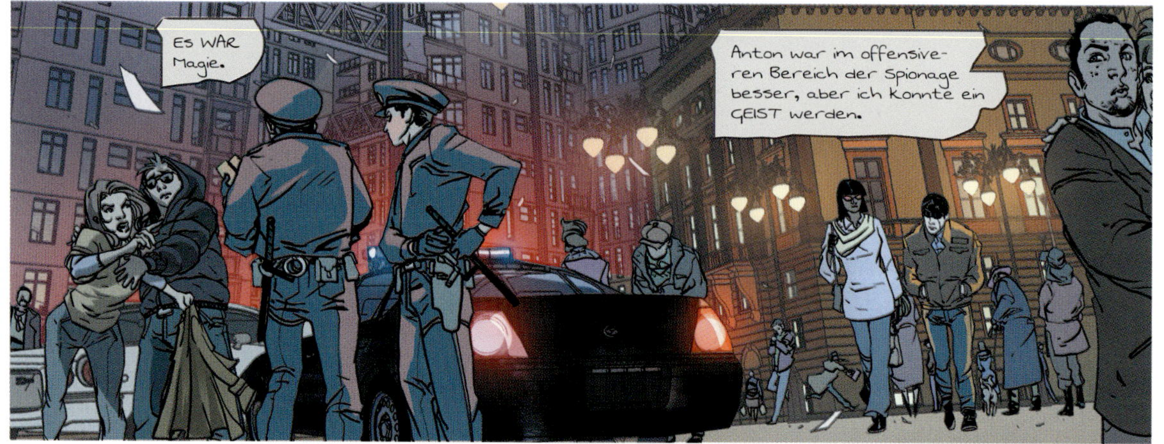
Es WAR Magie.
Anton war im offensiveren Bereich der Spionage besser, aber ich konnte ein GEIST werden.

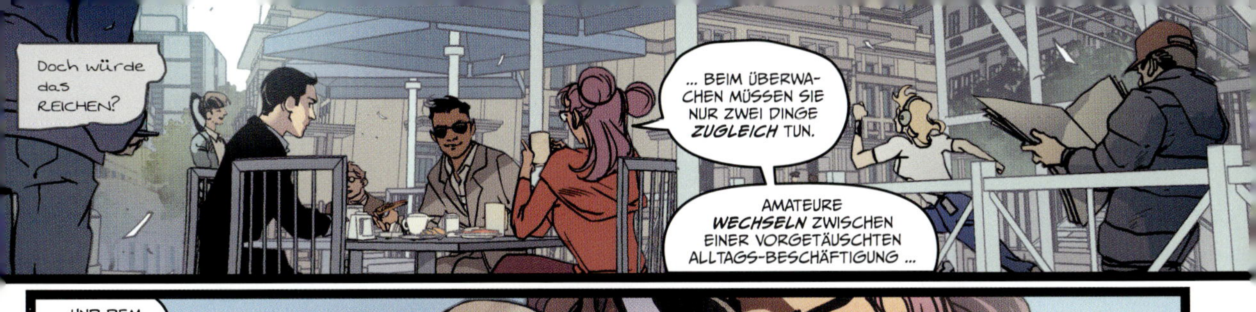
Doch würde das REICHEN?
... BEIM ÜBERWACHEN MÜSSEN SIE NUR ZWEI DINGE ZUGLEICH TUN.
AMATEURE WECHSELN ZWISCHEN EINER VORGETÄUSCHTEN ALLTAGS-BESCHÄFTIGUNG ...

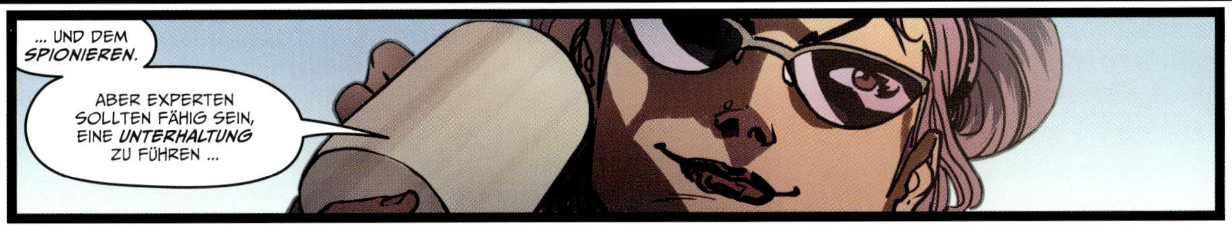
... UND DEM SPIONIEREN.
ABER EXPERTEN SOLLTEN FÄHIG SEIN, EINE UNTERHALTUNG ZU FÜHREN ...

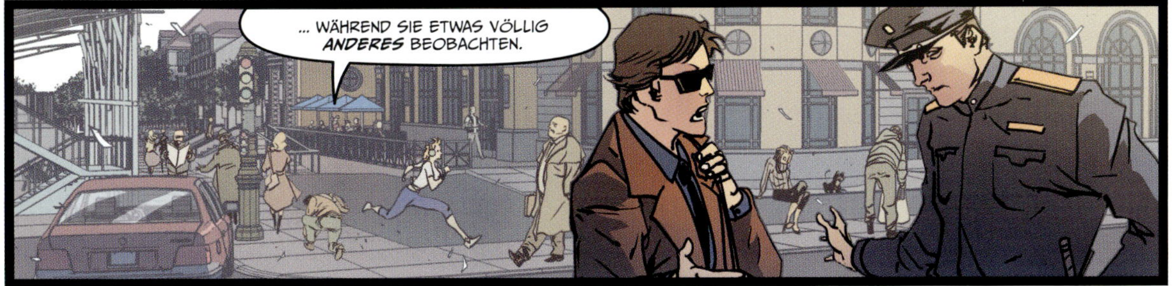
... WÄHREND SIE ETWAS VÖLLIG ANDERES BEOBACHTEN.

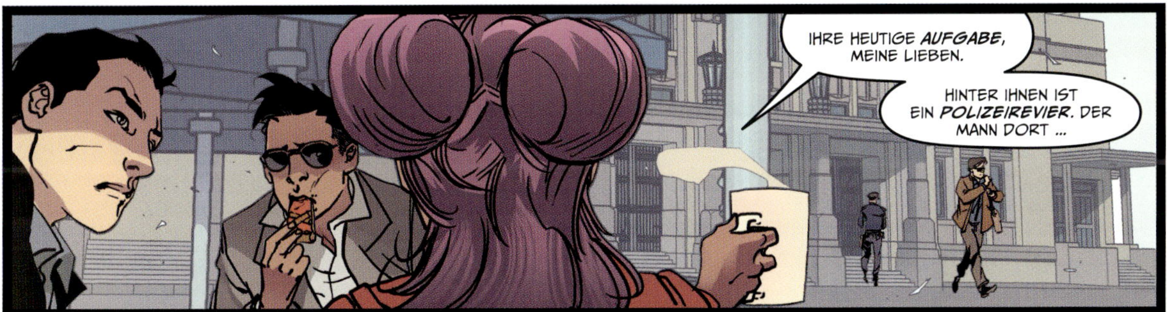
IHRE HEUTIGE AUFGABE, MEINE LIEBEN.
HINTER IHNEN IST EIN POLIZEIREVIER. DER MANN DORT ...

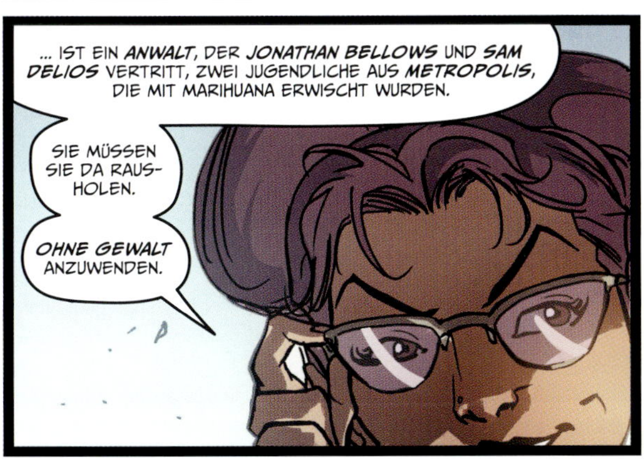
... IST EIN ANWALT, DER JONATHAN BELLOWS UND SAM DELIOS VERTRITT, ZWEI JUGENDLICHE AUS METROPOLIS, DIE MIT MARIHUANA ERWISCHT WURDEN.
SIE MÜSSEN SIE DA RAUS-HOLEN.
OHNE GEWALT ANZUWENDEN.

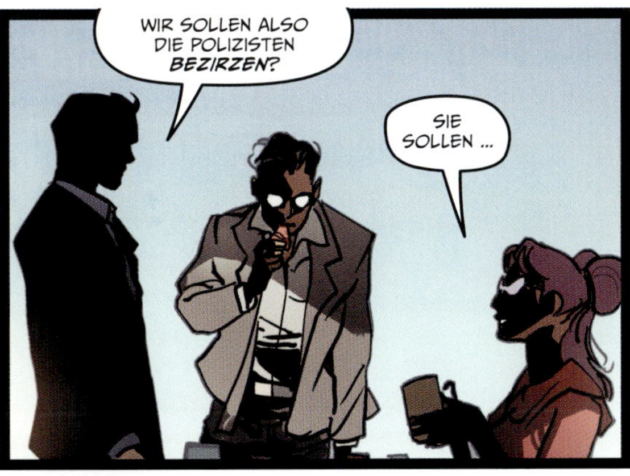
WIR SOLLEN ALSO DIE POLIZISTEN BEZIRZEN?
SIE SOLLEN ...

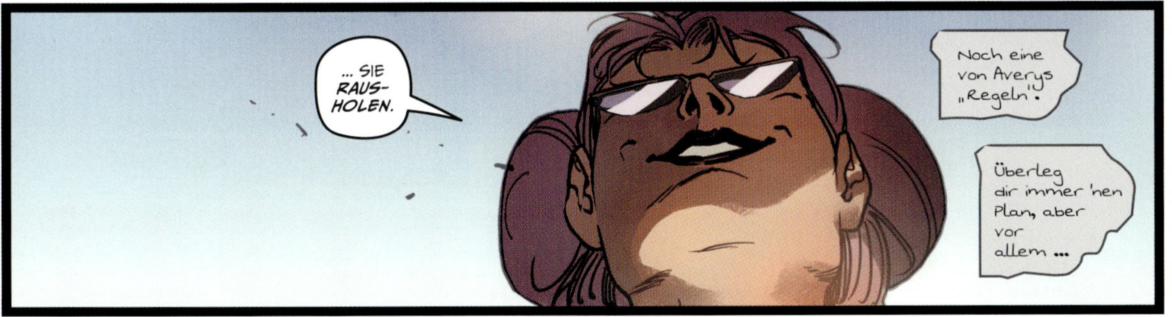
... SIE RAUS-HOLEN.
Noch eine von Averys „Regeln".
Überleg dir immer 'nen Plan, aber vor allem ...

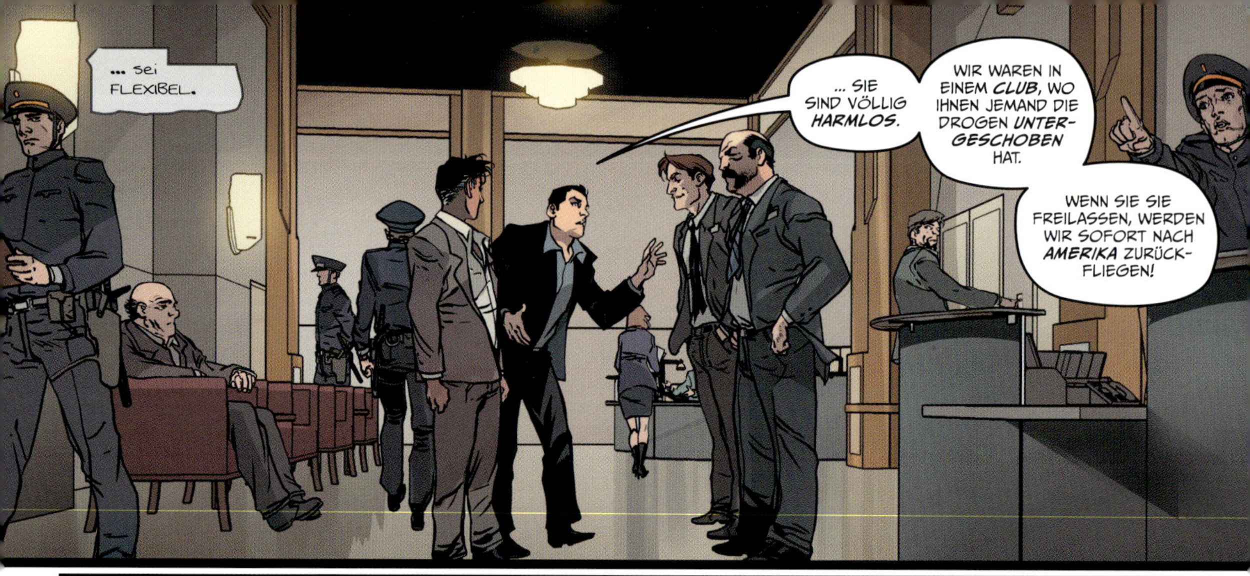
... sei FLEXIBEL.
... SIE SIND VÖLLIG *HARMLOS.*
WIR WAREN IN EINEM *CLUB*, WO IHNEN JEMAND DIE DROGEN *UNTER-GESCHOBEN* HAT.
WENN SIE SIE FREILASSEN, WERDEN WIR SOFORT NACH *AMERIKA* ZURÜCK-FLIEGEN!

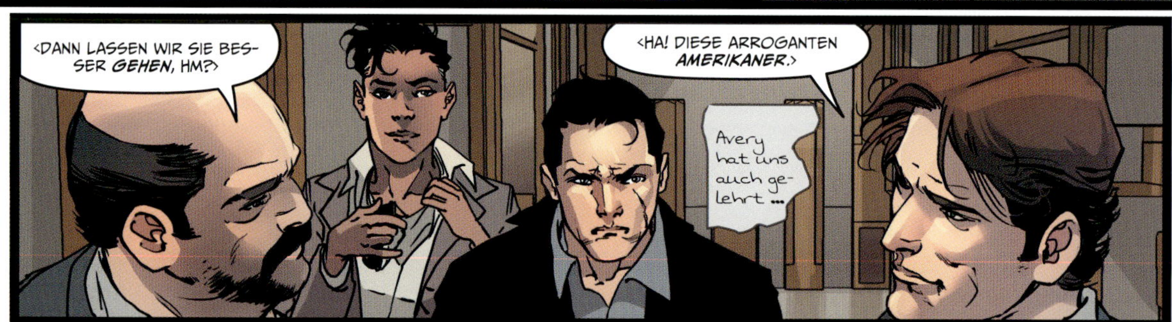
<DANN LASSEN WIR SIE BES-SER *GEHEN*, HM?>
<HA! DIESE ARROGANTEN *AMERIKANER.*>
Avery hat uns auch ge-lehrt ...

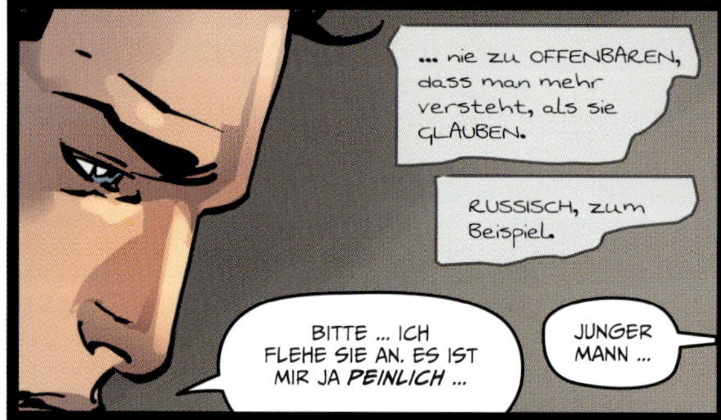
... nie zu OFFENBAREN, dass man mehr versteht, als sie GLAUBEN.
RUSSISCH, zum Beispiel.
BITTE ... ICH FLEHE SIE AN. ES IST MIR JA *PEINLICH* ...
JUNGER MANN ...

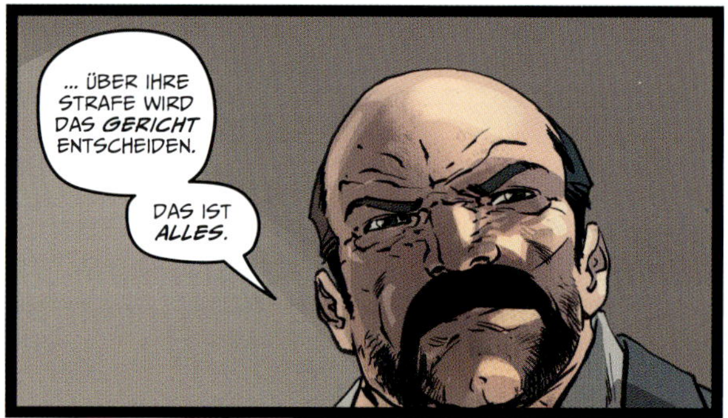
... ÜBER IHRE STRAFE WIRD DAS *GERICHT* ENTSCHEIDEN.
DAS IST *ALLES.*

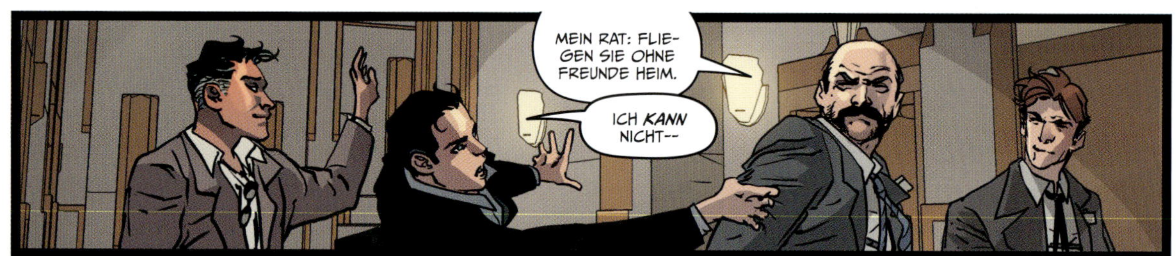
MEIN RAT: FLIE-GEN SIE OHNE FREUNDE HEIM.
ICH *KANN* NICHT--

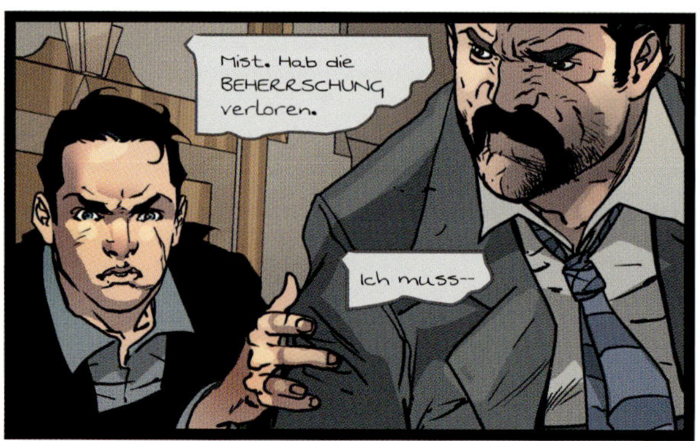
Mist. Hab die BEHERRSCHUNG verloren.
Ich muss--

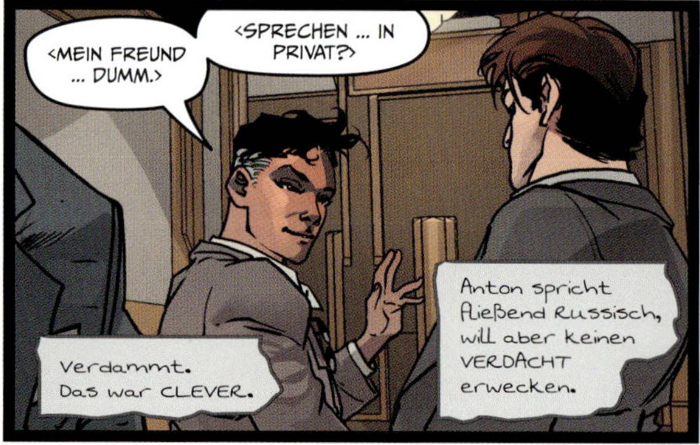
<MEIN FREUND ... DUMM.>
<SPRECHEN ... IN PRIVAT?>
Verdammt. Das war CLEVER.
Anton spricht fließend Russisch, will aber keinen VERDACHT erwecken.

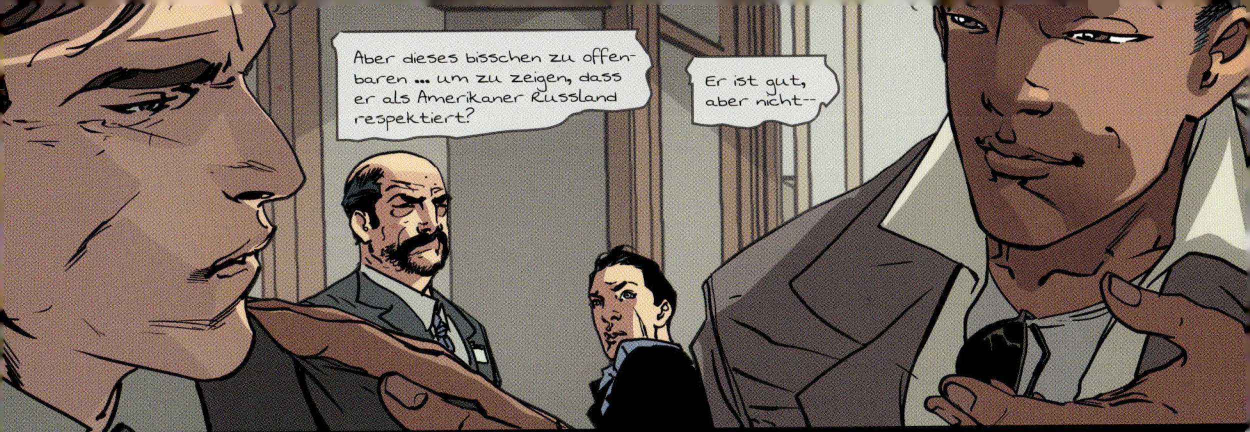
Aber dieses bisschen zu offenbaren ... um zu zeigen, dass er als Amerikaner Russland respektiert?
Er ist gut, aber nicht--

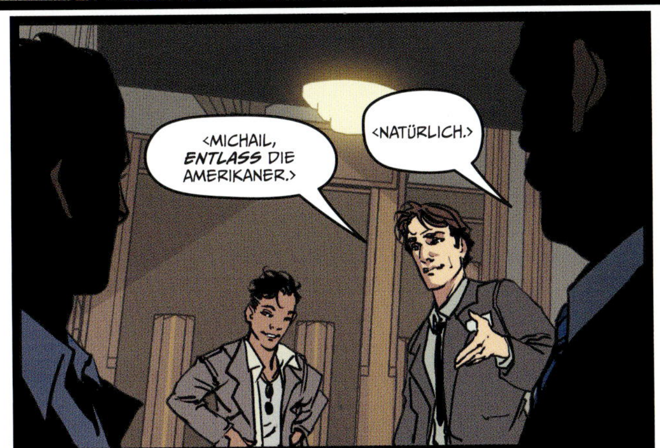
<MICHAIL, ENTLASS DIE AMERIKANER.>
<NATÜRLICH.>

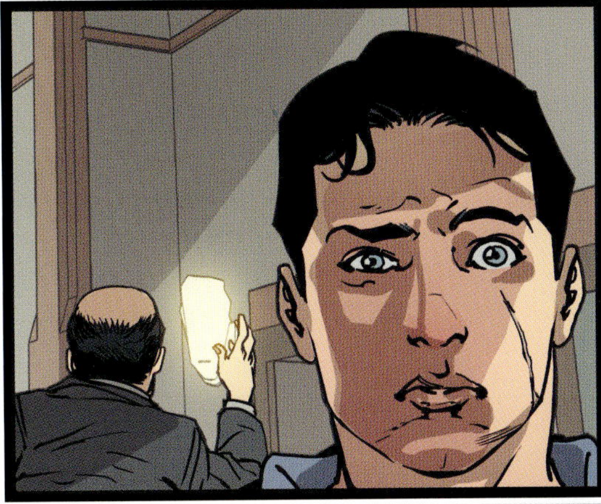

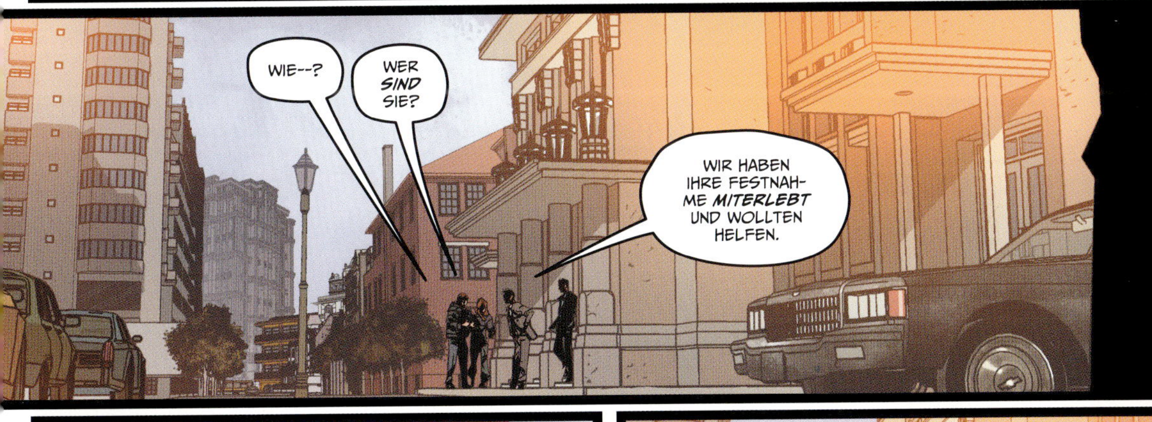
WIE--?
WER SIND SIE?
WIR HABEN IHRE FESTNAHME MITERLEBT UND WOLLTEN HELFEN.

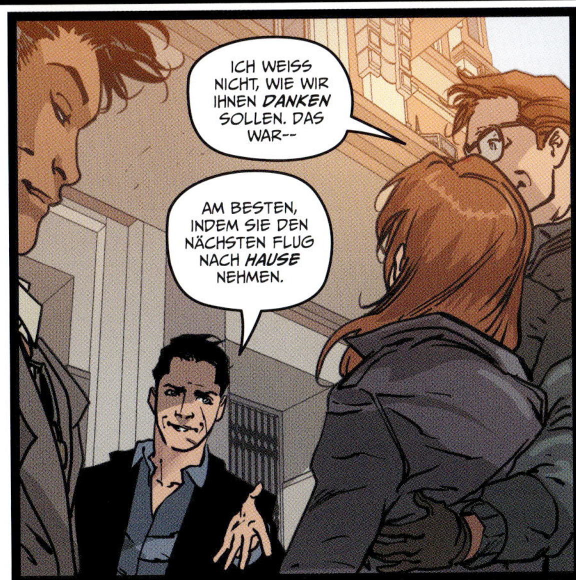
ICH WEISS NICHT, WIE WIR IHNEN DANKEN SOLLEN. DAS WAR--
AM BESTEN, INDEM SIE DEN NÄCHSTEN FLUG NACH HAUSE NEHMEN.

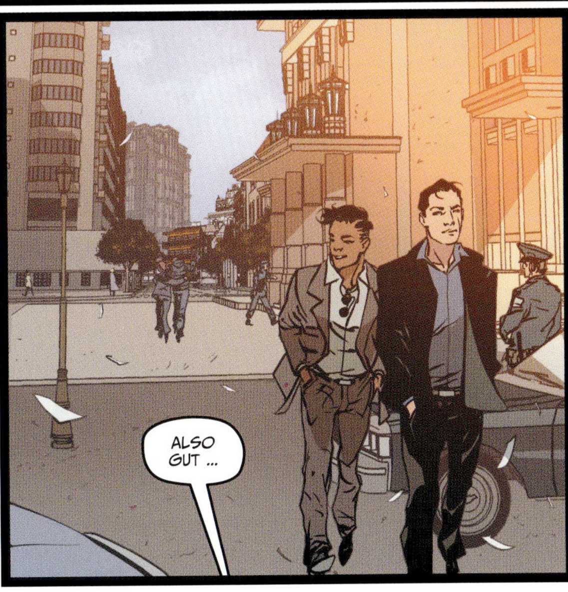
ALSO GUT ...

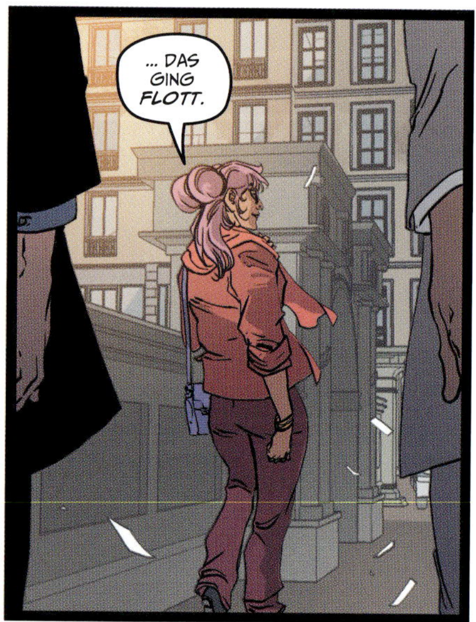
... DAS GING FLOTT.

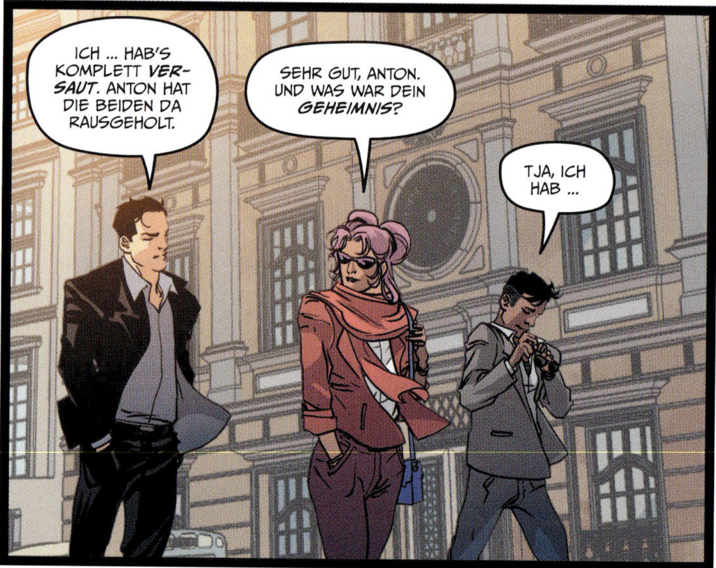
ICH ... HAB'S KOMPLETT VERSAUT. ANTON HAT DIE BEIDEN DA RAUSGEHOLT.
SEHR GUT, ANTON. UND WAS WAR DEIN GEHEIMNIS?
TJA, ICH HAB ...

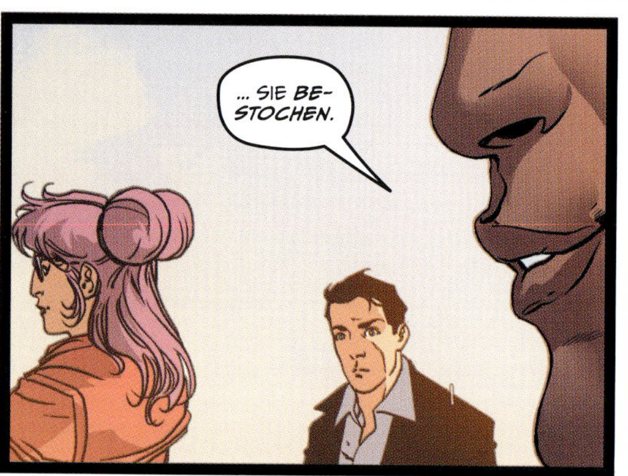
... SIE BESTOCHEN.

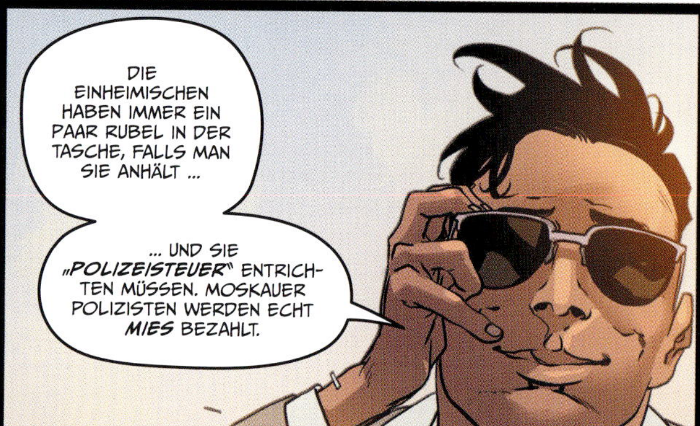
DIE EINHEIMISCHEN HABEN IMMER EIN PAAR RUBEL IN DER TASCHE, FALLS MAN SIE ANHÄLT ...
... UND SIE „POLIZEISTEUER" ENTRICHTEN MÜSSEN. MOSKAUER POLIZISTEN WERDEN ECHT MIES BEZAHLT.

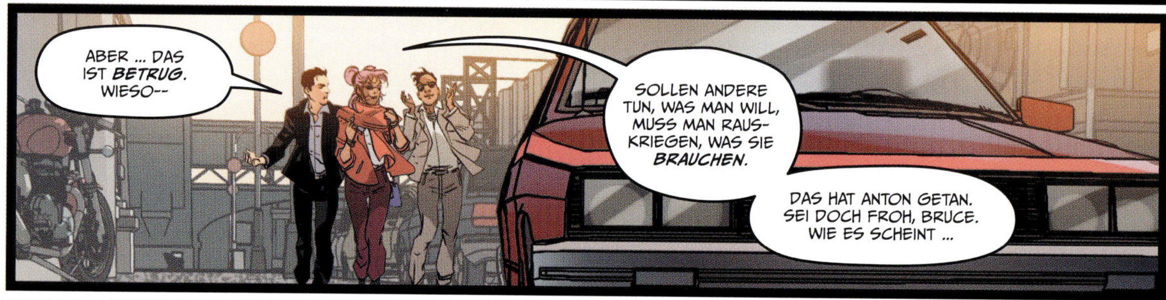
ABER ... DAS IST BETRUG. WIESO--
SOLLEN ANDERE TUN, WAS MAN WILL, MUSS MAN RAUSKRIEGEN, WAS SIE BRAUCHEN.
DAS HAT ANTON GETAN. SEI DOCH FROH, BRUCE. WIE ES SCHEINT ...

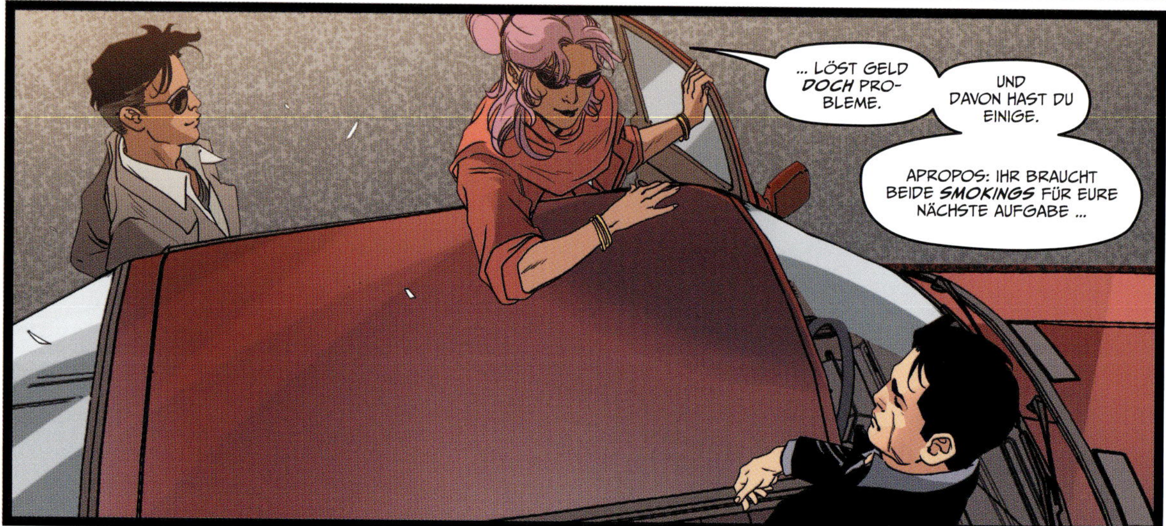
... LÖST GELD DOCH PROBLEME.
UND DAVON HAST DU EINIGE.
APROPOS: IHR BRAUCHT BEIDE SMOKINGS FÜR EURE NÄCHSTE AUFGABE ...

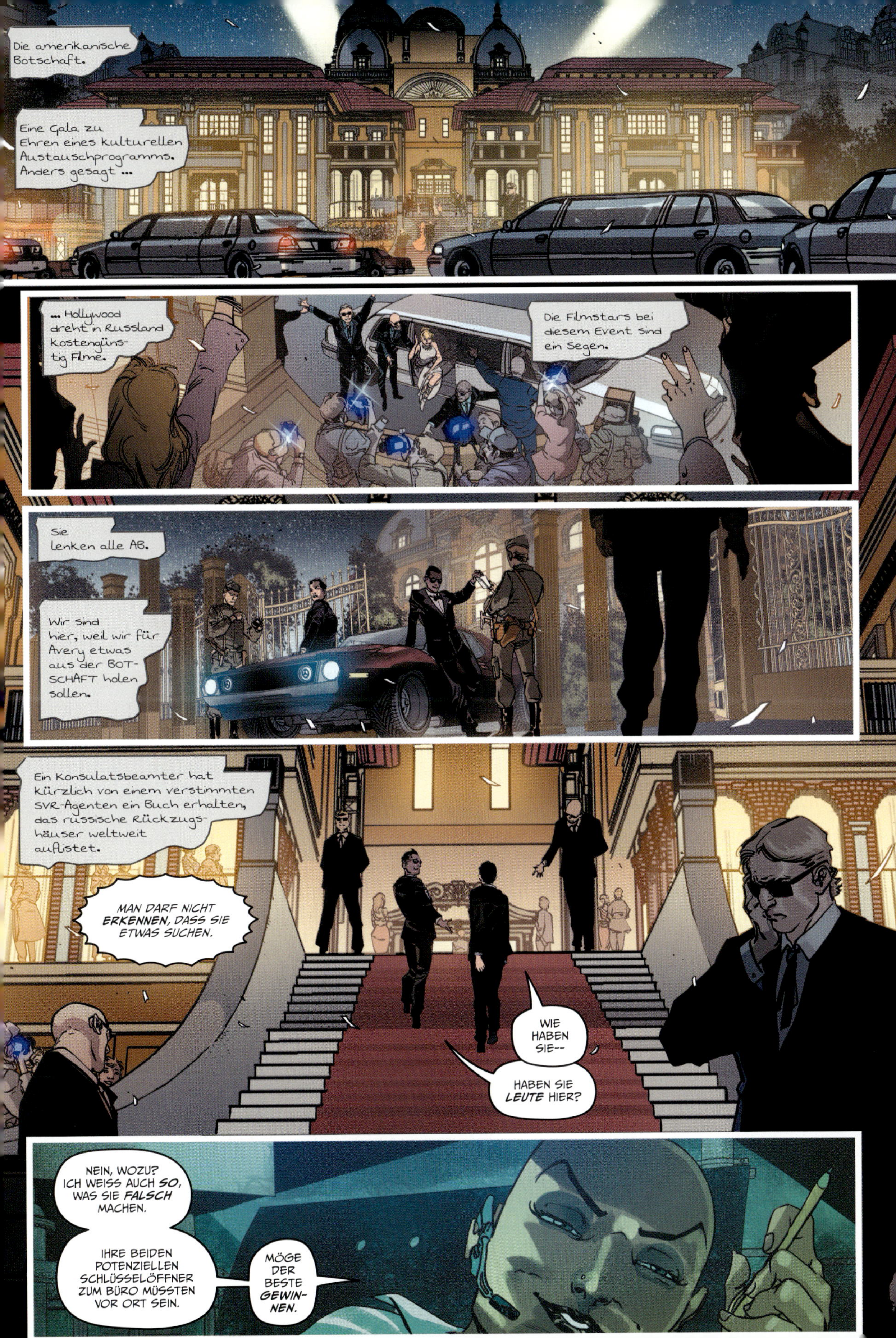
Die amerikanische Botschaft.
Eine Gala zu Ehren eines kulturellen Austauschprogramms. Anders gesagt ...
... Hollywood dreht in Russland kostengünstig Filme.
Die Filmstars bei diesem Event sind ein Segen.
Sie lenken alle AB.
Wir sind hier, weil wir für Avery etwas aus der BOTSCHAFT holen sollen.
Ein Konsulatsbeamter hat kürzlich von einem verstimmten SVR-Agenten ein Buch erhalten, das russische Rückzugshäuser weltweit auflistet.
MAN DARF NICHT ERKENNEN, DASS SIE ETWAS SUCHEN.
WIE HABEN SIE--
HABEN SIE LEUTE HIER?
NEIN, WOZU? ICH WEISS AUCH SO, WAS SIE FALSCH MACHEN.
IHRE BEIDEN POTENZIELLEN SCHLÜSSELÖFFNER ZUM BÜRO MÜSSTEN VOR ORT SEIN.
MÖGE DER BESTE GEWINNEN.

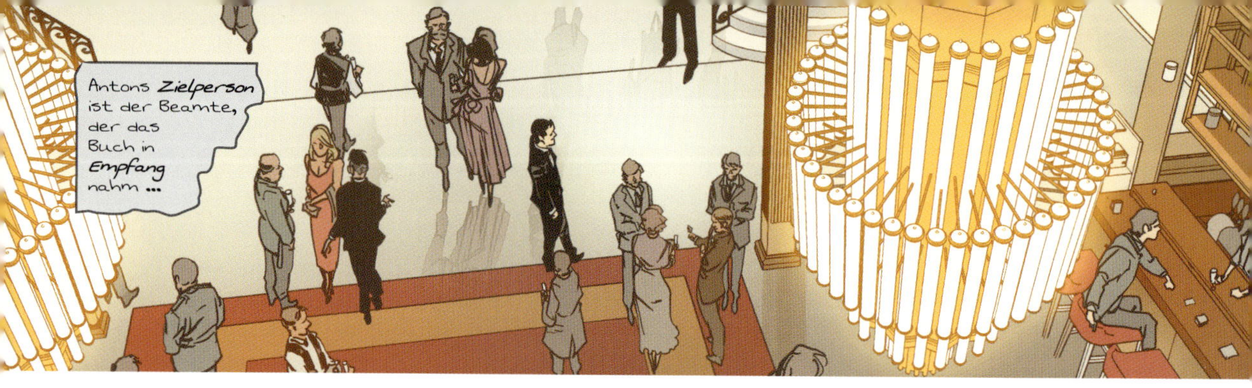
Antons Zielperson ist der Beamte, der das Buch in Empfang nahm ...

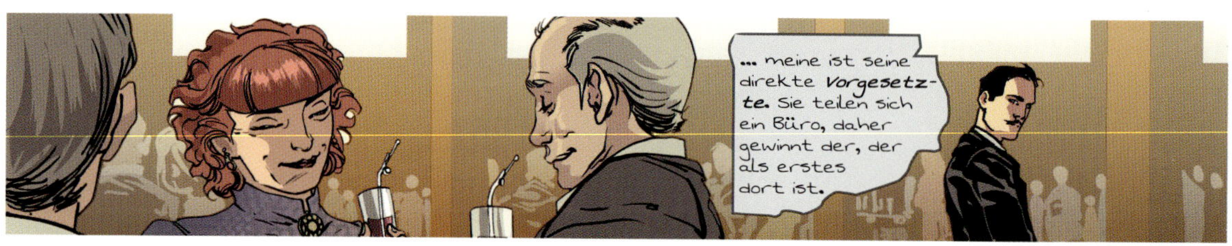
... meine ist seine direkte Vorgesetzte. Sie teilen sich ein Büro, daher gewinnt der, der als erstes dort ist.

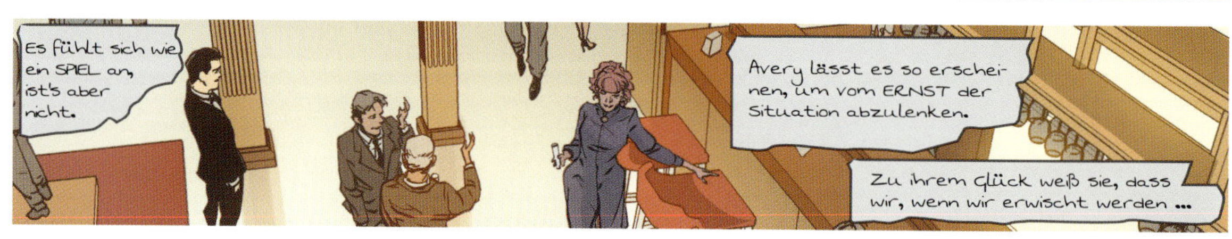
Es fühlt sich wie ein SPIEL an, ist's aber nicht.
Avery lässt es so erscheinen, um vom ERNST der Situation abzulenken.
Zu ihrem Glück weiß sie, dass wir, wenn wir erwischt werden ...

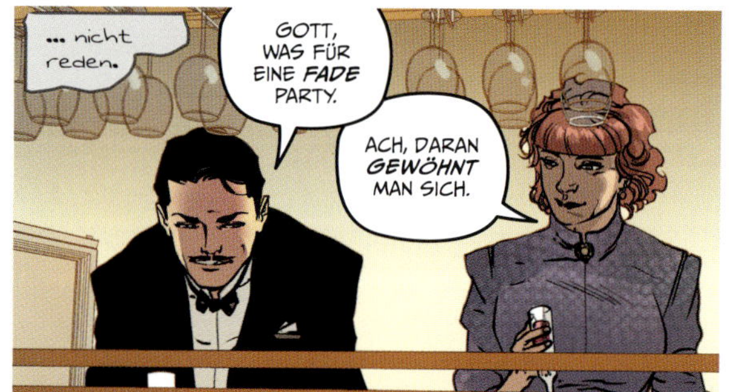
... nicht reden.
GOTT, WAS FÜR EINE FADE PARTY.
ACH, DARAN GEWÖHNT MAN SICH.

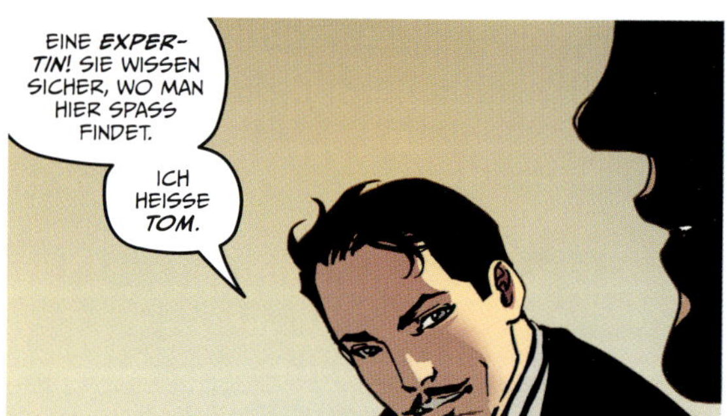
EINE EXPERTIN! SIE WISSEN SICHER, WO MAN HIER SPASS FINDET.
ICH HEISSE TOM.

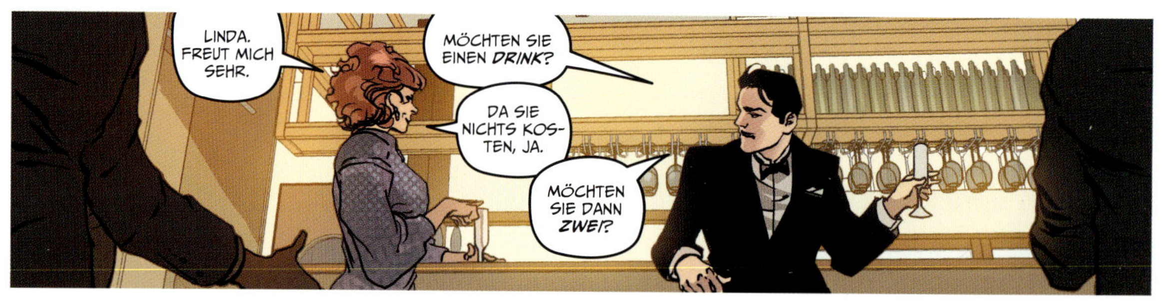
LINDA. FREUT MICH SEHR.
MÖCHTEN SIE EINEN DRINK?
DA SIE NICHTS KOSTEN, JA.
MÖCHTEN SIE DANN ZWEI?

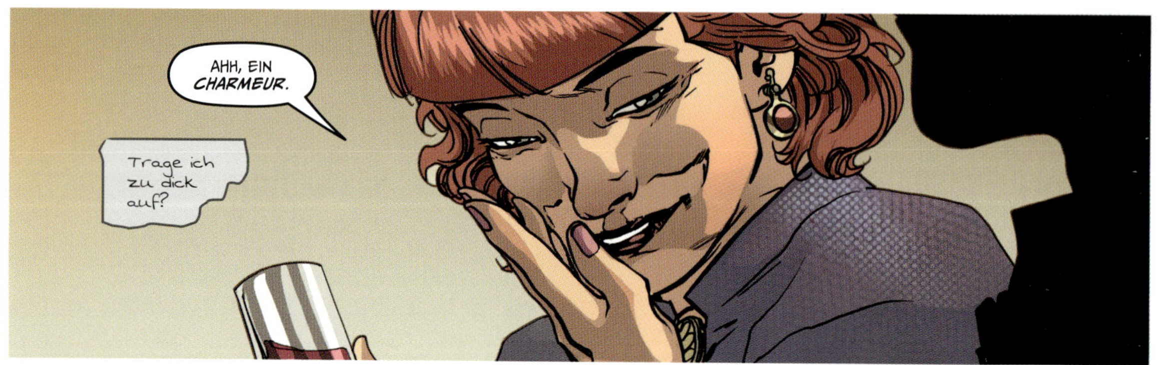
AHH, EIN CHARMEUR.
Trage ich zu dick auf?

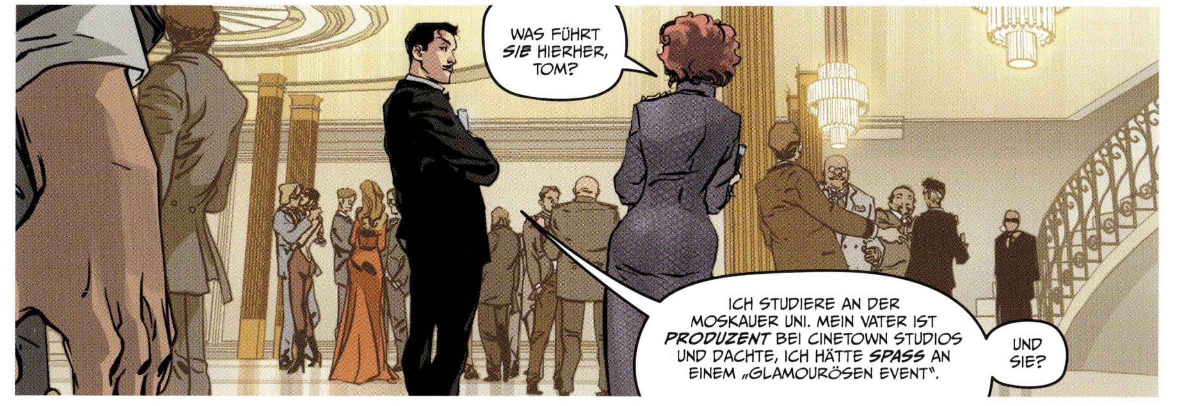
WAS FÜHRT *SIE* HIERHER, TOM?
ICH STUDIERE AN DER MOSKAUER UNI. MEIN VATER IST *PRODUZENT* BEI CINETOWN STUDIOS UND DACHTE, ICH HÄTTE *SPASS* AN EINEM „GLAMOURÖSEN EVENT".
UND SIE?

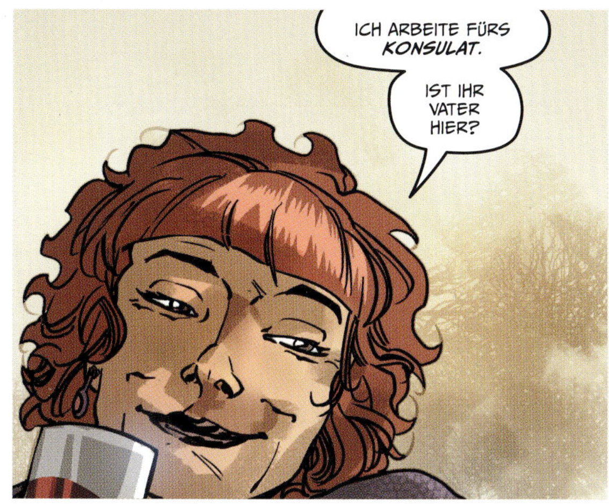
ICH ARBEITE FÜRS *KONSULAT*.
IST IHR VATER HIER?

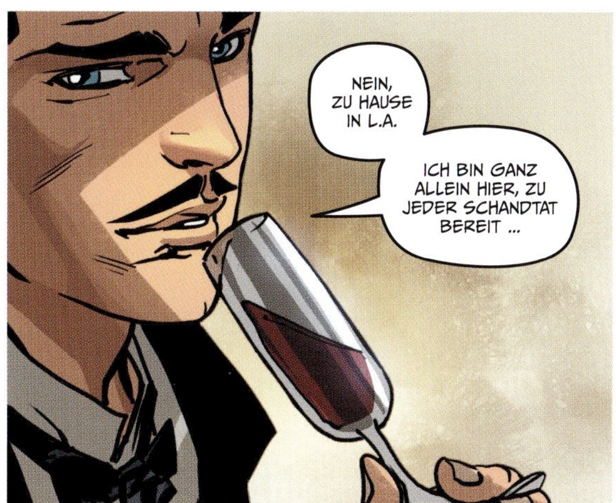
NEIN, ZU HAUSE IN L.A.
ICH BIN GANZ ALLEIN HIER, ZU JEDER SCHANDTAT BEREIT ...

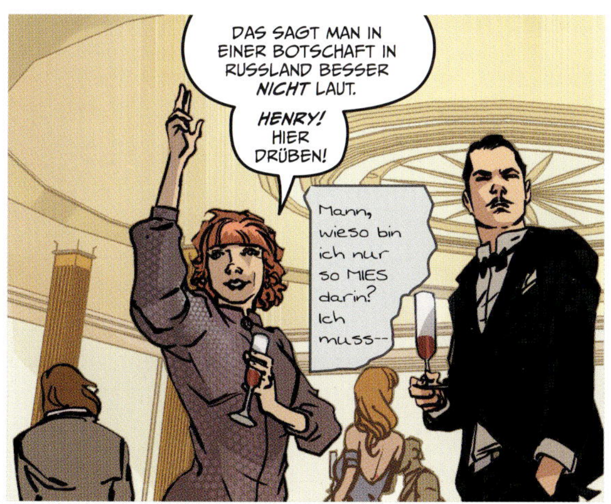
DAS SAGT MAN IN EINER BOTSCHAFT IN RUSSLAND BESSER *NICHT* LAUT.
HENRY! HIER DRÜBEN!
Mann, wieso bin ich nur so MIES darin? Ich muss--

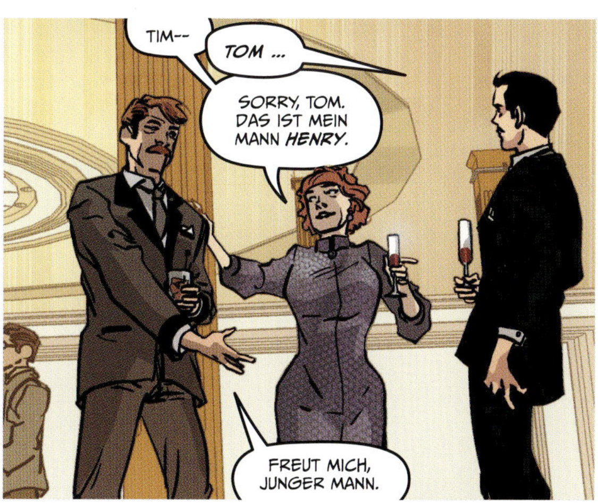
TIM--
TOM ...
SORRY, TOM. DAS IST MEIN MANN *HENRY*.
FREUT MICH, JUNGER MANN.

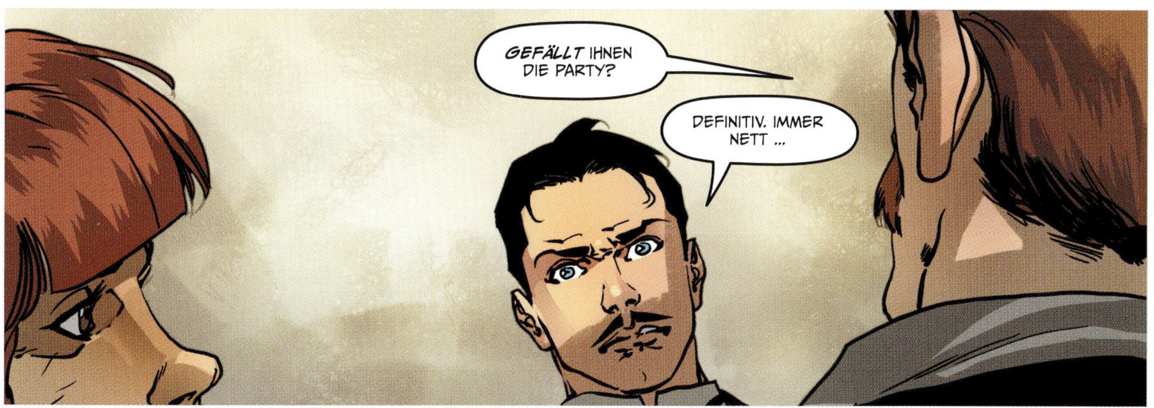
GEFÄLLT IHNEN DIE PARTY?
DEFINITIV. IMMER NETT ...

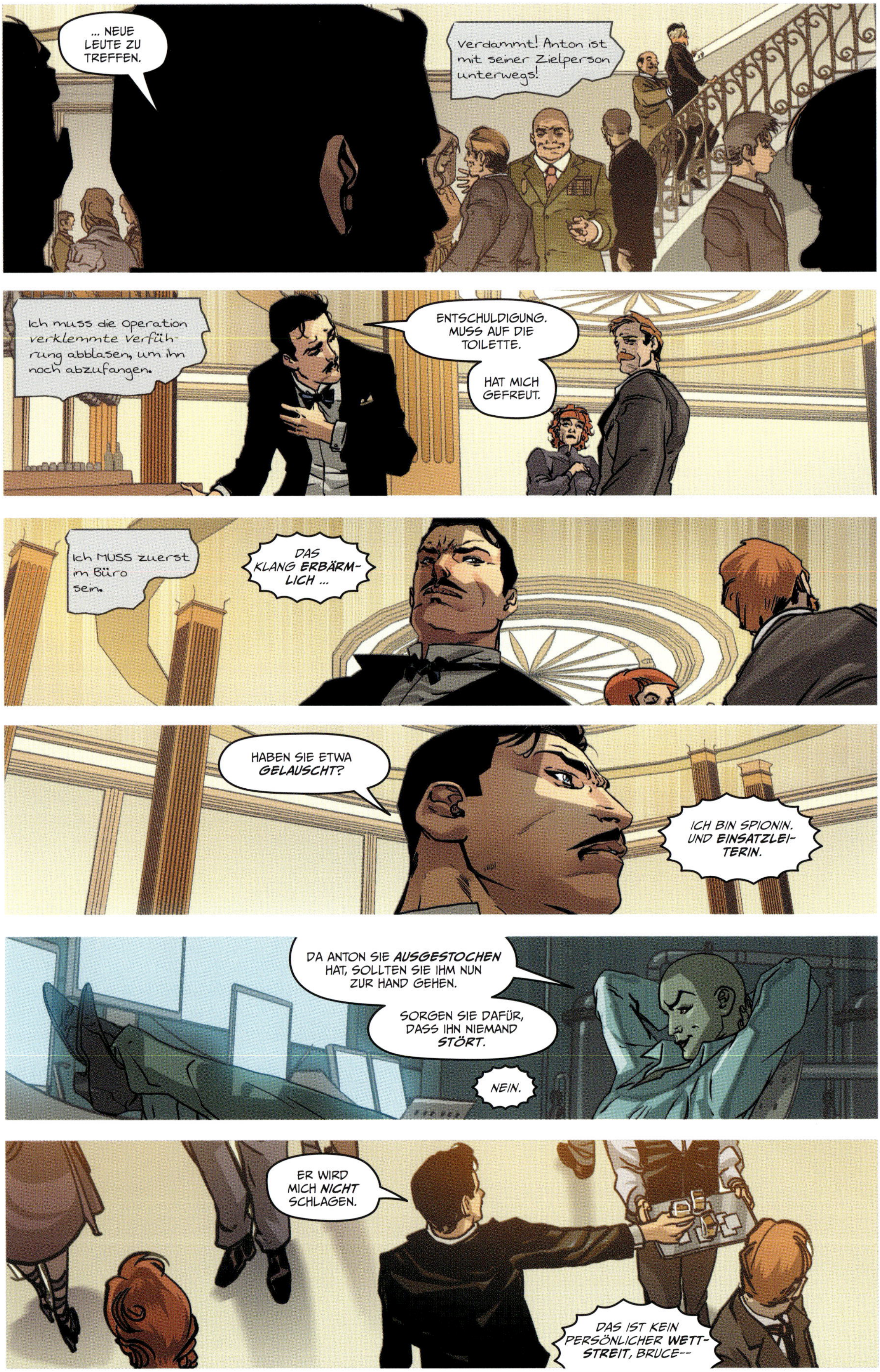

... NEUE LEUTE ZU TREFFEN.
Verdammt! Anton ist mit seiner Zielperson unterwegs!

Ich muss die Operation verklemmte Verführung abblasen, um ihn noch abzufangen.
ENTSCHULDIGUNG. MUSS AUF DIE TOILETTE.
HAT MICH GEFREUT.

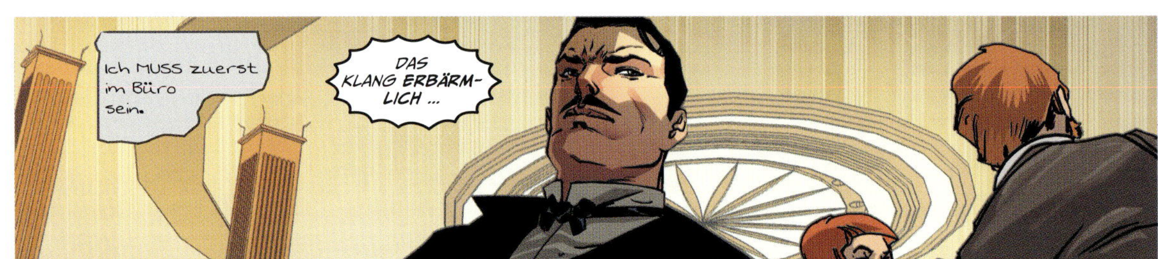

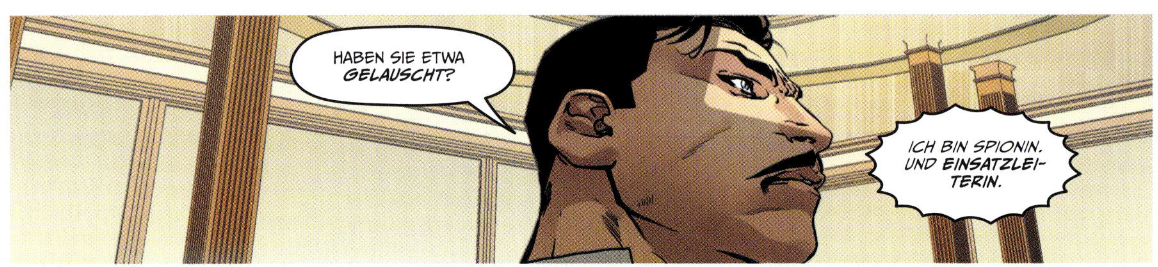

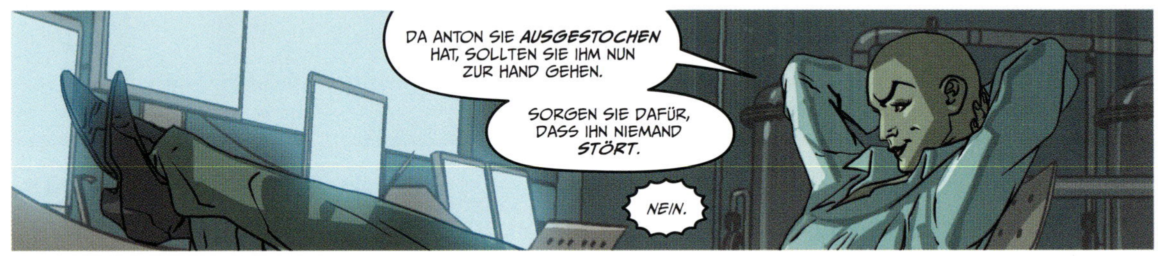

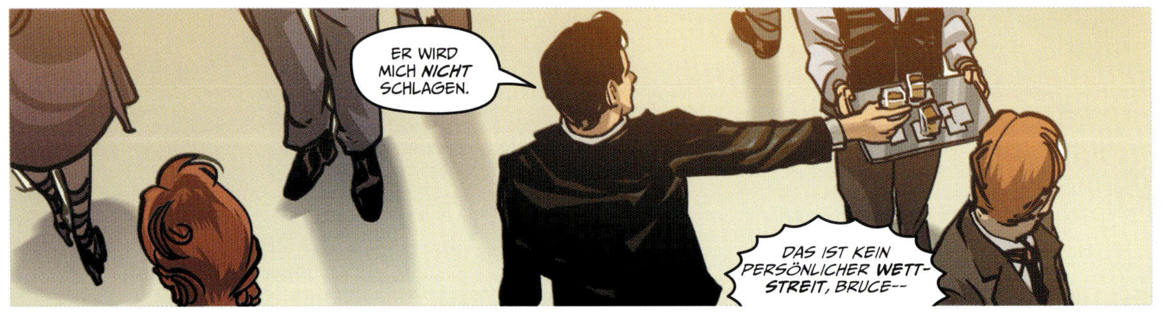

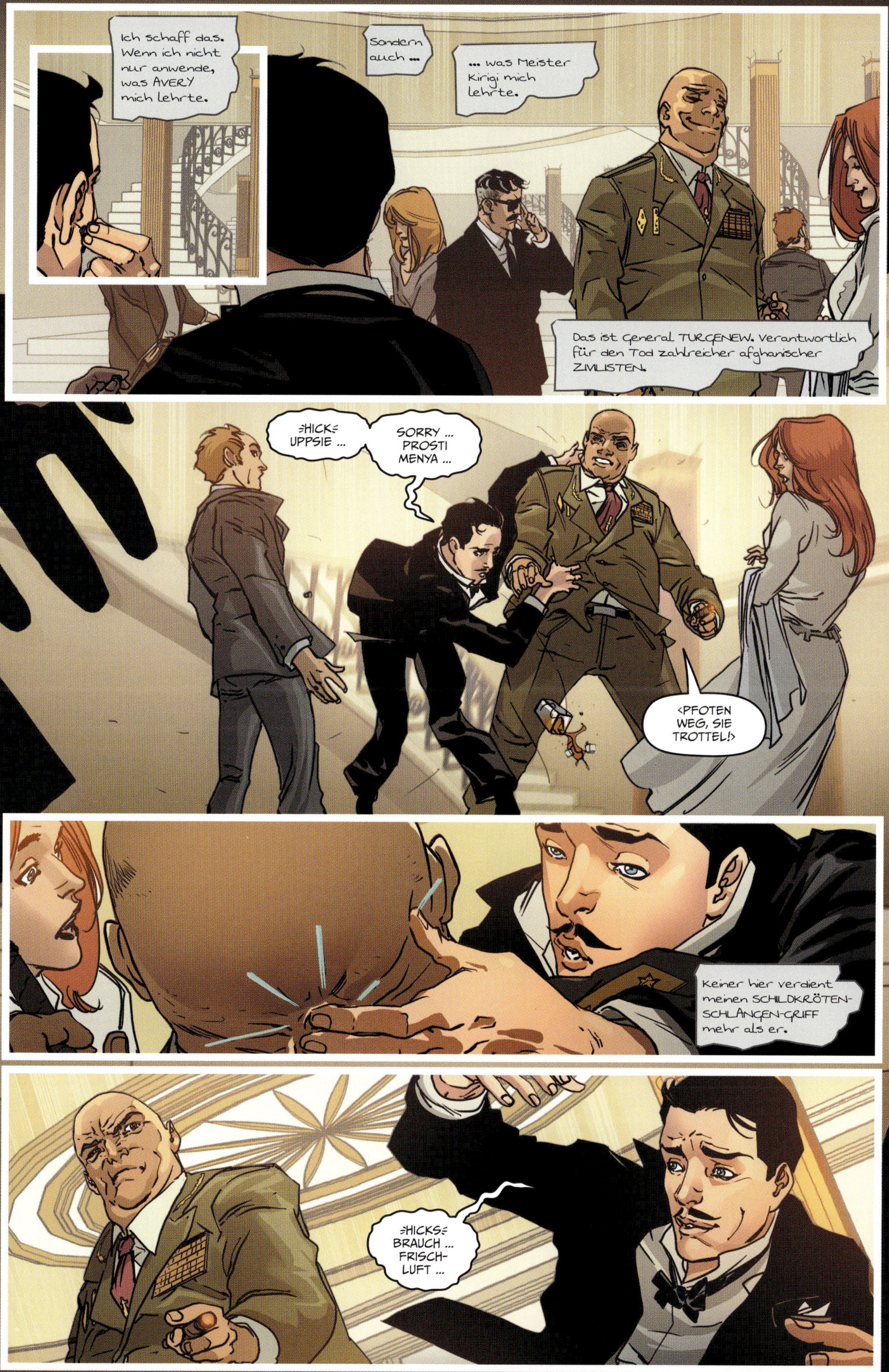

Ich schaff das. Wenn ich nicht nur anwende, was AVERY mich lehrte.

Sondern auch ...

... was Meister Kirigi mich lehrte.

Das ist General TURGENEW. Verantwortlich für den Tod zahlreicher afghanischer ZIVILISTEN.

=HICK= UPPSIE ...

SORRY ... PROSTI MENYA ...

<PFOTEN WEG, SIE TROTTEL!>

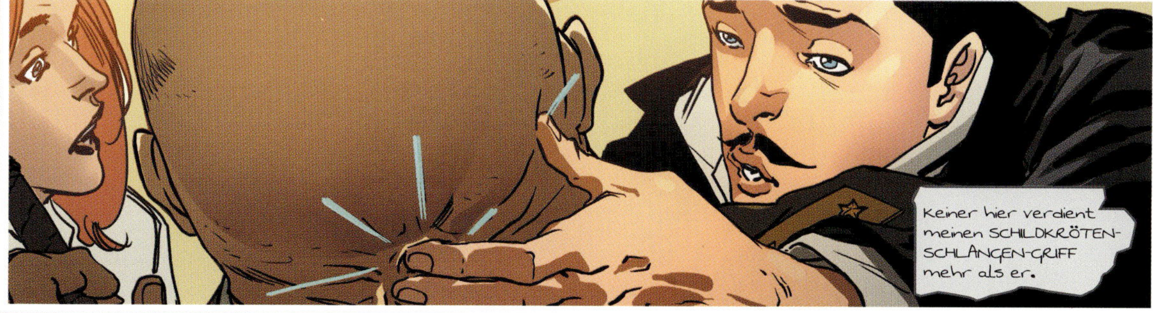

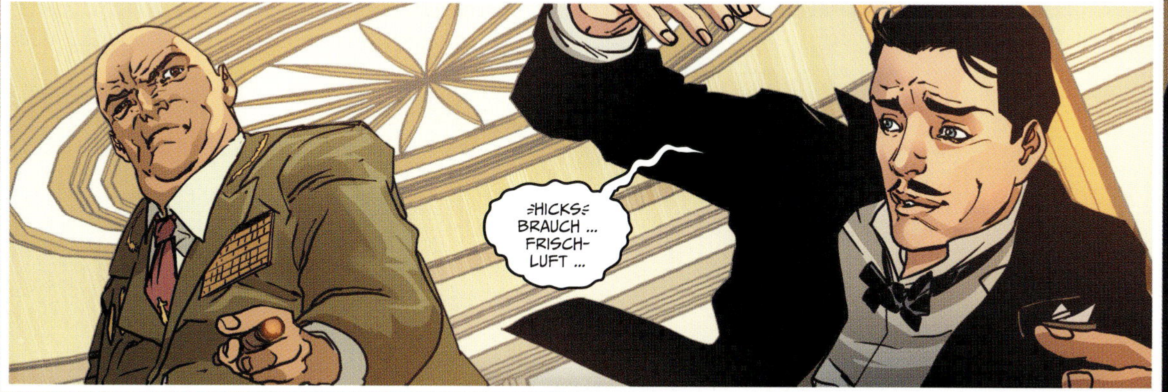

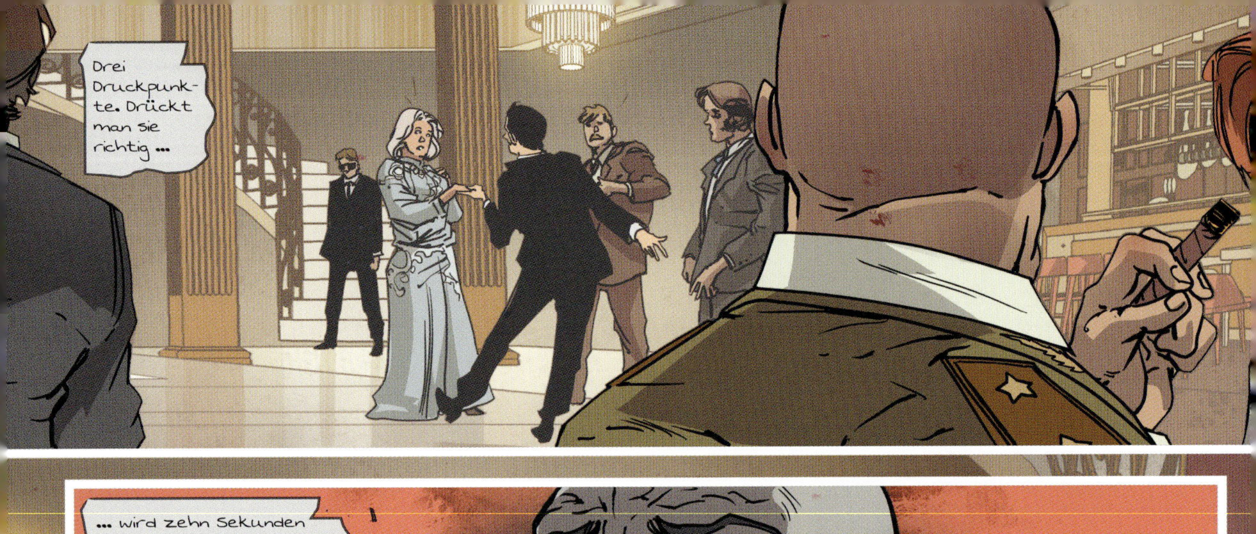
Drei Druckpunkte. Drückt man sie richtig ...

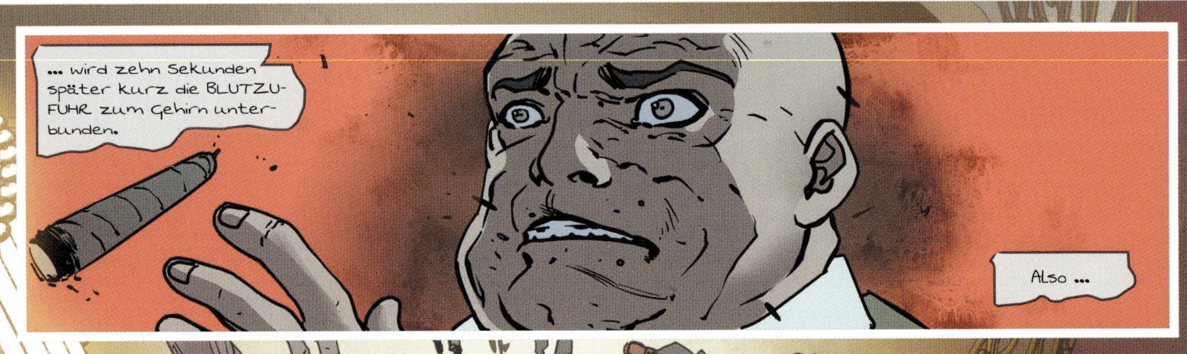
... wird zehn Sekunden später kurz die BLUTZUFUHR zum Gehirn unterbunden.
Also ...

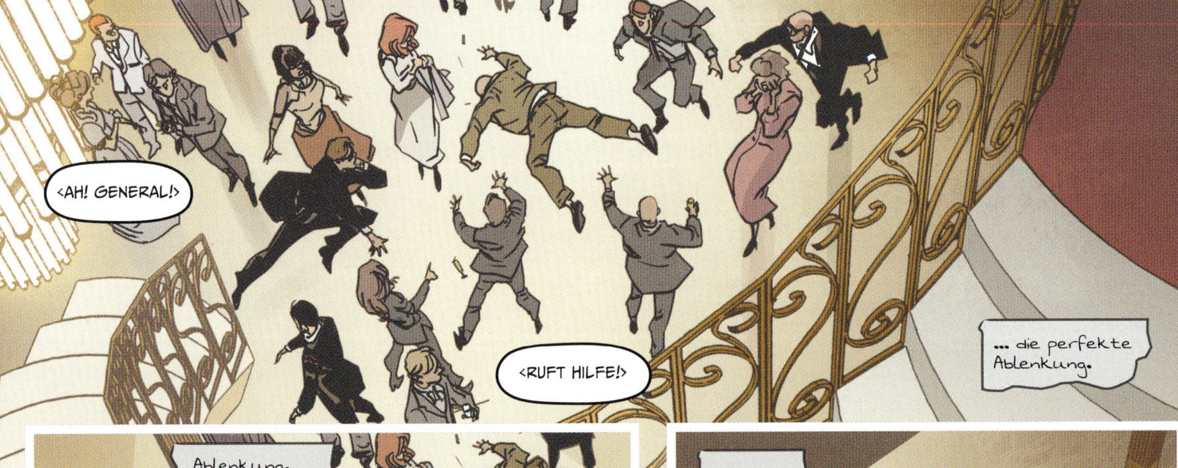
<AH! GENERAL!>
<RUFT HILFE!>
... die perfekte Ablenkung.

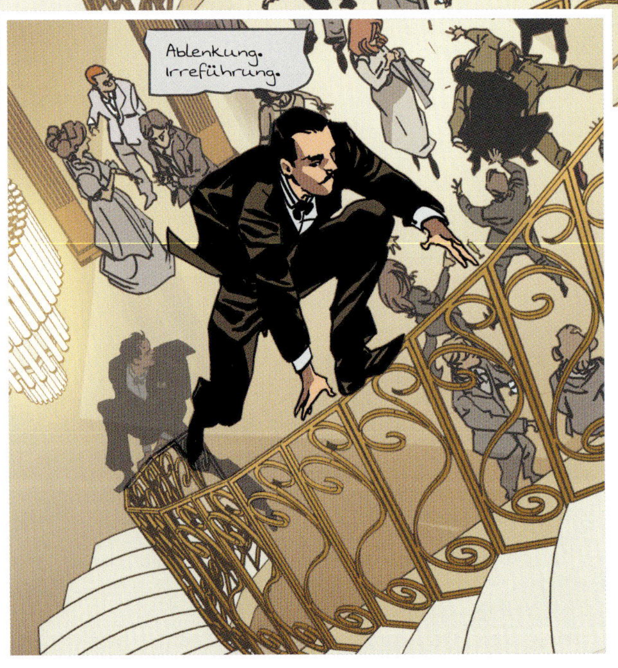
Ablenkung. Irreführung.

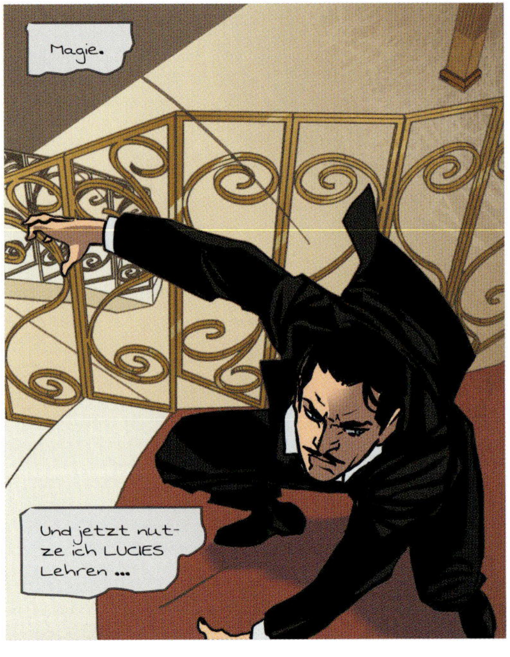
Magie.
Und jetzt nutze ich LUCIES Lehren ...

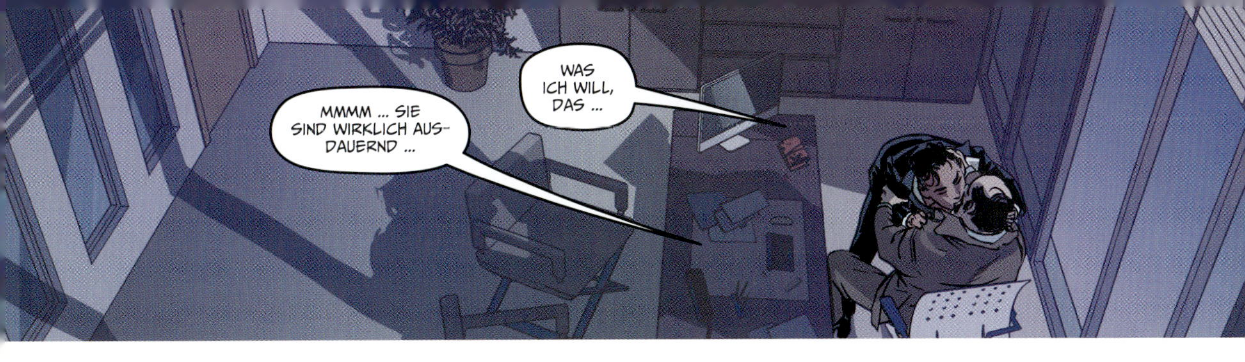
MMMM ... SIE SIND WIRKLICH AUSDAUERND ...
WAS ICH WILL, DAS ...

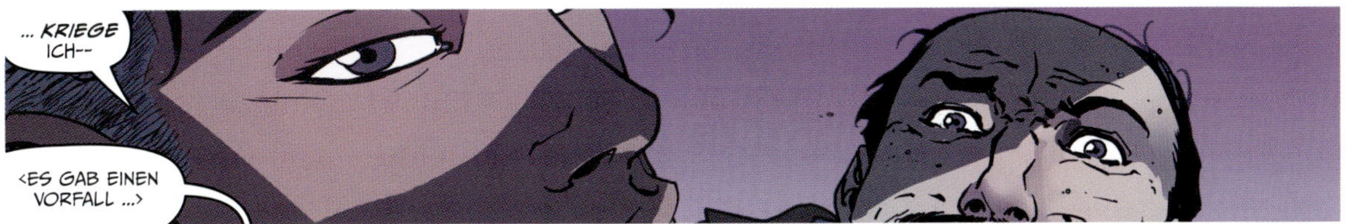
... KRIEGE ICH--
<ES GAB EINEN VORFALL ...>

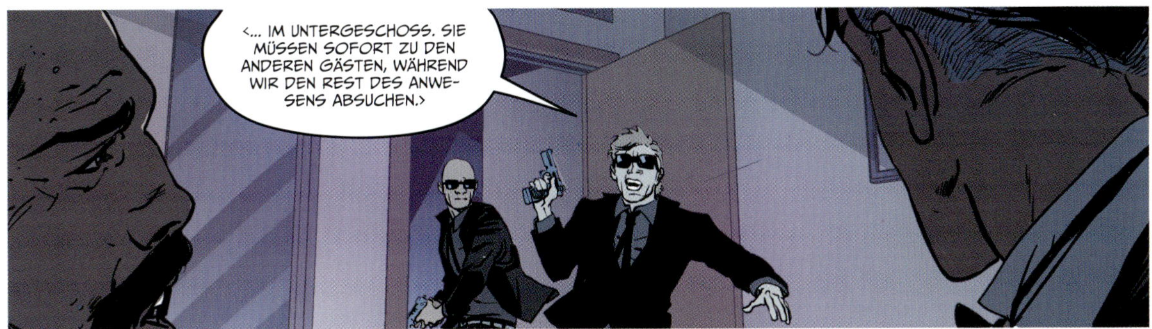
<... IM UNTERGESCHOSS. SIE MÜSSEN SOFORT ZU DEN ANDEREN GÄSTEN, WÄHREND WIR DEN REST DES ANWESENS ABSUCHEN.>

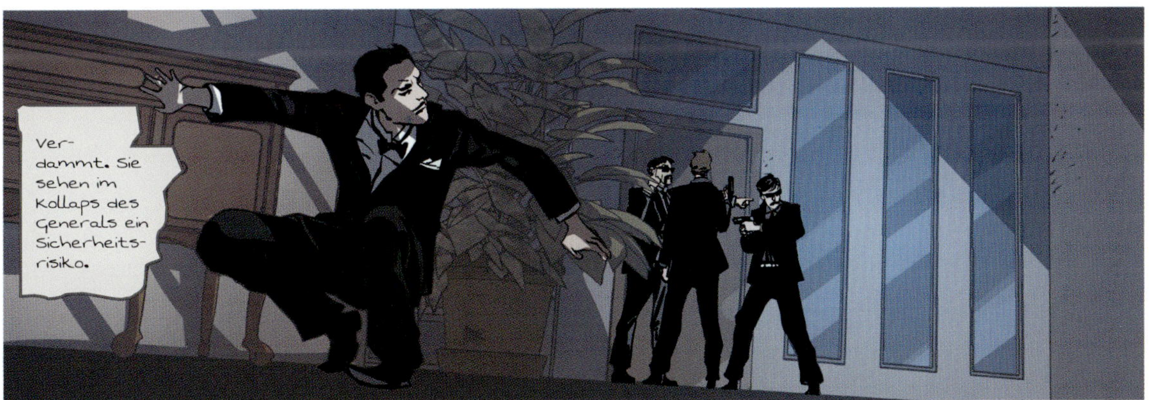
Verdammt. Sie sehen im Kollaps des Generals ein Sicherheitsrisiko.

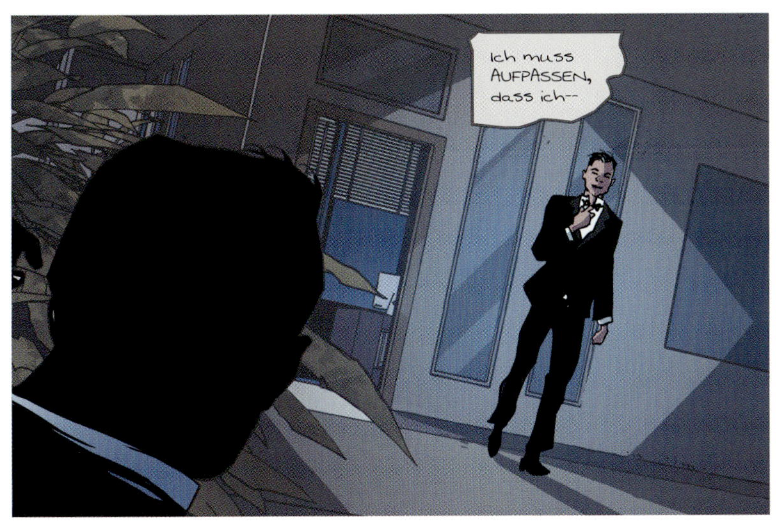
Ich muss AUFPASSEN, dass ich--

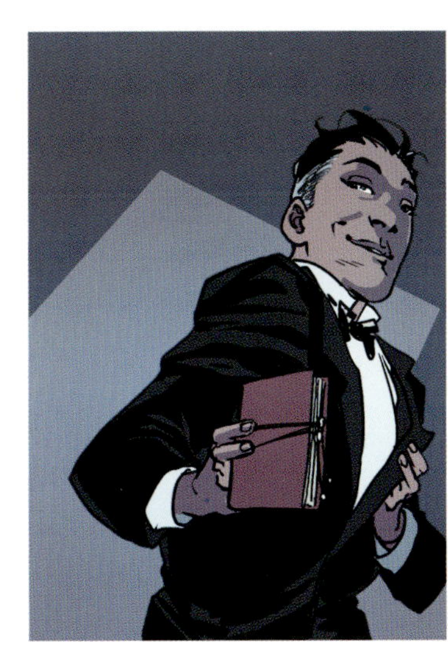

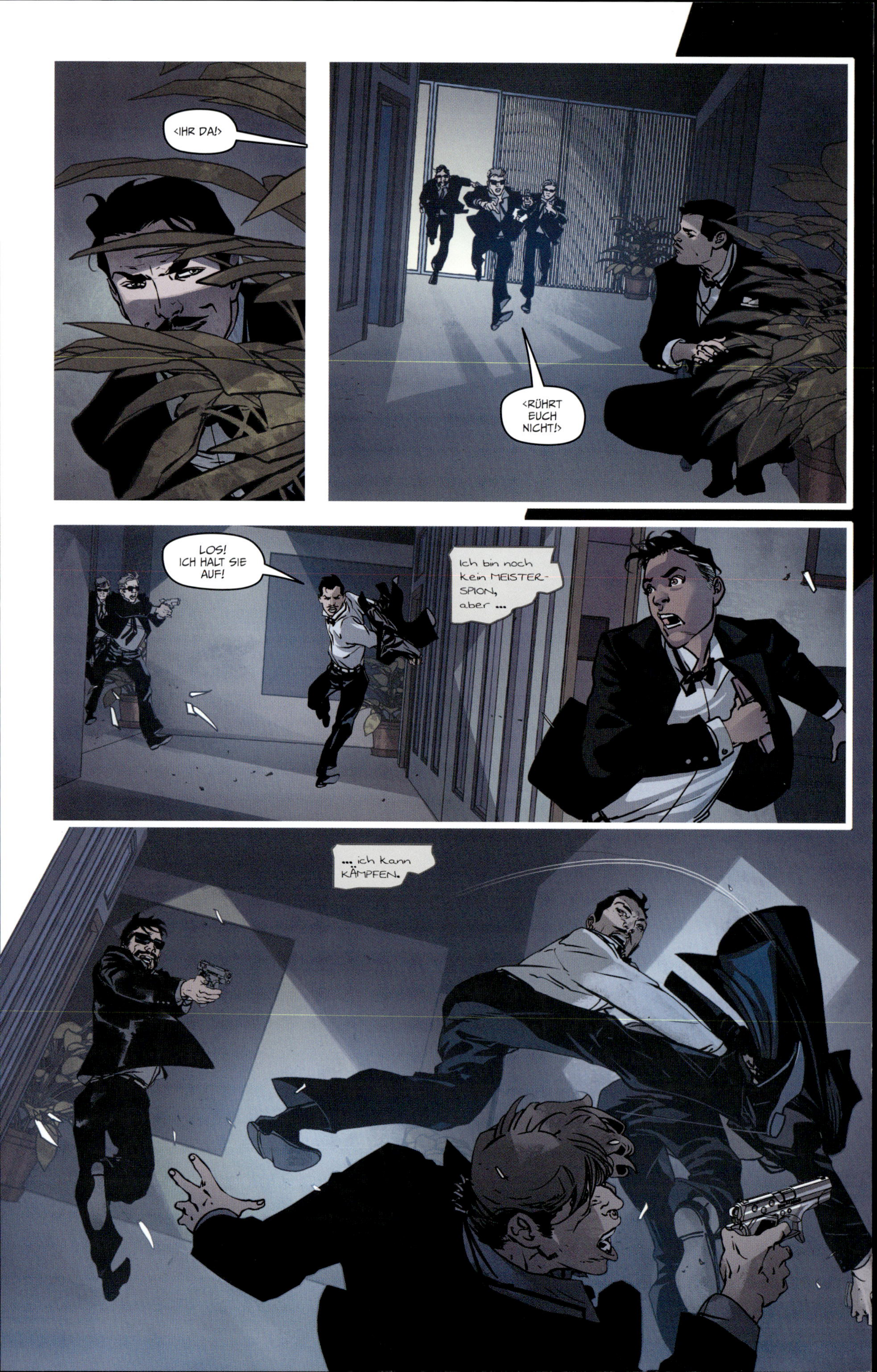

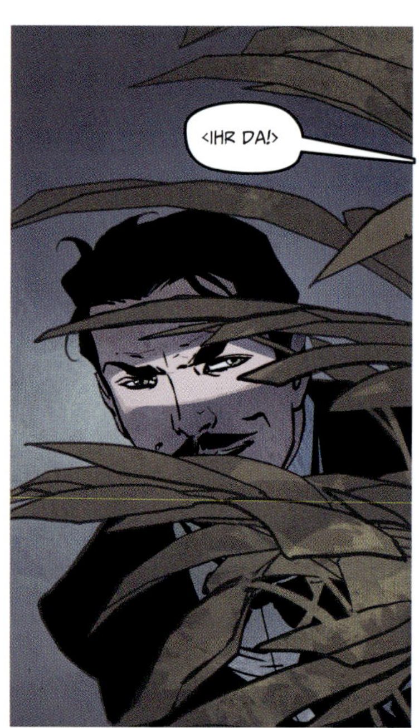
<IHR DA!>

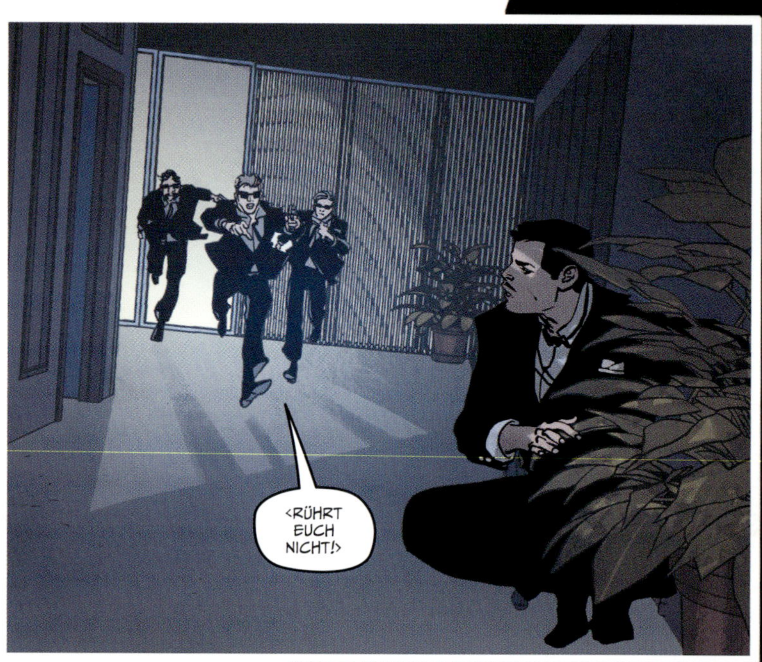
<RÜHRT EUCH NICHT!>

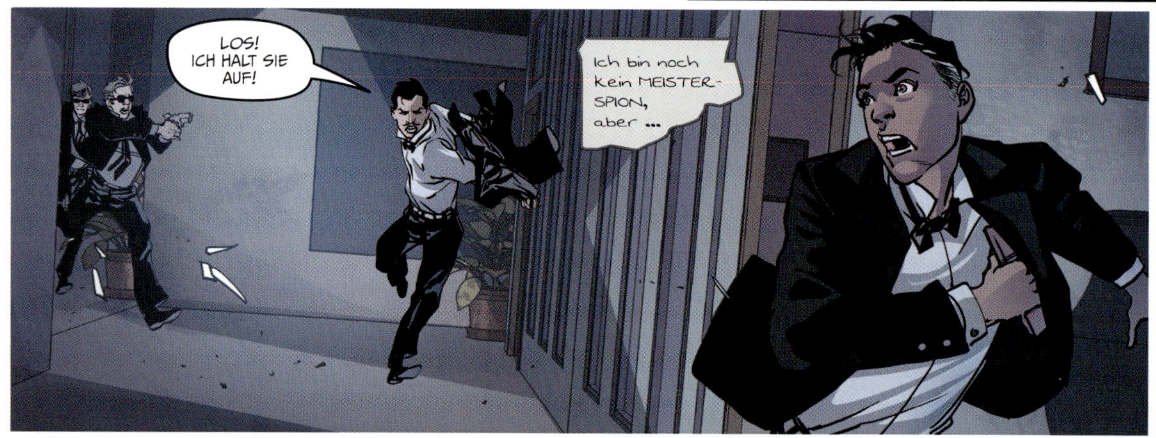
LOS! ICH HALT SIE AUF!
Ich bin noch kein MEISTER-SPION, aber ...

... ich kann KÄMPFEN.

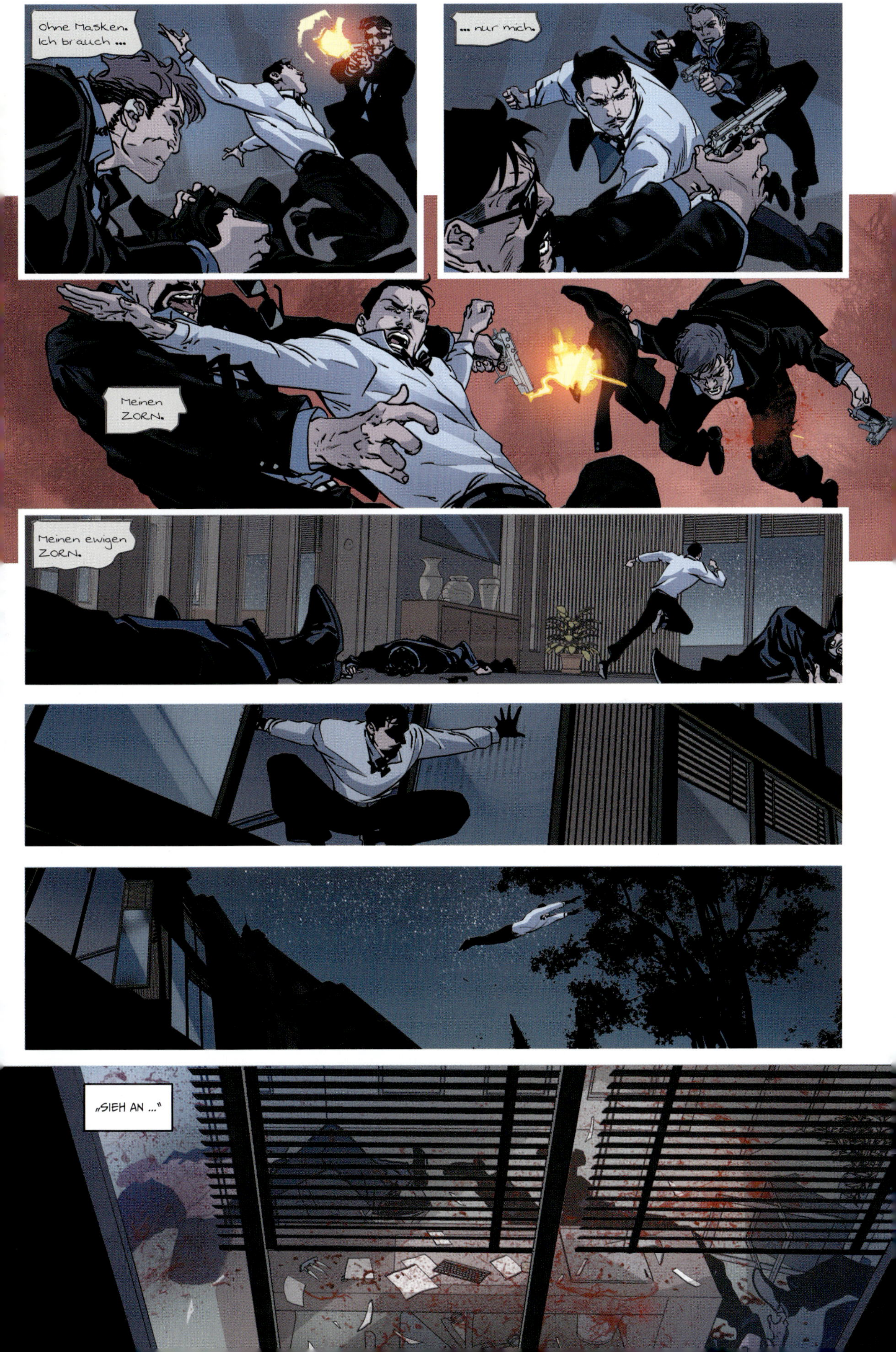

Ohne Masken.
Ich brauch …

… nur mich.

Meinen
ZORN.

Meinen ewigen
ZORN.

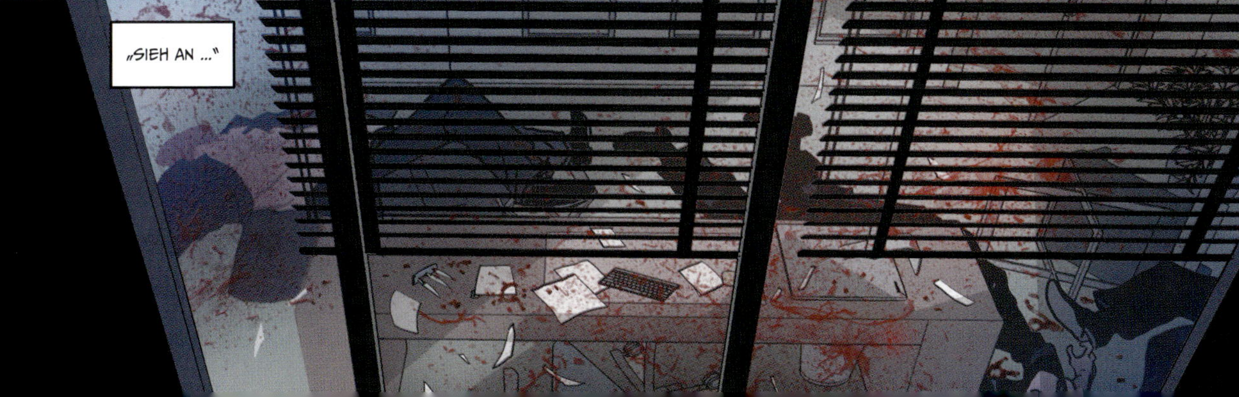

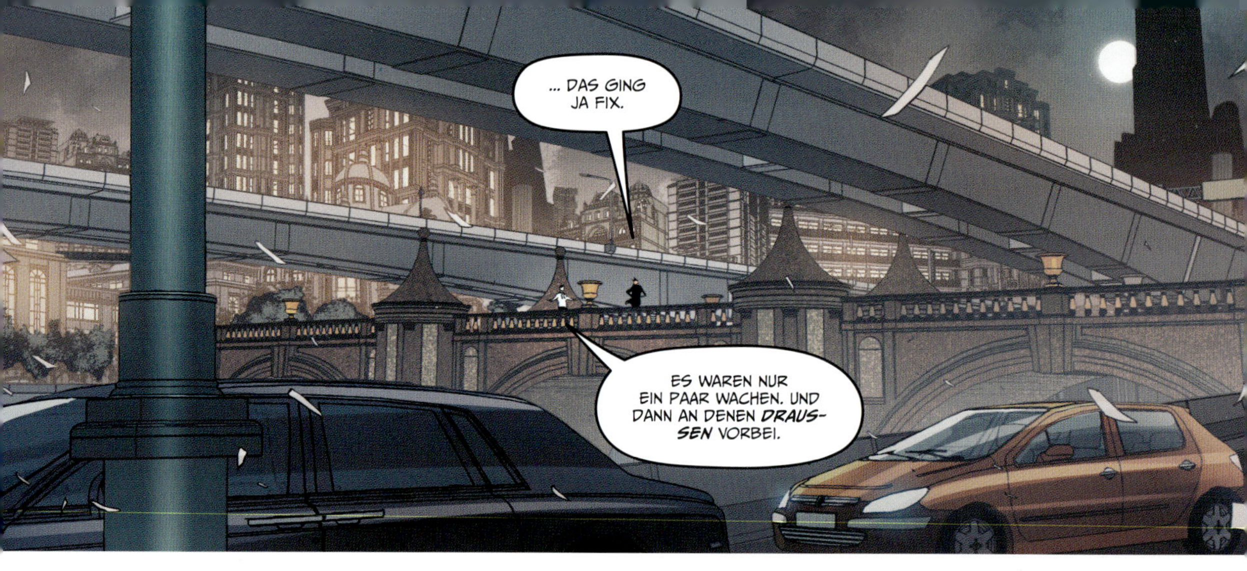
... DAS GING JA FIX.
ES WAREN NUR EIN PAAR WACHEN. UND DANN AN DENEN DRAUS-SEN VORBEI.

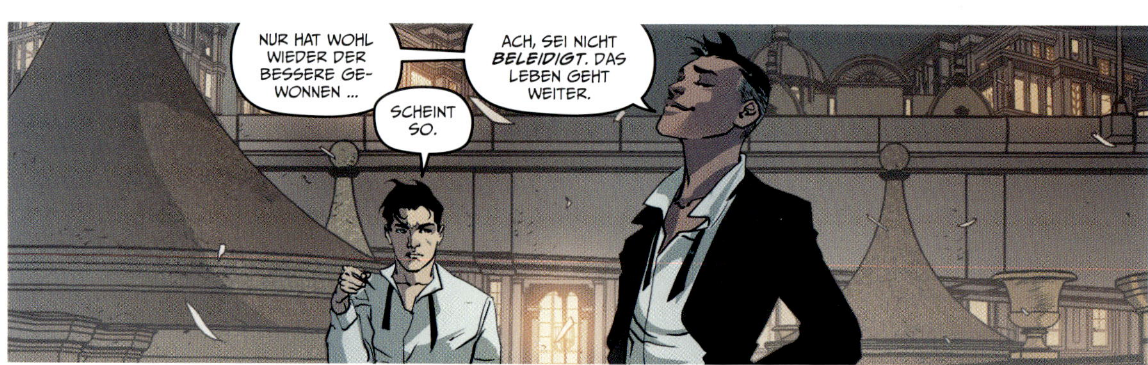
NUR HAT WOHL WIEDER DER BESSERE GE-WONNEN ...
SCHEINT SO.
ACH, SEI NICHT BELEIDIGT. DAS LEBEN GEHT WEITER.

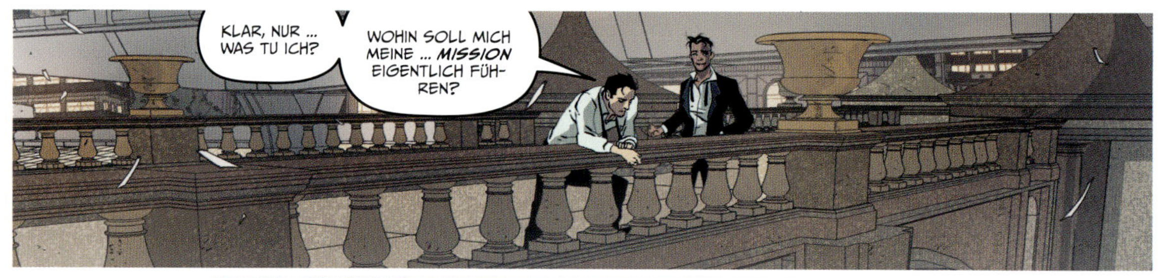
KLAR, NUR ... WAS TU ICH?
WOHIN SOLL MICH MEINE ... MISSION EIGENTLICH FÜH-REN?

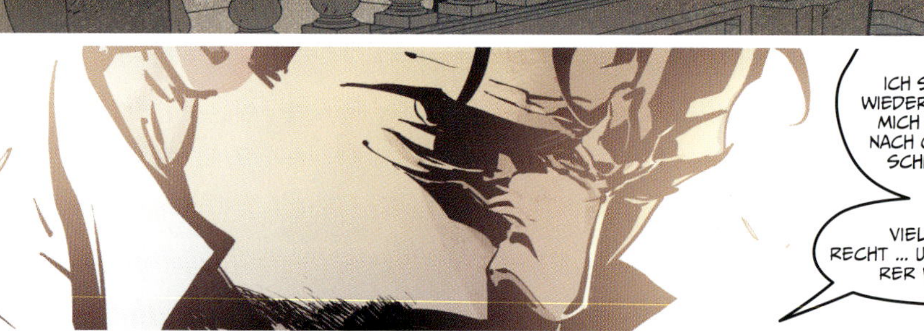
ICH SCHEITER IMMER WIEDER. WAS, WENN ICH ... MICH ALS VERSAGER NACH GOTHAM ZURÜCK-SCHLEICHEN MUSS?
VIELLEICHT HAT AVERY RECHT ... UND ICH KANN KEIN ANDE-RER WERDEN. UND ICH ...

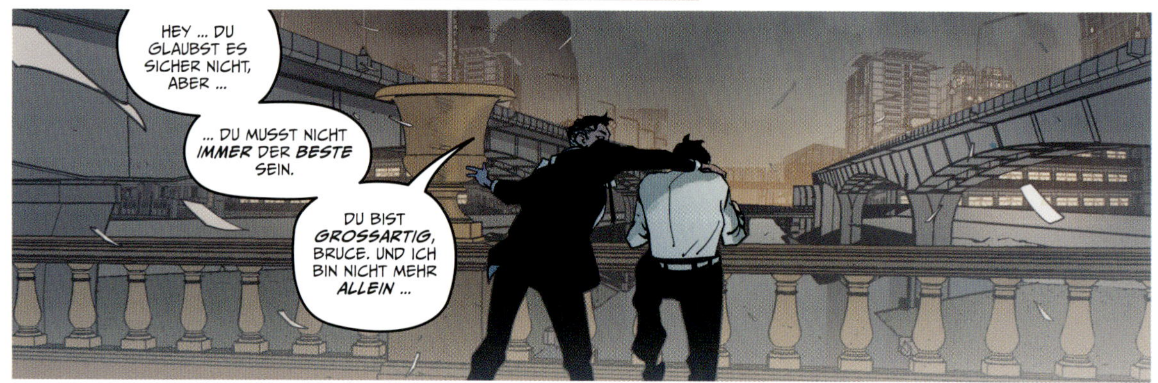
HEY ... DU GLAUBST ES SICHER NICHT, ABER ...
... DU MUSST NICHT IMMER DER BESTE SEIN.
DU BIST GROSSARTIG, BRUCE. UND ICH BIN NICHT MEHR ALLEIN ...

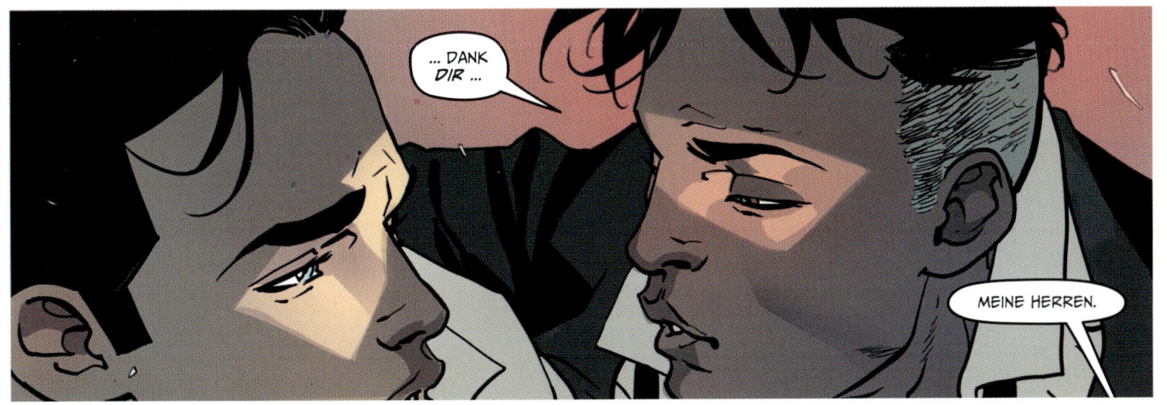
... DANK *DIR* ...
MEINE HERREN.

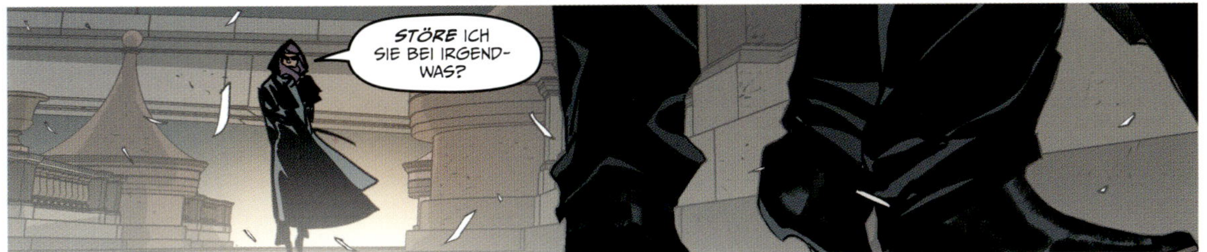
STÖRE ICH SIE BEI IRGEND-WAS?

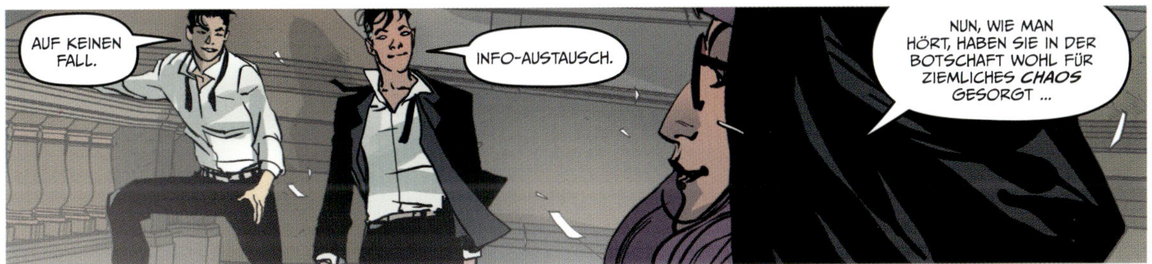
AUF KEINEN FALL.
INFO-AUSTAUSCH.
NUN, WIE MAN HÖRT, HABEN SIE IN DER BOTSCHAFT WOHL FÜR ZIEMLICHES *CHAOS* GESORGT ...

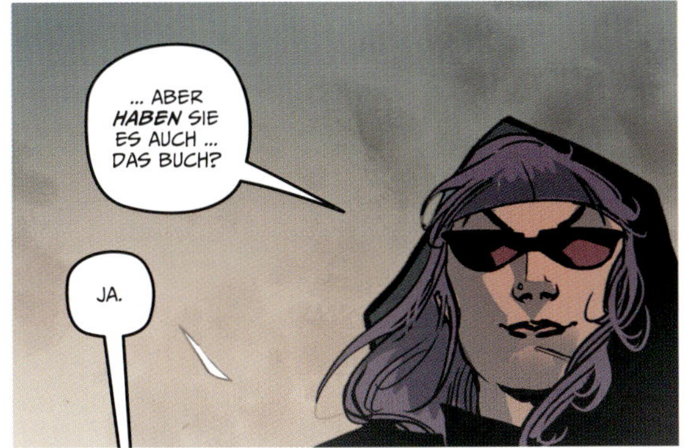
... ABER *HABEN* SIE ES AUCH ... DAS BUCH?
JA.

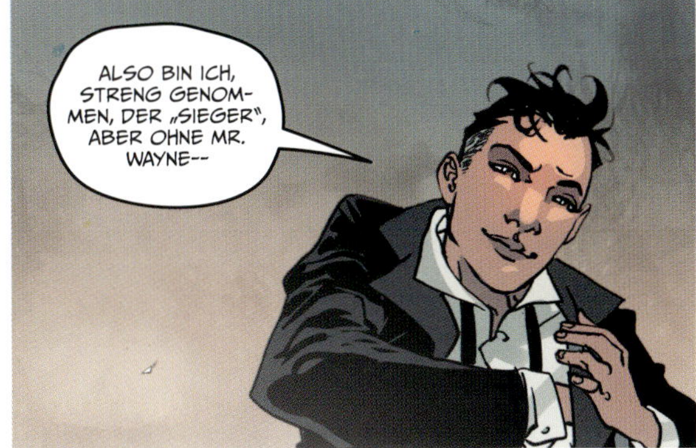
ALSO BIN ICH, STRENG GENOM-MEN, DER „SIEGER", ABER OHNE MR. WAYNE--

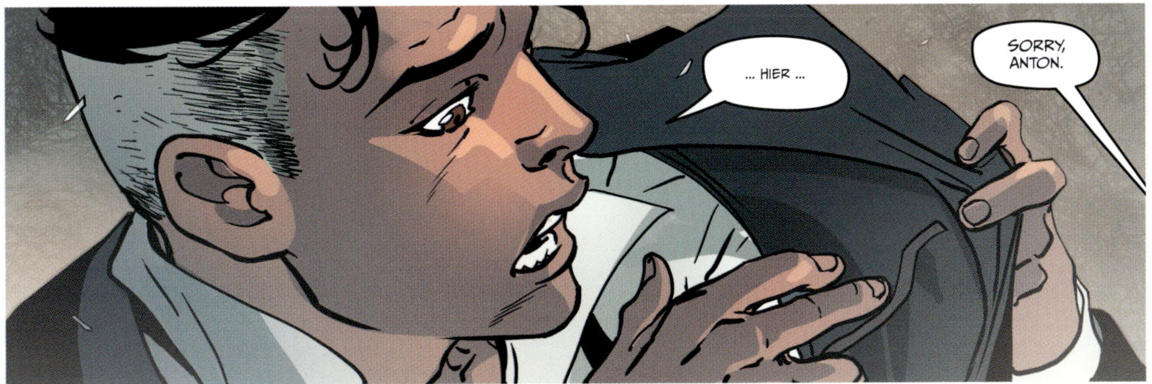
... HIER ...
SORRY, ANTON.

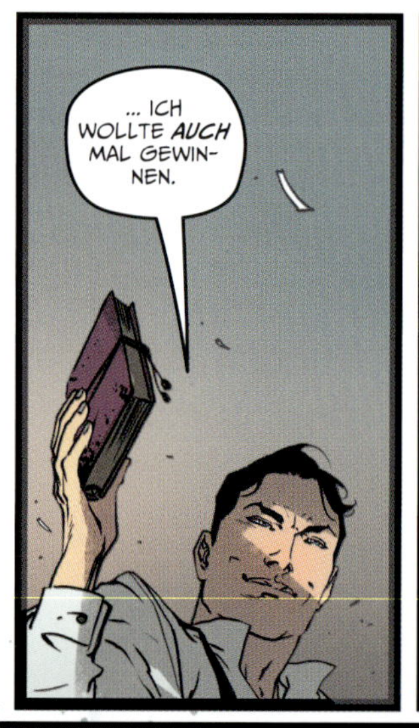
... ICH WOLLTE AUCH MAL GEWIN-NEN.
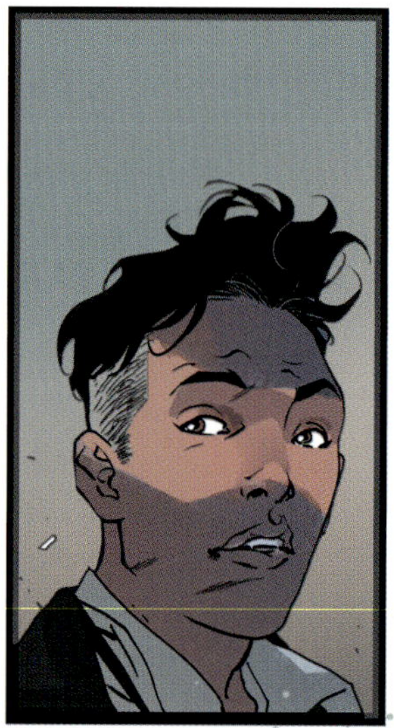
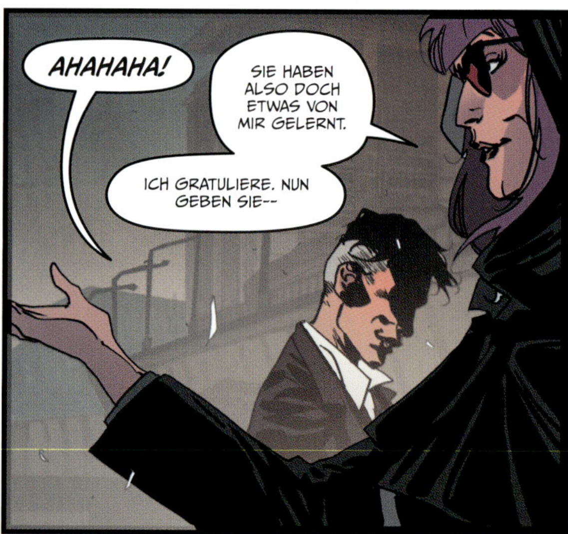
AHAHAHA!
SIE HABEN ALSO DOCH ETWAS VON MIR GELERNT.
ICH GRATULIERE. NUN GEBEN SIE--
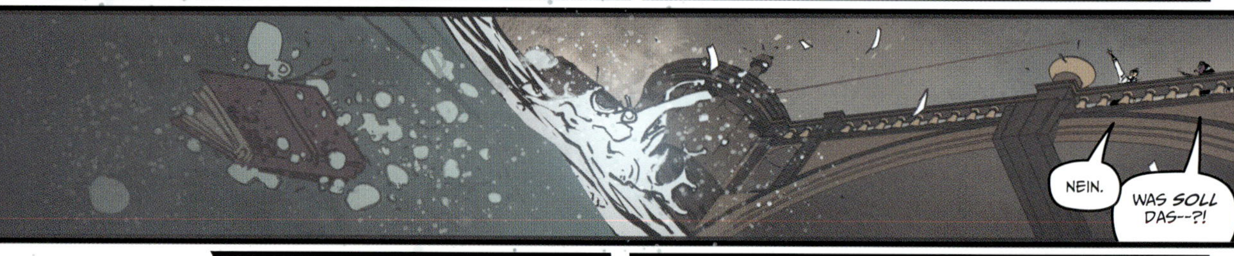
NEIN.
WAS SOLL DAS--?!
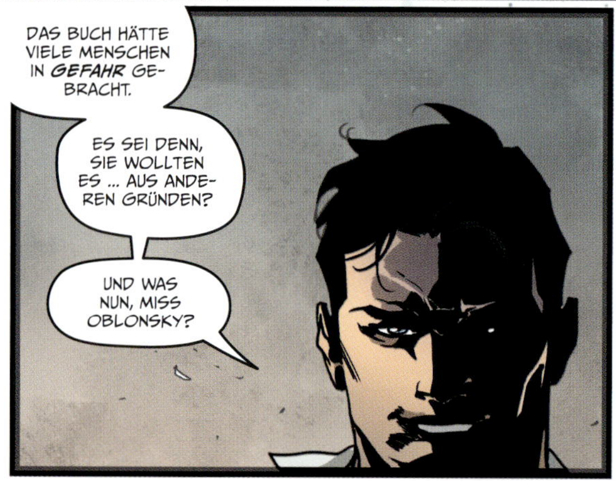
DAS BUCH HÄTTE VIELE MENSCHEN IN GEFAHR GE-BRACHT.
ES SEI DENN, SIE WOLLTEN ES ... AUS ANDE-REN GRÜNDEN?
UND WAS NUN, MISS OBLONSKY?
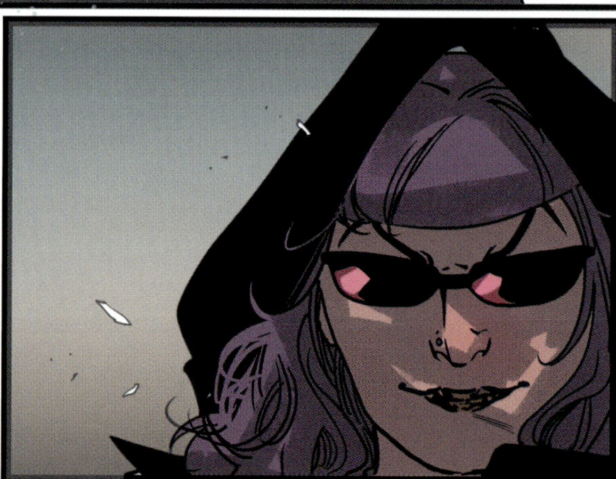
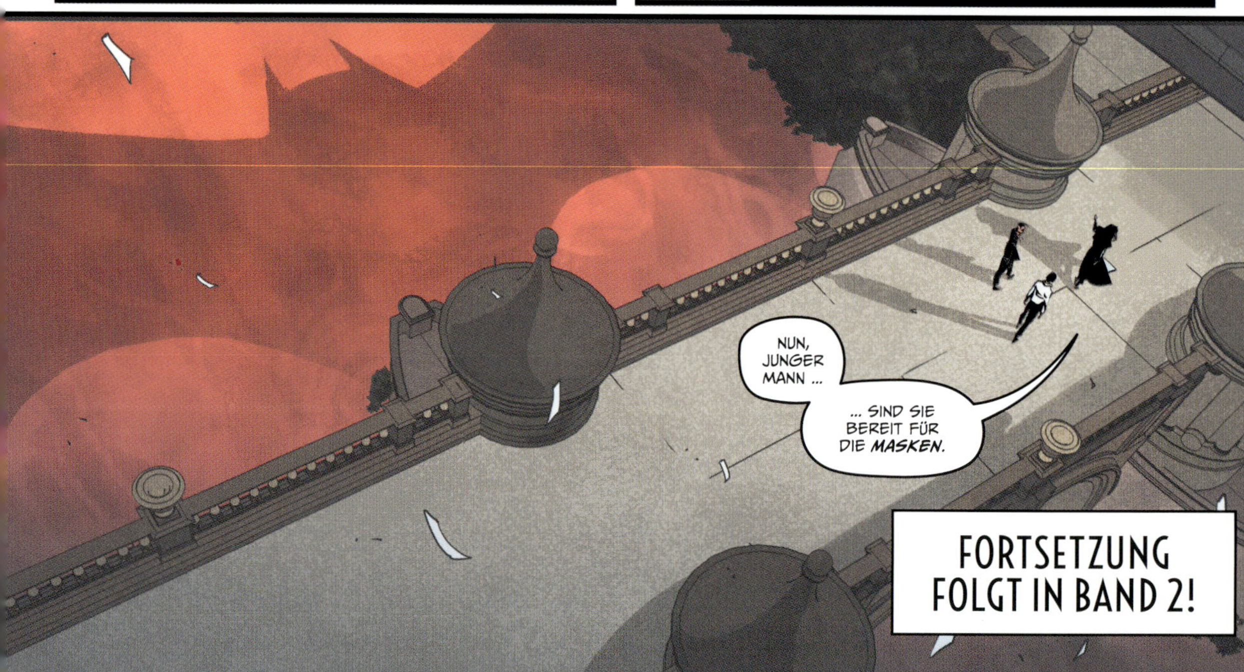
NUN, JUNGER MANN ...
... SIND SIE BEREIT FÜR DIE MASKEN.
FORTSETZUNG FOLGT IN BAND 2!

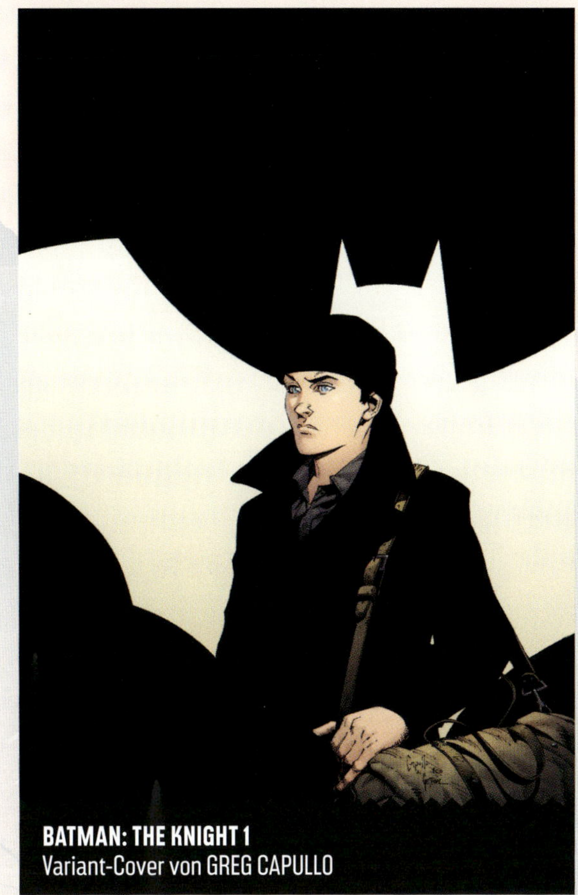

BATMAN: THE KNIGHT 1
Variant-Cover von GREG CAPULLO

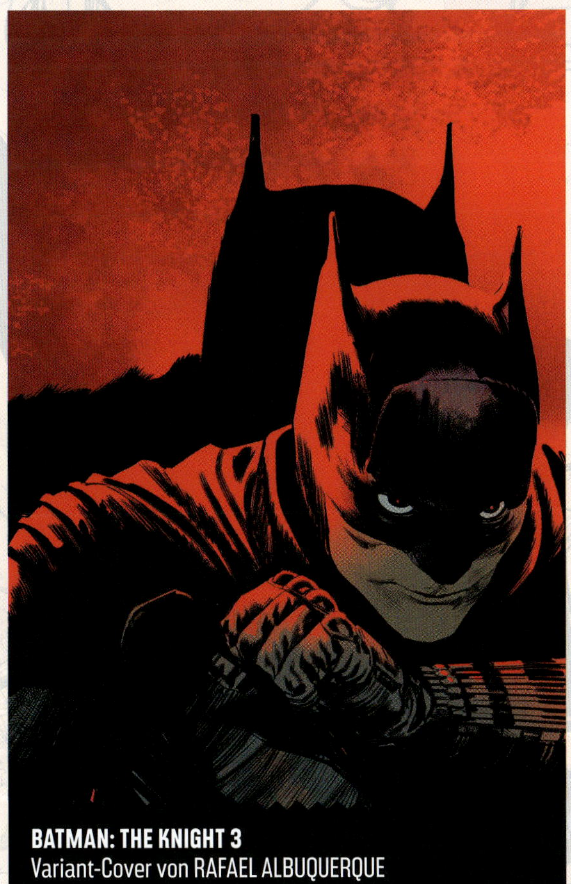

BATMAN: THE KNIGHT 3
Variant-Cover von RAFAEL ALBUQUERQUE

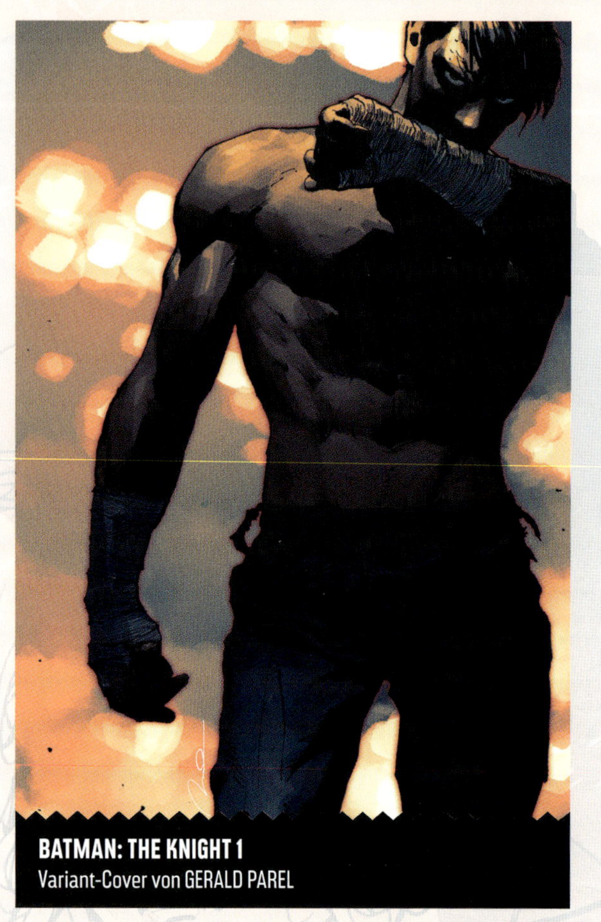

BATMAN: THE KNIGHT 1
Variant-Cover von GERALD PAREL

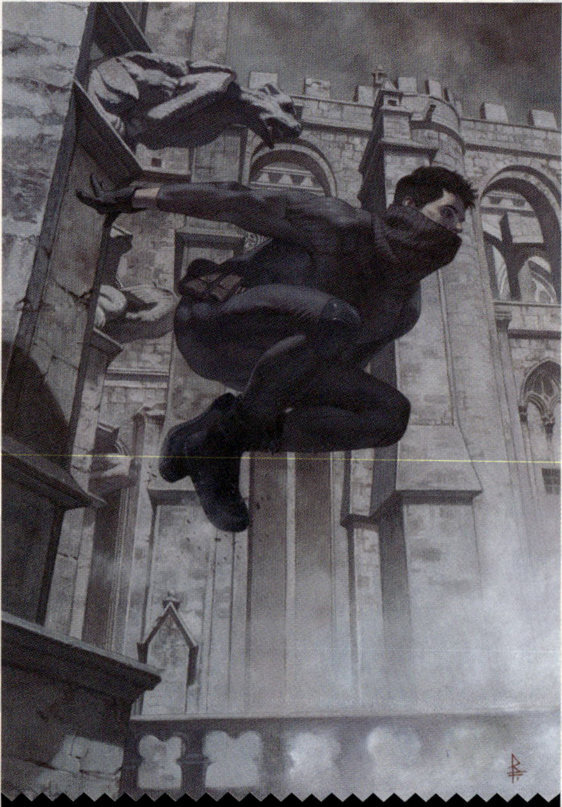

BATMAN: THE KNIGHT 2
Variant-Cover von RICCARDO FEDERICI

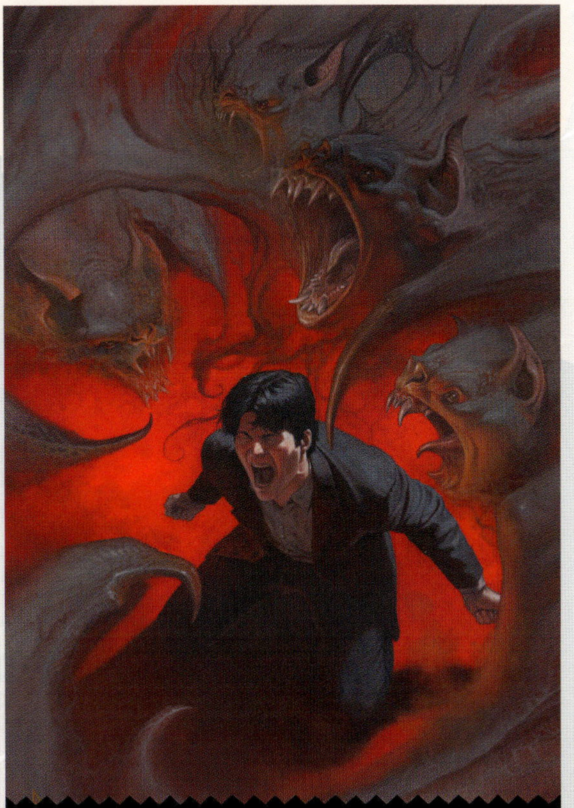

BATMAN: THE KNIGHT 3
Variant-Cover von RICCARDO FEDERICI

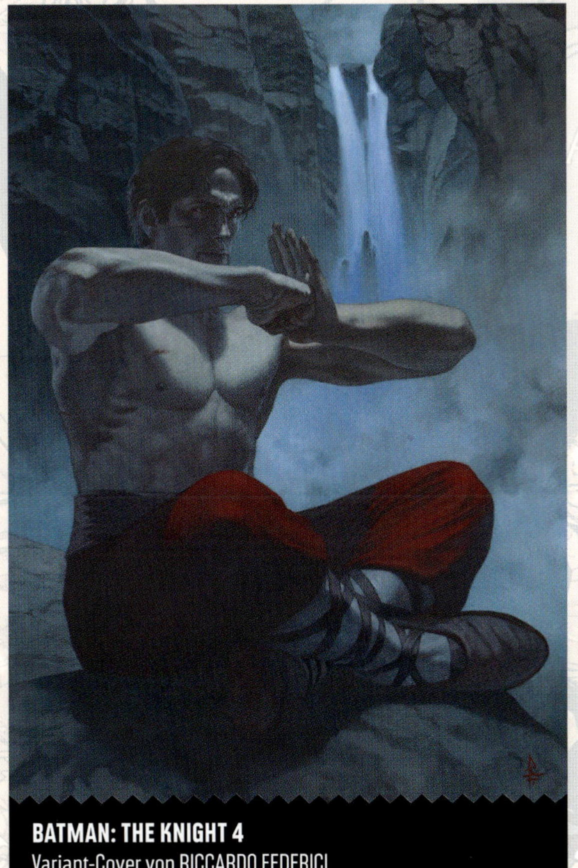

BATMAN: THE KNIGHT 4
Variant-Cover von RICCARDO FEDERICI

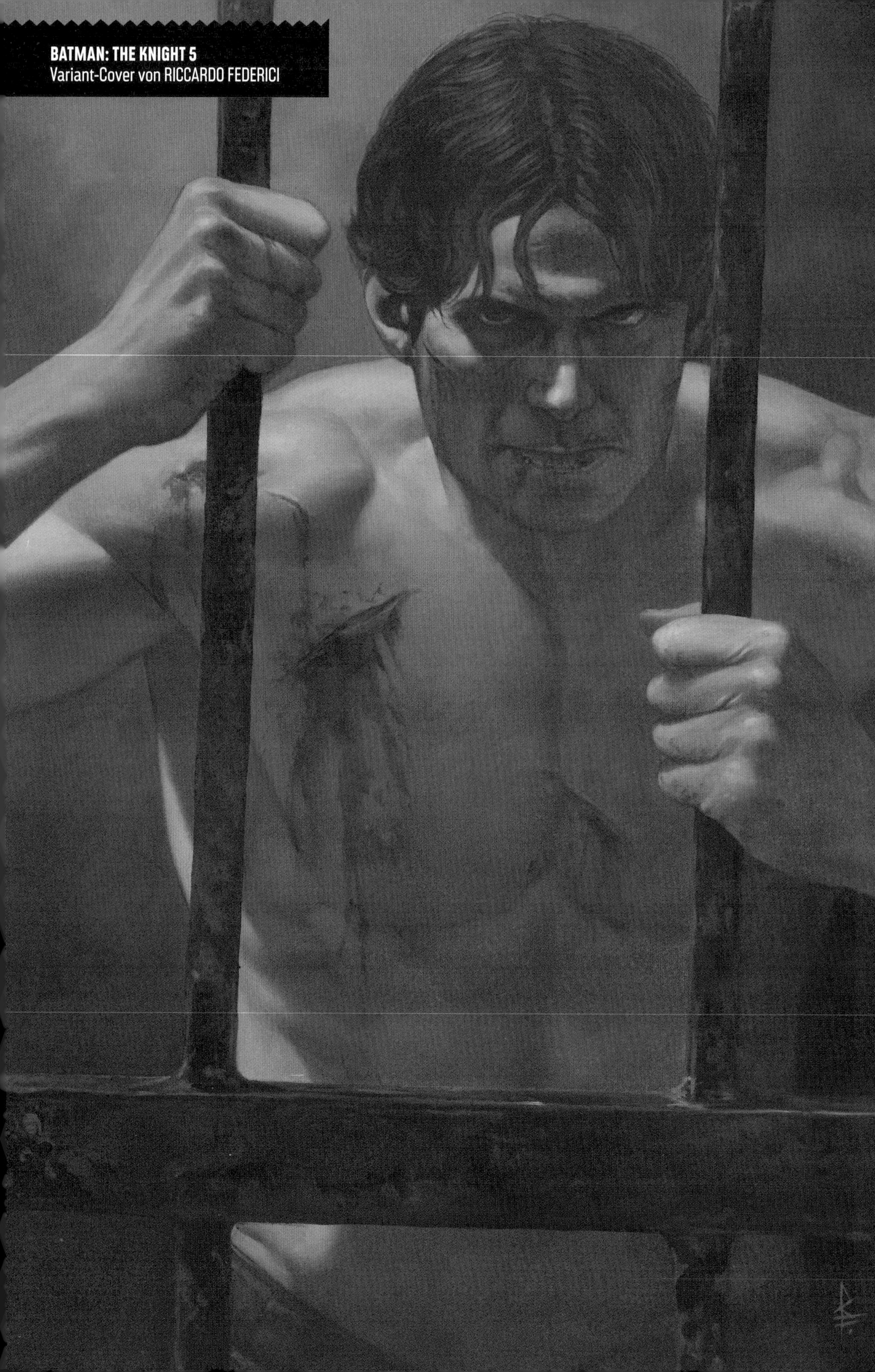

BATMAN: THE KNIGHT 5
Variant-Cover von RICCARDO FEDERICI

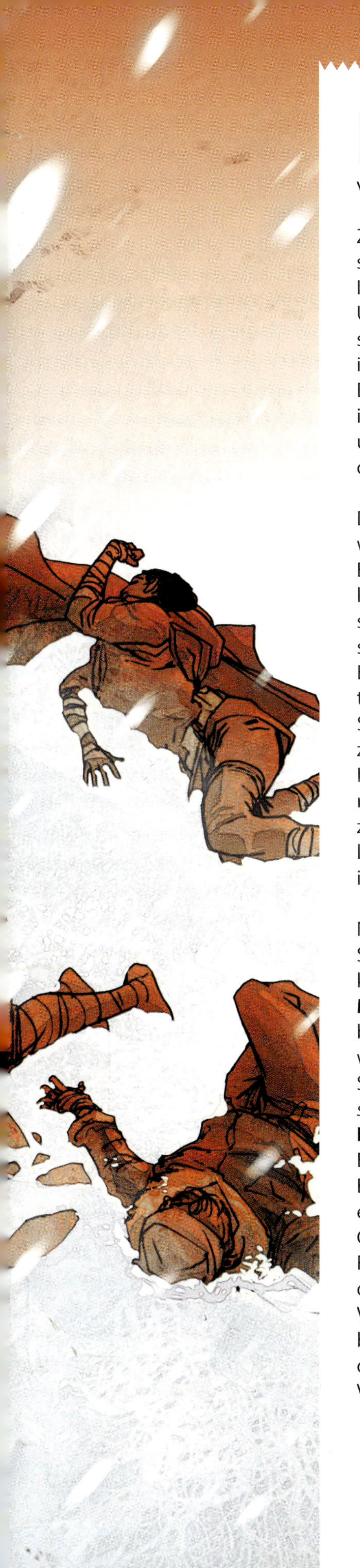

REISETAGEBUCH

von **Christian Endres**

Zum Start dieser zweibändigen Serie über die prägenden Reisen des jungen **Bruce Wayne** gab Autor **Chip Zdarsky** einige Interviews – und erläuterte ein paar seiner Ansätze und Ideen. Unter anderem sagte Zdarsky, dass er all die Schnipsel über diesen Zeitraum in Bruces Leben liebe, die wir im Laufe der Jahre in Form von Flashback-Storys und anderem bekommen hätten. Doch ihn reize die Chance, zum ersten Mal die *ganze* Geschichte innerhalb einer Serie zu erzählen, die in **Gotham City** beginnt und zum Schluss auch wieder dort endet. Das sei für Zdarsky der befriedigendste Aspekt an diesem Projekt.

Dabei geht es dem kanadischen Top-Autor vor allem darum, wie aus dem wütenden, eher planlosen Bruce Wayne ein reiferer Bruce Wayne mit einem Plan wird – und schließlich der so überlegt vorgehende **Mitternachtsdetektiv**. Denn der junge Bruce sei in Zdarskys Augen in erster Linie noch primär von kopfloser Wut angetrieben. Außerdem geht es in diesem Comic um Bruces jugendliche Hybris. Denn die Idee, als Teenager der Beste in Allem zu werden und sein Leben außerhalb bestehender Strafverfolgungs-Strukturen dem Kampf gegen das Verbrechen zu widmen, sei Zdarsky zufolge schon ziemlich ambitioniert. Insofern dreht sich diese Serie für Zdarsky auch um die Ausformung von Bruces Selbstvertrauen und Fähigkeiten und nicht zuletzt darum, überhaupt herauszufinden, was genau er eigentlich mit all dem anstellen will. Darum, wie Bruce sich mit der Zeit immer mehr hin zum **Dunklen Ritter** entwickelt.

Natürlich hat es Zdarsky auch großen Spaß gemacht, frühere Storys über Bruces „Ausbildung" mit neuen Abenteuern zu kombinieren. Dass **Alfred Pennyworth**, **Henri Ducard** oder **Meister Kirigi** wichtige, bekannte und seit Jahrzehnten etablierte Figuren aus Bruces Jugend und Vergangenheit sind, wissen **Batman**-Fans. Aber Zdarsky war es wichtig, dass diese Serie keine Parade nach dem Motto „Hey, wusstet ihr, dass *dieser* Schurke schon *so* früh in Bruces Leben getreten ist?" wird. **Hugo Strange** zum zwielichtigen Psychiater des jungen Wayne-Erben und zum ersten Widersacher der Serie zu machen, bevor Bruce Gotham verlässt, habe für Zdarsky dennoch absolut Sinn ergeben, zumal Professor Strange tatsächlich einer der ersten Gegner von Batman war (US-DETECTIVE COMICS 36 von 1940). Figuren wie **Anton**, **Avery Oblonsky** oder **Gray Shadow** sind derweil Eigenkreationen von Zdarsky, der Bruces Gefühle und Verlangen obendrein an die offenherzigen 2020er anpasst. So bereichert Zdarsky die **Bat**-Mythologie schon, bevor er in Kürze die BATMAN-Heftserie als Autor übernimmt – bei PANINI aller Voraussicht nach Anfang 2023 …

DAS KREATIV-TEAM

CHIP ZDARSKY ist ein kanadischer Comic-Alleskönner, der sowohl schreibt als auch zeichnet. Für Marvel realisierte er primär als Autor die Titel *Howard the Duck*, *Star-Lord*, *Das Ding und die Fackel*, *X-Men/Fantastic Four: Das verlorene Kind*, *Invaders*, eine lange *Daredevil*-Saga sowie das Event *Devil's Reign – Herrschaft des Teufels*. Hinzu kommen Kurzgeschichten in *Avengers*, *Civil War II*, *Monsters Unleashed* und *War of the Realms*. Eine Story in der von ihm verfassten Serie *Peter Parker: Der spektakuläre Spider-Man*, die er obendrein selbst zeichnete, brachte Zdarsky 2019 einen Eisner Award ein. Auch für die eigenständige Science-Fiction-Serie *Sex Criminals*, die er mit Matt Fraction kreierte, erhielt der Kanadier bei den Comic-Oscars einen Eisner. Für andere Verlage schuf der 1975 geborene Zdarsky *Kaptara*, *The White Trees*, den *Archie*-Ableger *Jughead*, *Stillwater*, *The All-Nighter* und die Anthologie-Reihe *The Silver Coin*. Bei DC Comics tat er sich in den letzten Jahren durch BATMAN: URBAN LEGENDS – WAFFENGEWALT und JUSTICE LEAGUE: DIE LETZTE SCHLACHT hervor, ehe er 2022 neuer Stammautor der BATMAN-Hauptserie wurde.

CARMINE DI GIANDOMENICO wurde 1973 im italienischen Teramo geboren und veröffentlichte zunächst Comics in seiner Heimat, darunter 1997 ein Conan-Abenteuer aus der Feder des legendären BATMAN-Autors Chuck Dixon. Inzwischen ist er allerdings schon seit vielen Jahren für die US-amerikanischen Verlage tätig. In seinem Portfolio finden sich FLASH von Joshua Williamson, BATGIRL von Cecil Castellucci, ROBIN WAR von Lee Bermejo, BATMAN – DETECTIVE COMICS von James Robinson, JUSTICE LEAGUE ODYSSEY von Dan Abnett, *Punisher* von Greg Rucka, *Ultimate Comics: Ultimates* von Jonathan Hickman, *Thor* und *Iron Man: Fatal Frontier* von Kieron Gillen, *Avengers: Millenium* von Mike Costa, *All New X-Factor* von Peter David, *Magneto Testament* von Greg Pak, *Daredevil: Battlin' Jack Murdock* von Zeb Wells sowie *Marvel Noir: Spider-Man* von David Hine und Fabrice Sapolsky. Darüber hinaus war der Italiener als Storyboard-Künstler für Filme von Martin Scorsese und Tsui Hark tätig.

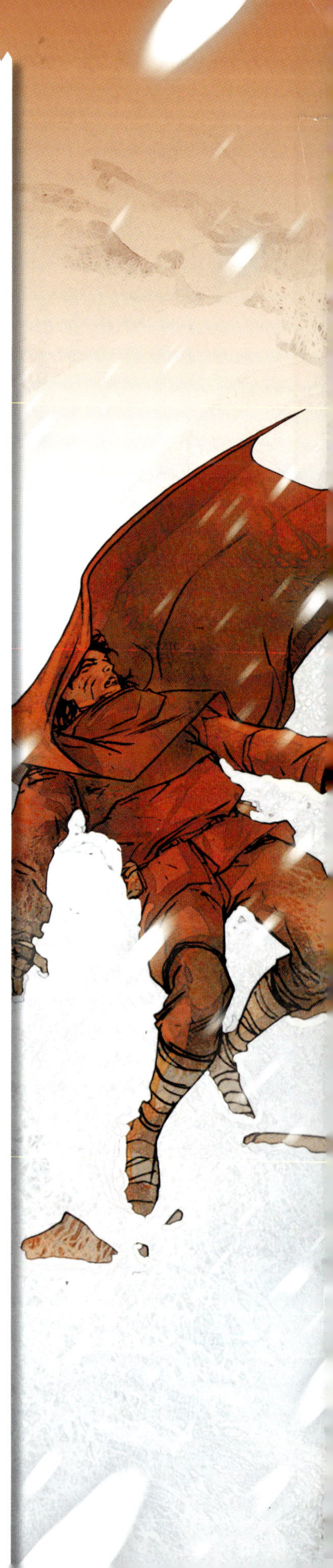